商品质量管理

主　编　吴智峰　陈　华
副主编　吴志雄

北京理工大学出版社
BEIJING INSTITUTE OF TECHNOLOGY PRESS

内容简介

本书编写以适应人才培养模式创新和优化课程体系的需要为指导，突出专业课程理论和实践相统一，强调产教融合，注重以真实商业项目、典型工作任务、案例等为载体组织教学项目，设计商品学概述、商品分类与编码、普通消费性商品种类与特征、商品养护管理、商品包装管理、商品质量管理、商品标准与标准化、商品检验、商品质量认证、消费者权益保护十个项目。每个项目均有学习目标、导入案例、知识链接、项目小结及思考与练习等，同时设计二维码扫描链接相关知识的社会实践应用，增加互动性。

本书既可作为高等院校经济管理类专业，特别是市场营销、物流管理、工商管理、企业管理、国际贸易、贸易经济等专业的教材，也可作为物流从业人员及企业营销、管理人员的培训、自学用书和参考资料。

图书在版编目（CIP）数据

商品质量管理 / 吴智峰，陈华主编. —北京：北京理工大学出版社，2021.6（2021.7 重印）

ISBN 978-7-5682-9919-0

Ⅰ.①商… Ⅱ.①吴… ②陈… Ⅲ.①商品管理-高等学校-教材 Ⅳ.①F760.4

中国版本图书馆 CIP 数据核字（2021）第 112054 号

出版发行 / 北京理工大学出版社有限责任公司
社　　址 / 北京市海淀区中关村南大街 5 号
邮　　编 / 100081
电　　话 / （010）68914775（总编室）
（010）82562903（教材售后服务热线）
（010）68944723（其他图书服务热线）
网　　址 / http：//www. bitpress. com. cn
经　　销 / 全国各地新华书店
印　　刷 / 北京侨友印刷有限公司
开　　本 / 787 毫米×1092 毫米　1/16
印　　张 / 16.75
字　　数 / 458 千字
版　　次 / 2021 年 6 月第 1 版　2021 年 7 月第 2 次印刷
定　　价 / 49.80 元

责任编辑 / 徐艳君
文案编辑 / 徐艳君
责任校对 / 周瑞红
责任印制 / 施胜娟

图书出现印装质量问题，请拨打售后服务热线，本社负责调换

前言

习近平总书记在党的二十大报告中强调，“高质量发展是全面建设社会主义现代化国家的首要任务”。当前我国经济已由高速增长阶段转向高质量发展阶段，商品质量关系国计民生。21世纪是质量的世纪，国因质而强、企因质而兴、民因质而富。

商品质量管理是一门融硬科学与软科学于一体的综合性学科。近年来理论研究取得长足进展，内容日益丰富，实践领域也不断拓展。现代高等职业教育的宗旨是服务建设现代化经济体系和实现更高质量更充分就业需要，其办学要求对接科技发展趋势和市场需求，强化学生综合职业能力培养、基础理论知识创新和整体素质技能提升。针对当前我国高等职业教育的特点，为满足新形势下商品质量教学需要，本书根据现代高职人才培养目标需求，以技术技能型人才培养模式创新和优化课程体系要求为指导，从职业岗位分析入手，以掌握实践技能为目的，合理定位，确定课程内容，由长期在教育第一线从事教学工作的教师编写而成，突出重点、难点，解析透彻，深入浅出。本书遵循基础性、实用性和创新性的原则，以真实商业项目、典型工作任务、案例等为载体组织教学项目，设计商品学概述、商品分类与编码、普通消费性商品种类与特征、商品养护管理、商品包装管理、商品质量管理、商品标准与标准化、商品检验、商品质量认证、消费者权益保护十个项目，体例结构严谨，内容准确、简明，注重对学生专业技能的培养，具有较强的实用性。

本书突出实践应用的特点，重视内容的新颖、实用，力求吸收商品质量管理相关理论的前沿信息，力争让读者掌握商品质量管理学科的实践应用与发展趋势，体现工学结合的特点。每个项目前面均有学习目标、引导案例，项目内容除系统理论介绍外，均有实用案例分析及实践应用相关信息链接，项目后面附有项目小结、思考与练习。本书知识点明确突出，技能训练针对性强，着眼于学生就业所需的专业知识与操作技能，着重讲解技术技能型人才培养所需的内容和关键点，与行业市场结合，与时俱进，让学生学而有用，学而能用。

本书由福建船政交通职业学院吴智峰与陈华担任主编，泉州海洋职业学院吴志雄担任副主编，全书由吴智峰统撰和定稿，福建苏宁物流有限公司李育华对本书案例提供帮助。本书在编写过程中参考了大量的相关著作、网络资料、教材和文献，吸取和借鉴了同行的相关成果，在此谨向有关作者表示诚挚的谢意和敬意！限于编者水平，书中难免有不妥和疏漏之处，敬请读者批评指正。

编　者

目 录

项目一

商品学概述

学习目标

【知识目标】

(1) 掌握商品的概念、基本属性及现代商品的整体构成理念;

(2) 理解商品学的研究对象、研究内容及商品学界的主要学派及主张;

(3) 了解商品学的起源与发展。

【能力目标】

(1) 能分析商品学形成和经济发展的关系;

(2) 能用商品学的基本理论指导企业商品生产与经营管理。

【素质目标】

(1) 培养学生具备商品管理意识的基本逻辑素质;

(2) 培养学生爱岗敬业、细心踏实的商品管理的职业精神。

导入案例

海尔鲜风空调扯起健康大旗

“十一”黄金周，从全国主流市场及主流渠道到空调销售数据显示，在崇尚理性和追求健康的消费趋势带动下，高端健康空调需求剧增；而在众多空调品牌的角逐中，海尔“07鲜风宝”空调凭借创造A级空气质量的高差异化卖点，满足消费者对健康家居环境的一致需求，销量不断攀升，占据高端市场35%以上的份额。

由于沙尘天气的频繁和“空调病”患者的增多，能否改善室内空气质量成为消费者选购空调最重视的因素。海尔“07鲜风宝”空调就是从消费者的需求出发，从室内空气含氧度、洁净度和清新度三方面对健康空调的效果进行严格定义。以消费者对“不用开窗、保温加氧、四季清新”的需求为基点，从空调换风、净化、负离子三项技术对实现的含氧度、洁净度和清新度进行了A、B、C三个等级的划定，其中A为最高等级，是以双向换风、空气净化和负离子三项技术实现为最高标准。

海尔“07鲜风宝”空调以专利“双新风”“AIP电离净化”“负离子”等健康技术，实现21%左右的A级新风含氧度、净化率95%以上的A级空气洁净度和106个负离子/立方厘米的A级清新度，创造了A级空气质量，是目前行业内唯一达到A级鲜风等级的健康空调。

其实，不研究消费者需要什么，即使你的产品价格再便宜，产品也永远是产品，而不会成为被消费者买走的商品。海尔空调的高明之处是把更多的精力集中在消费者需求的调研上，除尘、加氧、定温除湿的鲜风宝空调就是未来空调市场消费需求的真实反映。如果解决不了消费者要什么空调的问题，而是想当然地去给消费者送空调，那是没有任何作用的，因为任何空调产品不是被公司卖掉的，而是被消费者买走的。消费者购买商品购买的是一种需要，企业研究商品的价值，应从研究消费者需要入手。

请从商品学研究商品整体构成理念的角度分析海尔集团产品开发的思路和商品使用价值的实现途径。

任务一　商品的本质

一、商品的概念

商品是为了出售而生产的劳动成果，是人类社会生产力发展到一定历史阶段的产物。商品是指用来交换，能满足人们某种需要的劳动产品。狭义的商品仅指符合定义的有形产品，即物质形态的商品；广义的商品是指能够满足人们某种需要、通过市场交换的所有形态（知识、劳务、资金、物质等形态）的劳动产品，比如“保险产品”“金融产品”等。随着现代社会的迅速发展和人们需要的多样化，商品的外延发展日益呈现出知识化、软件化、服务化等趋势和特点。物质形态的商品已不能完全满足人们的消费需要，信息、服务、技术、艺术等非物质商品的出现，推动商品内涵与外延的拓展。

无论是狭义上的商品还是广义上的商品，作为特殊劳动产品的商品一般具有以下 3 个特征：

①作为商品，首先必须是劳动产品。换句话说，如果不是劳动产品，即使具有使用价值，亦不能划归为商品。例如自然界的空气、阳光、雨水、沙石等，虽然是人类生活所必需，但这些都不是劳动产品，所以它们不能叫作商品。

②作为商品，必须要用于交换。商品总是与交换分不开的，如果不是用来交换，即使是劳动产品，也不能叫作商品。比如说在古代，传统的男耕女织式的家庭生产，种出来的粮食和织出来的布，尽管都是劳动产品，但只是供家庭成员自己使用，并不是用来与他人交换的，因而也不是商品。又如，一个人在超市里购买蛋糕，这就是一种买卖关系，是通过交换而产生的劳动产品，所以蛋糕是商品。但如果这个人把蛋糕作为礼品送给别人时，这个人和接受礼品的人之间的关系不是买卖关系，这时的蛋糕就不是商品。

③作为商品，必须要有使用价值。换而言之，商品必须对他人或社会有用。如馒头可以充饥果腹，衣服可以御寒蔽体。人们购买商品，目的就是获取该商品的使用价值。没有使用价值，对他人或社会没有用处，就不会发生交换，不能成为商品。

小思考：如果天然物品经过人们劳动而用于交换，是不是商品？

参考答案：是商品。例如：河沙通过人们劳动挖出后，装袋或装车出售用于建筑材料，就构成商品。

虚拟商品

虚拟商品是无实物性质，网上发布时默认无法选择物流运输的商品。虚拟商品可通过虚拟货币或现实货币进行交易买卖。目前虚拟商品主要有以下几类：

1. 网络游戏点卡、网游装备、QQ 号码、Q 币等；
2. 移动/联通/电信/小灵通充值卡；
3. IP 卡/网络电话/软件序列号；
4. 网店装修/图片，储存空间等；
5. 电子书，网络软件（比如安卓手机软件、SKYPE 语音软件等）；
6. 辅助论坛功能商品等；
7. 网站类产品（包括域名、虚拟空间、网站、搜索服务等）。

虚拟商品市场虽然刚刚兴起，但发展却异常迅猛，在特殊人群尤其是年轻人中已悄然成为一种消费时尚。但由于这是一种新生事物，发展又极其迅猛，所以不可避免地存在着很多问题。而与此同时，相应的法律法规又远远滞后，致使此类市场整体处于无序状态。最为突出的，即虚拟商品消费中存在的诚信问题。很多人把虚拟商品的经营、销售与市场欺诈、虚假不实等问题联系在一起，其实，这种误解与偏见的根本原因在于对虚拟商品本质内涵的不了解。虚拟商品只是一种概念、符号或称谓，本身没有真假问题，只要消费者能够从中得到某种满足，即说明这种商品是“货真价实”的。在这一问题上，不要把物质商品消费思维与精神商品消费思维混为一谈。

二、商品的基本属性及相互关系

（一）商品的基本属性

商品的基本属性是价值和使用价值。其中，价值是商品的本质属性，而使用价值是商品的自然属性。商品的价值是凝结在商品中的无差别的人类劳动。商品的使用价值是商品能够满足人们需要的物品的有用性。不同的商品具有不同的使用价值，不同的使用价值是由物品本身的自然属性决定的；同一种商品具有多种自然属性，因而具有多方面的有用性。商品的使用价值是维持人类的生存和繁衍、维持社会的生存和发展所必需的，因此，不论财富的社会形式如何，使用价值总是构成财富的物质内容。

使用价值是商品与一般物品的共有属性，不是商品的特有属性；价值是商品的特有属性。有使用价值的物品不一定是商品，不一定有价值，如空气、阳光、雨水等天然物品。

（二）相互关系

商品的基本属性之间是对立统一的关系。

1. 商品的使用价值和价值是对立的

商品的使用价值和价值是相互排斥的，二者不可兼得。使用价值是商品交换的前提，价值是商品交换的基础，二者是对立排斥的，无论生产者还是消费者，任何人不能同时拥有使用价值和价值。

2. 商品使用价值和价值是统一的

使用价值是价值的物质承担者，价值是商品的本质属性，作为商品必然具有使用价值和价值，这两个属性是缺一不可、联系统一的。

商品的使用价值和价值是对立统一的，这一关系的现实指导意义在于：作为消费者，在购买商品时要从商品的使用价值和价值两个方面来参考，要追求“物美价廉”；作为商品生产者或经营者，要想顺利地将商品销售出去，就必须增强质量意识，努力生产物美价廉的商品，以求得使用价值和价值的合理平衡，从而获得较好的经济效益。

（三）交换价值

一种使用价值与另一种使用价值相交换的量的关系或比例，是商品的交换价值。两种不同的使用价值之所以能按一定的比例相交换，是因为它们之间存在着某种共同的东西，这种共同的东西在质上应该是相同的，从而在量上才可以进行比较。这种同质的共同东西，就是凝结在商品中的无差别的一般人类劳动，即商品的价值。因此，交换价值是价值的表现形式，价值是交换价值的内容。价值反映了商品的社会属性，体现了商品生产者之间互相交换劳动的社会生产关系，详见表 1－1。

表 1－1　使用价值与价值的区别与联系

区别与联系		使用价值	价值
区别	含义	能满足人们某种需要的属性	凝结在商品中的无差别人类劳动
	属性特征	不是商品的本质属性，是商品与有用物品的共同属性，有使用价值的物品不一定是商品，但商品一定有使用价值	商品的特有属性、本质属性，只有商品才有价值，且有价值的物品一定是商品
	质与量的特点	不同商品的使用价值有着质的不同，不能在量上比较大小	不同商品价值无质的差别，可以在量上比较大小
	与交换的关系	不同商品能满足人们的不同需要，这是进行商品交换的原因	不同商品能以价值为基础进行等价交换，这是商品能进行交换的原因
联系	统一性	商品是使用价值与价值的统一体	
	对立性	使用价值与价值最终必须分离，生产者与经营者要得到价值必须让渡使用价值，消费者要得到使用价值必须付出价值	

三、商品的整体构成

商品的理念是随着人们消费观念的不同而逐步改变的。根据马斯洛的需要层次理论，人们的需要分为五个层次，即：生理需要、安全需要、社交需要、尊重需要和自我实现的需要。而且，这五个层次是由低到高逐步发展的。体现这种需要的消费当然也会有不同的要求，这便形成了不同的消费观念。随着人们需要层次的不断发展和消费观念的不断更新，商品的概念也就不断地变换着内涵。现代经济学家认为，商品不仅指一种物体，也仅指一种服务，还包括购买商品所得到的直接的、间接的，有形的、无形的利益和满足感。现代商品的整体构成理念包括三个层次：商品实质层、商品实体层和商品延伸层，详见图 1－1。

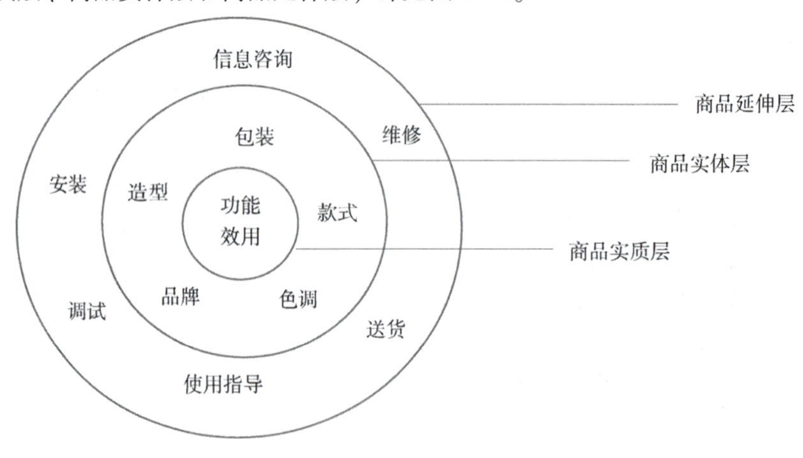

图 1－1　商品的整体构成

（一）商品实质层

商品实质层即商品的功能和效用，是商品所具有的满足某种用途的性能。消费者购买某种商品，不仅仅是为了获得商品本身，更主要的是要获得商品给他带来的某种需求的满足。例如：人们购买电冰箱，并不是需要一个装有压缩机、冷凝器和控制装置的大铁箱，而是要购买其制冷功能，即冷冻冷藏食品、保鲜的功能。消费者购买 DCD 播放机是为了满足其闲暇时休息和娱乐的需要；购买微波炉是为了自己烹饪的需求。商品功能是商品达到用途要求所必备的能力，这种能力是由商品性质决定的，商品对人的有用性是以商品功能为基础的。商品的实质层是商品的功能效用给消费者带来的满足，缺少这一层，消费者就不会去购买这种商品。因此，商品实质层是商品整体构成理念中最基本和最主要的部分。企业在制定开发和营销策略时，首先要考虑到商品的实质，明确商品能够带来的功效和益处。

（二）商品实体层

商品的功能和效用总是通过一定的具体形式反映出来。商品的实体层向人们展示的是商品实质的外在特征，它包括外观形式和内在质量以及促销成分，即品质、包装、品牌、造型、款式、结构、色调、使用说明书等。例如：海尔对开门电冰箱，结构是对开门，品牌是海尔，外包装的中国能效标志以及购买冰箱时附带的使用说明书等，均为商品实体层。在消费水平不高或商品供给不足的情况下，消费者购买商品主要考虑的是功能和效用，而对商品的形式的要求居次。随着消费观念的提高和买方市场的出现，消费者的要求越来越高，选择余地也越来越大，除了考虑商品的功能和效用，商品的质量、造型、颜色、品牌等外在形式在很大程度上影响着人们的消费决策。

（三）商品延伸层

它是指消费者在购买和使用商品时获得的各种附加利益的总和。这一层次包括售前的咨询服务，售中的交易条件，如赊购、提供信贷或各种担保等，以及售后的送货上门，如安装调试、维修服务、退换退赔服务承诺等。善于开发和利用商品的延伸部分，不但有利于满足消费者的综合需要，使消费者购买到称心如意的商品，而且有利于同类商品生产经营企业在激烈的市场竞争中立于不败之地，详见表 1－2。

表 1－2　商品整体构成应用实例

商品	实质层	实体层	延伸层
电视	精神休闲	质量、型号	售后服务、免费保修
服装	御寒蔽体	质量、款式、花色	尺寸退换、免费干洗
食品	营养充饥	营养含量、包装	制作方法
金融产品	保值增值	保单、存单	售前咨询、售后服务

商品的整体构成理念以消费者的基本利益为核心，强调服务是商品的组成部分，体现了现代市场营销思想。对于企业而言，同时也应认识到：伴随着商品销售提供的各种服务不但不是额外负担或可有可无的点缀，恰恰相反，对商品延伸层的精心策划和管理，是企业提高市场竞争力的保证。特别是当商品的实质层和实体层与竞争者相仿的情况下，企业竞争的高下往往取决于商品的延伸层。因此，正确认识商品的整体构成理念，提高服务质量，使消费者购买商品时得到更多的附加利益是商品开发和管理中的一项重要的基础工作。

任务二　商品学的研究对象与内容

一、商品学

商品学是一门研究商品使用价值与使用价值实现规律的应用科学。商品学是商品经济发展到一定阶段的必然产物。商品的使用价值及其实现涉及商品的生产和开发，与自然科学关系密切，同时又涉及商品的流通和消费，与社会科学关系密切。

商品的上述特性决定了商品学是从自然科学、技术科学与经济管理科学相交叉、相结合的角度，系统地研究商品使用价值的开发、形成、维护、评价和实现过程规律的一门学科。因此，商品学是一门综合性的交叉应用学科，它不仅涉及物理学、化学、生物学、医学、电子学、工艺学、农艺学、材料科学、环境科学、计算机科学等自然科学和技术科学，而且与营销学、物流学、产业经济学、国际贸易、企业管理、社会学和法学等社会科学也有着交叉渗透与互补的关系。因此，商品学是自然科学与社会科学交叉渗透的综合性应用学科。

二、商品学的研究对象

商品学研究的客体是商品。商品学是研究商品使用价值及其实现规律的一门科学。

商品的使用价值是指商品对其消费（使用）者的有用性或效用，是由商品本身能满足人们的某种需要的属性决定的，如粮食可充饥，衣服可御寒，钢铁可制造器械等。研究商品的使用价值，不仅要研究商品的外形、结构、成分、化学性质、生物学性质和物理学性质等商品的自然属性，还要研究商品的流行性、时代感、地区性、民族性和经济性等社会经济属性，满足人和社会在商品方面的物质需要和精神需要。

商品的使用价值随着科学技术的发展和人们经验的不断丰富而陆续被发现。在不同社会经济条件下，同一种商品也会出现不同的使用价值。例如：我国食品由单纯要求营养卫生、色香味形，变为既要讲究营养卫生、色香味形，又要追求强身健体和饮食文化；服装衣料由厚实保暖，转变为重视款式品牌等。商品的使用价值是一个动态的、综合性的概念。准确而全面地理解商品的使用价值，运用商品的使用价值学说指导商品的生产、经营和消费，对发展我国商品生产和经济发展具有重大的现实作用。

三、商品学的研究内容

商品学研究内容是由商品学的研究对象所决定的。根据商品学的研究对象，其研究内容以商品客体为基础，以商品—人—环境为系统，以商品属性不断满足商品交换和消费需要以及其他社会需要为主线，研究商品在整个生命周期中的质量（固有质量、市场附加质量、形象质量）及其构成要素（技术、经济、社会、环境要求等）的计量、检测、控制与管理活动。其主要包括以下内容：商品的成分、结构与性质；商品质量及其影响；商品分类与编码；商品标准与标准化；商品检验；商品质量管理与质量监督；商品储运与养护；商品包装与标识；品牌与商标管理；新商品开发；信息与商品预测；商品广告；商品消费心理；商品与资源、环境。

四、商品学的研究方法

由于商品的使用价值是商品的自然有用性和社会适用性的统一，因此，商品学的研究方法是按照研究的具体课题，采用不同的形式进行的。归纳起来主要有科学实验法、现场实验法、技术指标法、社会调查法、对比分析法等。

（一）科学实验法

这是一种在实验室内或一定试验场所，运用一定的实验仪器和设备，对商品的成分、构造、性能等进行理化鉴定的方法。这种实验方法，大多在实验室内或要求条件下进行，对控制和观察都有良好的条件，所得的结论正确可靠，是分析商品成分、鉴定商品质量、研制新产品的常用方法（如酒成分含量鉴定）。

（二）现场实验法

这是一些商品学专家或有代表性的消费者群，凭人体的直觉，对商品的质量及其商品有关的方面作出评价的研究方法。这种方法的正确程度受参加者的技术水平和人为因素的影响，但运用起来简便易行，适于很多商品的质量评定。（如茶叶、酒类质量的鉴定，某些新产品的试用、试穿等）。

（三）技术指标法

这是一种在分析实验基础上，对一系列同类产品，根据国内或国际生产力发展水平，确定质量技术指标，以供生产者和消费者共同鉴定商品质量的方法（如保温瓶的质量鉴定）。

（四）社会调查法

商品的使用价值是一种社会性的使用价值，全面考察商品的使用价值需要进行各种社会调查，特别是在商品不断升级换代、新产品层出不穷的现代社会里，这方面的调查更显得更加实际和重要，其具有双向沟通的主要作用，在实际调查中既可以将生产信息传递给消费者又可以将消费者的意见和要求反馈给消费者。社会调查法主要有：现场调查法、调查表法、直接面谈法、定点统计调查法。

（五）对比分析法

这是将不同时期、不同地区、不同国家的商品资料收集积累，加以比较，从而找出提高商品质量，增加花色品种，扩展商品功能的新途径。运用对比分析法，有利于经营部门正确识别商品和促进生产部门改进产品质量，实现商品的升级换代，更好地满足广大消费者的需要。

五、商品学的作用与意义

“生活离不开商品”，商品是企业经营的主要对象，更是人们消费中不可或缺的重要资源。所以对商品的认知、研究和管理不仅对于企业的经营、发展，而且对于普通消费者的消费和生活都有着重要的意义。

商品是经济的起点，商品学是经济学的基础。商品学是随着商品经济的产生与发展而诞生并发展起来的，它为发展商品经济服务，因而发展商品学教育势必成为商品经济发展的客观需要。

（一）指导商品使用价值的形成

通过商品资源和市场的调查预测、商品的需求研究等手段，为有关部门实施商品结构调整，商品科学分类，商品的进出口管理与质量监督管理，商品的环境管理，商品标准及政策法规制定，商品发展规划提供决策的科学依据；为企业提供商品基本质量要求，指导商品质量改进和新商品开发，提高经营管理素质，保证市场商品物美价廉，适销对路。

（二）评价商品使用价值的高低

商品质量是决定商品使用价值高低的基本因素，是决定商品竞争力强弱、销路、价格的基本条件，所以，它是商品学研究商品使用价值的中心内容。通过对商品使用价值的分析和综合，明确商品的质量指标、检验和识别方法，能全面准确地评价、鉴定商品的质量，杜绝伪劣产品流入市场，保证商品质量符合规定的标准或合同，维护正常的市场竞争秩序，保护买卖双方的合法权益，切实维护国家和消费者的利益，创造公平、平等的商品交换环境。

（三）分析商品质量变化规律

商品质量虽然是在生产过程中形成的，但也会受到各种外界因素的影响，从而发生不同的质量变化。商品学不仅要研究商品质量变化的类型及其表征，更重要的是分析质量变化的原因，从中找到抑制商品质量劣变的有效办法。

（四）促进商品使用价值的实现

通过大力普及商品知识和消费知识，使消费者认识和了解商品，学会科学地选购和使用商品，掌握正确的消费方式和方法，由此促进商品使用价值的实现。

（五）研究商品使用价值的再生

通过对商品废弃物与包装废弃物处置、回收和再生的政策、法规、运行机制、低成本加工技术等问题的研究，推动资源节约，再生和生活废物减量，保护环境的绿色行动。

任务三　商品学的起源与发展

商品学是随着商品经济的发展和商人经商的迫切需要而逐渐形成的一门独立科学。在其诞生几百年间迅速发展，商品学的教学和研究也不断扩展和深入，得到了世界各国的认可。

一、商品学的起源

（一）国外商品学的起源

商品学在国外的起源可追溯到 9 世纪 ~ 10 世纪，阿拉伯人阿里·阿德·迪米斯基撰写了《商业之美》一书，其副标题是“关于优质商品和劣质商品的鉴别方法及对商品骗子与伪货的识别指南”。这算得上是国外最早涉及商品学内容的著作。

（二）国内商品学的起源

中国是世界古老文明古国之一，商业的历史十分悠久，对商品知识的研究也有相当长的历史。据记载，春秋时期师旷所著的《禽经》，晋朝时期戴凯之所著的《竹谱》，都是我国较早的商品知识书籍。唐代是经济繁荣、商业发达时期，茶叶曾是主要的贸易商品之一。茶叶由江南传到北方，饮茶习惯逐渐盛行起来，人们普遍需要了解和掌握茶叶的栽培、加工和饮用等方面的知识。这一情况引起文人陆羽的极大兴趣，他大量收集茶叶的生产、加工和品尝消费等方面的知识，于 767 年写出《茶经》一书，共三卷十篇，全面详细介绍了种茶、采茶、制茶、饮茶、茶具的知识，以及茶叶的功能、评审、识别、储藏等方法，对茶叶生产和经营起到了指导作用，使茶的经营成为与盐的经营并驾齐驱的大行业，同时也带动了茶叶的对外贸易。据查证，《茶经》一书曾先后传到了 40 多个国家和地区，为世界茶叶的产销作出了巨大贡献。中国的茶叶之所以闻名于世，也是因为与《茶经》的传播有密切关系，可以说《茶经》是世界上最早的一部茶叶商品学专著。

二、商品学的发展

（一）国外商品学的发展

16 世纪中叶，随着欧洲工业的发展，新技术的应用、社会化大生产和生产关系的变革极大地促进了商品经济的发展。为了进口原料和出口工业制成品，商人们急需系统地了解有关商品的知识，在这个背景下，对于商业的研究不断向商品研究方向拓展。这个时期的著作有意大利药剂师普那裴特的《生药学》，以及法国人沙瓦利的《完美商人》等。

18 世纪，德国经济学教授、自然历史学家约翰·贝克曼（John Beckman）于 1780 年在德国哥登堡大学开设了工艺学和商品学课程，并出版了《商品学导论》两卷本著作。书中对于商品的制造工艺与方法，商品的分类、性能、用途、质量、价格、检验、产地、主要市场及商品包装等内容做了十分详尽的描述，同时还选定了一些国际贸易商品进行了分析并做出规范性的叙述。贝克曼的理论明确了商品学研究的范围，建立了商品学的学科体系，受到了社会科学界的广泛欢迎，他在西方被称为商品学学科创始人，他所创立的商品学体系被誉为“贝克曼商品学”。随着国际间商品贸易与学术交流的不断扩大，商品学这门学科先后传入了意大利、俄国、奥地利，以后又传入日本和中国。1810 年，莫斯科商学院将商品学列为必修课；1884 年，东京商学院也正式开设了商品学课程。

19 世纪，工业革命创造了巨大的生产力，为资本主义商品经济的发展提供了强大的物质基础。19 世纪中叶，自然科学和技术的飞速发展，使一大批西方学者能够运用物理、化学等方面的科研成果，对商品的内在质量、质量标准、鉴定方法等进行了卓有成效的研究，从而在建立商品学的自然科学体系方面取得了显著成果。

第二次世界大战后，现代商品学研究导致了一些学派的产生，在西欧形成了“经济学体系”商品学，把经济观点和方法引进到商品学研究中，分析商品与人、商品与环境、商品与时代等各种关系；在苏联及东欧各国则形成了自然科学和技术科学的学派，分类研究商品，创立了食品商品学、工业品商品学等学科体系。

此后，以美国、日本、意大利的学者为代表，引进市场学的内容，形成了“经营商品学”的学科理论体系。

目前，世界上有 30 多个国家把商品学作为一门独立学科，并在多所高等经济类院校开展了商品学的教学与研究。有些国家还成立了商品学会等专门的学术团体。1976 年，国际商品学会在奥地利成立，以德文缩写“IGWT”为会徽标志，会刊为《商品论坛——科学与实践》，活动中心设在维也纳经济大学。国际商品学会成立以前，国际上的商品学术活动分为两部分，即苏联、东欧各国这些计划经济国家为一部分，日本、西欧各国等市场经济国家为另一部分。国际商品学会的成立，实现了国际商品学学术交流活动一体化，对商品学的学科建设和发展起到了重要的推动作用。国际商品学会至今已经在世界范围内举办了 14 届国际商品学学术研讨会。

（二）国内商品学的发展

宋朝以后，商品学著作开始增多，如蔡襄的《荔枝谱》、韩彦直的《橘录》，以及明朝李时珍的《本草纲目》等书籍，都对有关的商品知识做了介绍。其中，《本草纲目》是论述得最为全面和最早的医药类商品学专著，也是我国药物学和植物学的宝贵遗产，并有多种外文译本在海外流传。这些书籍对当时的商品交换起过积极的促进作用，但在很大程度上，还属于商品知识的汇集。

20 世纪以后，我国的商品学随着商业教育而萌生发展起来了，以“商品学”命名的著作除了一些译著，还有 1914 年盛在垧著的《商品学》，1923 年王漙仁著的《商品学》，及 1928 年潘吟阁著的《分业商品学》等。此后，1934 年刘冠荣又编著了《现代商品学》，其内容比以前的书籍更为丰富，对农产品、矿产品、林产品、畜产品、水产品、工业品等分章进行了论述，也叙述了商品分类、鉴定、包装、运输等问题，还对商品学这门学科的对象做了解释，为我国现代商品学的发展打下了一定的基础。

从 20 世纪 50 年代起，我国中、高等商业院校、财经院校根据需要相继开设了商品学课程。到了 60 年代，商品学学术研究的空气开始活跃起来，1961 年《大公报》开辟专栏连续进行商品学学术讨论；1963 年，全国召开了第一届商品学学术讨论会，紧接着第二年又召开了第二届学术讨论会，对推动我国商品学的发展起到了很大的促进作用。

1995 年我国主办了第十届国际商品学学术讨论会，同时成立了中国商品学会，把我国商品学的学科建设和教学与科研推向了一个新的高度。中国商品学会的主要任务是：积极开展商品科学研究，促进我国商品科学的发展，开展国内外学术交流活动；推动商品学教育工作，开展相关的培训普及活动；面向经济建设，开展商品学应用研究，进行商品指导与咨询、商品质量诊断分析、新产品开发指导等工作；参与商品质量监督管理与认证。

三、商品学界的主要学派及主张

当今世界商品学界存在三大学派：一是技术学派，主张从自然科学方面研究商品学；二是经济学派，主张从社会科学方面研究商品学；三是融合学派，主张从技术和经济两方面来研究和评价商品的使用价值。

（一）技术学派

技术学派也称为自然科学与技术派商品学，简称为第一商品学派。它主张从自然科学方面研究商品学，确立以商品检验和鉴定为主体的商品学，运用物理、化学、电子学等方面的研究成果，开展对商品质量的研究，把商品的有形内在质量、质量标准、检验和鉴定方法作为商品学的主要研究内容。进入20世纪，技术学派的理论和体系趋于完善，在意大利、奥地利、俄罗斯、东欧一些国家以及日本和我国都先后开始讲授这一体系的商品学。

（二）经济学派

经济学派也称为社会科学与经济派商品学，简称为第二商品学派。它主张从社会科学方面研究商品学，主要从市场经济出发，建立以市场价值为中心的商品学，着重研究商品的经营管理、商品销售、商品广告、商品包装、消费者和市场信息等。1804年德国尼恩贝格大学劳克斯教授，首次提出了经济商品学大纲和体系的设想，1947年德国的珀施尔教授创立了“目的论”商品学，1958年奥地利维也纳经济大学格伦斯冼特尔创立了“商品经济学”，1961年德国科隆经济大学库兹尼格教授创立了“经济商品学”。

经济商品学下的双“十一”过度包装

“双十一”提前启动，线上线下的商家都各展其长，为“买买买”造势。今年“双十一”，是北京市推行生活垃圾分类以来最大规模的促销季，巨量的消费也带来了快递包装废弃物激增问题。近日就有市民反映，一些商品存在包装过度的问题，呼吁重视源头垃圾减量。连日来记者对此进行了调查，发现过度包装集中在化妆品、餐饮等领域，其中商超蔬果包装更是“重灾区”。

网购：一盒化妆品包5层、一餐外卖装10个袋

商超：一根香蕉一个袋、一个甜瓜包3层

（三）融合学派

融合学派又称为第三商品学派。它折中发展了技术学派和经济学派的主张，主张从技术和经济两方面研究来评价商品的使用价值，使商品学成为一门典型的边缘学科，是一门具有较强实践性的应用技术科学。

四、商品学的创新进展

（一）商品学研究内容方面的新进展

随着商品学学科的不断发展，根据需要又在本学科内部形成了不同的学科分类，如商品包装学、商品检验学、商品分类学、商品储藏学、商品养护学、商品储运学、商品美学等。随着现代科技和经济的高速发展，在商品学研究内容上，把商品学从着重研究商品体本身，发展到研究商品与人、商品与时代和商品与环境等领域。在环保问题日益被关注的今天，商品学从着重研究环境对商品的污染，发展到同时研究商品对社会环境污染，防止商品对人身心的损害，也研究商品对自然环境的污染和对生态环境的破坏问题；既研究清洁的商品生产技术，也研究商品流通和消费时的环保要求。

（二）建立适应市场经济体制要求的商品学学科体系

改革开放以来，随着我国经济体制、政治体制的深化改革，我国高等教育体制的改革也在不断深化。20 世纪 90 年代跨学科地发展多科类办学已成为我国高等教育改革的突出特点，其打破了传统办学模式，大胆探索文理渗透、多学科交叉的办学模式，这在我国教育史上是一次跨越性飞跃，是历史性的转变。为适应经济建设发展的需要，各类院校在办学方向上、专业设置上紧紧围绕市场经济的需要不断进行结构性调整与改造，这是非常必要的。教育发展的大好形势，给商品学学科建设发展带来新的机遇与挑战。研究确立商品学的学科体系，要以流通经济实践要求和国内、国际贸易业务需要为依据，商品学学科体系的主体框架应由商品学概论构成，从整体上概括介绍商品在流通领域中相关业务基础知识与基本内容，主要作为经济类一般专业的专业基础课。学科体系的主体框架的支体部分由商品检验学、商品储运学、商品养护学、商品经营学、商品销售学、商品广告学等组成，上述课程根据相关专业培养目标选定。主体框架的内支架由若干分类商品学构成，如食品、粮食、纺织品、家用电器、畜产品、农药化肥商品学等。这些商品学是供各专业所需专业商品知识所设置的课程，旨在建立适应市场经济条件下的现代流通经济需要的商品学学科体系。

（三）发挥中国商品学会的主导、协调、骨干作用

随着我国社会主义市场经济体制的建立，商品学在国民经济中的作用越来越重要，1995 年 7 月成立了中国商品学会。中国商品学会（图标见图 1－2）主要由全国的大专院校和科研院所从事商品学及其相关专业教学与研究的学者和教授组成，此外还广泛吸纳了环境保护总局、海关总署、市场监督管理总局和消费者协会等部门的代表和专家以及部分企业家。中国商品学会是国家一级学会，是商品学学术团体，集中了全国商品学领域的有识之士，具有学术的权威性、技术的领先性和学科发展的带头性的鲜明特点。中国商品学会将在商品学未来发展过程中肩负着重要历史任务，它将是商品学学科建设的组织者、领导者。中国商品学会要围绕学科建设发展开展形式多样的学术交流活动，活跃学术气氛；要组织开展教学研究活动，使商品学教学逐步规范化、制度化和科学化；要集中精力组织好商品学系列教材的编写工作；要在商品学学科建设发展中充分发挥主导、协调和骨干作用。

图 1－2　中国商品学会

项目小结

1. 商品是指用来交换、能满足人们某种需要的劳动产品。狭义的商品仅指符合定义的有形产品，即物质形态的商品；广义的商品是指能够满足人们某种需要、通过市场交换的所有形态（知识、劳务、资金、物质等形态）的劳动产品，比如“保险产品”“金融产品”等。

中国商品学会第十八届学术年会在哈尔滨商业大学召开

2. 商品的基本属性是价值和使用价值。其中，价值是商品的本质属性，而使用价值是商品的自然属性。商品基本属性是对立统一的

关系。

3. 现代商品的整体构成理念包括三个层次：商品实质层、商品实体层和商品延伸层。商品实质层即商品的功能和效用，是商品所具有的满足某种用途的性能。商品的实体层向人们展示的是商品实质的外在特征，它包括外观形式和内在质量以及促销成分，即品质、包装、品牌、造型、款式、结构、色调、使用说明书等。商品延伸层是指消费者在购买和使用商品时获得的各种附加利益的总和。

4. 商品学是一门研究商品使用价值与使用价值实现规律的应用科学。商品学研究的客体是商品。

5. 商品学研究内容以商品客体为基础，以商品—人—环境为系统，以商品属性不断满足商品交换和消费需要以及其他社会需要为主线，研究商品在整个生命周期中的质量（固有质量、市场附加质量、形象质量）及其构成要素（技术、经济、社会、环境要求等）的计量、检测、控制与管理活动。

6.《茶经》是世界上最早的一部茶叶商品学专著。德国约翰·贝克曼教授于1780年在德国哥登堡大学开设商品学课程，并出版《商品学导论》，被称为商品学学科创始人，他所创立的商品学体系被誉为“贝克曼商品学”。

7. 商品学界存在三大学派：一是技术学派，主张从自然科学方面研究商品学；二是经济学派，主张从社会科学方面研究商品学；三是融合学派，主张从技术和经济两方面来研究和评价商品的使用价值。

8. 商品学的研究方法主要有科学实验法、现场实验法、技术指标法、社会调查法、对比分析法等。

思考与练习

一、单选题

1. 国外最早涉及商品学内容的著作（　　）。

A.《茶经》　B.《商品学导论》　C.《商品研究通论》　D.《商业之美》

2.（　　）被西方称为商品学的创始人。

A. 阿里·阿德·迪米斯基　B. 约翰·贝克曼

C. 普那裴特　D. 户田翠香

3. 当今世界商品学界存在（　　）大学派。

A. 两　B. 三　C. 四　D. 五

4. 商品是具有使用价值的（　　）。

A. 劳动产品　B. 社会产品　C. 工业品　D. 农产品

5. 从本质上说，消费者购买的不是商品本身，而是它的（　　）。

A. 功能/效用　B. 附加服务　C. 使用价值　D. 价值

6. 商品的使用价值就是商品的（　　）。

A. 功能　B. 有用性　C. 价值性　D. 价格

7. 商品学是研究（　　）的科学。

A. 商品质量　B. 商品品种

C. 商品消费　D. 商品使用价值及其实现规律

8. 商品学起源于（　　）。

A. 美国　B. 英国　C. 意大利　D. 德国

二、多选题

1. 某些天然物品，如（　　）等，虽然具有使用价值，但因其不是劳动产品，所以不能称为商品。

A. 空气　B. 阳光　C. 雨水　D. 原始森林

2. 商品流通包括（　　）等。

A. 运输　B. 装卸　C. 储存　D. 销售

3. 商品的延伸层有（　　）等。

A. 送货上门　B. 售后维修　C. 免费调试　D. 使用说明书

4. 下列项目中，可能成为商品学研究内容的是（　　）。

A. 商品质量　B. 商品标准　C. 商品检验　D. 商品包装

5. 商品学的技术学派主张从商品的（　　）研究商品学。

A. 内在质量　B. 质量标准　C. 检验、鉴定方法　D. 市场质量

三、简答题

1. 什么是商品，其有哪些基本特征？
2. 简述商品的基本属性及相互关系。
3. 简述商品学界的主要学派及主张。
4. 简述现代商品的整体构成理念。

四、案例分析题

陆羽（733—804），字鸿渐，唐代复州竟陵（今湖北天门）人，一名疾，字季疵，号竟陵子、桑苎翁、东冈子，又号“茶山御史”。著名的茶学家，被誉为“茶仙”，尊为“茶圣”，祀为“茶神”。陆羽一生嗜茶，精于茶道，以著世界第一部茶叶专著——《茶经》而闻名于世。陆羽所著《茶经》三卷十章七千余字，分别为：卷一，一之源，二之具，三之造；卷二，四之器；卷三，五之煮，六之饮，七之事，八之出，九之略，十之图。

《茶经》的问世，是中国茶文化发展到一定阶段的重要标志，是唐代茶业发展的需要和产物，是当时中国人民关于茶的经验的总结。作者详细收集历代茶叶史料，记述亲身调查和实践的经验，对唐代及唐代以前茶叶的历史、产地，茶的功效、栽培、采制、煎煮、饮用的知识技术都做了阐述，是中国古代最完备的一部茶书，使茶叶生产从此有了比较完整的科学依据，对茶叶生产的发展起过一定积极的推动作用。

自唐代陆羽《茶经》到清末程雨亭的《整饬皖茶文牍》，专著共计100多种，包括茶法、杂记、茶谱、茶录、茶经、煎茶、品茶、水品、茶税、茶论、茶史、茶记、茶集、茶书、茶疏、茶考、茶述、茶辩、茶事、茶诀、茶约、茶衡、茶堂、茶乘、茶话、茶荚、茗谭）等。其中绝大多数是大文豪或大官吏所作，可惜大部分已经失传。

问题：

1.《茶经》是如何形成的？《茶经》的作用有哪些？
2. 商品学是如何形成的？商品学的作用有哪些？

课后阅读建议：

1. 中国商品信息服务平台 http://www.gds.org.cn/.
2. 中国商品网 http://ccn.mofcom.gov.cn/.
3. 生意社 http://www.100ppi.com/.
4. 义乌市场导航 http://www.ywbb.com/.
5. 中华商务网 http://www.chinaccm.cn/.

项目二

商品分类与编码

学习目标

【知识目标】

(1) 掌握线分类法与面分类法的应用及优缺点；掌握厂家条码与店内条码的区别；

(2) 理解商品分类及分类标志；理解商品代码类型及种类；理解商品条码及其特点；

(3) 了解商品分类的基本原则及作用；了解商品目录及其种类；了解商品条码的起源及分类；了解商品条码的申请。

【能力目标】

(1) 能够运用商品分类代码进行系列顺序编码法、层次编码法、平行编码法的应用；

(2) 能够区别商品标识代码及 EAN/UCC－13，EAN/UPC－8，UPC－12 代码。

【素质目标】

(1) 培养学生具备商品分类与编码管理的基本意识与逻辑素质；

(2) 培养学生爱岗敬业、细心踏实的商品管理的职业精神。

导入案例

超市三楼为什么不设入口

上海一家零售业巨头抢滩安徽某中等城市，开设分店，生意做得很是红火。分店占据该市步行街繁华地段一座楼宇的一、二、三层，有一点 Shopping Mall 的味儿，底层是休息、餐饮区，而二、三层设超市。不要小看超市两层楼的经营面积，衣食住行用各种商品很齐全。但耐人寻味的地方不在商品品种上，而是在进口和出口的设置上：两层楼面营业区只在二楼设置多个入口，三楼不设入口；二楼、三楼又各自拥有多个出口。

三楼为什么没有自己的入口呢？三楼不需要入口吗？答案在哪里？答案就在商品分类上。人们日日必需、时时消费的各种生活必需日化用品都在三楼，而服装、书籍、玩具、音像、家电类等人们购买频率较低的耐用品在二楼。人们要上三楼购物，二楼是必经之路，琳琅满目、陈列有序的商品及随处可见的广告标语，总是在提醒前往三楼的顾客“不要脚步匆匆，顺便把我带回去吧”！陪同购物的顾客也大多会在二楼自然分流，或去看书，或去玩具陈列处徜徉流连……

商品科学合理的分类与进出口巧妙设置配合起来，既给商家带来了可观的销售额，也给顾客提供了方便，同时，使顾客体验到更多的购物乐趣。

问题：这个商场的商品分类，对你有何启迪？

任务一　商品分类概述

随着社会分工的不断发展，商品生产和交换的范围和领域不断扩大，商品的数量和种类也在不断增加。据不完全统计，在市场上流通的商品有25万种以上。为了合理地组织商品生产和流通，方便消费者购买，就需要对商品进行科学的分类，以提高社会生产的效率。

一、商品分类的概念

商品分类是根据一定的管理目的，为了满足生产、流通、消费活动的全部或部分需要，选择适当的商品属性或特征作为分类标志，将一定范围内的商品集合体科学、系统地逐次划分为大类、中类、小类、细类，乃至品种、细目的过程。

商品分类的结果，一般可划分为大类、中类（品类）、小类（品种）和细目等类目层次。

①大类是按商品生产和流通中的行业来划分的。我国商品在门类的基础上分88个大类，如五金类、交电类、日用百货类、钟表类、针纺织品类、印刷品类等大类。

②中类即商品种类，也称商品品类或品目，是若干具有共同性质或特征的商品总称。它包括若干商品品种，如针棉织品、塑料制品、橡胶制品、肉及肉制品、蔬菜与果品、乳及乳制品等。

③小类是根据商品的某些特点和性质对中类商品的进一步划分，体现具体的商品名称，如酒类商品分为白酒、啤酒、葡萄酒、果酒等，针棉织品又可分为针织内衣类、针织外衣类、羊毛衫类等。

④商品的细目是对商品品种的详细区分，包括商品的花色、规格、品级等，即它能更具体地反映商品的特征，如180/112 A型男西服、23号女式高跟皮鞋等。

商品分类层次应用实例见表2－1。

表2－1　商品分类层次及应用实例

商品类目名称	应用实例	
商品大类	食品	日用工业品
商品中类	乳及乳制品	洗涤用品
商品小类	牛奶	肥皂
商品细目	全脂饮用牛奶	茉莉香型香皂

二、商品科学分类的作用

商品分类是将千万种商品在商品生产与交换中实现科学化、系统化管理的重要手段。商品分类必然对发展生产、促进流通、满足消费以及提高现代化管理水平和企业效益起到积极作用，具体表现在以下几个方面：

（一）商品分类有利于信息工作的开展

商品分类种类繁多，特征多样，价值不等，用途各异。只有将商品进行科学的分类，统一商品用语，商品在生产、运输、储存、销售各环节中涉及的各项经济指标、统计数据和商品信息才具有可比性和实际意义。信息技术在国民经济管理中的广泛应用，为商品的科学分类、编码以及快速处理和存储商品信息创造了条件，同时对商品分类又提出了新的更高的要求。利用计算机实现商品购、销、调、存、结账的无纸贸易以及商品信息流管理的现代化，都是依靠科学的商品分类和编码系统来完成的。

（二）商品分类有助于了解商品特征，进行科学的经营管理

在商品经营管理中，通过科学的商品分类和商品目录的编制，一方面能使经营者容易实施有效、科学的商品采购管理、陈列管理以及较好地掌握企业的经营业绩，达到易于统计、分析和决策的效果；另一方面，科学的商品分类有助于商店经营者有秩序地安排畅销商品和促销商品的有效供给以及合理地设计商品布局和陈列，从而便于消费者选购商品。

（三）商品分类有助于商品的国际化与现代化管理

商品科学分类为国民经济各部门和各企业实施各项管理活动及实现经济管理现代化奠定了科学基础和前提条件。在进出口贸易中，采用国际统一商品分类编码体系，即《商品名称及编码协调制度》，使分类与国际商品市场结构接轨，加强了国际商品贸易信息交换，方便了国际贸易。通过科学的商品分类，可使商品的名称和类别统一化、标准化，从而可以避免同一商品在不同部门由于名称、计量单位、计算方法、口径范围等不统一而造成困难，有利于发展国内外贸易以及提高经济管理水平和扩大经济效益。制定各种商品标准时，必须明确商品的分类方法、商品的质量指标和对各类商品的具体要求等，所有这些都应建立在商品科学分类的基础上。

（四）商品分类有助于商品学教学和科研的开展

商品学教学中，按照教学需要对商品进行分类，使讲授的知识系统化、专业化，便于在有限的学时内使学生掌握各类中的代表性商品，进行举一反三的教学。在商品学的科学研究中，也必须从个别商品特征归出各类商品特征，才能深入分析商品性能，研究商品质量和品种及其变化规律。

三、商品分类的基本原则

为了实现商品的科学分类，使商品分类能够满足特定的需要，分类时必须遵循以下原则：

（一）科学性原则

科学性原则指商品在分类中所选择的标志必须能反映商品的本质特征并具有明显的区别功能和稳定性，以满足分类的客观要求，发挥分类的作用。科学性是分类的基本前提。

（二）系统性原则

商品分类的系统性是指以选定的商品属性或特征为依据，将商品总体按一定的排列顺序予以系统化，并形成一个合理的科学分类系统。商品总体分成若干门类后，门类分为若干大类，大类分为若干中类，中类分为若干小类，直至分为规格、花色等。系统性是商品分类的关键。

（三）实用性原则

商品分类首先应满足国家总政策、总规划的要求，同时应充分满足生产、流通及消费的需要。因此，商品分类应尽最大努力结合各部门、各系统、各行业、各企业及消费者的实际，满足各方面的需要。实用性是检验商品分类的实践标准。

（四）可扩性原则

可扩性原则又称后备性原则，即进行商品分类要事先设置足够的收容类目，以保证新产品出现时不至于打乱已建立的原有的分类体系和结构，同时为下级部门便于在本分类体系的基础上进行开拓细分创造条件。

（五）兼容性原则

商品分类要与国家政策和相关标准协调一致，又可与原有的商品分类保持连续性和可转换性，以便进行历史资料对比。

（六）唯一性原则

商品分类体系中的每一个分类层次只能对应一个分类标识，以免产生子项互不相容的逻辑混乱。

商品分类注意事项

1. 必须明确要分类的商品所包括的范围；

2. 商品分类要从有利于商品生产、销售、经营习惯出发，最大限度地方便消费者的需要，并保持商品在分类上的科学性；

3. 以商品的基本特征为基础，选择适当的分类依据，从本质上显示出各类商品之间的明显区别，保证分类清楚；

4. 商品分类后的每一种品种，只能出现在一个类别里，或每个下级单位只能出现在一个上级单位里；

5. 在某一商品类别中，不能同时采用两种或多种分类标准进行分类。

商品分类要以系统工程的原理为根据，分类体现出目的性、层次性，使分类结构合理。

四、商品分类的基本方法

超市商品分类标准及管理方法

建立商品分类体系的基本方法有两种：一种是线分类法；另一种是面分类法。

（一）线分类法

1. 线分类法的概念

线分类法又称层级分类法，它是将拟分类的商品集合总体，按选定的属性或特征逐次地分成相应的若干个层级类目，并编制成一个有层级的、逐级展开的分类体系。线分类体系的一般表现形式是大类、中类、小类、细目等级别不同的类目逐级展开。在这个分类体系中，同位类的类目之间存在并列关系，且不重复，也不交叉；下位类类目与上位类类目之间存在着隶属关系。线分类法实例 1 见表 2－2，线分类法实例 2 见表 2－3。

表 2－2　线分类法实例 1

大类	家具
中类	木制家具、金属家具、塑料家具、竹藤家具
小类	床、椅、凳、桌、箱、架

表 2－3　线分类法实例 2

大类	中类	小类	细目
纺织纤维	天然纤维	植物纤维	棉花、麻类等
		动物纤维	羊毛、蚕丝等
	化学纤维	人造纤维	粘胶纤维、富强纤维、醋酸纤维
		合成纤维	锦纶、涤纶、腈纶、维纶、丙纶等

我国采用线分类法对国民经济行业进行分类。例如，我国行政区划编码，是采用线分类法，有

6位数字码。第1、2位表示省（自治区、直辖市），第3、4位表示地区（市、州、盟），第5、6位表示县（市、旗、镇、区）的名称。湖北省部分行政区分类及其编码见表2－4。

表2－4　湖北省部分行政区分类及其编码

编码	名称	编码	名称
42	湖北省	42　12	咸宁市
42　01	武汉市	42　12　21	咸安区
42　02	黄石市	42　12　22	嘉鱼县
……	……		

2. 线分类法的基本原则

线分类法应遵循的基本原则有以下4个：

①在线分类法中，由某一上位类类目划分出的下位类类目的总范围应与上位类类目范围相同（例如都属于家具）。

②当一个上位类类目划分成若干个下位类类目时，应选择一个划分标志（例如按照制作原料）。

③同位类类目之间不交叉、不重复，并只对应于一个上位类（例如木椅、木凳、木桌、木箱、木架）。

④分类要依次进行，不应有空层或加层。

3. 线分类法的优缺点

①线分类法的优点是：层次性好，能较好地反映类目之间的逻辑关系；使用方便，既适合于手工处理信息的传统习惯，又便于计算机处理信息。

②线分类法的缺点是：分类结构弹性差，分类结构一经确定，不易改动；效率较低，当分类层次较多时，代码位数较长，影响数据处理的速度；无法根据现代科学的发展自动生成新类，难以与科学的发展保持同步。

（二）面分类法

1. 面分类法的概念

面分类法又称平行分类法，它是将拟分类的商品集合总体，根据其本身的属性或特征，分成相互之间没有隶属关系的面，每个面都包含一组类目。将每个面中的一种类目与另一个面中的一种类目组合在一起，即组成一个复合类目。

服装的分类就是按面分类法组配的。把服装用的面料、款式、穿着用途分为三个互相之间没有隶属关系的“面”，每个“面”又分成若干个类目。使用时，将有关类目组配起来，如纯毛男式西装、纯棉女式连衣裙等。服装面分类法实例见表2－5，螺钉选用面及类目编码见表2－6，玻璃器皿的面分类法见表2－7。

表2－5　服装面分类法实例

面料	式样	款式
纯棉	男式	中山装
纯毛	女式	西装
涤棉		猎装
毛涤		夹克
中长纤维		连衣裙

表 2－6　螺钉选用面及类目编码

材料	螺钉直径	螺钉头形状	表面处理
1—不锈钢	1—直径 0.5	1—圆头	1—未处理
2—黄铜	2—直径 1.0	2—平头	2—镀铬
3—铜	3—直径 1.5	3—六角形头	3—镀锌
		4—方形头	4—上漆

表 2－7　玻璃器皿的面分类法

成型方法	装饰方法	用途
吹制品	喷花	雕花
压制品	磨花	容器
自由制品	雕花	装饰器

2. 面分类法的基本原则

面分类法具有结构柔性好、对机器处理有良好的适应性等优点，但不能充分利用容量，组配的结构太复杂，不便于进行手工处理，常将面分类法作为线分类法的辅助。在选用面分类法时，应遵循以下 4 个基本原则：

①根据需要选择分类对象的本质属性或特征作为分类对象的各个“面”；

②不同“面”的类目不应相互交叉，也不能重复出现；

③每个“面”有严格的固定位置；

④“面”的选择及位置的确定应根据实际需要而定。

3. 面分类法的优缺点

①面分类法的主要优点是：分类结构上具有较大的柔性，即分类体系中任何一个“面”内类目的变动，不会影响其他“面”，而且可以对“面”进行增删；“面”的分类结构可根据任意“面”的组合方式进行检索，这有利于计算机的信息处理。

②面分类法的主要缺点是：组配结构太复杂，不便于手工处理；其容量也不能充分利用，如“男式连衣裙”就无实际意义。

在实际编制代码体系时，到底采用哪一种分类方法，要根据课题中需要解决的问题而定。有时，还可根据事物的特征，在一个分类体系中，同时运用线分类法和面分类法。目前，在实际运用中，一般把面分类法作为线分类法的补充。我国在编制《全国工农业产品（商品、物资）分类与代码》国家标准时，采用的是线分类法和面分类法相结合，以线分类法为主的综合分类法。

课堂小思考：

生活中线分类法与面分类法主要应用于哪些领域？

多面式分类方法应用案例

五、商品分类标志的选择

（一）选择商品分类标志的原则

在进行商品分类时，分类标志的选择非常重要。由于可供选择的分类标志很多，为了使商品分类能满足分类的目的和要求，并将分类对象明确区分开来，在选择分类标志时就要坚持以下基本原则：

1. 目的性

标志的选择应根据分类的目的要求在一定范围内进行，使选用的标志能满足分类的目的和要求，这是商品分类的关键。

2. 区分性

在选择商品特征时，应选择能突出商品的最本质、最基本的特征，以从本质上把不同类别的商品明确区分开来。

3. 适应性

这是指能划分规定范围内所有的商品，并为不断补充新商品留有余地，以保证商品分类的相对稳定性和连贯性。

4. 唯一性

在同一类别范围内只能采用一种分类标志，不能同时采用两种或多种分类标志，分类后的每个商品品种只能出现在一个类别里。

5. 简便性

必须使商品分类在实际运用中有易行性，便于掌握，从而利于商品流通，便于采用数字编码和运用计算机进行处理。

（二）常用的商品分类标志

商品分类标志是编制商品分类体系和商品目录的重要依据。可供选择的商品分类标志很多，在商品分类实践中常用的分类标志有以下 5 种：

1. 以商品的用途作为分类标志

以商品的用途作为分类标志在实际中应用最普遍。商品用途是体现商品使用价值的重要标志，也是探讨商品质量和商品品种的重要依据。以商品用途作为分类依据，适合对商品类别、品种的进一步划分。如商品按用途分为生活资料商品和生产资料商品，生活资料分为食品、纺织品、日用品、家用电器等；日用品按用途分为鞋类、玩具类、洗涤用品、化妆品等；化妆品按用途分为面部化妆品、发用化妆品、身体化妆品等；面部化妆品按用途分为彩妆类、洗面类、护肤类等。如此可以继续细分下去。

按商品用途分类的优点是，便于比较相同用途的各种商品的质量水平和产销情况、性能特点、效用，能促使生产者提高质量、增加品种，并且能方便消费者对比选购，有利于生产、销售和消费的有机衔接。但对储运部门和有多用途的商品不适用。

2. 以商品的原材料作为分类标志

商品的原材料是决定商品质量和引起商品质量变化的重要因素。以商品的原材料作为分类标志在实际中也应用广泛。例如，皮鞋按原材料分为牛皮鞋、猪皮鞋、羊皮鞋、人造革皮鞋等；服装面料按原材料分为棉织品、毛织品、麻织品、丝织品、人造棉织品、涤纶织品、锦纶织品等。此分类方法从原料的特点上来表示各类商品的区别。

以原料为标志分类的优点很多，它分类清楚，还能从本质上反映出各类商品的性能、特点，为确定销售、运输、储存条件提供了依据，有利于保证商品流通中的质量。但对那些用多种原材料组成的商品，如汽车、电视机、洗衣机、电冰箱等，不宜用原材料作为分类标志。

3. 以商品的生产加工方法作为分类标志

很多商品即使采用相同的原材料制造，由于生产方法和加工工艺不同，所形成商品的质量水平、性能、特征等也有明显差异，因此，对相同原材料可选用多种加工方法生产的商品，适宜以生产加工作为分类标志。例如，酒类按生产加工方法分为蒸馏酒、发酵酒、配制酒等；茶叶按生产加工方法分为发酵茶、半发酵茶、不发酵茶等。

这种分类标志的优点是，因为生产方法、工艺不同，突出了商品的个性，有利于销售和工艺的革新。但对于那些生产方法有差别，而商品性能、特征没实质性区别的商品不宜采用，如可用浮法或垂直引上法制成的平板玻璃。

4. 以商品的化学成分作为分类标志

商品由于化学成分不同，在特征上存在着显著的差异，在用途和效用上也有很大的区别，并要求有不同的保管方法，因此采用此种方法进行分类，便于研究和了解商品的特征、用途和效用。许多商品都采用此种方法分类，如纺织品按成分分为纤维素类织品、蛋白质类织品等，化肥分为氮肥、磷肥、钾肥等。

这种分类标志的优点是，能反映商品的本质特性，对于深入研究商品的特性、保管和使用方法，以及开发新品种、满足不同消费者的需要等具有重要意义。但对化学成分复杂的商品（如水果、蔬菜、粮食等）或化学成分区分不明显的商品（收音机）则不适用。

5. 以其他特征作为分类标志

除上述分类标志外，商品的形状、结构、尺寸、颜色、重量、产地、产季等均可作为商品分类的标志。这些分类标志更容易为消费者接受，其特点是概念清楚、形象直观、特征具体、通俗易记、便于区别。按商品共性分类实例见表2－8。

表2－8　按商品共性分类实例

按原材料来源分	植物性商品、动物性商品、矿物性商品等
按产业分	畜产品、林产品、水产品、矿产品、工业产品等
按用途分	食品、衣料品、住宅商品、产业用品、家庭用品等
按市场性分	地方商品、外地商品、外贸商品、民族贸易商品等
按使用时间分	耐用商品、消耗商品等
按需要程度分	必需品、奢侈品等
按行业经营分	服装、鞋帽等
按储运分	化工危险品、土产品、果品等

任务二　商品目录

一、商品目录概念

商品目录是指国家或部门根据商品分类的要求，对所经营管理的商品编制的总明细分类集。商品目录以商品分类为依据，因此也称商品分类目录或商品分类集。商品分类是在商品逐级分类的基础上，用表格、符号和文字全面记录商品分类体系和编排顺序的书本式工具。

在编制商品目录时，国家或部门都是按照一定的目的，首先将商品按一定的标志进行定组分类，再逐次制定和编排。也就是说，没有商品分类就不可能有商品目录，只有在商品科学分类的基础上，才能编制层次分明、科学、系统、标准的商品目录。商品目录的编制就是商品分类的具体体现，是实现商品管理科学化、现代化的前提，是商品生产、经营、管理、流通的重要手段。

二、商品目录的种类

商品目录由于编制目的和作用不同，因此种类很多。如：按商品用途不同编制的目录有食品商品目录、纺织品商品目录、交电商品目录、化工原料商品目录，等等；按管理权限不同编制的目录有一类商品目录、二类商品目录、三类商品目录；按适用范围不同编制的目录有国际商品目录、国家商品目录、部门商品目录、企业商品目录等。

（一）国际商品目录

国际商品目录是指由国际上有权威的各国际组织或地区性集团编制的商品目录。如联合国编制的《国际贸易标准分类目录》、国际关税合作委员会编制的《商品、关税率分类目录》、海关合作理事会编制的《海关合作理事会商品分类目录》和《商品分类及编码协调制度》等。

知识链接1

国际贸易标准分类目录

国际贸易标准分类（Standard International Trade Classification，简称SITC）为用于国际贸易商品的统计和对比的标准分类方法。现行国际贸易标准分类于1950年7月12日由联合国经济社会理事会正式通过，目前为世界各国政府普遍采纳的商品贸易分类体系。到2006年为止，该标准分类经历了四次修改，最近的一次修改为第四次修订版，于2006年3月获联合国统计委员会第三十七届会议通过。

该分类法将商品分为10大类（见表2－9）、63章、223组、786个分组和1 924个项目。在它的编号中第一位数字表示类、第二位数字表示章、第三位数字表示组、第四位数字表示分组。如果对分组再进行细分，五位数即表示品目，六位数字表示细目。然而，SITC在我国却较少使用。国家统计局在统计外贸时，使用SITC分类进行统计，以便更好地与世界其他国家的进出口进行横向比较。各年数据可以在中华人民共和国统计局网站查询和下载。

表2－9　国际贸易标准分类的各类商品名称

初级产品				
0类	1类	2类	3类	4类
食品和活畜	饮料及烟类	非食用原料（燃料除外）	矿物燃料，润滑油及有关原料	动植物油，脂及蜡
工业制品				
5类	6类	7类	8类	9类
化学成品及相关产品	按原料分类的制成品	机械及运输设备	杂项制品	未分类商品

知识链接2

商品名称及编码协调制度

《商品名称及编码协调制度》简称《协调制度》，又称“HS”（The Harmonized Commodity Description and Coding System的简称），是指在原海关合作理事会商品分类目录和国际贸易标准分类目录的基础上，协调国际上多种商品分类目录而制定的一部多用途的国际贸易商品分类目录。

我国作为《协调制度》缔约国，从1992年1月1日起采用《协调制度》作为我国《进出口税则》和《海关统计商品目录》的基础目录。《协调制度》是目前国际上应用最为广泛的国际贸易商品分类目录。为适应国际贸易及商品的发展，世界海关组织（WCO）每四至六年对《协调制度》进行一次较大范围的修改。根据《协调制度》的修改变化，我国需要对《进出口税则》和《海关统计商品目录》进行相应的转换调整。目前，全球已有200多个国家（地区）采用《协调制度》作为对外贸易通关过程中的重要依据。

（二）国家商品目录

国家商品目录是指由国家指定专门机构编制，在国民经济各部门、各地区进行计划、统计、财务、税收、物价、核算等工作时必须一致遵守的全国性统一商品目录，如由国务院批准原国家标准局发布的《全国工农业产品（商品、物资）分类与代码》等。

（三）部门商品目录

部门商品目录是指由行业主管部门即国务院直属各部委或局根据本部门业务工作需要所编制并发布的仅在本部门、本行业统一使用的商品目录，如国家统计局编制发布的《综合统计商品目录》、原商业部编制发布的《商业行业商品分类与代码》等。部门商品目录的编制原则应与国家商品目录保持一致。

（四）企业商品目录

企业商品目录是指由企业在兼顾国家和部门商品目录分类原则的基础上，为充分满足本企业工作需要，而对本企业生产或经营的商品所编制的商品目录。企业商品目录的编制，必须符合国家和部门商品目录的分类原则，并在此基础上结合本企业的业务需要，进行适当的归并、细分和补充。如营业柜组经营商品目录、仓库保管商品经营目录等，都具有分类类别少、对品种划分更详细的特点。

三、企业商品目录的制定

对于商业企业而言，企业商品目录是其根据本身的销售目标，把应该经营的商品品种，用一定的书面形式，并经过一定的程序固定下来，作为企业制订商品购销计划及组织购销活动的主要依据。它是商业企业在商品经营范围内确定商品品种结构的进一步具体化和规范化。企业商品目录包括经营商品目录和必备商品目录。

（一）经营商品目录的制定

经营商品目录是企业经营范围和方向的具体落实。经营者在制定经营商品目录时应考虑的诸多因素，包括商品货源和市场变化、顾客购买习惯和要求、企业的经营能力和商品的关联性、本企业的经营特点和邻近的竞争对手的经营特点等。在明确这些因素的基础上，为便于有计划地组织购销活动，经营者应逐一对商品进行分析排列，逐步确定应该经营什么品种，经营到何种程度，并应具体列明常年和季节商品的详细品种、规格、质量，并规定花色及品种。

企业的经营商品目录并不是一成不变的，而是根据市场需求变化和企业经营能力适时进行调整。调整中可依据商品销售数据分析哪些种类的商品销售下降，如果较长时间内无销售记录，可逐渐筛选淘汰。如有些商品销售上升，可适当增加经营品种和采购数量。企业还应经常开展市场调研预测，分析市场需求变化趋势，了解新产品开发情况，根据企业条件，增加市场前景好的商品经营。在深入研究市场发展变化、总结自身经营状况的基础上，适时调整经营商品目录，这是企业改善经营的重要手段。

（二）必备商品目录的制定

必备商品目录是指为了满足顾客的基本需要而必须长期备有的商品品种目录，它是企业经营的全部商品的主体部分，也是企业维持正常经营所必需的最低商品品种的定额。列入必备商品目录的商品是商店管理的重点、重心，目录中的商品是不可脱销的，必须随时保证有商品可供消费者购买，它应该是企业的主力商品、拳头商品、创利商品。

必备商品的销售比较快，经营者必须保证货源充足，为此要经常检查商品结构和商品库存情况，以便及时补充货源。必备商品目录一般比经营商品目录详细得多，它包括商品种类、商品品名、商品规格、商品价格等。必备商品目录一旦制定，一般不会发生大的调整和变化。

经营商品目录和必备商品目录的关系极为密切，也就是说，经营商品目录包含着必备商品目录，必备商品目录是经营商品的一个组成部分。经营商品目录包括企业经营的全部商品品种数，必备商品目录是商业企业必须备有的品种。商业企业最低的品种定额即为必备品种的定额。商品目录一旦确定，就要认真执行，经常检查，并应与市场情况保持一致，不一致时应及时加以调整。

任务三　商品代码与商品编码

一、商品代码

（一）商品代码概述

1. 商品代码的概念

商品代码又称商品代号、商品编号，它是赋予某种或某类商品的一个或一组有序的符号排列，是便于人或计算机识别商品与处理商品的代表符号。即商品代码是用来表示商品一定信息的一个或一组有规律排列的符号。目前以全数字符号型商品代码最为普遍。

这里所说的一定信息，是指商品分类信息和商品标识信息。商品分类信息是指代码表示某种商品在其分类体系中的位置，也就是表明该种商品与其上下层级商品类目或同层级商品类目之间的隶属或并列关系，或者说是反映该种商品对某一商品类目的归属关系以及各商品类目之间的关系。商品标识信息是指代码仅起到唯一标识单一商品的作用，不具有任何其他意义（如分类意义），只是反映某一个代码与某个单一商品的一对一关系。

商品代码具有分类、标识和便于信息交换的功能。依照代码所表示的信息内容不同，商品代码可以进一步划分为商品分类代码和商品标识代码两类。例如，国际上通行的《商品名称与编码协调制度》、《主要产品分类》（CPC）和我国的《全国主要产品分类与代码》等主要商品（产品）分类目录，采用的都是商品分类代码；国际上通用并在我国广泛采用的 EAN/UCC－13 代码、EAN/UCC－8 代码等，则都是商品标识代码。

2. 商品代码的作用

商品代码往往是商品目录的组成部分，商品分类与代码共同构成了商品目录的完整内容。使用商品代码，是为了加强企业的经营管理，提高工作效率，便于计划、统计、物价及核算工作，简化业务手续；使用商品代码还便于记忆、清点商品，便于实现现代化管理；对于容易混淆的商品名称，使用商品代码可以避免差错。

商品代码广泛应用于各个领域，用以方便区别不同的产地、不同的原料、不同的色泽、不同的商品品种；提高商品进、出、存的作业效率，便于商品信息传递与处理的正确性；方便检查、核对与管理商品信息资料，便于信息传递等。如在进出口贸易中使用的对商品进行分类管理、表示进出口商品名称的商品代码，广泛应用于进出口报关、出口退税、出口企业的业务处理及财务核算等领域，对规范商品管理、简化实际操作、方便统计分析起着重要的作用。

（二）商品代码的种类

目前，根据商品代码符号组成不同，可分为数字型代码、字母型代码、混合型代码和条码四种。

1. 数字型代码

数字型代码，是用阿拉伯数字对商品进行编码形成的代码符号。数字型代码是将每个商品的类别、品目、品种等排列成一个数字或一组数字。其特点为结构简单、使用方便、易于推广、便于利用计算机进行处理，是目前各国普遍采用的一种代码。如 GB 7635—87 标准采用的就是数字型代码。它是全国工农业产品（商品、物资）分类与代码标准，由国务院国民经济统一核算标准领导小组办公室和国家标准局信息编码研究所编写。

2. 字母型代码

字母型代码，是用一个或者若干个字母表示分类对象的代码。按字母顺序对商品进行分类编码时，一般用大写字母表示商品大类，小写字母表示其他类目。字母型代码便于记忆，可提供人们识别的信息，但不便于机器处理信息，特别是当分类对象数目较多时，常常出现重复现象。所以字母编码常用于分类对象较少时的情况，在商品分类编码中较少使用。

3. 混合型代码

混合型代码又称数字、字母混合型代码，是由数字和字母混合组成的代码。它兼有数字型代码和字母型代码的优点，结构严密，具有良好的直观性和表达性，同时又有使用上的习惯。但编码组成形式复杂，给计算机输入带来一定的不便。字母常用于表示商品的产地、性质等特征，可放在数字前边或后边，用于辅助数字代码，如“H1226”代表浙江产的杭罗；“ C8112 ”表示涤粘中的长纤维色布。因此在商品分类编码中常使用这种编码。

4. 条码

条码是由条型符号构成的图形表示分类对象的代码。将在任务四具体讲解。

二、商品编码

（一）商品编码的概念

商品编码是根据一定规则赋予某种或某类商品以相似的商品代码的过程。

商品编码可使繁多的商品便于记忆，简化手续，提高工作效率和可靠性，利于计划、统计、管理等业务工作。商品编码实行标准化、全球化，还有利于商品信息管理的规范、统一和高效，降低管理成本，提高经济效益，促进国民经济的发展。

（二）商品编码的基本原则

商品分类和编码是分别进行的，商品分类在先，编码在后。商品科学分类为编码的合理性创造了前提条件，但是编码是否科学会直接影响商品分类体系的使用价值。因此，编制商品代码时应遵循以下原则：

1. 唯一性原则

唯一性是指商品项目与其标识代码一一对应，即一个商品项目只有一个代码，一个代码只标识同一商品项目。商品项目代码一旦确定，永不改变，即使该商品停止生产、停止供应了，在一段时间内（有些国家规定为 3 年）也不得将该代码分配给其他商品项目。

2. 简明性原则

商品代码应简明、易记，尽可能减少代码长度，这样既便于手工处理，减少差错率，也能减少计算机的处理时间和存储空间。

3. 层次性原则

商品代码要层次清楚，能清晰地反映商品分类关系和分类体系、目录内部固有的逻辑关系。

4. 可扩展性原则

在商品代码结构体系里应留有足够的备用码，以适应新类目的增加和旧类目的删减需要，使扩充新代码和压缩旧代码成为可能，从而使分类代码结构体系可以进行必要的修订和补充。

5. 稳定性原则

商品代码确定后在一定时期内保持稳定，不能频繁变更，以保证分类编码系统的稳定性，避免造成人力、物力、财力的浪费。

6. 统一性和协调性原则

商品代码要同国家商品分类编码标准相一致，与国际通用的商品分类编码标准相协调，以利于实现信息交流和信息共享。

（三）商品编码方法

1. 商品分类代码的编制方法

商品分类代码是有含义的代码，代码本身具有某种实际含义。此种代码不仅作为编制对象的唯一标识，起到代替编码对象名称的作用，还能提供编码对象的相关信息（如分类、排序等信息）。

商品分类代码的编制方法主要有顺序编码法、系列顺序编码法、层次编码法、平行编码法、混合编码法等。

（1）顺序编码法

顺序编码法按商品类目在分类体系中先后出现的次序，依次给予顺序代码，称为顺序编码法。顺序编码是编码设计的基本技术。

假设前一个业务对象的编码为 X…X（注：X 为编码字符），那么下一个业务对象的顺序编码就是 X…X ± n。+n 表示增序编码，-n 表示降序编码。如果 n>1，就采用了跳码技术，腾出 ±1，±2，…，±（n-1），±n 个编码空间给其他业务对象编码。顺序编码数列长度完全一致，按在分类体系中先后出现的次序，依次给予编码。如罐头制品：猪 000～099，牛羊 100～199，禽类 200～299，鱼 300～399，红烧 400～499，虾、水产 500～599，糖、水果罐头 600～699，果浆 700～799，蔬菜 800～899，其他类 900～999。

顺序编码法的主要优点是：①编码简单，代码的点位少，容易设计；②便于利用代码对编码对象进行控制和管理。由于每个编码对象都有一个确定的代码，而各个代码之间没有间隙，因此便于对编码对象进行控制。在会计信息系统中，如合同、支票、发货票、领料单和其他许多单据，常采用这种事先按顺序编号的方法，以便于对这些单据进行控制和管理。

顺序编码方法存在以下缺点：①增删代码不太灵活。由于编码对象是按数字的自然顺序连续编号的，代码之间没有间隙，设计好的代码没有弹性，因此，要增加代码时，只能放在末尾，而删减代码则会造成代码的间断性。②不便于分类。由于这种编码的方法缺乏逻辑基础，代码的本身不能说明数据的任何特征，不能作为分类的标志，机器处理比较困难。这种编码方法在处理对象（编码对象）比较少，其内容在较长期间内不变动的情况下才适用。它一般经常与其他编码方法组合使用，作为其他码分类中细分类的一种辅助手段。

（2）系列顺序编码法

系列顺序编码法是一种特殊的顺序编码法，将顺序数字代码分为若干段（系列），使其与分类编码对象的分段一一对应，并赋予每段分类编码对象以一定的顺序代码的编码方法。其优点是可以赋予编码对象一定的属性和特征，提供有关编码对象的某些附加信息。缺点是当系列顺序代码过多时，会影响计算机处理速度。

系列顺序编码法应用举例如下：

0111　　　　小麦
0111.010　　冬小麦
0111.011　　白色硬质冬小麦

0111.012　　白色软质冬小麦

0111.100　　春小麦

0111.101　　白色硬质春小麦

0111.102　　白色软质春小麦

（3）层次编码法

层次编码法是按商品类目在分类体系中的层次顺序，依次赋予对应的数字代码的编码方法。它主要应用于线分类体系，编码时将代码分成若干层次，并与分类对象的分类层次相对应。代码从左到右表示层级由高至低，各层次的代码常采用顺序码或系列顺序码。

国家标准《全国主要产品分类与代码　第 1 部分：可运输产品》（GB/T 7635.1—2002）全部采用数字编码，其长度是 8 位，代码结构分成六层，各层分别命名为大部类、部类、大类、中类、小类和细类。其中，第一层至第五层各用一个数字表示，第一层代码为 0 ~ 4，第二、五层代码为 1 ~ 9，第三、四层代码为 0 ~ 9；第六层用三位数字表示，代码为 001 ~ 999 ；第五层和第六层代码之间用圆点（•）隔开。

如一个商品的 8 位层次编码是 ×　× × × × · × × × ×，则它的代码结构见表 2 - 10。

表 2 - 10　代码结构

×	×	×	×	×	× × ×
大部类	**部类**	**大类**	**中类**	**小类**	**细类**

层次分类法应用案例

层次分类法应用案例见表 2 - 11。

表 2 - 11　层次分类法应用案例

大类（0—9）	中类（0—9）	小类
家电—0	彩电—0	29 英寸液晶彩电—1 · 001
	冰箱—1	海尔 126 升电冰箱—1 · 001
	空调—2	春兰卧式空调 2 匹—1 · 001 春兰卧式空调 2.5 匹—1 · 002 3 匹格力立式空调—2 · 003 2 匹的格力卧式空调—2 · 002
	微波炉—3	格兰仕微波炉—1 · 001
	电饭锅—4	双喜电饭锅 22 厘米—1 · 001 双喜电饭锅 24 厘米—1 · 002 双喜电饭锅 26 厘米—1 · 003
	电扇—5	美菱电扇—1 · 001
	照相机—6	索尼牌数码照相机—1 · 001

续表

大类（0—9）	中类（0—9）	小类
食品—1	牛奶及其制品—0	450 克光明奶粉—2 · 001 250 克蒙牛加钙鲜奶—1 · 001 450 克三鹿奶粉—2 · 002 250 克巨牛鲜奶—1 · 002 500 克完达山无糖奶粉—3 · 001
	调味品—1	500 克食用白糖—1 · 011 30 克姜粉—2 · 001 375 毫升鲜岛酱油—3 · 011 30 克胡椒粉—4 · 001 400 克碘盐—5 · 011
	肉制品—2	午餐肉罐头—1 · 001 1 000 克伊利羊肉片—5 · 012 双汇蒜味肠 100 克—8 · 124 500 克鸡肉串—4 · 111
	面制品—3	三明治面包—1 · 012 天津十八街麻花—5 · 125 奶油蛋糕—4 · 563
	布丁—4	北京布丁—1 · 121
	水果制品—5	龙眼罐头—1 · 111

（4）平行编码法

平行编码法也称特征组合编码法，是指将编码对象按其属性或特征分为若干个面，每一个面内的编码对象按其规律分别确定一定位数的数字代码，面与面之间的代码没有层次关系或者隶属关系，最后根据需要选用各个面中的代码，并按预先确定的面的排列顺序组合成复合代码的一种编码方法。它多应用于面分类法。

平行编码法的优点是，编码结构有较好的弹性，可以比较简单地增加分类编码面的数目，必要时还可更换个别的面。但这种编码有编码容量利用率低的缺点，因为并非所有可组配的复合代码都有实际意义。平行编码法应用案例见表 2 – 12。

表 2 – 12　平行编码法应用案例

面料	样式	款式
01 纯棉	01 男士	01 西装
02 纯麻	02 女士	02 衬衫
03 纯毛		03 连衣裙
04 真丝		04 中山装

01 01 01—纯棉男士西装；

02 02 03—纯麻女士连衣裙；

03 01 01—纯毛男士西装；

01 01 03—纯棉男士连衣裙（无意义）。

（5）混合编码法

混合编码法是由层次编码法和平行编码法组合而成的一种编码方法。编码时先分析选择分类编码对象的各种属性与特征，然后将某些属性或特征用层次编码法表示，其余的属性或特征用平行编码法表示。这样，可以择其优点，弃其缺点。

2. 商品标识代码的编制方法

商品标识代码，是由国际物品编码协会 EAN · UCC 系统的编码标准所规定，并用于全球统一标识商品的数字型代码，也称全球统一标识商品代码。它主要包括 EAN/UCC－13，EAN/UPC－8，UPC－12 和 EAN/UCC－14 四种代码。商品条码是用来表示国际通用的商品标识代码的一种模块组合型条码，可被机器快速诀识读和处理。

商品标识代码和商品条码主要用于对零售、非零售商品的统一标识。零售商品主要是指在零售终端通过 POS（Point of Sale）系统扫描结算的商品。非零售商品是指不经过 POS 系统扫描结算的用于配送、仓储或批发等环节的商品。

通常，零售商品的标识代码采用 EAN/UCC－13、EAN/UPC－8、UPC－12 代码。非零售商品的标识代码采用 EAN/UCC－14、EAN/UCC－13 和 UPC－12 代码。

（1）EAN/UCC－13 代码

EAN/UCC－13 代码由 13 位数字组成，该代码有三种结构形式，每种代码结构分为三个层次。EAN/UCC－13 代码的结构见表 2－13。

表 2－13　EAN/UCC－13 代码的结构

结构类型	前缀码＋厂商识别代码	商品项目代码	校验码
结构一	$N_{13}\ N_{12}\ N_{11}\ N_{10}\ N_9\ N_8\ N_7$	$N_6\ N_5\ N_4\ N_3\ N_2$	N_1
结构二	$N_{13}\ N_{12}\ N_{11}\ N_{10}\ N_9\ N_8\ N_7\ N_6$	$N_5\ N_4\ N_3\ N_2$	N_1
结构三	$N_{13}\ N_{12}\ N_{11}\ N_{10}\ N_9\ N_8\ N_7\ N_6\ N_5$	$N_4\ N_3\ N_2$	N_1

1）厂商识别代码

厂商识别代码通常由 7～9 位数字组成，其左边的 2～3 位数字（$N_{13}N_{12}$或 $N_{13}N_{12}N_{11}$）称为前缀码，是 EAN 编码组织（国际物品编码协会）分配给其所属成员国家（地区）编码组织的代码。国际物品编码协会分配给中国物品编码中心的前缀码是 690～695。厂商识别代码由中国物品编码中心统一向申请厂商分配。我国以 690、691 为前缀码的 EAN/UCC－13 代码采用表 2－13 中的结构一；以 692、693 为前缀码的 EAN/UCC－13 代码采用表 2－13 中的结构二。必须指出的是，前缀码并不代表商品的原产地，而只能说明分配和管理有关厂商识别代码的国家（地区）的编码组织。GS1 已分配给国家（地区）编码组织的前缀码见表 2－14。

表 2－14　GS1 已分配给国家（地区）编码组织的前缀码

前缀码	管理的国家（地区）	前缀码	管理的国家（地区）
000～019 030～039 069～139	美国	380	保加利亚
300～379	法国	383	斯洛文尼亚

续表

前缀码	管理的国家（地区）	前缀码	管理的国家（地区）
385	克罗地亚	599	匈牙利
387	波斯尼亚－黑塞哥维那	600～601	南非
400～440	德国	603	加纳
450～459 490～499	日本	608	巴林
460～469	俄罗斯	609	毛里求斯
470	吉尔吉斯斯坦	611	摩洛哥
471	中国台湾	613	阿尔及利亚
474	爱沙尼亚	616	肯尼亚
475	拉脱维亚	618	科特迪瓦
476	阿塞拜疆	619	突尼斯
477	立陶宛	621	叙利亚
478	乌斯别克斯坦	622	埃及
479	斯里兰卡	624	利比亚
480	菲律宾	625	约旦
481	白俄罗斯	626	伊朗
482	乌克兰	627	科威特
484	摩尔多瓦	628	沙特阿拉伯
485	亚美尼亚	629	阿拉伯联合酋长国
486	佐治亚	640～649	芬兰
487	哈萨克斯坦	690～695	中国
489	中国香港	700～709	挪威
500～509	英国	729	以色列
520	希腊	730～739	瑞典
528	黎巴嫩	740	危地马拉
529	塞浦路斯	741	萨尔瓦多
530	阿尔巴尼亚	742	洪都拉斯
531	马其顿	743	尼加拉瓜
535	马耳他	744	哥斯达黎加
539	爱尔兰	745	巴拿马
540～549	比利时、卢森堡	746	多米尼加
560	葡萄牙	750	墨西哥
569	冰岛	754～755	加拿大
570～579	丹麦	759	委内瑞拉
590	波兰	760～769	瑞士
594	罗马尼亚	770	哥伦比亚

续表

前缀码	管理的国家（地区）	前缀码	管理的国家（地区）
773	乌拉圭	869	土耳其
775	秘鲁	870～879	荷兰
777	玻利维亚	880	韩国
779	阿根廷	884	柬埔寨
780	智利	885	泰国
784	巴拉圭	888	新加坡
786	厄瓜多尔	890	印度
789～790	巴西	893	越南
800～839	意大利	899	印度尼西亚
840～849	西班牙	900～919	奥地利
850	古巴	930～939	澳大利亚
858	斯洛伐克	940～949	新西兰
859	捷克	950	国际物品编码协会总部
860	塞尔维亚和黑山	955	马来西亚
865	蒙古	958	中国澳门
867	朝鲜		

GS1

GS1（Globe Standard 1）是一个组织的英文全称，它同时包含了5个含义：

1. 一个全球系统；
2. 一个全球标准；
3. 一种全球解决方案；
4. 世界一流的标准化组织（供应链管理/商务领域）；
5. 在全球开放标准/系统下的统一商务行为。

GS1拥有一套全球跨行业的产品、运输单元、资产、位置和服务的标识标准体系和信息交换标准体系，使产品在全世界都能够被扫描和识读；GS1的全球数据同步网络（GD－SN）确保全球贸易伙伴都使用正确的产品信息；GS1通过电子产品代码（EPC）、射频识别（RFID）技术标准提供更高的供应链运营效率；GS1可追溯解决方案，帮助企业遵守国际的有关食品安全法规，实现食品消费安全。

GS1系统起源于美国，由美国统一代码委员会（UCC，于2005年更名为GS1 US）于1973年创建。UCC创造性地采用12位的数字标识代码（UPC）。1974年，标识代码和条码首次在开放的贸易中得以应用。继UPC系统成功之后，欧洲物品编码协会，即早期的国际物品编码协会（EAN International，2005年更名为GS1），于1977年成立并开发了与之兼容的系统，并在北美以外的地区使用。EAN系统设计意在兼容UCC系统，主要用13位数字编码。随着条码与数据结构的确定，GS1系统得以快速发展。2005年2月，EAN和UCC正式合并更名为GS1。

2）商品项目代码

商品项目代码是由 3～5 位数字组成，用以表示商品项目的代码。商品项目是按商品的基本特征划分的商品群类。商品项目代码由厂商根据有关规定自行分配。在编制商品项目代码时，厂商必须遵守商品编码的基本原则，同一商品项目和商品只能编制一个商品项目代码，对不同的商品项目必须编制不同的商品项目代码。商品名称、商标、种类、规格、数量、包装类型等商品基本特征不同，应视为不同项目的商品。为了保证代码的唯一性，我国商品项目识别代码须由中国物品编码中心统一分配。

在我国，商品项目代码目前有两种结构：当前缀码为 690 或 691 时，厂商识别代码为 7 位，商品项目代码为 5 位，如表 2－13 之结构一，可标识 100 000 种商品；当前缀码为 692 或 693 时，厂商识别代码为 8 位，商品项目代码为 4 位，如表 2－13 之结构二，可标识 10 000 种商品。即凡是厂商识别代码是以 690、691 开头的，商品项目代码由五位数字组成，编码范围是 00000～99999；凡是厂商识别代码是以 692、693 开头的，商品项目代码由四位数字组成，编码范围是 0000～9999。

3）校验码

校验码由 1 位数字组成，是根据前 12 位数值按 GB 12904—2003《商品条码》规定的公式计算而得，用来校验前 12 位数字的译码正确性。厂商在编制商品项目代码时，不必计算校验码，其数值由制作条码原版胶片或直接打印条码符号的软件自动生成。

厂商识别代码、商品项目代码和校验码只有合成一个整体，才能实现一种商品的全球唯一标识，不能把它们分开来单独使用。

知识链接

商品条码校验码的计算方法

1. 代码位置序号是指包括校验码在内的，由右至左的顺序号（校验码的代码位置序号为1）。

2. 校验码计算步骤如下：

第一步：从代码位置序号 2 开始，所有偶数位的数字代码求和；

第二步：将第一步的和乘以 3 ；

第三步：从代码位置序号 3 开始，所有奇数位的数字代码求和；

第四步：将第二步与第三步的结果相加；

第五步：用大于或等于第四步所得结果且为 10 最小整数倍的数减去第四步所得结果，其差即为所求校验码的值。

3. “690123456789X”校验码的计算步骤见表 2－15，“X”代表校验码。

表 2－15　计算检验码

计算步骤	举例说明													
1. 自右向左顺序编号	代码	6	9	0	1	2	3	4	5	6	7	8	9	X
	序号	13	12	11	10	9	8	7	6	5	4	3	2	1
2. 从序号 2 开始求出偶数位上数字之和①	9＋7＋5＋3＋1＋9＝34　①													
3. ①×3＝②	34×3 ＝102　②													
4. 从序号 3 开始求出奇数位上数字之和③	8＋6＋4＋2＋0＋6 ＝26　③													

续表

计算步骤	举例说明
5. ②+③=④	102+26 =128　④
6. 用大于或等于结果④且为10最小整数倍的数减去④，其差即为所求校验码的值	130－128=2； 校验码 X=2

小思考：6902538004045；690—中国；2583—广东乐百氏公司；00404—维生素饮料；5—校验码（怎么算出来?）

（3）EAN/UPC－8代码

EAN/UPC－8代码也称缩短版条码，只用于商品的销售包装，由8位数字的字符代码组成。商品包装上没有足够的面积印刷标准版条码，可将商品编成8位数字代码。由于缩短版条码不能直接表示生产厂商，所以只有在不得已时才使用。其符号结构与EAN/UCC－13条码的符号结构基本类似，在此不再详述。

EAN/UPC－8条码没有企业代码，只有商品代码，由国家物品编码管理机构分配，在使用上有严格控制。

EAN/UPC－8代码只有一种结构，见表2－16。

表2－16　EAN/UPC－8代码的结构

$X_8\ X_7\ X_6$	$X_5\ X_4\ X_3\ X_2$	X_1
前缀码	商品项目代码	校验码

中国物品编码中心

中国物品编码中心是统一组织、协调、管理我国商品条码、物品编码与自动识别技术的专门机构，隶属于国家市场监督管理总局，1988年成立，1991年4月代表我国加入国际物品编码协会（GS1），负责推广国际通用的、开放的、跨行业的全球统一编码标识系统和供应链管理标准，向社会提供公共服务平台和标准化解决方案。其网址为：http://www.ancc.org.cn/.

中国物品编码中心在全国设有46个分支机构，形成了覆盖全国的集编码管理、技术研发、标准制定、应用推广以及技术服务为一体的工作体系。物品编码与自动识别技术已广泛应用于零售、制造、物流、电子商务、移动商务、电子政务、医疗卫生、产品质量追溯、图书音像等国民经济和社会发展的诸多领域。

（4）UPC－12代码

UPC－12代码（见表2－17）是在美国和加拿大等北美国家已使用30多年的12位数字的商品标识代码。表示UPC－12代码的条码符号结构有两种，即UPC－A码（12位）和压缩了零的UPC－E码（8位）。

表2－17　UPC－12代码的结构

X_{12}	$X_{11}\ X_{10}\ X_9\ X_8\ X_7$	$X_6\ X_5\ X_4\ X_3\ X_2$	X_1
系统字符	厂商识别代码	商品项目代码	校验码

表 2－17 中的 X_{12} 称为系统字符，在左侧的安全空间，用数字 0～9 标示，数字不同，含义也不同，见表 2－18。

表 2－18　UPC－12 代码的系统码的应用规定

系统字符	应用范围	系统字符	应用范围
0，6，7	规则包装的商品	4	零售商自用的店内码
2	不规则重量的商品	5	商家的优惠券
3	药品及医疗用品	1，8，9	备用码

UPC－8 代码，它也称为缩短版的 UPC 代码，用于商品销售包装，由 8 位字符代码组成。只有当商品小、无法印刷 UPC－12 代码时，才允许使用 UPC－8 代码，如香烟、胶卷、化妆品等商品。UPC－8 代码的结构见表 2－19。

表 2－19　UPC－8 代码的结构

X_8	X_7 X_6 X_5 X_4 X_3 X_2	X_1
系统码	压缩后的企业代码和商品项目代码	校验码

通常情况下，一般不选用 UPC 商品代码，只有当产品出口到北美地区并且客户指定时，才申请使用 UPC 商品代码。中国厂商如需申请使用 UPC 商品代码，须经中国物品编码中心统一办理。

任务四　商品条码

一、商品条码概述

（一）条码的概念

条码（Bar Code），又称条形码，是由一组粗细不同，黑白（或彩色）相间的条、空及对应字符按规则组合起来，用以表示一定信息的图形。常见的条形码是由反射率相差很大的黑条（简称条）和白条（简称空）组成的。

商品条码是用于表示国际通用的商品代码的一种模块组合型条码，是计算机输入数据的一种特殊代码，包含有商品的生产国别、制造厂商、产地、名称、特性、价格、数量、生产日期等一系列商品信息。

商品条码采用条码符号表示信息，条、空颜色不同，对光形成不同反射率而产生较大反差，扫描器利用光来扫读条码符号，将光信号转换为电信号，然后由译码器将获得的电信号译成相应的数据代码输入电脑，电脑就能确定出商品的代码、名称、品种和生产厂商等信息。商品条码实现了高效的销售管理，降低了商品流通成本，进而增加了企业效益；商品条码可以有效防止假冒，保护消费者的利益。

一般条码字符在上，数字字符在下。前者用于机器识读，后者供人们直接识读或通过键盘向计算机输入数据使用。主要的商品条码见图 2－1。

图 2－1　主要的商品条码

（二）条码的特点

条码是迄今为止最为经济、实用的一种自动识别技术。条形码技术具有以下几个方面的优点：

1. 可靠准确

键盘输入数据出错率为三百分之一，利用光学字符识别技术出错率为万分之一，而采用条码技术误码率低于百万分之一。

2. 数据输入速度快

与键盘输入相比，条码输入的速度是键盘输入的5倍，并且能实现“即时数据输入”。

3. 经济便宜

与其他自动化识别技术相比较，推广应用条码技术，所需费用较低。

4. 灵活、实用

条码作为一种识别手段可以单独使用，也可以和有关设备组成识别系统实现自动化识别，还可和其他控制设备联系起来实现整个系统的自动化管理。同时，在没有自动识别设备时，也可实现手工键盘输入。

5. 自由度大

识别设备与条码标签相对位置的自由度要比光学字符的大得多。条码通常只在一维方向上表达信息，而同一条码上所表示的信息完全相同并且连续，这样即使是标签有部分欠缺，仍可以从正常部分输入正确的信息。

6. 设备简单

条码识别设备结构简单，操作容易，无须专门训练。

7. 易于制作

条码可印刷，被称为“可印刷的计算机语言”。条码标签易于制作，对印刷技术设备和材料无特殊要求，且设备也相对便宜。

二、商品条码的起源

早在20世纪40年代，美国的乔·伍德兰德（Joe Woodland）和伯尼·西尔沃（Berny Silver）两位工程师就开始研究用代码表示食品项目及相应的自动识别设备，并于1949年获得了美国专利。但条码得到实际应用和发展还是在20世纪70年代左右。到现在，世界上绝大多数的国家和地区已普遍使用条码技术，而且它正在快速地向世界各地推广，其应用范围越来越广，并逐步渗透到许多技术领域。

早期的条码图案并不是现在的样子，而像微型射箭靶，所以被叫作“公牛眼”代码。靶式的同心圆是由圆条和空绘成圆环形。在原理上，“公牛眼 ”代码与后来的条码很相近，遗憾的是当时的工艺和商品经济还没有能力印制出这种码。

1970年美国超级市场Ad Hoc委员会制定出通用商品代码——UPC码，许多团体也提出了各种条码符号方案。UPC码首先在杂货零售业中试用，这为以后条码的统一和广泛采用奠定了基础。次年布莱西公司研制出布莱西码及相应的自动识别系统，用以库存验算。这是条码技术第一次在仓库管理系统中的实际应用。1972年蒙那奇·马金（Monarch Marking）等人研制出库德巴（Code Bar）码，到此美国的条码技术进入新的发展阶段。

1973年美国统一编码协会（简称UCC）建立了UPC条码系统，实现了该码制标准化。同年，食品杂货业把UPC码作为该行业的通用标准码制，为条码技术在商业流通销售领域里的广泛应用起到了积极的推动作用。1974年Intermec公司的戴维·阿利尔（Davide Allair）博士研制出39码，很快被美国国防部所采纳，作为军用条码码制。39码是第一个字母、数字相结合的条码，后来广泛应用于工业领域。

1976年在美国和加拿大超级市场上，UPC码的成功应用给人们以很大的鼓舞，尤其是欧洲人对此产生了极大兴趣。次年，欧洲共同体在UPC－A码基础上制定出欧洲物品编码EAN－13和EAN－8码，签署了“欧洲物品编码”协议备忘录，并正式成立了欧洲物品编码协会（简称

EAN)。到了1981年由于EAN已经发展成为一个国际性组织，故改名为“国际物品编码协会”，简称IAN。但由于历史原因和习惯，至今仍称为EAN（后改为EAN International)。

从20世纪80年代初，人们围绕提高条码的信息密度，开展了多项研究，128码和93码就是其中的研究成果。128码于1981年被推荐使用，而93码于1982年使用。这两种码的优点是条码密度比39码高出近30%。随着条码技术的发展，条码码制种类不断增加，因而标准化问题显得很突出。为此先后制定了军用标准1189、交叉25码、39码、库德巴码、ANSI标准MH10.8M等。同时一些行业也开始建立行业标准，以适应发展需要。此后，戴维·阿利尔又研制出49码，这是一种非传统的条码，它比以往的条码具有更高的密度（即二维条码的雏形)。接着特德·威廉斯（Ted Williams）推出16K码，这是一种适用于激光扫描的码制。到1990年年底为止，共有40多种条码码制，相应的自动识别设备和印刷技术也得到了长足的发展。

从20世纪80年代中期开始，我国一些高等院校、科研部门及一些出口企业，把条码技术的研究和推广应用逐步提到议事日程。一些行业，如图书、邮电、物资管理部门和外贸部门已开始使用条码技术。1988年12月28日，经国务院批准，国家技术监督局成立了“中国物品编码中心”。该中心的任务是研究、推广条码技术，统一组织、开发、协调、管理我国的条码工作。

在经济全球化、信息网络化、生活国际化、文化国土化的资讯社会到来之时，起源于20世纪40年代、研究于60年代、应用于70年代、普及于80年代的条码与条码技术及各种应用系统，引起世界流通领域里的大变革。条码作为一种可印制的计算机语言，被未来学家称为“计算机文化”。20世纪90年代的国际流通领域将条码誉为商品进入国际计算机市场的“身份证”，从而使得全世界对它刮目相看。

印刷在商品外包装上的条码，像一条条经济信息纽带将世界各地的生产制造商、出口商、批发商、零售商和顾客有机地联系在一起。这一条条纽带，一经与EDI系统相联，便形成多项、多元的信息网，各种商品的相关信息犹如投入了一个无形的永不停息的自动导向传送机构，流向世界各地，活跃在世界商品流通领域。

三、商品条码的种类

（一）按编码主体不同分类

商品条码根据编码主体不同或编码内容、对象的不同，可分为厂家条码和店内条码两类。一般所说的商品条码主要指厂家条码。厂家条码与店内条码的区别在于编码场所、编码内容和商品对象的不同。厂家条码与店内条码区别见表2－20所示。

表2－20　厂家条码与店内条码

种类＼项目	编码场所	编码内容	商品对象
厂家条码	生产、包装阶段（工厂)	前缀码、厂商识别代码、商品项目代码等（部分由EAN组织设定，部分由厂家设定)	加工食品、日用百货等
店内条码	加工、陈列、销售阶段（超级市场加工中心、商店)	零售商店店内用商品编码（原则上由零售商店自己设定)	鲜肉、鲜鱼、蔬菜、水果、熟肉制品及未经厂家编码的加工食品、日用百货等

1. 厂家条码

厂家条码指厂家在生产过程中直接印到商品包装上的条码，它不包括商品价格信息。常用的厂家条码主要有EAN条码和UPC条码。

在商品流通中，EAN或UPC条码又可分为消费单元和储运单元条码两种。消费单元是指通过超级市场、百货商店、专业商店等零售渠道直接售给最终用户的商品包装单元。消费单元的条码又分为标准版（EAN－13，UPC－A）和缩短版（EAN－8，UPC－E）两种形式。

储运单元是指若干消费单元组成的稳定和标准的集合，是装卸、仓储、运输等项业务所必需的商品包装单元。包装箱内可以是单一商品，也可以是不同的商品或多件商品小包装。储运包装箱常常采用 ITF－14 条码或 UCC/EAN－128 应用标识条码。通常所说的厂家条码，是指 EAN 或 UPC 条码的消费单元模式，即 EAN－13、UPC－A、EAN－8、UPC－E 条码。

（1）EAN－13 条码

EAN－13 条码是用于表示 EAN/UCC－13 代码的商品条码，又称标准版 EAN 商品条码。它主要用于超级市场或一些自动销售系统的单件商品。

EAN－13 条码由上部的条码结构及下部的供人识别的字符即 EAN/UCC－13 代码两部分所组成。该条码是按照“二进制”和“模块组配法”原理进行编码的。条码中的条或空的基本单位是模块，模块是一种代表规定长度的物理量，是确定条与空宽度的计量单位。因此，EAN－13 条码是按照特定的编码规则所组成的倍数模块宽度不同的条与空的组合。

EAN－13 条码由左侧空白区、起始符、左侧数据符、中间分隔符、右侧数据符、校验符、终止符、右侧空白区及供人识别字符组成。

左侧空白区：位于条码符号最左侧与空的反射率相同的区域，其最小宽度为 11 个模块宽。

起始符：位于条码符号左侧空白区的右侧，表示信息开始的特殊符号，由 3 个模块组成。

左侧数据符：位于起始符右侧，表示 6 位数字信息的一组条码字符，由 42 个模块组成。

中间分隔符：位于左侧数据符的右侧，是平分条码字符的特殊符号，由 5 个模块组成。

右侧数据符：位于中间分隔符右侧，表示 5 位数字信息的一组条码字符，由 35 个模块组成。

校验符：位于右侧数据符的右侧，表示校验码的条码字符，由 7 个模块组成。

终止符：位于条码符号校验符的右侧，表示信息结束的特殊符号，由 3 个模块组成。

右侧空白区：位于条码符号最右侧与空的反射率相同的区域，其最小宽度为 7 个模块宽。为保护右侧空白区的宽度，可在条码符号右下角加“ > ”符号。EAN－13 条码示意图见图 2－2；EAN－13 条码识别字符示意图见图 2－3。

图 2－2　EAN－13 条码示意图

图 2－3　EAN－13 条码识别字符示意图

（2）EAN－8 条码

EAN－8 条码也称 EAN 缩减版条码，主要用于印刷面积较小而无法印贴 EAN－13 条码的零售包装商品。由于缩短版条码不能直接表示生产厂商，所以只有在不得已时才使用它。其符号结构与 EAN－13 条码的符号结构基本相同，由左侧空白区、起始符、左侧数据符、中间分隔符、右侧数据符、校验符、终止符、右侧空白区及供人识别字符组成。它与 EAN－13 条码的区别在于压缩了左右侧数据符及其条、空模块数量。EAN－8 条码示意图见图 2－4，EAN－8 条码识别字符示意图见图 2－5。

图 2 –4　EAN –8 条码示意图

图 2 –5　EAN –8 条码识别字符示意图

（3）UPC 条码

UPC 条码也是用于商品的条码，主要用于美国和加拿大，UPC 条码是由美国统一代码委员会（UCC）制定的一种条码码制。我国有些出口到北美地区的商品，为了适应北美地区的需要，也需要申请 UPC 条码。UPC 条码也有标准版和缩短版两种，标准版由 12 位数字构成，缩短版由 8 位数字构成，比标准版的 EAN 条码少一位，缩短版位数一样。

1）UPC – A 条码

UPC – A 条码也称标准（或完整）的 UPC 条码，用于商品销售和商品储运两种包装，有 12 位字符，由左侧空白区、起始符、左侧数据符、中间分隔符、右侧数据符、校验符、终止符、右侧空白区及供人识别字符组成，符号结构基本与 EAN – 13 相同。

UPC – A 条码供人识别字符中第一位为系统字符，最后一位是校验字符，它们分别放在起始符与终止符的外侧；并且，表示系统字符和校验字符的条码字符的条高与起始符、终止符和中间分隔符的条高相等。

UPC – A 条码左、右侧空白区最小宽度均为 9 个模块宽，其他各组成部分的模块数与 EAN – 13 条码相同。UPC – A 条码是 EAN – 13 条码的一种特殊形式，UPC – A 条码与 EAN – 13 条码中 N_1 = “0”兼容。UPC – A 条码示意图见图 2 –6，UPC – A 条码识别字符示意图见图 2 –7。

图 2 –6　UPC – A 条码示意图

图 2 –7　UPC – A 条码识别字符示意图

2）UPC – E 条码

UPC – E 条码又称 UPC 缩短码，是 UPC – A 条码的简化模式，其编码方式是将 UPC – A 条码整体压缩成短码，以方便使用，因此其编码形式须经由 UPC – A 条码来转换。UPC – E 条码由 6 位数码与左右护线组成，不含中间的分隔符，从左到右由左侧空白区、起始字符、数据字符、终止字符、右侧空白区，以及供人识别的字符组成。UPC – E 条码只用于国别码为 0 的商品。UPC – E 条码示意图见图 2 –8，UPC – E 条码识别字符示意图见图 2 –9。

图 2 –8　UPC – E 条码示意图

图 2 –9　UPC – E 条码识别字符示意图

2. 店内条码

店内条码，简称店内码，是指商店为便于店内商品管理而对商品自行编制的临时性代码及条码标识。店内码为零售商编的代码，只能用于商店内部的自动化管理系统。零售商进货后，对商品进行包装，用专用设备对商品称重并自动编码和制成条码，然后将条码粘贴或悬挂在商品包装上。国家标准《商品条码 店内条码》（GB/T 18283—2008）将其定义为：前缀码为 20 ~ 24 的商品条码，用于标识商店自行加工店内销售的商品和变量零售商品。

店内条码的使用大致有两种情况：一种是用于商品变量消费单元的标识，如鲜肉、水果、蔬菜、熟食等散装商品是按基本计量单位计价，以随机数量销售的，其编码任务不宜由厂家承担，只能由零售商完成。零售商进货后，要根据顾客的不同需要重新分装商品，用专用设备（如具有店内条码打印功能的智能电子秤）对商品称重并自动编码和制成店内条码标签，然后将其粘贴或悬挂到商品外包装上。另一种是用于商品定量消费单元的标识，这类规则包装商品是按商品件数计价销售的，应由生产厂家编印条码，但因厂家对其生产的商品未申请使用商品条码或厂家印刷的商品条码质量不高而无法识读，为便于商店 POS 系统的扫描结算，商店必须自己制作店内条码并将其粘贴或悬挂在商品外包装上。

目前我国商店主要采用的店内条码是 EAN 推荐的 EAN－13（标准版）条码。《商品条码 店内条码》（GB/T 18283—2008）将其分成不包含价格等信息的 13 位代码与包含价格等信息的 13 位代码。不包含价格等信息的 13 位代码（见表 2－21）由前缀码、商品项目代码和校验码组成。前缀码由 2 位数字组成，其值为 20 ~ 24；商品项目代码由 10 位数组成，由商店自行编制。校验码由 1 位数组成，根据前 12 位数字计算而成，用于检验整个代码的正误，计算方法在《商品条码 零售商品编码与条码表示》（GB 12904—2008）中有详细描述。

表 2－21　不包含价格等信息的 13 位代码结构

前缀码	商品项目代码	校验码
X_{13} X_{12}	X_{11} X_{10} X_9 X_8 X_7 X_6 X_5 X_4 X_3 X_2	X_1

包含价格等信息的 13 位代码（见表 2－22）由前缀码、商品种类代码、价格或度量值的校验码、价格或度量值代码和校验码等 5 部分组成。其中，价格或度量值的校验码可以缺省。包含价格等信息的 13 位代码共分 4 种结构。前缀码由 2 位数字组成，其值为 20 ~ 24，商品种类代码由 4 ~ 6 位数字组成，用于标识不同种类的零售商品，由商店自行编制。价格或度量值代码由 4 ~ 5位数字组成，用于表示某一具体零售商品的价格或度量值信息。价格或度量值的校验码由 1 位数值组成，根据价格或度量值代码的各位数字计算而成，用于检验整个价格或度量值代码的正误。校验码由 1 位数字组成，根据前 12 位数字计算而成，用于检验整个代码的正误。

表 2－22　包含价格等信息的 13 位代码结构

结构种类	前缀码	商品种类代码	价格或度量值的校验码	价格或度量值代码	校验码
结构一	X_{13} X_{12}	X_{11} X_{10} X_9 X_8 X_7 X_6	无	X_5 X_4 X_3 X_2	X_1
结构二	X_{13} X_{12}	X_{11} X_{10} X_9 X_8 X_7 X_6	无	X_6 X_5 X_4 X_3 X_2	X_1
结构三	X_{13} X_{12}	X_{11} X_{10} X_9 X_8 X_7	X_6	X_5 X_4 X_3 X_2	X_1
结构四	X_{13} X_{12}	X_{11} X_{10} X_9 X_8	X_7	X_6 X_5 X_4 X_3 X_2	X_1

店内条码应用实例

1. 前缀码（21）+ 种类码（06013）+ 价格码（04008—4.008 元）+ 校验码（3），见图 2－10。

2. 前缀码（20）+种类码（柚子10518）+重量码（01588—1 588克）+校验码（9），见图2－11。

图2－10 西红柿店内条码

图2－11 沙田柚子店内条码

（二）按码制分类

1. UPC码

1973年，美国率先在国内的商业系统中应用UPC码之后，加拿大也在商业系统中采用UPC码。UPC码是一种长度固定的连续型数字式码制，其字符集为数字0~9。它采用4种元素宽度，每个条或空是1、2、3或4倍单位元素宽度。UPC码有两种类型，即UPC－A码和UPC－E码。UPC－A码可以编码13位数字，其中包括一位验证码。另外UPC后面还可以加上两位数字或者5位数字的附加编码，用于编码价格商家等信息。UPC－E可以编码7位数字（包括一位验证码）。

2. EAN码

1977年，欧洲经济共同体各国按照UPC码的标准制定了欧洲物品编码EAN码，与UPC码兼容，而且两者具有相同的符号体系。EAN码的字符编号结构与UPC码相同，也是长度固定的、连续型的数字式码制，其字符集是数字0~9。它采用4种元素宽度，每个条或空是1、2、3或4倍单位元素宽度。EAN码有两种类型，即EAN－13码和EAN－8码。

3. 交叉25码

交叉25码是一种长度可变的连续型自校验数字式码制，其字符集为数字0~9。采用两种元素宽度，每个条和空是宽或窄元素。编码字符个数为偶数，所有奇数位置上的数据以条编码，偶数位置上的数据以空编码。如果为奇数个数据编码，则在数据前补一位0，以使数据为偶数个数位。

4. 39码

39码是第一个字母数字式码制，1974年由Intermec公司推出。它是长度可比的离散型自校险字母数字式码制。其字符集为数字0~9、26个大写字母和7个特殊字符（+，－，/，%，$，.，Space），共43个字符。每个字符由9个元素组成，其中有5个条（2个宽条，3个窄条）和4个空（1个宽空，3个窄空），是一种离散码。

5. 库德巴码

库德巴（Code Bar）码出现于1972年，是一种长度可变的连续型自校验数字式码制。其字符集为数字0~9和6个特殊字符（－，:，/，。，+，￥），共16个字符。常用于仓库、血库和航空快递包裹中。

6. 128码

128码出现于1981年，是一种长度可变的连续型自校验数字式码制。它采用4种元素宽度，每个字符由 3 个条和 3 个空构成，共 11 个单元元素宽度，又称（11，3）码。它由 106 个不同条码字符组成，每个条码字符有 3 个含义不同的字符集，分别为 A、B、C，使用这 3 个交替的字符集可将 128 个 ASCII 码编码。

7. 93 码

93 码是一种长度可变的连续型字母数字式码制。其字符集为数字，0～9、26 个大写字母和 7 个特殊字符（+，-，/,%，$，.，Space）以及 4 个控制字符。每个字符由 3 个条和 3 个空构成，共 9 个元素宽度。

8. 其他码制

除上述码外，还有其他的码制，例如 25 码出现于 1977 年，主要用于电子元器件标签；矩阵 25 码是 11 码的变形；Nixdorf 码已被 EAN 码所取代；Plessey 码出现于 1971 年 5 月，主要用于图书馆。

（三）按维数分类

1. 一维条码

一维条码自问世以来，很快得到了普及并广泛应用。但是由于一维条码的信息容量很小，如商品上的条码仅能容 13 位的阿拉伯数字，更多的描述商品的信息只能依赖数据库的支持，离开了预先建立的数据库，这种条码就变成了无源之水，无本之木，因而一维条码的应用范围受到了一定的限制。

2. 二维条码

除具有一维条码的优点外，二维条码还具有信息容量大、可靠性高、保密防伪性强、易于制作、成本低等优点。

美国 Symbol 公司于 1991 年正式推出名为 PDF417 的二维条码，简称为 PDF417 条码，即“便携式数据文件”。FDF417 条码是一种高密度、高信息含量的便携式数据文件，是实现证件及卡片等大容量、高可靠性信息自动存储、携带并可用机器自动识读的理想手段。

3. 多维条码

进入 20 世纪 80 年代以来，人们围绕如何提高条码符号的信息密度进行了研究。多维条码和集装箱条码成为研究、发展与应用的方向。

多维条码又叫三维条码、3D 条码、万维条码，或者叫数字信息全息图，它能表示计算机中的所有信息。叫作三维、多维、万维是相对二维条码来说的。多维条码的优点：能够表示任何计算机的数字信息，包括音频、图像、视频、全世界各国文字；不再有二维条码的种种局限。多维条码的缺点是容错性差。二维条码即使有破损或残缺，也不影响其信息的读取；而多维条码则不能，即使有哪怕一个像素的破坏，或者一个像素的色彩存在色差，都会导致全部数据的丢失，无法读取。

四、商品条码的申请

我国按照国际物品编码协会制定的国际通用规范和 1998 年国家质量技术监督局第 1 号令《商品条码管理办法》，推广应用商品条码。任何单位和个人使用商品条码必须经中国物品编码中心核准注册。未经中国物品编码中心核准注册的厂商识别代码，任何单位和个人不得使用。核准注册的厂商识别代码有效期为两年，期满后应参加续展。商品条码的变更同样必须由中国物品编码中心核准。

当企业的产品出口到北美，并且销售商指定使用 UPC 条码时，企业可以申请 UPC 厂商识别代码，并由中国物品编码中心统一向 UCC 组织办理。

（一）商品条码的注册

依法取得企业法人营业执照或营业执照的生产者、销售者可根据自己的经营需要，申请注册商品条码。

申请注册的程序具体如下：

①申请人可到所在地的编码分支机构办理申请厂商识别代码手续，并提供企业法人营业执照及其复印件三套（分别由中国物品编码中心、申请人所在地的编码分支机构和申请人所在企业内部存档保留）。

②填写《中国商品条码系统成员注册登记表》，可直接在线填写注册登记表（如在网上填写登记表还需打印、盖章，然后提交到当地编码分支机构）。

③集团公司填写集团公司下属分公司基本信息表。

④申请人的申请资料经所在地的编码分支机构初审后，符合条件的资料由编码分支机构签署意见并报送到中国物品编码中心审批。

⑤中国物品编码中心收到初审合格的申请资料及申请人缴纳的费用后，对确实符合规定要求的，中国物品编码中心向申请人核准注册厂商识别代码，完成审批程序。

⑥申请单位收到中国商品条码系统成员证书，申请结束。

条码注册流程图见图 2－12。

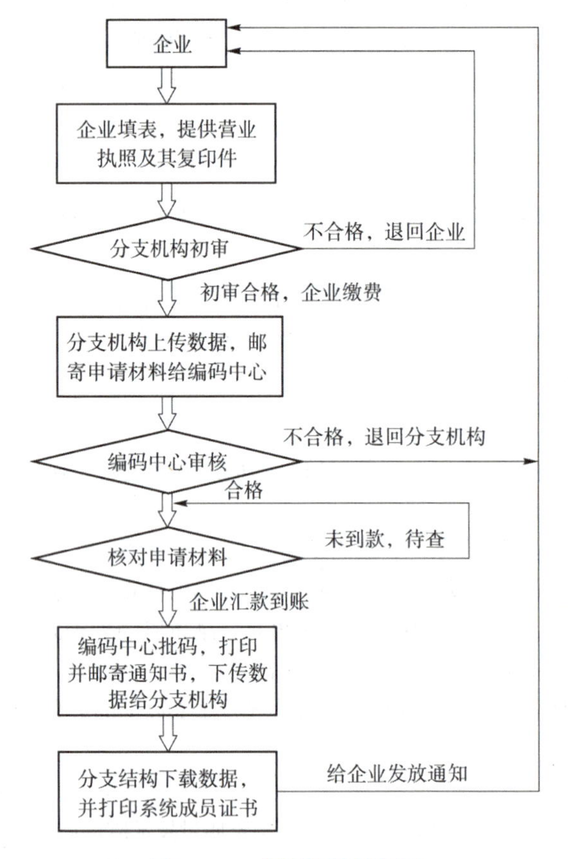

条码的申请流程

图 2－12　条码注册流程图

（二）商品条码续展和变更

商品条码续展和变更时，依据《商品条码管理办法》的规定进行。

1. 续展商品条码的程序

①系统成员在《中国商品条码系统成员证书》或《中国商品条码系统成员证书》（续展）有效期满前的三个月内（包括有效期的最后一天），持企业法人营业执照或营业执照及《中国商品条码

系统成员证书》或《中国商品条码系统成员证书》(续展)去所在地的编码分支机构填写《中国商品条码系统成员续展登记表》或者直接在中国物品编码中心网站上填写续展登记表并打印、盖章,然后提交到编码分支机构(如直接在中国物品编码中心网站填写续展表格,须先登记公司信息)。

②在当地编码分支机构缴纳相关费用。

③编码分支机构审查合格后,报送中国物品编码中心审核。

2. 变更商品条码的程序

①系统成员可以到所在地的编码分支机构提出办理变更手续。

②去所在地的编码分支机构填写《中国商品条码系统成员信息变更登记表》或直接从中国物品编码中心网站填写变更申请表并打印、盖章,提交到所在地的编码分支机构,同时提供企业法人营业执照及其复印件、《中国商品条码系统成员证书》或《中国商品条码系统成员证书》(续展)及有关证明资料(备注:上述资料准备三套,分别由中国物品编码中心、申请人所在地的编码分支机构和申请人所在企业内部存档保留)。

③系统成员的变更资料经所在地的编码分支机构初审后,符合条件的变更资料,由编码分支机构签署意见并报送到中国物品编码中心审批。

④中国物品编码中心收到初审合格的变更资料后,对确实符合规定要求的,向系统成员核准变更,完成审批程序。

⑤发放变更证[变更证应与《中国商品条码系统成员证书》或《中国商品条码系统成员证书》(续展)一同使用,单独使用无效]。

项目小结

1. 商品分类是根据一定的管理目的,为了满足生产、流通、消费活动的全部或部分需要,选择适当的商品属性或特征作为分类标志,将一定范围内的商品集合体科学、系统地逐次划分为大类、中类、小类、细类,乃至品种、细目的过程。

2. 商品分类的基本方法是线分类法与面分类法。线分类法又称层级分类法,它是将拟分类的商品集合总体,按选定的属性或特征逐次地分成相应的若干个层级类目,并编制成一个有层级的、逐级展开的分类体系。面分类法又称平行分类法,它是将拟分类的商品集合总体,根据其本身的属性或特征,分成相互之间没有隶属关系的面,每个面都包含一组类目。

3. 商品目录是指国家或部门根据商品分类的要求,对所经营管理的商品编制的总明细分类集。商品目录以商品分类为依据,因此也称商品分类目录或商品分类集。

4. 企业的经营商品目录是企业经营范围和方向的具体落实。企业的经营商品目录并不是一成不变的,而是根据市场需求变化和企业经营能力适时进行调整。必备商品目录是指为了满足顾客的基本需要而必须长期备有的商品品种目录,是企业经营商品的主体部分,也是企业维持正常经营所必需的最低商品品种的定额。

5. 商品代码又称商品代号、商品编号,它是赋予某种或某类商品的一个或一组有序的符号排列,是便于人或计算机识别商品与处理商品的代表符号。

6. 商品代码符号组成不同,可分为数字型代码、字母型代码、混合型代码和条码四种。

7. 商品编码是根据一定规则赋予某种或某类商品以相似的商品代码的过程。商品编码方法可分为商品分类代码的编制方法与商品标识代码的编制方法。

8. 商品分类代码的编制方法主要有顺序编码法、系列顺序编码法、层次编码法、平行编码法、混合编码法等。

9. 商品标识代码,是由国际物品编码协会 EAN·UCC 系统的编码标准所规定,并用于全球统一标识商品的数字型代码,也称全球统一标识商品代码。它主要包括 EAN/UCC－13、EAN/UPC－8、UPC－12 和 EAN/UCC－14 四种代码。

10. 条码又称条形码，是由一组粗细不同，黑白（或彩色）相间的条、空及对应字符按规则组合起来，用以表示一定信息的图形。商品条码是用于表示国际通用的商品代码的一种模块组合型条码，是计算机输入数据的一种特殊代码，包含有商品的生产国别、制造厂商、产地、名称、特性、价格、数量、生产日期等一系列商品信息。

11. UPC 条码主要用于美国和加拿大地区，是由美国统一代码委员会制定的一种条码码制。我国有些出口到北美地区的商品，为了适应北美地区的需要，需要申请 UPC 条码。

12. 厂家条码指厂家在生产过程中直接印到商品包装上的条码，它不包括商品价格信息。常用的厂家条码主要有 EAN 条码和 UPC 条码。店内条码，是指商店为便于店内商品管理而对商品自行编制的临时性代码及条码标识。

13. 任何单位和个人使用商品条码必须经中国物品编码中心核准注册。

思考与练习

一、单选题

1. 线分类法又称（　　），它是将拟分类的商品集合总体，按选定的属性或特征逐次地分成相应的若干个层级类目，并编制成一个有层级的、逐级展开的分类体系。

A. 层级分类法　　B. 顺序分类法　　C. 系列顺序分类法　　D. 面分类法

2. 根据选择商品分类标志的唯一性原则，商品分类时，在（　　）范围内，只能采用一种分类标志。

A. 同一层级　　B. 不同层级　　C. 所有层级　　D. 大类和中类

3. 茶叶按（　　）分为发酵茶、半发酵茶、不发酵茶等。

A. 生产加工方法　　B. 商品的化学成分　　C. 商品的原材料　　D. 商品的用途

4. “HS”是指（　　）。

A.《国际贸易标准分类目录》

B.《商业行业商品分类与代码》

C.《全国工农业产品（商品、物资）分类与代码》

D.《商品分类及编码协调制度》

5. 列入（　　）的商品是商店管理的重点、重心，应该是零售商的主力商品、拳头商品、创利商品。

A. 经营商品目录　　B. 企业商品目录　　C. 部门商品目录　　D. 必备商品目录

6. EAN/UCC－13 代码的结构有（　　）个类型。

A. 1　　B. 2　　C. 3　　D. 4

7. GS1 分配给中国编码组织的前缀码是（　　）

A. 730～739　　B. 700～709　　C. 690～695　　D. 640～649

8. 商品条码起源于（　　）。

A. 美国　　B. 英国　　C. 加拿大　　D. 德国

9. 店内条码中包含价格等信息的 13 位代码有（　　）结构。

A. 1　　B. 2　　C. 3　　D. 4

10. 用于表示某一具体零售商品的价格或度量值信息的是（　　）。

A. 商品种类代码　　B. 价格或度量值代码　　C. 商品项目代码　　D. 种类码

二、多选题

1. 商品分类可分为（　　）。

A. 大类　　B. 中类　　C. 小类　　D. 细目

2. 商品目录按适用范围不同编制的目录有（　　）。

A. 国际商品目录　B. 国家商品目录　C. 部门商品目录　D. 食品商品目录

3. 商品代码的种类有（　　）。

A. 数字型代码　B. 字母型代码　C. 混合型代码　D. 条码

4. 商品分类代码的编制方法主要有（　　）。

A. 系列顺序编码法　B. 层次编码法　C. 平行编码法　D. 混合编码法

5. 商品标识代码，是由国际物品编码协会 EAN · UCC 系统的编码标准所规定，并用于全球统一标识商品的数字型代码，它主要包括（　　）。

A. EAN/UCC－13　B. EAN/UPC－8　C. UPC－12　D. EAN/UCC－14

6. 常用的厂家条码主要有（　　）。

A. EAN 条码　B. UPC 条码　C. 交叉 25 码　D. 库德巴码

7. 条形码按码制分类，可分为（　　）。

A. 店内条码　B. UPC 码　C. EAN 码　D. 库德巴码

8. UPC 条码主要用于（　　）地区。

A. 美国　B. 加拿大　C. 英国　D. 德国

三、简答题

1. 什么是商品分类，其基本原则有哪些？
2. 什么是线分类法？采用线分类法时应遵循哪些原则？
3. 什么是面分类法？其优缺点有哪些？
4. 常用的商品分类标志有哪些？
5. 什么是系列顺序编码法？并举例说明。
6. 请简述顺序编码法的主要优缺点。
7. 简述平行编码法及其特点。

四、实训题

（一）课程作业内容

通过对某一卖场（超市、家具店、服装店、电子产品卖场、文具店等）的现场调查，对该卖场的商品分类情况进行研究。

1. 分析该卖场采用的分类方法、分类依据。
2. 列举某一大类商品的分类情况（按层级划分商品类别，直至具体商品名称，如可口可乐）。
3. 观察卖场中商品使用的商品条码，结合该卖场所使用的条码的实际情况说明条码的种类，及相应商品使用此类商品条码的原因。
4. 谈一谈对该卖场商品分类情况调查的体会。

（二）课程作业要求

1. 完成《××卖场商品分类情况调查报告》，报告模板见附件。
2. 5 人一组，完成一份 PPT 汇报材料及 Word 文案一份。
3. 由一位同学代表全组汇报调查情况和调查结果。

附件：××卖场商品分类情况调查报告

一、调查对象及背景

二、调查目的

三、调查结果

（一）××卖场商品布局情况

例：经过对××超市商品陈列情况的调查，该超市大类商品布局情况如图1所示。

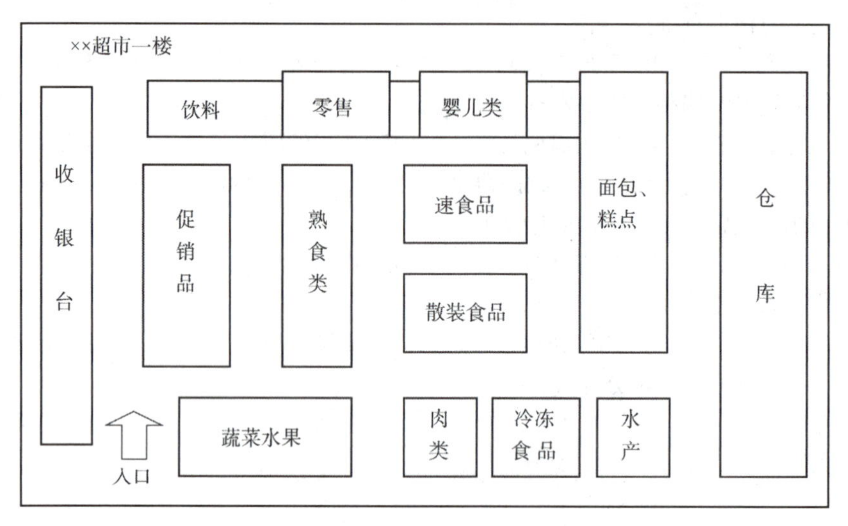

图1　××超市商品布局示意图

对超市商品的陈列布局进行简要文字描述和评价。

（二）××卖场商品分类情况

1. 商品大类的划分及主要使用的分类依据

2. ××大类商品的商品分类情况

（1）自行设计该大类商品的分类表，直至商品品种（如可口可乐）。

（2）选择某一品种的商品，对其进一步细分，直至最后的单品（如500毫升零点可口可乐）。

（三）××卖场商品条码使用情况

例如：万千超市主要的消费者是在校大学生，鉴于学校内学生在各方面的需要，超市需要购进不同方面的产品，我们观察了万千超市商品的条码类型，主要使用的是ENA－13条码，只有部分产品采用的是店内条码。

万千超市的饮料的条码采用的是ENA－13条码，EAN码由代表12位数字的产品代码和1位校验码组成。产品代码的前3位为国别码；中间4位数字为商家代码；后5位数字为商品代码。它主要用于零售商品或非零售商品的标识。

如图2所示，因为可口可乐饮料是零售品，所以采用ENA－13条码，并且从图中可以看出它的产地是中国，又因为中国大陆的前缀码是690～692，1939为生产商家的代码，62120为商品代码，最后一位2即是校验码。

图2　可口可乐饮料ENA－13条码示意图

四、对××卖场商品分类情况调查的体会

项目三

普通消费性商品种类与特征

学习目标

【知识目标】

(1) 掌握食品营养与分类；掌握食品卫生及食品有害因素按来源；

(2) 理解酒精度与酒的种类；理解化妆品的质量要求；理解皮革保养常识；

(3) 了解茶叶基本成分与功效、服装材料、洗涤用品、化妆用品的种类及功能；了解皮革的种类及识别区分。

【能力目标】

(1) 具备初步区别种类酒的品质特征；辨别茶叶的类别及品质特点；

(2) 能用说明蒸馏酒、发酵酒和配制酒的差异；中餐八大菜系口味；西餐就餐顺序。

【素质目标】

(1) 培养学生具备普通消费性商品种类与特征辨识的基本逻辑素质；

(2) 培养学生爱岗敬业、细心踏实的商品管理的职业精神。

导入案例

天津注胶虾事件

2012年2月，中国经济网报道：春节刚过，有市民反映在天津一些水产市场购买个头较大的大虾时，竟发现这些大虾里面被注入了明胶，在虾头和虾身之间形成了不少透明胶状物，这些虾被市民们称为“注胶虾”。被注了明胶的“注胶虾”在虾头和虾身之间的透明胶状物虾颜色非常清亮，个头也很大，摸起来大虾的肉感也比较瓷实，但等清洗的时候会发现虾头特别鼓而且容易剥离，虾头内有明显的半透明果冻样的物体，就像胶水一样。据水产市场里的一些摊贩说，这些虾就是被注入一些明胶，大家都称之为“注胶虾”，由于现在摊贩们从进货渠道和批发商那里购买的不少虾就是“注胶虾”，所以这种虾现在在不少地方的水产市场都有售卖。之所以要往虾体内注入一些明胶，就是因为让虾看上去卖相好。因为冷冻虾解冻后会变得瘦小干瘪，分量也会减轻，所以现在比较流行的做法就是往虾头、虾的腹部注射明胶，这样不仅能增加虾的重量，而且还可以避免虾头出现凹陷、塌瘪等现象，使虾显得更饱满、新鲜。一只虾经过注射处理后，分量可增加20%到30%。

商贩们辩解说，由于注入的明胶是可食用的胶，属于国家允许使用的食品添加剂，所以吃后对人体无害。至于到底有没有害，现在还没有权威部门给出一个准确的说法，不过在天津对这种行为一直采取的都是比较严厉打击的办法。去年9月份，天津市工商局宁河分局就根据群众举报，查封了一个专门给虾注胶的黑窝点，查获“注胶虾”350斤以及大量原料和全套造假工具。

结论和建议：

天津市已下发紧急通知，天津彻查“注胶虾”，组织专家研究“注胶虾”的检测标准和方法。天津食品安全委员会办公室有关负责人李志勇介绍，天津市食安办已牵头部署“注胶虾”的查处工作，下发《关于在全市范围内迅速查处“注胶虾”的紧急通知》，决定在全市开展查处“注胶虾”专项行动。以农贸市场、水产批发市场、菜市场、水产销售摊点为重点检查单位，对生产、销售“注胶虾”的不法行为拉网式检查，彻底清除“注胶虾”违法犯罪行为。

天津市工商局也下发《关于开展“注胶虾”十日清查专项整治行动的紧急通知》，要求以农贸批发市场、集贸市场以及水产品经营者为重点对象，以冷冻虾为重点品种，严查“注胶虾”掺杂、掺假、以次充好等违法经营行为；对发现的“注胶虾”，依法严厉打击，从重处罚，追根溯源，一查到底。

危险性评估：

据了解，明胶按用途可分为照相、食用、药用及工业四类。天津“注胶虾”用的是啥胶，现在众说纷纭。而之前，曾有媒体报道“注胶虾”里添加的是食用明胶，那么食用明胶添在大虾里会对人体造成怎样的伤害呢？对此，泰安市中医二院消化科主任医师陶可胜表示，少量的食用明胶对身体没有危害，在果冻、酸奶中被当作添加剂使用。陶可胜说：“在手术中经常使用药用明胶，可以植入患者体内，并可被患者身体吸收。”另外，药用明胶也是用于软硬胶囊、片剂糖衣的原材料。

市民常用处理方法：挑选鲜虾或者冰鲜虾应该一看、二察、三观、四闻。

一看外形。新鲜的虾头尾与身体紧密相连，虾身有一定的弯曲度。二察色泽。新鲜虾皮壳发亮，河虾呈青绿色，海虾呈青白色（雌虾）或蛋黄色（雄虾）。不新鲜的虾，皮壳发暗，虾略成红色或灰紫色。三观肉质。新鲜的虾肉质坚实细嫩，有弹性。四闻气味。新鲜虾气味正常，无异味。此外，冰虾仁比鲜虾更容易保存，冻虾仁应挑选表面略带青灰色，手感饱满并富有弹性的，那些看上去个大、色红的最好别挑。

生活离不开商品，商品是企业经营的主要对象，更是人们消费中不可或缺的重要资源。了解一些商品的知识和消费的常识，对于人们的生活和消费是非常有用的。商品的种类繁多，本项目以生活中常见的一些商品作介绍。

任务一　食品的种类与特征

人类为了维持生命，必须从外界获得营养。能够供人体正常生理功能所必需的成分和能量的物质称为营养素，含有营养素的物料称为食品或食料。食物既是人体生长发育、更新细胞、修补组织、调节机能必不可少的营养物质，又是产生热量以保持体温、进行体力活动的能源。为了适应人们的饮食习惯和爱好，工厂利用各种动物、植物、食物为原料，经过不同的加工处理，制成形态、风味、营养价值不同的加工品。经过加工制作的食物统称为食品。《食品工业基本术语》对食品的定义：可供人类食用或饮用的物质，包括加工食品、半成品和未加工食品，不包括烟草或只作药品用的物质。

一、食品营养与卫生

（一）食品营养

食品营养是指人体从食品中所能获得的热能和营养素的总称。食品中所含的热能和营养素能满足人体营养需要的程度即称为食品营养价值。食品营养价值的高低，主要根据以下几方面进行评价：①食品所含热能和营养素的量；②食品中各种营养素的人体消化率；③食品所含各种营养素在人体内的生物利用率；④食品的色、香、味、形、质，即感官性状；⑤食品的营养质量指数。

医学营养学家把营养素分为七大类，即碳水化合物、蛋白质、脂肪、无机盐、维生素、水和膳食纤维。这些营养素的功能为：构成机体组织，提供机体活动所需的热量，调节机体的生理机能。

1. 构成机体组织

蛋白质是构成、更新、修补人体组织的主要营养素，其次是无机盐、水和脂肪。无机盐构成牙齿、骨骼和一些酶；水构成机体细胞内液和外液；脂肪构成组织细胞和外用神经组织。以上营养素构成人体重量的百分比分别为：水占60%～65%，蛋白质占18%，脂肪占13%，无机盐占4%。

2. 提供机体活动所需的热量

营养素在体内分解成相同的最终产物，即二氧化碳和水，同时释放出热量，维持机体的活动，称之为生理燃烧现象。在体内进行生理燃烧的营养素有碳水化合物、脂肪和蛋白质。经测定生理燃烧值分别为：碳水化合物为4.0千卡/克，脂肪为9.0千卡/克，蛋白质为4.0千卡/克。它们提供给机体的热量比例分别为碳水化合物占60%～65%，脂肪占20%～25%，蛋白质占12%～14%。此外，乙醇也可以提供机体热量，它的生理燃烧值为7.1千卡/克。

3. 调节机体的生理机能

蛋白质主要有调节激素和酶的作用，根据遗传信息进行调整，并与水、无机盐共同作用，调节机体体液的酸碱平衡。无机盐主要调节机体的酸碱平衡，并有促进肌肉兴奋性的作用。维生素参与机体各生理过程的新陈代谢活动。各营养素的功能各有侧重，并相互作用。

食品营养分类与膳食平衡

食品是人体获得营养素和热能的基本来源。我国营养学工作者将食品分为五大类：第一类为谷类、薯类、干豆类，主要提供糖类、蛋白质、B族维生素，也是主要的热能来源。第二类为动物性食品，包括肉、禽、蛋、鱼、奶等，主要提供蛋白质、脂肪、矿物质、维生素A和B族。第三类为大豆及其制品，主要提供蛋白质、脂肪、食物纤维、矿物质和B族维生素。第四类为蔬菜、水果，主要提供食物纤维、矿物质、维生素C和胡萝卜素。第五类为纯热能食物，包括动、植物油脂、各种食用糖和酒类，主要提供热能。我们每日膳食的组成应当含有这几大类物质，才能保证所需的营养素。应注意不宜食用过多纯热能食物，因为搪、酒类热能很高，并无其他营养，食用过多会影响其他营养素的摄入量。而食入过多油脂会增加血中胆固醇含量，引起动脉粥样硬化、高血压、冠心病等心血管疾病。另外，这几类食物均应按照需要摄取，尽可能符合我国“每日膳食中营养素供给量”的标准；按照此标准膳食，能够使摄食者在热能和营养素上达到生理需要量，使各种营养素之间建立起一种生理上的平衡。

（二）食品卫生

食品卫生是为防止食品污染和有害因素危害人体健康而采取的综合措施。世界卫生组织对食品卫生的定义是：在食品的培育、生产、制造直至被人摄食为止的各个阶段中，为保证其安全性、有益性和完好性而采取的全部措施。研究食品卫生，其任务是研究食品中存在的、威胁人体健康的有害因素的种类、来源、性质、作用、含量水平和控制措施，以提高食品安全性，预防食源性疾病，保护食用者健康。

食品中可能存在的有害因素按来源分为4类：

①食品污染物。在生产、加工、储存、运输、销售等过程中混入食品中的物质。一般也包括生物性有害因素（如细菌、病毒等）和放射性核素。

②食品添加剂。大多数食品添加剂并非食品的天然成分，用之失当也可能引起各种形式的毒性表现。各国都有相应的法规、标准，规定食品添加剂的种类、限量、使用范围以及质量等。

③食品中天然存在的有害物质，如大豆中存在的蛋白酶抑制剂。

④食品加工、保存过程中产生的有害物质，如酿酒过程中产生的甲醇、杂醇油等有害成分。

有害因素按性质可分为生物性因素、化学性因素和放射性因素三类。食品中可能存在的有害因素，由于其性质、作用各不相同，在食品中含量水平的监测研究方法和允许的限量也不同。对食品中可能存在的有害因素的控制措施主要是依照道德规范、法律规范和技术规范在全社会开展食品卫生工作，如：政府设立机构，依法进行食品卫生监督检验；制定食品卫生标准和管理办法等；向群众和食品生产经营人员宣传卫生知识，使其自觉遵守卫生法规、卫生标准，抵制不卫生的行为。

二、餐饮食品

喜茶7个月内连发5起食品卫生安全事件！

（一）中餐

中餐是相对西餐而言的，即指中国风味的餐食菜肴。其特点是：选料广泛，刀工讲究，烹调方法多，口味有明显的咸味，并富于变化，多熟食，有明确的主、副食概念。

中国是一个餐饮文化大国，长期以来在某一地区由于地理环境、气候物产、文化传统以及民族习俗等因素的影响，形成有一定亲缘承袭关系、菜点风味相近，知名度较高，并为部分群众喜爱的地方风味著名流派，称作菜系。其中最有影响和代表性的，也为社会所公认的有粤菜、川菜、鲁菜、苏菜、浙菜、闽菜、湘菜、徽菜，即被人们常说的中国八大菜系。除“八大菜系”外还有一些在中国较有影响的菜系，如东北菜、冀菜、豫菜、鄂菜、本帮菜、客家菜、赣菜、京菜、清真菜等菜系。

八大菜系

中国传统餐饮文化历史悠久，菜肴在烹饪中有许多流派。在清代形成鲁、川、粤、苏四大菜系（根据徐珂所辑《清稗类钞》中的排序，下同），后来，闽、浙、湘、徽等地方菜也逐渐出名，于是形成了中国的“八大菜系”，即鲁菜、川菜、粤菜、苏菜、闽菜、浙菜、湘菜、徽菜。中国人发明了炒（爆、熘）、烧（焖、煨、烩、卤）、煎（溻、贴）、炸（烹）、煮（氽、炖、煲）、蒸、烤（腌、熏、风干）、凉拌、淋等烹饪方式，又向其他民族学习了扒、涮等方式，用来制作各种菜肴。八大菜系口味见表3-1。

表 3-1　八大菜系口味

菜系	口味
鲁菜	口味以咸鲜为主。讲究原料质地优良，以盐提鲜，以汤壮鲜，调味讲求咸鲜纯正，突出本味。咸鲜为主，火候精湛，精于制汤，善烹海味
川菜	口味以麻辣为主。菜式多样，口味清鲜醇浓并重，以善用麻辣调味（鱼香、麻辣、辣子、陈皮、椒麻、怪味、酸辣诸味）
粤菜	口味以鲜香为主。选料精细，清而不淡，鲜而不俗，嫩而不生，油而不腻。擅长小炒，要求掌握火候和油温恰到好处。还兼容许多西菜做法，讲究菜的气势、档次
苏菜	口味以清淡为主。用料严谨，注重配色，讲究造型，四季有别。烹调技艺以炖、焖、煨著称；重视调汤，保持原汁，口味平和。善用蔬菜。其中淮扬菜，讲究选料和刀工，擅长制汤；苏南菜口味偏甜，注重制酱油，善用香糟、黄酒调味
闽菜	口味以鲜香为主。尤以“香”“味”见长，有清鲜、和醇、荤香、不腻的风格。三大特色：一长于红糟调味；二长于制汤；三长于使用糖醋
浙菜	口味以清淡为主。菜式小巧玲珑，清俊逸秀，菜品鲜美滑嫩，脆软清爽。运用香糟、黄酒调味。烹调技法丰富，尤为在烹制海鲜河鲜有其独到之处。口味注重清鲜脆嫩，保持原料的本色和真味。菜品形态讲究，精巧细腻，清秀雅丽。其中北部口味偏甜，西部口味偏辣，东南部口味偏咸
湘菜	口味以香辣为主。品种繁多。色泽上油重色浓，讲求实惠，香辣、香鲜、软嫩。重视原料互相搭配，滋味互相渗透。湘菜调味尤重香辣。相对而言，湘菜的煨功夫更胜一筹，几乎达到炉火纯青的地步。煨，在色泽变化上可分为红煨、白煨，在调味方面有清汤煨、浓汤煨和奶汤煨。小火慢炖，原汁原味
徽菜	口味以鲜辣为主。擅长烧、炖、蒸，而爆、炒菜少，重油、重色，重火功。重火工是历来的，其独到之处集中体现于擅长烧、炖、熏、蒸类的功夫菜上，不同菜肴使用不同的控火技术，形成酥、嫩、香、鲜独特风味，其中最能体现徽式特色的是滑烧、清炖和生熏法

（二）西餐

西餐，顾名思义是西方国家的餐食。西方国家，是相对于东亚而言的欧洲白人世界文化圈，西餐的准确称呼应为欧洲美食，或欧式餐饮。其菜式料理与中国菜不同，一般使用橄榄油、黄油、番茄酱、沙拉酱等调味料。不同的主食，相同的都是搭配上一些蔬菜，如番茄、西兰花等。西餐这个词是由于其特定的地理位置所决定的。“西”是西方的意思，一般指欧洲各国。“餐”就是饮食菜肴。东方人通常所说的西餐主要包括西欧国家的饮食菜肴，同时还包括东欧各国、地中海沿岸等国和一些拉丁美洲如墨西哥等国的菜肴。而东南亚各国的菜肴一般统称为东南亚菜，但也有独为一种菜系的，如印度菜。

西餐一般以刀叉为餐具，以面包为主食，多以长形桌台为台形。西餐的主要特点是主料突出，形色美观，口味鲜美，营养丰富，供应方便等。正规西菜应包括餐汤、前菜、主菜、餐后甜品及饮品。西餐大致可分为法式、英式、意式、俄式、美式、地中海或等多种不同风格的菜肴。

西餐就餐顺序

1. 头盘：也称为开胃品，一般有冷头盘和热头盘之分，常见的品种有鱼子酱、鹅肝酱、熏鲑鱼、鸡尾杯、奶油鸡酥盒、焗蜗牛等。

2. 汤：大致可分为清汤、奶油汤、蔬菜汤和冷汤等4类。品种有牛尾清汤、各式奶油汤、海鲜汤、美式蛤蜊汤、意式蔬菜汤、俄式罗宋汤、法式葱头汤。

3. 副菜：通常水产类菜肴与蛋类、面包类、酥盒菜肴均称为副菜。西餐吃鱼类菜肴讲究使用专用的调味汁，品种有鞑靼汁、荷兰汁、酒店汁、白奶油汁、大主教汁、美国汁和水手鱼汁等。

4. 主菜：肉、禽类菜肴是主菜。其中最有代表性的是牛肉或牛排，肉类菜肴配用的调味计主要有西班牙汁、浓烧汁精、蘑菇汁、白尼丝汁等；禽类菜肴的原料取自鸡、鸭、鹅，禽类菜肴最多的是鸡，可煮、可炸、可烤、可焖，主要的调味汁有咖喱汁、奶油汁等。

5. 蔬菜类菜肴：可以安排在肉类菜肴之后，也可以与肉类菜肴同时上桌，蔬菜类菜肴在西餐中称为沙拉。与主菜同时搭配的沙拉，称为生蔬菜沙拉，一般用生菜、番茄、黄瓜、芦笋等制作；还有一类是用鱼、肉、蛋类制作的，一般不加味汁。

6. 甜品：西餐的甜品是主菜后食用的，可以算作第6道菜。从真正意义上讲，它包括所有主菜后的食物，如布丁、冰淇淋、奶酪、水果等。

7. 咖啡：饮咖啡一般要加糖和淡奶油。

普通西餐的进菜次序，通常是面包、汤、各类菜式、布丁、咖啡或红茶。照正式规矩，入席的时候，客人应该由椅的左方就位，离席的时候亦应由椅的左方退出。入座后，应该待主人先摊开餐巾以后，才可以把放在桌上的餐巾铺置在自己的膝上。收起的时候也是一样，都要以主人为先，否则便失礼。铺餐巾，在正式场合是将餐巾叠作两层，放置在大腿上，不能完全摊开，更不能塞入衣服里，但一般的常餐便不须这么拘谨了，想要全摊开的话也是无妨的。有时中途因事要暂时离席，切勿将餐巾搁在桌上，因为这意味你不再吃，侍者便不会再为你上菜了，所以，在离开时需将餐巾放在椅子上才对。用餐完毕，餐巾大致叠好，也可以不叠好，放在餐桌上，不要乱扔。

（三）快餐

快餐是指由商业企业快速供应、即刻食用、价格合理，以满足人们日常生活需要的大众化餐饮，具有快速、方便、标准化、环保等特点，如汉堡包、盒饭等。港台一带也译作速食、即食等，和便当有所区别。而消费者对快餐的理解是多种多样的，远不止外来语原意所能包容的。快餐已成为一种生活方式，并因此出现了“快餐文化”和“速食主义”。快餐业的发展是由社会进步和经济发展决定的，是人民生活水平提高与生活方式改善的迫切需要，是人们为适应社会经济建设、工作与生活节奏加快、家庭服务和单位后勤服务走向社会化的必然产物。

快餐是快餐店迅速准备和供食的食物，成本低，速度快，从20世纪初期开始越来越流行。快餐通常是手拿食物，不需要用匙子或筷子。快餐通常可以外带或外卖。和国外的认识不同，中式快餐肯定是需要筷子的。目前国内快餐的盛装方式主要为一次性快餐盒，通过一次性筷子进食。中国人对快餐的认识主要体现在一个“快”字上面。中式餐饮的制作是复杂的，而快餐则不需要消费者等待餐饮制作的时间，直接食用或者通过微波炉简单加工就可以食用。

快餐在某种意义上被视为现代文化的一种标记，但事实上某些快餐可能跟它们起源的城市历史一样久，不同文化之间，快餐的内容也大异其趣。在古罗马城市中有贩卖面包与橄榄油的小摊子；而在东亚，比较容易见到的则是面摊；在中东则可能是卖扁平面包和沙拉三明治的摊子。西式现代快餐的起源通常与汉堡画上关联，因为最早的快餐店是以汉堡作为主要产品。美国公认最早开设的快餐店是White Castle（白色城堡），在1921年就已出现，当时一个汉堡的价格是五美分。后来White Castle在汉堡肉饼上弄了五个小洞，这样可以增加受热表面积，使肉熟得更快，所需的烹调时间也相对缩短。White Castle是快餐业的起源，并且也衍生了众多的竞争者。

三、酒类商品

中式快餐，如何破除“连而不锁”的魔咒?

酒的化学成分是乙醇，一般含有微量的杂醇和酯类物质，食用白酒的浓度在60度（即60%）以下，白酒经分馏提纯至75%以上为医用酒精，提纯到99.5%以上为无水乙醇。酒是以粮食为原料经发酵酿造而成的。我国是最早酿酒的国家，早在2000年前就发明了酿酒技术，并不断改进和完善，现在已发展到能生产各种浓度、各种香型、各种含酒的饮料，并为工业、医疗卫生和科学试验制取出浓度为95%以上的医用酒精和99.99%的无水乙醇。由于酒的盛行，犯罪率急剧上升，因为喝酒让人容易麻痹、不清醒，从而发生失去理智的行为。

（一）酒的种类

我国是酒的故乡，也是酒文化的发源地。酒的品种繁多，酒的分类方法也很多。

1. 按乙醇含量，可将酒分为高度酒、中度酒和低度酒

酒度是酒中乙醇含量大小的标识。国际标准酒度是指在20℃的条件下，每100毫升酒液内含有的乙醇毫升数。国际标准酒度是著名法国化学家盖·吕萨克（Gay－Lussac）发明的，因此，国际标准酒度又称为盖·吕萨克酒度（GL），用百分比表示。例如，32%表示在100毫升酒液中含有32毫升的乙醇，通常称为32度。目前，国际上有三种常用的方法表示酒度，即国际标准酒度、英制酒度和美制酒度。

①高度酒。酒度在40%以上者，多为蒸馏酒，如各种白酒、白兰地等。

②中度酒。酒度在20%～40%，如各种露酒、药酒等配制酒。

③低度酒。酒度在20%以下，如黄酒、葡萄酒、啤酒、果酒等各种发酵原酒。

2. 按制作工艺分类，酒可分为蒸馏酒、发酵酒和配制酒

（1）蒸馏酒

蒸馏酒是乙醇浓度高于原发酵产物的各种酒精饮料。白兰地、威士忌、朗姆酒和中国的白酒都属于蒸馏酒，大多是酒度较高的烈性酒。此类酒的酒度一般在40%以上，刺激性强，耐储藏。

蒸馏酒的原料一般是富含天然糖分或容易转化为糖的淀粉等物质，如蜂蜜、甘蔗、甜菜、水果和玉米、高粱、稻米、麦类马铃薯等。糖和淀粉经酵母发酵后产生酒精，利用酒精的沸点（78.5℃）和水的沸点（100℃）不同，将原发酵液加热至两者沸点之间，就可从中蒸出和收集到酒精成分和香味物质。

用特制的蒸馏器将酒液、酒醪或酒醅加热，由于它们所含的各种物质的挥发性不同，在加热蒸馏时，在蒸汽中和酒液中，各种物质的相对含量就有所不同。酒精（乙醇）较易挥发，则加热后产生的蒸汽中含有的酒精浓度增加，而酒液或酒醪中酒精浓度就下降。收集酒气并经过冷却，得到的酒液虽然无色，气味却辛辣浓烈，其酒度比原酒液的酒度要高得多，一般的酿造酒，酒度低于20%，蒸馏酒则可高达60%以上。我国的蒸馏酒主要是用谷物原料酿造后经蒸馏得到的。

世界八大蒸馏酒

世界八大蒸馏酒分别是：白兰地（Brandy）、威士忌（Whisky or Whiskey）、伏特加（Vodka）、金酒或杜松子酒（Gin）、朗姆酒（Rum）、龙舌兰酒（Tequila）、日本清酒（Sake）、中国白酒（Spirits）。

1. 白兰地：是以水果为原料，经发酵、蒸馏制成的。

2. 威士忌：是一种以大麦、黑麦、燕麦、小麦、玉米等谷物为原料，经发酵、蒸馏后放入橡木桶中陈酿、勾兑而成的酒精饮料。

3. 伏特加：由水和经蒸馏净化的乙醇所合成的透明液体，一般会经多重蒸馏从而达到更纯更美味的效果，市面上品质较好的伏特加一般是经过三重蒸馏的。伏特加酒的酒精含量通常由35%到50%不等，传统由俄罗斯、立陶宛和波兰所出产的伏特加酒精含量是以40%为标准。

4. 金酒或杜松子酒：用粮食，例如大麦、玉米和黑麦等酿制后蒸馏出的高度酒，其中加有松子、当归、甘草、菖蒲根和橙皮等多种药草成分。

5. 朗姆酒：是一种以甘蔗糖蜜为原料生产的蒸馏酒，也称为兰姆酒、蓝姆酒，原产地在古巴，口感甜润，芬芳馥郁。

6. 龙舌兰酒：又称特基拉酒，是墨西哥的特产，被称为墨西哥的灵魂。特基拉是墨西哥的一个小镇，此酒以产地得名。龙舌兰酒的原料很特别，以龙舌兰（Cagave）为原料。

7. 日本清酒：是借鉴中国黄酒的酿造法而发展起来的日本国酒。日本人常说，清酒是上帝的恩赐。1000多年来，清酒一直是日本人最常喝的饮料。在大型的宴会上，结婚典礼中，在酒吧间或寻常百姓的餐桌上，人们都可以看到清酒。清酒已成为日本的国粹。

8. 中国白酒：在饮料酒中，独具风格。与世界其他国家的白酒相比，我国白酒具有特殊的不可比拟的风味。酒色洁白晶莹、无色透明；香气宜人，五种香型的酒各有特色，香气馥郁、纯净、溢香好，余香不尽；口味醇厚柔绵，甘润清冽，酒体谐调，回味悠久。那爽口尾净、变化无穷的优美味道，给人以极大的欢愉和幸福之感。

（2）发酵酒

发酵酒是指把制造原料（通常是谷物与水果汁）直接放入容器中加入酵母发酵而酿制成的酒液。常见的发酵酒有葡萄酒、啤酒、水果酒、黄酒、米酒等。

发酵酒又称酿造酒、原汁酒。它是借着酵母的作用，把含淀粉和糖质原料的物质进行发酵，产生酒精成分而形成的酒。其生产过程包括糖化、发酵、过滤、杀菌等。在发酵过程中，酵母和催化剂使糖分转化为酒精（乙醇），同时，天然水果表皮上也带有酶和菌类，在某些自然条件下也能产生发酵而形成酒精。但酿造酒制成后的酒精含量不超过15%，其主要由原材料中含糖量的多少决定。一般情况下，在发酵过程中，当酒液中的酒精含量达到13%～15%时，酵母停止活动，发酵过程也相应停止。还有一种情况是由于酿酒的原材料含糖分很少，当这些糖分完全分解成酒精时，发酵也就自然停止。

发酵酒是最自然的造酒方式，主要酿酒原料是谷物和水果，其最大特点是原汁原味，营养丰富，含有许多营养物质，如糖、氨基酸、有机酸、维生素、核酸和矿物质等。同时酒精含量低，属于低度酒，对人体的刺激性小。例如：用谷物酿造的啤酒一般酒精含量为3%～8%，果类的葡萄酒酒精含量为8%～14%。

（3）配制酒

配制酒，是以发酵酒、蒸馏酒或者食用酒精为酒基，加入可食用的花、果、动植物或中草药，或以食品添加剂为呈色、呈香及呈味物质，采用浸泡、煮沸、复蒸等不同工艺加工而成的改变了其原酒基风格的酒。配制酒分为植物类配制酒、动物类配制酒、动植物配制酒及其他配制酒。如：以芳香原料或直接加水果配制、浸泡而成的酒称为露酒，如青梅酒、橘子酒、玫瑰酒等；以中草药配制、浸泡而成的酒一般称为药酒，如莲花白、竹叶青、五加皮等。

配制酒的品种繁多，风格各有不同，划分类别比较困难。较流行的分类法是将配制酒分为三大类：Aperitif（开胃酒），Dessert Wine（餐后甜酒），Liqueur（利口酒）。还有中国的配制酒、药酒。配制酒较有名的也是欧洲主要产酒国，其中法国、意大利、匈牙利、希腊、瑞士、英国、德国、荷兰等国的产品最为有名。

配制酒主要有以下特点：第一，酒度一般为中度，营养丰富，滋味美好，品种繁多，功效、风采各有所长。配制酒中，除以酒精和蒸馏酒为酒基添加动植物药材配制的药酒和仿西方蒸馏酒的酒度在40%以上外，其他类型的配制酒酒度均在40%以下，大多为20%左右。配制酒为了达到某种目的，添加了各种天然物质，调整了酒基自身的色、香、味，这些物质和酒基成分融为一体，表现出新的特性，因此配制酒中除含有酒基的营养成分外，还含有所添加的天然物质带来的营养成分，以及酒基和天然物质在长期共存中由于发生了复杂的物理、化学和生物化学变化所生成的营养成分，所以配制酒营养丰富于原酒基，滋味好于原酒基。第二，配制酒选料广泛（包括酒基和香料）、丰富、充足，工艺独特，产品具有典型性。配制酒选料不同于任何蒸馏酒和发酵原酒：蒸馏酒和发酵原酒在发酵液的选料方面基本上集中于一类物料或淀粉质原料和水果类原料；而配制酒可以选用各种物料生产的酒作为酒基，同时还可以选用各种增香、增色和增味的天然物质、野生水果、动植物药材、香精香料、甜味剂、酸味剂等。所以选料的广泛必然带来产品的多样化。配制酒生产无固定的模式，生产工艺和方法完全依据所选物料的特性和产品的要求而定，所以每一个企业、每一种产品都有自己独特的工艺和方法，产品特性即典型性也很独特。

药酒可能变毒酒，专家提醒药酒虽好，以下几点要注意

小知识

鸡尾酒

鸡尾酒通常是以朗姆酒、金酒、龙舌兰、伏特加、威士忌、白兰地等烈酒或葡萄酒作为基酒，再配以果汁、蛋清、苦精、牛奶、咖啡、糖等其他辅助材料，加以搅拌或摇晃而成的一种混合饮品，最后还可用柠檬片、水果或薄荷叶作为装饰物。

鸡尾酒经过200多年的发展，现代鸡尾酒已不再是若干种酒及乙醇饮料的简单混合物。虽然种类繁多，配方各异，但都是由各调酒师精心设计的佳作，其色、香、味兼备，盛载考究，装饰华丽、圆润，除协调的味觉外，观色、嗅香，更有享受、快慰之感。甚至其独特的载杯造型，简洁妥帖的装饰点缀，无一不充满诗情画意，有一定的营养价值和欣赏价值。

（二）种类酒的品质特征

1. 白酒

白酒是以粮谷为主要原料，以大曲、小曲或麸曲及酒母等为糖化发酵剂，经蒸煮、糖化、发酵、蒸馏而制成的蒸馏酒，又称烧酒、老白干、烧刀子等。酒质无色（或微黄）透明，气味芳香纯正，入口绵甜爽净，酒精含量较高，经储存老熟后，具有以酯类为主体的复合香味。

白酒是中国特有的一种蒸馏酒，品种繁多，由于所用原料、糖化剂以及发酵工艺的不同，酒的风味和质量差别很大。生产白酒的原料包括主要原料、辅料、酒曲、酒母、水等。白酒的主要成分是乙醇和水（占总量的98%～99%），而溶于其中的酸、酯、醇、醛等种类众多的微量有机化合物（占总量的1%～2%）作为白酒的呈香呈味物质，却决定着白酒的风格（又称典型性，指酒的香气与口味协调平衡，具有独特的香味）和质量。乙醇化学能的70%可被人体利用，1克乙醇供热能5千卡。酸、酯、醇、醛等并没有多少营养，只是香味而已。

在1979年全国第三次评酒会上首次提出，酒的香型可划分为5种：

①酱香，以贵州茅台酒为代表，又称茅。口感风味具有酱香、细腻、醇厚、回味长久等特点。

②清香，以山西汾酒为代表，又称汾。具有清香、醇甜、柔和等特点，是中国北方的传统产品。

③浓香（大曲香），以四川泸州老窖大曲酒为代表，又称泸。口感风味具有芳香、绵甜、香味谐调等特点。

④米香，以广西桂林三花酒为代表。口感风味具有蜜香、清雅、绵柔等特点。

⑤其他香型，具有各自独特的生产工艺和口感风味，其主体香及香型尚未确定。如贵州董酒、陕西西凤酒等，它们都有各自的特殊香味和特殊风格。

知识链接

茅五剑

“茅五剑”是指中国三大系列名酒，分别指茅台系列、五粮液系列和剑南春系列。这三大系列名酒是中国最负盛名的白酒。一些高端的白酒商铺往往把这三种名酒作为招揽顾客眼光和提高品位的招牌，意欲五粮液的古粮精髓、茅台的醇和水质、剑南春的千秋盛世悠悠的历史文化。

1. 贵州茅台酒

茅台酒是世界三大名酒之一，也是中国三大名酒“茅五剑”之首，已有800多年的历史，是我国大曲酱香型酒的鼻祖，是酿造者以神奇的智慧，提高粱之精，取小麦之魂，采天地之灵气，捕捉特殊环境里不可替代的微生物发酵、糅合、升华而耸起的酒文化丰碑。茅台酒源远流长，据史载，早在公元前135年，古属地茅台镇就酿出了使汉武帝“甘美之”的枸酱酒，盛名于世。

茅台镇还具有极特殊的自然环境和气候条件。它位于贵州高原最低点的盆地，海拔仅440米，远离高原气流，终日云雾密集。夏日持续35 ℃～39 ℃的高温期长达5个月，一年有大半时间笼罩在闷热、潮湿的雨雾之中。这种特殊气候、水质、土壤条件，对于酒料的发酵、熟化非常有利，同时也部分地对茅台酒中香气成分的微生物产生、精化、增减起了决定性的作用。可以说，如果离开这里的特殊气候条件，酒中的有些香气成分就根本无法产生，酒的味道也就欠缺了。

2. 宜宾五粮液

五粮液，位于万里长江第一城——酒都宜宾，这里雨热同季、气候温和、空气湿润、土壤最适宜酿酒所需微生物的生长，有道是“川酒甲天下、精华在宜宾”。五粮液酒是浓香型大曲酒的典型代表，它集天、地、人之灵气，采用传统工艺，精选优质高粱、糯米、大米、小麦和玉米五种粮食酿制而成。具有“香气悠久、味醇厚、入口甘美、入喉净爽、各味谐调、恰到好处”的独特风格，是当今酒类产品中出类拔萃的精品。五粮液酒历次蝉联“国家名酒”金奖，1991年被评为中国“十大驰名商标”；继1915年获巴拿马奖80年之后，1995年又获巴拿马国际贸易博览会酒类唯一金奖。

3. 绵竹剑南春

剑南春产于四川省绵竹市，属于中国三大名酒“茅五剑”之一。因绵竹在唐代属剑南道，故称“剑南春”。绵竹，素有酒乡之称，这里不仅是中国名酒剑南春的故乡，也是川酒发源地之一。绵竹市因产竹产酒而得名，早在唐代就产闻名遐迩的名酒——“剑南烧春”。唐宪宗后期李肇在《唐国史补》中，就将剑南烧春列入当时天下的十三种名酒之中。相传李白为喝此美酒曾在这里把皮袄卖掉买酒痛饮，留下“士解金貂”“解貂赎酒”的佳话。剑南春为大曲清香，特点为酒液无色透明，芳香浓郁，醇和回甜，清冽净爽，余香悠长，并有独特的曲酒香味。

（三）啤酒

啤酒20世纪初传入中国，属外来酒种。啤酒是根据英语“Beer”译成中文“啤”，称其为啤酒的，沿用至今。啤酒是以大麦芽、酒花、水为主要原料，经酵母发酵作用酿制而成的饱含二氧化碳的低酒度酒。根据所采用的酵母和工艺，国际上把啤酒分下面发酵啤酒和上面发酵啤酒两大类。啤酒具有独特的苦味和香味，营养成分丰富，含有各种人体所需的氨基酸和多种维生素、泛酸和矿物质等。国内较为出名的啤酒有雪花啤酒、青岛啤酒、燕京啤酒、金星啤酒、哈尔滨啤酒、福建雪津啤酒等。

啤酒是以发芽大麦为主要原料酿造的一类饮料。含酒精度最低，营养价值高，成分有水、碳水化合物、蛋白质、二氧化碳、维生素及钙、磷等物质，有“液体面包”之称。适量饮用啤酒有消暑解热、开胃健脾、增进食欲等功能；但大量饮用啤酒，使胃黏膜受损，造成胃炎和消化性溃疡，出现上腹不适、食欲不振、腹胀、嗳气和反酸等症状。许多人夏天喜欢喝冰镇啤酒，导致胃肠道温度下降，毛细血管收缩，使消化功能下降。

（四）黄酒

黄酒是世界上最古老的酒类之一，与啤酒、葡萄酒并称世界三大古酒。黄酒源于中国，约在3000多年前商周时期，中国人独创酒曲复式发酵法，开始大量酿制黄酒。黄酒产地较广，品种很多，著名的有：九江封缸酒、绍兴老酒，即墨老酒、福建老酒、无锡惠泉酒、江阴黑杜酒、绍兴状元红、女儿红、张家港沙洲优黄、吴江吴宫老酒、苏州同里红、上海老酒、鹤壁豫鹤双黄、南通白蒲黄酒、江苏金坛和丹阳的封缸酒、湖南嘉禾倒缸酒、河南双黄酒、河南刘集缸撇黄酒、广东客家娘酒、湖北老黄酒、陕西谢村黄酒、陕西黄关黄酒。

黄酒在南方以糯米为原料，在北方以黍米、粟及糯米（北方称江米）为原料，一般酒精含量为14%～20%，属于低度酿造酒。黄酒含有丰富的营养，含有21种氨基酸，其中包括有数种未知氨基酸，而人体自身不能合成必须依靠食物摄取的8种必需氨基酸黄酒都具备，故被誉为“液体蛋糕”。黄酒酿酒技术独树一帜，成为东方酿造界的典型代表和楷模。

黄酒以粮食为原料，通过酒曲及酒药等共同作用而酿成，很适应当今人们由于生活水平提高而对饮料酒品质的要求，适于各类人群饮用。黄酒饮法有多种多样，一般烫热喝较常见。放在热水中烫热或隔火加热，会使黄酒变得温和柔顺，更能享受到黄酒的醇香，驱寒暖身的效果也更佳。黄酒中还含有极微量的甲醇、醛、醚类等有机化合物，对人体有一定的影响，为了尽可能减少这些物质的残留量，人们一般将黄酒隔水烫到60℃～70℃（因为醛、醚等有机物的沸点较低，一般在20℃～35℃，即使甲醇也不过65℃，所以这些极微量的有机物，在黄酒烫热的过程中，随着温度升高而挥发掉）；同时，黄酒中所含的脂类芳香物随温度升高而蒸腾。

黄酒是医药上很重要的辅料或“药引子”。中药处方中常用黄酒浸泡、烧煮、蒸炙一些中草药或调制药丸及各种药酒。黄酒的另一功能是调料。黄酒酒精含量适中，味香浓郁，富含氨基酸等呈味物质，人们都喜欢用黄酒作佐料，在烹制荤菜时，特别是羊肉、鲜鱼时加入少许，不仅可以去腥膻还能增加鲜美的风味。

女儿红

女儿红是浙江省绍兴市的地方传统名酒，属于发酵酒中的黄酒，用糯米发酵而成，含有大量人体所需的氨基酸。江南的冬天空气潮湿寒冷，人们常饮用此酒来增强抵抗力。

汲取门前鉴湖水，酿得绍酒万里香，始创于晋代女儿红品牌的故事千年流传。早在公元304年，晋代上虞人稽含所著的《南方草木状》中就有女酒、女儿红酒为旧时富家生女嫁女必备之物的记载。女儿落地的第一声啼哭，肯定会让每一个父亲心头一热，三亩田的糯谷就酿成三坛子女儿红，仔细装坛封口深埋在后院桂花树下，就像深深掩藏起来的父爱。自古浙江绍兴一带，这个生女必酿女儿酒的习俗就这样长久沿袭着。待到女儿十八岁出嫁之时，用酒作为陪嫁的贺礼，恭送到夫家。按照绍兴老规矩，从坛中舀出的头三碗酒，要分别呈献给女儿夫家的公公、亲生父亲以及自己的丈夫，寓意祈盼人寿安康、家运昌盛。南宋著名爱国诗人陆游住东关古镇时，品饮女儿红酒后写下了著名诗句："移家只欲东关住，夜夜湖中看月生"。

（五）葡萄酒

葡萄酒是用新鲜的葡萄或葡萄汁经发酵酿成的酒精饮料。通常分红葡萄酒和白葡萄酒两种；前者由红葡萄带皮浸渍发酵而成，后者由葡萄汁发酵而成。

按照国际葡萄酒组织的规定，葡萄酒只能是破碎或未破碎的新鲜葡萄果实或汁完全或部分发酵后获得的酒精饮料，其酒精度一般不低于 8.5%；按照我国最新的葡萄酒标准 GB 15037—2006 规定，葡萄酒是以鲜葡萄或葡萄汁为原料，经全部或部分发酵酿制而成的，酒精度不低于 7.0% 的酒精饮品。

葡萄酒不仅是水和酒精的溶液，还有丰富的内涵：①80% 的水。这是生物学意义上的纯水，是由葡萄树直接从土壤中汲取的。②9.5% ~15% 的乙醇，即主要的酒精。它经由糖发酵后所得，略甜，而且给葡萄酒以芳醇的味道。③酸。有些来自葡萄，如酒石酸、苹果酸和柠檬酸；有些是酒精发酵和乳酸发酵生成的，如乳酸和醋酸。这些主要的酸，在酒的酸性风味和均衡味道上起着重要的作用。④酚类化合物。每升 1 ~5 克，它们主要是自然红色素以及单宁，这些物质决定红酒的颜色和结构。⑤每升 0.2 ~5 克的糖。不同类型的酒含糖多少不同。⑥芳香物质（每升数百毫克）。它们是挥发性的，种类很多。⑦氨基酸、蛋白质和维生素（C、B_1、B_2、B_{12}、PP）。它们影响葡萄酒的营养价值。适度饮用葡萄酒能直接对人体的神经系统产生作用，提高肌肉的张度。除此之外，葡萄酒中含有的多种氨基酸、矿物质和维生素等，能直接被人体吸收。所以，适量饮用葡萄酒是对人体健康有益的，可以保护血管、防止动脉硬化、降低胆固醇。

列级庄制度

1855 年，法国正值拿破仑三世当政。拿破仑三世想借巴黎世界博览会的机会向全世界推广波尔多葡萄酒，而且想让全国的葡萄酒都来参展。于是，他请波尔多葡萄酒商会筹备一个展览会来介绍波尔多葡萄酒，并对波尔多酒庄进行分级。这无异于去捅一个马蜂窝，因为那些酒庄个个都很自以为是，然而胜出者只能有一个。于是波尔多商会把责任推托给一个葡萄酒批发商的官方组织 Syndicat of Courtiers，让他们将所有酒庄分为 5 级，每个吉伦特区的红酒生产者都包括在其中一个级别里。两周后，Syndicat of Courtiers 拿出了他们的分级，包括 58 个酒庄，1 个超一级，4 个一级，12 个二级，14 个三级，11 个四级和 17 个五级。超一级酒庄为 d'Yquem（吕萨吕斯）；一级酒庄为 Lafite - Rothschild（拉菲）、Latour（拉图）、Margaux（玛歌）和 Haut - Brion（侯伯王）。

四、茶叶商品

茶叶，俗称茶，指茶树的叶子和芽，泛指可用于泡茶的常绿灌木茶树的叶子，以及用这些叶子泡制的饮料。茶源于中国，饮茶始于中国。茶叶最早是被作为祭品使用的，但从春秋后期就被人们作为菜食，在西汉中期发展为药用，西汉后期才发展为宫廷高级饮料，普及民间作为普通饮料那是西晋以后的事。发现的最早人工种植茶树的遗迹在浙江余姚的田螺山遗址，已有 6000 多年的历史。茶依据品种和制作方式以及产品外形分成六大类，依据季节采制可分为春茶、夏茶、秋茶、冬茶；以各种毛茶或精制茶叶再加工形成再加工茶，分为花茶、紧压茶、萃取茶、药用保健茶、含茶饮料等。

（一）茶的基本成分与功效

1. 儿茶素类

儿茶素俗称茶单宁，是茶的特有成分，具有苦、涩味及收敛性，在茶汤中可与咖啡因结合而缓和咖啡因对人体的生理作用，具抗氧化、降低血液中胆固醇及低密度脂蛋白含量、抑制血压上升、抑制血小板凝集、抗菌、抗产物过敏等功效。

2. 咖啡因

咖啡因带有苦味，是构成茶汤滋味的重要成分。红茶茶汤中，咖啡因与多酚类结合成为复合物；茶汤冷后形成乳化现象。茶中特有的儿茶素类及其氧化缩合物可使茶中咖啡因的兴奋作用减缓而持续，故喝茶可使长途开车的人保持头脑清醒及较有耐力。

3. 矿物质

茶中含有丰富的钾、钙、镁、锰等 11 种矿物质。茶汤中阳离子含量较多而阴离子较少，属于碱性食品，可帮助体液维持碱性，保持健康。

①钾：促进血钠排除。血钠含量高，是引起高血压的原因之一，多饮茶可防止高血压。

②氟：具有防止蛀牙的功效。

③锰：具有抗氧化及防止老化之功效，增强免疫功能，并有助于钙的利用。因锰不溶于热水，可磨成茶末食用。

4. 维生素

①类胡萝卜素：在人体可转换为维生素，但要和茶末一起饮咽才可补充。

②B 群维生素及维生素 C：为水溶性，可由茶中获取。

5. 其他成分

①黄酮醇类：具有增强微血管壁、消除口臭功效。

②皂素：具有抗癌、抗炎症功效。

③Y－氨基丁酸：在制茶过程中强迫茶叶进行无氧发酵而产生，可以防高血压。

（二）茶的类别及品质特点

1. 绿茶

绿茶是中国的主要茶类之一，是指采取茶树的新叶或芽，未经发酵，经杀青、整形、烘干等工艺而制作的饮品。绿茶的特点是保持了茶叶的绿色，做到了“三绿”，即干茶绿、汤绿、叶底绿。其干茶色泽和冲泡后的茶汤、叶底以绿色为主调，故名绿茶。绿茶保留了鲜叶的天然物质，含有的茶多酚、儿茶素、叶绿素、咖啡因、氨基酸、维生素等营养成分也较多。绿茶中的这些天然营养成分对防衰老、防癌、抗癌、杀菌、消炎等具有特殊效果，是其他茶类所不及的。中国生产绿茶的范围极为广泛，河南、贵州、江西、安徽、浙江、江苏、四川、陕西（陕南）、湖南、湖北、广西、福建是我国的绿茶主产省份。代表茶有西湖龙井、洞庭碧螺春、信阳毛尖、峨眉竹叶青、庐山云雾、六安瓜片、天池茗毫等。

对绿茶来说，越新鲜滋味越好。有实验表明，在常温光照储存条件下，叶绿素会被很快分解，让绿茶变成黄茶杆；氨基酸会被降解，让茶叶鲜味尽失；本来与味道相安无事的脂肪也会降解成小份的、散发怪味的醇、醛、酸，让茶叶的滋味大打折扣。所以，把新采下的绿茶请进低温、避光且隔绝氧气的小环境中，能让它们鲜活的口感保持的时间更长些。

2. 红茶

红茶是一种全发酵茶，是茶文化中的主要茶品。红茶的产地主要有中国、斯里兰卡、印度、肯尼亚等。红茶是经过采摘、萎凋、揉捻、发酵、干燥等步骤生产出来的，比绿茶多了一个发酵的过程。发酵是指茶叶在空气中氧化，发酵作用使得茶叶中的茶多酚和单宁酸减少，产生了茶黄素、茶红素等新的成分和醇类、醛类、酮类、酯类等芳香物质。红茶具有红茶、红汤、红叶和香甜味醇的特征。红茶的种类较多，自然产地也就较广。按照其加工的方法与出品的茶形，一般又可分为三大类：小种红茶、工夫红茶和红碎茶。中国红茶品种主要有祁红、霍红、滇红、越红、苏红、川红、英红等，尤以祁门红茶最为著名。

世界四大红茶

1. 祁门红茶——中国

祁门红茶，简称祁红，主要产于安徽省祁门县，与其毗邻的石台、至东、黟县及贵池等县也有少量生产，主要出口英国、荷兰、德国、日本、俄罗斯等几十个国家和地区，多年来一直是我国的国事礼茶。

2. 大吉岭红茶——印度

大吉岭红茶产于印度西孟加拉省北部喜马拉雅山麓的大吉岭高原一带，以5~6月的二号茶品质为最优，被誉为“红茶中的香槟”。

3. 乌沃——斯里兰卡

锡兰高地红茶以乌沃茶最著名，产于斯里兰卡山岳地带的东侧。斯里兰卡山岳地带的东侧常年云雾弥漫，由于冬季吹送的东北季风带来较多的雨量（11月~次年2月），不利茶园生产，所以以7~9月所获得的茶品质最优。西侧则因为受到夏季（5~8月）西南季风送雨的影响，所产的汀布拉茶和努沃勒埃利耶茶以1~3月收获的为最佳。

4. 阿萨姆红茶——印度

阿萨姆红茶，产于印度东北阿萨姆喜马拉雅山麓的阿萨姆溪谷一带，茶叶外形细扁，色呈深褐，汤色深红稍褐，带有淡淡的麦芽香、玫瑰香，滋味浓，属烈茶，是冬季饮茶的最佳选择。

3. 乌龙茶

乌龙茶又称青茶、半发酵茶（发酵度为30%~60%），其特点是绿叶红镶边，汤色金黄、橙黄，是中国几大茶类中独具鲜明特色的茶叶品类。乌龙茶综合了绿茶和红茶的制法，其品质介于绿茶和红茶之间，既有红茶的浓鲜味，又有绿茶的芳香，并有绿叶红镶边的美誉。乌龙茶的药理作用，突出表现在分解脂肪、减肥健美等方面，在日本称为美容茶、健美茶。乌龙茶为中国特有的茶类，主要产于福建（闽北、闽南）、广东、台湾三个省，近年来四川、湖南等省也有少量生产。乌龙茶除了内销广东、福建等省，主要出口日本、东南亚和港澳地区。代表茶有文山包种茶、安溪铁观音、冻顶乌龙茶、武夷大红袍等。

4. 花茶

花茶即将植物的花或叶或果实泡制而成的茶。花茶又可细分为花草茶和花果茶。饮用叶或花的称之为花草茶，如荷叶、甜菊叶。饮用果实的称之为花果茶，如无花果、柠檬、山楂、罗汉果。花茶气味芳香并具有养生疗效。

中国花茶的生产始于南宋，已有1000余年的历史。最早的加工中心是在福州，从12世纪起花茶的窨制已扩展到苏州、杭州一带。明代顾元庆（1564—1639）在《茶谱》一书中较详细记载了窨制花茶的香花品种和制茶方法，“茉莉、玫瑰、蔷薇、兰蕙、橘花、栀子、木香、梅花，皆可作茶。”

花茶集茶味与花香于一体，茶引花香，花增茶味，相得益彰，既保持了浓郁爽口的茶味，又有鲜灵芬芳的花香。虽然大多数花茶都有理气、疏肝、开胃的作用，但不同的花茶功效各异。月季花、红花茶有活血的作用，怀孕的妇女就不能喝；而海棠花、野菊花茶比较寒凉，脾胃虚弱的人也不宜饮用。不同的花茶功效不同，所以在选购的时候需看清其功效。花茶宜现泡现饮，不宜喝隔夜花茶。

5. 紧压茶

紧压茶，是以黑毛茶、老青茶、做庄茶及其他适制毛茶为原料，经过渥堆、蒸、压等典型工艺过程加工而成的砖形或其他形状的茶叶。紧压茶的多数品种比较粗老，干茶色泽黑褐，汤色橙黄或橙红，在少数民族地区非常流行。紧压茶有防潮性能好，便于运输和储藏，茶味醇厚，适合减肥等特点。

为了防止途中变质，一般紧压茶都是用红茶或黑茶制作，多为砖状或块状。紧压茶一般都是销往蒙古族和藏族居住地区，这些地区牧民多肉食，日常需大量消耗茶，但是过去居无定所，因此青睐容易携带的紧压茶。紧压茶喝时需用水煮，时间较长，因此茶汤中鞣酸含量高，非常有利消化，但也促使人产生饥饿感，所以喝时一般要加入有营养的物质。蒙古族人习惯加奶，叫奶茶；藏族人习惯加酥油，称酥油茶。

紧压茶，根据堆积、做色方式不同，分为“湿坯堆积做色”“干坯堆积做色”“成茶堆积做色”等亚类。我国紧压茶产区比较集中，主要有湖南、湖北、四川、云南、贵州等省。其中茯砖、黑砖、花砖茶主产于湖南；青花砖主产于湖北；康砖、金尖主产于四川、贵州；普洱茶主要产于云南；沱茶主要产于云南、重庆。

任务二　服装商品的种类与特征

服装，是衣服鞋包及装饰品等的总称，多指衣服。在国家标准中对服装的定义为：缝制，穿于人体起保护和装饰作用的产品，又称衣服。服装在人类社会发展的早期就已出现，当时古人将一些材料做成粗陋的“衣服”，穿在身上。人类最初的衣服多用兽皮，而裹身的最早“织物”是用麻和草等纤维制成的。对现代社会来说，服装已经是遮体、装饰的生活必需品，不仅仅为穿，还是一种身份、一种生活态度、一种展示个人魅力的表现。

一、服装材料

（一）天然纤维

天然纤维是从自然界原有的或经人工培植的植物上、人工饲养的动物上直接取得的纺织纤维，是纺织工业的重要材料来源。尽管20世纪中叶以来合成纤维产量迅速增长，纺织原料的构成发生了很大变化，但是天然纤维在纺织纤维年总产量中仍然约占50%。

天然纤维的种类很多，长期大量用于纺织的有棉、麻、毛、丝四种。棉和麻是植物纤维，毛和丝是动物纤维。石棉存在于地壳的岩层中，称矿物纤维，是重要的建筑材料，也可以供纺织应用。棉纤维的产量最多，用途很广，可供缝制衣服、床单、被褥等生活用品，也可用作帆布和传送带的材料，或制成胎絮供保温和作填充材料。麻纤维大部分用于制造包装用织物和绳索，一部分品质优良的麻纤维可供制作衣着。羊毛和蚕丝的产量比棉和麻少得多，却是极优良的纺织原料。用毛纤维制成呢绒，用丝纤维制成绸缎，缝制衣着，华丽庄重，深受人们喜爱。在纺织纤维中，只有毛纤维具有压制成毡的性能，毛纤维也是纤制地毯的最好原料。

1. 植物纤维

植物纤维的主要组成物质是纤维素，又称天然纤维素纤维，是从植物的种子、果实、茎、叶等处获得的纤维。根据在植物上成长的部位的不同，植物纤维分为：①种子纤维：棉、木棉等；②叶纤维：剑麻、蕉麻等；③茎纤维：苎麻、亚麻、大麻、黄麻等。

2. 动物纤维

动物纤维的主要组成物质是蛋白质，又称为天然蛋白质纤维，分为毛发类和腺分泌物两类。①毛发类：绵羊毛、山羊毛、骆驼毛、兔毛、牦牛毛等；②腺分泌物：桑蚕丝、柞蚕丝等。

3. 矿物纤维

矿物纤维的主要成分是无机物，又称为天然无机纤维，为无机金属硅酸盐类，如石棉纤维。

（二）化学纤维

化学纤维是以天然高分子化合物或人工合成的高分子化合物为原料，经过制备纺丝原液、纺丝和后处理等工序制得的具有纺织性能的纤维。

化学纤维的长短、粗细、白度、光泽等性质可以在生产过程中加以调节，并分别具有耐光、耐磨、易洗易干、不霉烂、不被虫蛀等优点，广泛用于制造衣着织物、滤布、运输带、水龙带、绳索、渔网、电绝缘线、医疗缝线、轮胎帘子布和降落伞等。一般可将高分子化合物制成溶液或熔体，从喷丝头细孔中压出，再经凝固而成纤维，产品可以是连绵不断的长丝、截成一定长度的短纤维或未经切断的丝束等。关于化学纤维的商品名称，中国暂行规定合成短纤维一律名“纶”（例如，锦纶、涤纶），纤维素短纤维一律名“纤”（例如，粘纤、铜氨纤），长丝则在末尾加一“丝”字，或将“纶”“纤”改为“丝”。

1. 再生纤维

再生纤维的生产是受了蚕吐丝的启发，以纤维素和蛋白质等天然高分子化合物为原料，经化学加工制成高分子浓溶液，再经纺丝和后处理而制得的纺织纤维。

（1）再生纤维素纤维

以天然纤维素为原料的再生纤维，由于它的化学组成和天然纤维素相同而物理结构已经改变，所以称再生纤维素纤维。再生纤维素纤维手感柔软，光泽好，吸湿性、透气性良好，染色性能好，色彩纯正、艳丽。最大的缺点是湿牢度差，弹性也较差，织物易出现折皱且不易恢复，耐酸、耐碱性也不如棉纤维。

（2）富强纤维

富强纤维俗称虎木棉、强力人造棉，它是变性的粘胶纤维，具有强度大、缩水率小、弹性好、耐碱性好等特点。

2. 合成纤维

合成纤维是由合成的高分子化合物制成的，常见的合成纤维有涤纶、锦纶、腈纶、氯纶、维纶、氨纶、聚烯烃弹力纤维等。

（1）涤纶

涤纶的学名为聚对苯二甲酸乙二酯，简称聚酯纤维。由于原料易得、性能优异、用途广泛，所以发展非常迅速，产量已居化学纤维的首位。

涤纶的最大特点是质量稳定、强度和耐磨性较好，由它纺织的面料挺括、不易变形；涤纶的耐热性也是较强的；涤纶具有较好的化学稳定性，在正常温度下，都不会与弱酸、弱碱、氧化剂发生作用。涤纶的缺点是吸湿性极差，由它纺织的面料穿在身上发闷、不透气；另外，由于涤纶表面光滑，纤维之间的抱合力差，经常摩擦之处易起毛、结球。

（2）锦纶

锦纶的学名为聚酰胺纤维，有锦纶－66、锦纶－1010、锦纶－6 等不同品种。锦纶在国外的商品名又称“尼龙”“耐纶”“卡普纶”“阿米纶”等。锦纶的最大特点是强度高、耐磨性好。

其缺点与涤纶一样，吸湿性和通透性都较差。在干燥环境下，锦纶易产生静电，短纤维织物也易起毛、起球。锦纶的耐热、耐光性都不够好，熨烫承受温度应控制在140℃以下。此外，锦纶的保形性差，用其做成的衣服不如涤纶挺括，易变形。但它可以随身附体，是制作各种体形衫的好材料。

(3) 腈纶

腈纶的学名为聚丙烯腈纤维，国外又称“奥纶”“考特尔”“德拉纶”等。腈纶的外观呈白色，卷曲、蓬松，手感柔软，酷似羊毛，多用来和羊毛混纺或作为羊毛的代用品，故又被称为“合成羊毛”。腈纶的吸湿性不够好，但润湿性却比羊毛、丝纤维好。它的耐磨性是合成纤维中较差的，熨烫承受温度在130℃以下。

(4) 维纶

维纶的学名为聚乙烯醇缩甲醛纤维，国外又称“维尼纶”“维纳尔”等。维纶洁白如雪，柔软似棉，因而常被用作天然棉花的代用品，人称“合成棉花”。维纶的吸湿性能是合成纤维中吸湿性能最好的。另外，维纶的耐磨性、耐光性、耐腐蚀性都较好。

(5) 氯纶

氯纶的学名为聚氯乙烯纤维，国外有“天美龙”“罗维尔”之称。氯纶的优点较多，耐化学腐蚀性强；导热性能比羊毛还差，因此，保温性强；电绝缘性较高，难燃。氯纶的缺点也比较突出，即耐热性极差。

(6) 氨纶

氨纶的学名为聚氨酯弹性纤维，国外又称“莱克拉”“斯潘齐尔”等。氨纶强度比乳胶丝高2~3倍，线密度也更细，并且更耐化学降解。氨纶的耐酸碱性、耐汗、耐海水性、耐干洗性、耐磨性均较好。氨纶一般不单独使用，而是少量地掺入织物中，如与其他纤维合股或制成包芯纱，用于织制弹力织物。

(7) 聚烯烃弹力纤维

聚烯烃弹力纤维是采用热塑性弹性体经熔融纺丝而成的，能耐220℃的高温，且耐氯漂及强酸强碱处理，具有极强的抗紫外线降解等特性的新型弹力丝。

二、服装的种类及功能

10种新型功能性服装材料介绍

服装是穿于人体起保护、防静电和装饰作用的制品，其同义词有“衣服”和“衣裳”。中国古代称“上衣下裳”。最广义的服装除躯干与四肢的遮蔽物之外，还包含了手部（手套）、脚部（鞋子、凉鞋、靴子）与头部（帽子）的遮蔽物。服装是一种带有工艺性的生活必需品，而且在一定生活程度上反映着国家、民族和时代的政治、经济、科学、文化、教育水平，是社会风尚面貌的重要标志，是两个文明建设的必然内涵。

（一）按服装的穿着场合分类

1. 礼服

礼服指各种正式礼仪活动所穿的服装。礼服按性别可以分为男子礼服、女子礼服两类。

(1) 男子礼服

男子礼服是指婚礼、丧悼、访问、庆典、酒会等特别场合所穿的正式服装。男子礼服的变化比较小，通常是以19世纪以来西方的男子礼服为基础的。

1) 燕尾服

燕尾服通常是晚6点以后男士在正式场合中的一种穿着。从18世纪起，这种极具绅士气派的男性衣着，便开始出现于当时法国的上层社会。现在，燕尾服已成为一些指定场合男士的专用装；古典音乐会中的指挥家、歌唱家、演奏家的穿着；婚礼中的新郎、伴郎的穿着；交际舞会中的男舞伴的穿着；高规格的典礼仪式及正式宴会上的男性穿着。

现行燕尾服的式样基本保持了传统的风格，其设计变化是非常微小的。一般采取戗驳领或青果领，并用与衣服同色的缎面加以包覆。连接衣领的前襟同短至腰部的前身衣摆形成短摆，后身衣摆长至膝部呈现燕尾形状，后中缝由腰节处向下伸展为后开衩。前胸设双排扣（各三粒装饰扣），袖衩处各四粒扣。面料多采用黑色或深蓝色的礼服呢。另外，白色的礼服背心、双翼领加U字形硬胸衬的衬衫（或前胸饰带褶裥）、蝴蝶结、手套及胸前装饰巾。黑色的直脚裤（饰缎面侧条）、袜子和漆皮皮鞋，都可与燕尾服组成协调的搭配。

2）晨礼服

晨礼服是男性的日间正式礼服。晨礼服被用作白天的庆典、星期日的教堂礼拜以及婚礼活动的正规礼服，它曾经是欧洲上流阶层出席英国Ascot赛马场金杯赛时所穿的服装，因此也被称为“赛马礼服”。正规晨礼服的衣料是黑色或灰色的毛料，上装为灰黑色，前面置一个纽扣，从前门襟向后向下呈人字形拖下，后摆呈圆形，腰围下摆开衩，领子是剑领。与晨礼服相配的衬衫有两种：一种是翅型的尖领白色（应是无光泽的素白）衬衫；另一种是普通的白色衬衫，即企领和软领两种。企领一般适于担任主要角色的人物穿用。为了不至于喧宾夺主，次要角色的人可选用较为朴素的软领。衬衫的袖口必须是双层的。

正规晨礼服的长裤是用吊带的，吊带的颜色应选黑色或黑白色条纹，穿着时应避免露出衬衫和吊带扣。上衣、背心、长裤三件套是古典式的正式礼服。

3）半正式礼服

出于使用方便的需要，在以往正式礼服的基础上衍生出半正式礼服的外套类型，多用于晚间的宴会、鸡尾酒会、剧院、婚礼、舞会等社交场合。

半正式礼服又称无尾礼服、简便礼服。圆摆的西装以黑色为主，采用戗驳领、圆领的设计，设单排扣（一粒扣或两粒扣）。在面料使用上，春、秋、冬季为黑色或深蓝色的礼服呢，夏季为白色毛织物或毛麻混纺织物。可配穿白色双翼领和带胸褶的衬衫，与外衣同色同料的背心或丝织装饰腰带，黑色领结，裤子与燕尾服的穿着形式相同。

（2）女子礼服

女子礼服与男子礼服相比，无论从风格造型、色彩装饰，还是面料配饰上都更为丰富多彩，成为女装中的主要设计素材和亮点。女子礼服根据穿着时间、场合的不同，划分为日礼服、晚礼服、婚礼服、鸡尾酒会服等种类。

1）日礼服

日礼服是白天出席社交活动时的正式穿着，如开幕式、宴会、婚礼、游园、正式拜访等场合穿用的礼服。它不像晚礼服那样规范严谨，显得更为随便、活泼、浪漫，是以表现穿者良好的风度为目的的，像外观端庄、郑重的套装均可作为日礼服。日礼服通常表现出优雅、端庄和含蓄的特点，多采用毛、棉、麻、丝绸或有丝绸感的面料。小配件应选择与服装相应的格调。

2）晚礼服

晚礼服又称夜礼服或晚装，是晚8点以后在礼节性活动中穿的正式礼服，也是女子礼服中档次最高、最具特色和能充分展示个性的穿着样式。源于欧洲着装习俗的晚礼服，最早盛行于宫廷贵妇们的穿着，后来，经过设计师的不断推创，最终演变发展成为女性出席舞会、音乐会、晚宴、夜总会等活动必备的完美服装。

晚礼服的形式有两种：一种是传统的晚装，形式多为低胸、露肩、露背、收腰和贴身的长裙，适合在高档的、具有安全感的场合穿用。传统晚礼服注重搭配，以考究的发型、精致的化妆、华贵的饰物、手套、鞋等的装扮，表现出沉稳秀丽的古典倾向。另一种是现代的晚礼服，讲求式样及色彩的变化，具有大胆创新的时代感。现代风格的晚礼服受到各种现代文化思潮、艺术风格及时尚潮流的影响，不过分拘泥于程式化的限制，注重式样的简捷亮丽和新奇变化，极具时代的特征与生活的气息。而与传统晚礼服相比，现代晚礼服在造型上更加舒适、实用、经济、美观，如西装套装式、短上衣长裙式、内外两件的组合式，甚至长裤的合理搭配也成为晚礼服的穿着。

3）婚礼服

婚礼服根据款式的风格，可分为西式婚礼服与中式婚礼服。

西式婚礼服源于欧洲的服饰习惯，在多数西方国家中，人们结婚时要到教堂接受神父或牧师的祈祷与祝福，新娘要穿上白色的婚礼服表示真诚与纯洁，并配以帽子、头饰、披纱和手捧花，来衬托婚礼服的华美。伴娘则穿着用来陪衬并与新娘婚礼服相配的相关礼服。伴童作为天使的象征则穿着女式白色短款迷你裙。

中式新娘婚礼服以传统的短袄长裙或旗袍为主，造型多为修身的适体型，带有中式立领、襻扣的样式，具有浓郁的中国传统特色。修身的裁剪结合了西式礼服的特色，能够表现出女性妩媚的身材曲线，既具有现代的时尚气息，又具有东方特有的典雅的特点。色彩多以红色为主，象征喜庆、吉祥和幸福。纹样上多采用龙凤、牡丹等传统吉祥图案，表现了婚礼服的华美隆重、婚者对未来生活的憧憬和美好祝愿。面料多采用丝绸、织锦缎或薄纱等。常用刺绣、手绘、钉缀珠饰亮片等装饰手法，来表现或富丽华贵或清雅优美的风格。

世界上第一件婚纱

1840年，英国的维多利亚女王（Alexandrina Victoria，1819—1901）结婚时，穿上了一袭由漂亮的中国锦缎制作而成的白色礼服，拖尾长达18英尺（约5.49米），并配上白色头纱，从头到脚的纯白色惊艳了全场。而在维多利亚女王大婚之前，英国皇室成员的结婚礼服均是头戴宝石皇冠、配上镶满珠宝银饰的晚礼服、外披一件毛皮大衣的传统装扮。她的这一惊人之举，在令人惊艳之余，更迅速成为一大风尚广泛流传，西方婚礼上新娘身穿白色结婚礼服也逐渐成了流传至今的传统习俗。白色婚纱代表内心的纯洁和孩童般的天真无邪，后来逐渐演变为童贞的象征。

“一战”后，女性社会地位的改变也使婚纱的风格大大地改观，逐渐出现了短裙设计的婚纱。因为“二战”的缘故，新娘的结婚礼服转为简单朴素，许多母亲也将自己的婚纱当作传家宝，传给女儿当嫁妆。

2. 生活服装

生活服装是指家居及普通人外出穿用的服装。生活服装分为家居服和外出服。

（1）家居服

家居服是指在家庭环境中穿的服装，包括家常服、围裙衣、晨衣、浴衣、睡衣等。家居服的特点是穿脱方便、宽松舒适、款式简单实用、色彩柔和温馨。

（2）外出服

外出服是指非工作的闲暇时间穿的服装，如街市服、旅行服、参观服、海滨服、度假服以及娱乐时穿的休闲服等。这类服装在穿着上可以自由表达，自由搭配，是一类最能体现穿着者个人修养和品位的服装。

3. 工作服装

工作服装一般包括防护服、标志服和办公服三大类。

（1）防护服

防护服即劳动保护服，是一类保证特殊环境下工作的从业人员操作方便和生命安全的服装，如钢铁工人的石棉服、宇航员的宇航服、潜水员的潜水衣等。

防护服种类包括消防防护服、工业用防护服、医疗款防护服、军用防护服和特殊人群使用防护服等。

（2）标志服

标志服是有明显标志作用的服装，分职业服和团体服。

1）职业服

职业服是指用于工作场合的团体化制式服装，具有鲜明的系统性、科学性、功能性、象征性、识别性、美学性等特点。职业服的受众市场极其庞大，适用范围非常广泛，不同的工作场合对职业服有各自不同的规定。

职业服在满足职业功能的前提下具有实用性、标识性、美观性、配套性。职业服给予穿用者提供便利和满足保护人体的条件。在一般工业、运输业中，职业服必须同作业环境、工作条件相适应，确保穿用者操作灵活、便利。对于在宇宙、极地、高山、水下等特殊环境作业或从事灭火、核试验等特殊职业的人员，职业服必须对从业人员身体各部位提供充分的保护，免受作业环境的伤害，达到安全作业的要求。职业服能明显地表示穿用者的职业、职务和工种，使行业内部人员能迅速准确地互相辨识，以便于进行联系、监督和协作；对行业外部人员，能传达一种提供服务的信号。有的职业服，如海关服、税务服、市场管理服等，则代表国家某一职能部门，表示穿用者在其行业范围内有行使职责的权力。标识性以服装的颜色和款式，以及帽徽、臂章等服饰件来表示。职业服体现与职业性质协调一致的美学标准，使从业者产生职业的自豪感，便于服务对象对从业者产生信任感。职业服通过美观性达到预期的美学效应的目的，如邮电服以其绿色给予人希望和乐观的美学效应，铁路服以其蓝色给予人安全和稳定的美学效应。职业服上衣、裤（裙）与帽（盔）、鞋袜、手套等要配套穿用，帽徽、领章、袖章、腰带等要配套使用，达到完整、协调、统一的效果，从而发挥更好的作用。

2）团体服

团体服是某些组织内部相对统一、具有鲜明特征的服装，广泛用于商业、餐饮业、证券业等行业以及学校和其他公司。团体服追求的风格是整体美、秩序美，目的在于通过统一的着装树立团体形象，并唤起成员的责任感、自信心。

4. 运动服装

运动服装包含职业运动装和休闲运动装。

（1）职业运动装

职业运动装指运动员和裁判员在训练和比赛时穿的服装。其特点是简练、舒适、美观，既适合不同运动的特点，又有防护作用。

（2）休闲运动装

休闲运动装指品种多样、大众化的运动服，笼统地适合各种运动，而不再细分项目。休闲运动装一般色彩艳丽，尺码宽大，用料多选用有一定弹性、易洗免熨、吸湿爽身的面料。

中国婚礼服的发展

古往今来，我国的婚礼服有着不同的色彩、样式与寓意，中国各朝各代不断演变的婚礼服，正是当时最时尚服装的表现。俗话说“三里不同风，十里不同天”，56 个民族的人们共同生活在幅员辽阔的中国大地上，无论是婚俗风习还是民族服饰，都不尽相同。历代时期各地域各民族的风俗各不相同，就带来了婚礼服饰的独特风采。在中国传统上，那些艳美华丽的婚服带着浓厚的民俗色彩，既受宏观方面如民俗文化的影响，微观方面也表现出品质的差异。在形式上服从于惯制，具有一定规范性，色彩鲜明华丽，款式高雅；内涵又寓意吉祥喜庆，具有强烈的时代感和民族性。

从婚礼发展的历史我们可以清楚地看到，婚礼服的制式主要有三种：其一为“爵弁玄端——纯衣纁袡”，其二为“梁冠礼服——钗钿礼衣”，其三为“九品官服——凤冠霞帔”。

远在周代，我国就已经建立了十分完善的冠服制度，要求在不同的场合穿戴不同的服饰，以适应不同的礼仪规定。据记载，当时的服饰主要有祭礼服、朝会服、从戎服、吊丧服、婚礼服等。周代礼服与后世不同，当时人们崇尚端正庄重，婚服的色彩遵循“玄纁制度”。新郎的服饰为爵弁，玄端礼服，缁袘纁裳，白绢单衣，纁色韠，赤色舄（或履）。新娘在婚礼上，穿玄色纯衣纁袡礼服，拜见公婆时则穿宵衣，发饰有缅、笄、次。新娘头戴“次”，以“缅”束发。

秦汉时皇太后、皇后、公卿夫人等的婚礼服形式采用深衣制。深衣形制是上衣下裳相连接，这种制式在当时男女服中用得极为普遍。禅衣内有中衣、深衣，其形无大区别，只是袖形有变化，都属于单层布帛衣裳。汉代曾采用十二种色彩的丝绸设计出适合不同身份的人的婚礼袍服。

唐制婚礼服融合了先前的庄重神圣和后世的热烈喜庆，男服绯红，女服青绿。钗钿礼服是晚唐时期宫廷命妇的礼服，身穿大袖衫长裙，披帛，在花钗大袖襦裙或连裳的基础上发展而来，层数繁多，穿时层层压叠着，然后再在外面套上宽大的广袖上衣，常作为唐代通用的婚礼服。唐以后，这种繁复的婚礼服有所简化，成为一般意义上的花钗大袖衫。

宋代尚简，婚礼服虽然已经不是隆重繁复的钗钿礼衣，但依然是花钗大袖礼服。

明代时，男子娶妻当时俗称“小登科”，可以穿青绿色的九品幞头官服，新嫁娘则需凤冠霞帔。随着婚礼服的不断发展，到后来社会上无论品官士庶，其子弟结婚时新妇必用凤冠霞帔，以表示其为妻而非妾也。头戴凤冠，脸遮红盖头，上身内穿红绢衫，外套花红袍，颈套项圈天官锁，胸挂照妖镜，肩披霞帔，再挎个子孙袋，手臂缠“定手银”，下身着红裙、红裤、红缎绣花鞋。这是一个典型的、传统的新娘造型。

在我国古代科举制度影响下还出现“假服”，即当时贵族子孙婚娶可以使用冕服或弁服，官员女儿出嫁可以穿与母亲的身份等级相符的命妇服，平民结婚也可穿绛红色公服。“假服”发展到清代，新娘通常穿红地绣花的袄裙或旗袍，外面“借穿”诰命夫人专用的背心式霞帔，头上簪红花，拜堂时蒙大红色盖头；新郎通常穿青色长袍，外罩黑中透红的绀色马褂，戴暖帽并插赤金色花饰（称金花），拜堂时身披红帛（称披红）。

婚礼服在20世纪20年代就是长袍马褂与马面裙的组合；30年代是西装与旗袍的组合；40年代是西装与婚纱礼服的组合；50年代是人民装与毛线衣的组合；60年代是黑色燕尾服与有领的白纱礼服的组合；70年代是军便装与两用衫加衬衫领翻在外的组合；80年代是西装与白婚纱礼服的组合；90年代是西装与千姿百态时装化的婚纱礼服、夜礼服的组合；到了新世纪，出现了各种现代装、古代装、日本和服等东西方文化多种风情的婚礼装的组合，事实上婚礼服已演变成立体服饰，包括头花、头纱、头饰、首饰、胸花、挂件、手套、手捧花等。从百年婚纱礼服看，尽管婚礼进行曲不变，但时代在变、服饰在变、流行在变、情趣在变，使婚纱礼服变得格外经典、神秘、神圣而浪漫。

（资料来源：MBA智库百科．https：//wiki. mbalib. com/wiki/%E5%A9%9A%E7%A4%BC%E6%9C%8D）

（二）按经营习惯分类

1. 西装

西装又称“西服”“洋装”。西装是一种“舶来文化”，在中国，人们多把有翻领和驳头、三个衣兜、衣长在臀围线以下的上衣称作“西服”，这显然是中国人对于来自西方的服装的称谓。西装通常是公司从业人员、政府机关公务人员在较为正式的场合男士着装的一个首选。西装之所以长盛不衰，很重要的是因为它拥有深厚的文化内涵，主流的西装文化常常被人们打上“有文化、有教养、有绅士风度、有权威感”等标签。西装一直是男性服装王国的宠物，“西装革履”常用来形容文质彬彬的绅士俊男。西装的主要特点是外观挺括、线条流畅、穿着舒适。若配上领带或领结后，则更显得高雅典朴。

另外，在日益开放的现代社会，西装作为一种衣着款式也进入女性服装的行列，体现女性和男性一样的独立、自信，也有人称西装为女性的千变外套。

2. 中山装

中山装是在广泛吸收欧美服饰的基础上，近现代中国革命先驱者孙中山先生综合了日式学生服装（“诘襟”服）与中式服装的特点，设计出的一种直翻领有袋盖的四贴袋服装，并被世人称为中山装。此后中山装大为流行，一度成为当时中国男性最喜欢的标准服装之一。由于毛泽东主席经常在公开场合穿中山装，西方也习惯称呼中山装为“毛装”。在20世纪六七十年代，亿万中国成年男性大多穿中山装。

20世纪80年代以后，随着改革开放的深入，西装和其他时装逐渐开始流行。虽然中山装在民间逐渐被人们遗忘，但值得一提的是中国国家领导人在出席国内重大活动时，依旧习惯穿中山装。中山装是我国具代表性的服装。近年来，正宗的中山装少了，但变形的中山装很多，这种服装实用性强、四季皆宜，选择衣料可用各色卡其、花呢、中长华达呢等。

3. 旗袍

旗袍是我国富有民族特色的女装，既可作为礼服，又可作为日常便服，四季适宜，尤其是夏季，旗袍更为轻便凉爽。旗袍整体修长，但款式也有变化，有中袖、短袖，又可镶嵌、滚边等，一般要求紧身合体，突出女性体态美。旗袍颜色以平素为主，也有印花、织花。如果作为礼服，面料选用十分讲究，一般以丝绒和各类真丝为宜。

旗袍由中华民国政府于1929年确定为国家礼服之一。20世纪50年代后，旗袍在大陆渐渐被冷落，尤其在“文革”中被视为“封建糟粕”“资产阶级情调”遭受批判。80年代之后随着传统文化在大陆被重新重视，以及影视文化、时装表演、选美等带来的影响，旗袍不仅逐渐在大陆地区复兴，还遍及世界各个时尚之地。1984年，旗袍被国务院指定为女性外交人员礼服。从1990年北京亚运会起，历次大陆举行的奥运会、亚运会以及国际会议、博览会多选择旗袍作为礼仪服装。2011年5月23日，旗袍手工制作工艺成为国务院批准公布的第三批国家级非物质文化遗产之一。2014年11月，在北京举行的第22届APEC会议上，中国政府选择旗袍作为与会各国领导人夫人的服装。

旗袍是民国的国服，盛行于20世纪三四十年代。行家把20世纪20年代看作旗袍流行的起点，30年代它到了顶峰状态，很快从发源地上海风靡至中国各地。旗袍追随着时代，承载着文明，以其流动的旋律、潇洒的画意与浓郁的诗情，表现出中国女性贤淑、典雅、温柔、清丽的性情与气质。旗袍连接起过去和未来，连接起生活与艺术，将美的风韵洒满人间。

4. 夹克

夹克是流行的中青年服装，老人穿得也很多，属日常便服，也有做工作服用的。夹克由于式样大方，适合男女穿。衣料可选用府绸、细支纱卡、灯芯绒、中长花呢以及混纺织物、毛织物。衣料颜色以中浅为宜，如米黄、浅棕、银灰、栗色、蜜黄等。

5. 大衣

大衣的种类很多，款式变化多样，有春秋大衣、冬大衣和风雪大衣等。按长度又分长大衣、中长大衣、短大衣等。大衣选料一般要求厚实、柔软、挺括、保暖，以毛料较为合适。

6. 羽绒服

羽绒服是一种新型防寒服装。鹅、鸭羽绒可提供较传统絮料更为良好的保暖性能，而且质轻，不易被水浸湿，不易黏结，便于清洗。羽绒服已逐渐取代了传统的棉衣，成为主要的冬季御寒服装。现在通过面料、絮料的改进，又增加了许多以短纤维织物做面料并以锦纶和涤纶絮片为填充材料的新型羽绒服，它已不含羽绒成分了，可改称为防寒风衣。

7. 风衣

风衣是流行的御风外衣，是带有装饰性的、可防风寒且美观实用的夹大衣类服装。风衣衣料要求手感厚实柔软，有弹性，结构紧密结实，保暖防风性能好，保形性好，抗折皱性好，具有挺括、新颖、美观等风格特点。

8. 裙子

裙子因其通风散热性能好，穿着方便，行动自如，美观，样式变化多端等诸多优点而为人们所广泛接受，其中以女性穿着较多。常见的有喇叭裙、直筒裙、连衣裙、开襟裙、斜裙等。裙子四季均可穿，面料选用也很广泛，夏季裙料要求舒适飘逸，冬季裙料要求保暖。

（三）按年龄及性别分类

1. 成人服装

成人服装有男装、女装和中老年服装之分。一般男装款式、色彩变化不多，注重用料与做工。时下男装的大品种有西服、夹克、衬衫、T恤衫及休闲装。女装款式、色彩、用料丰富且千变万化，流行趋势明显。套装、裙装、休闲装应有尽有，而且各种功能服装现今界线模糊，使各大类的品种更趋丰富。中老年服装当然也有性别区分。其共同的追求是在款式上趋于饰物减少，以追求庄重；线条变化简单，以适合中老年人在体型上的生理变化；用料趋向于纯天然与高档；色彩趋向于稳重和深沉，少受流行色影响。其整体风格是自然舒适，又得体而不失身份。

2. 儿童服装

儿童服装分婴儿服、幼童服、中童、大童服等，款式、色彩鲜明活泼，用料以纯天然为主流。国内童装市场的格局大致是：国内国外品牌各占国内市场的一半。虽然有分别在一、二类或三、四类市场表现不俗的童装品牌，也有在各个区块各领风骚的区域童装品牌，但童装品牌集中度尚不高。

3. 青年服装

这是适合特殊年龄群消费者穿的服装。不把它归为成年组是因为青年人是追求个性、独树一帜的特殊群体，此类消费者对服装流行趋势特别敏感，他们是各种新派前卫服饰的主体消费者。如今国内青年服装市场前景广阔。青年人既逐潮流而动，又是消费潮流的创造者。青年服装在款式、色彩及用料上均以追求新、奇、异为主流。

任务三　日用工业品的种类及特征

一、洗涤用品的种类及功能

最早出现的洗涤用品是皂角类植物等天然产物，其中含有皂素，即皂角苷，有助于水的洗涤去污作用。此外，草木灰中含有钾碱，用水沥淋出来的水溶液，也有助于去除织物上的油污。这些天然的洗涤用品沿用甚久。与发达国家相比，我国生产的洗涤用品普遍存在活性物含量低、非有效成分含量高以及浓缩化、液体化产品比例低等问题。不过，随着全球低碳时代的到来，国内洗涤剂工业与全球洗涤剂市场也在接轨。未来，中国洗涤用品行业发展将以液体化、浓缩化为主要趋势。

洗涤用品指洗涤物体表面上的污垢时，能改变水的表面活性，提高去污效果的物质，包括合成洗涤剂和肥皂，有时也统称为洗涤剂。日常生活中的去污主要是指衣物的去污，这是洗涤用品最主要的功能。日用器皿、餐具和水果蔬菜等的洗涤也属去污，但习惯上称为清洗，所用的洗涤用品则称为清洗剂。

（一）肥皂

肥皂是脂肪酸金属盐的总称。通式为 RCOOM，式中 RCOO 为脂肪酸根，M 为金属离子。日用肥皂中的脂肪酸碳数一般为 10 ~ 18，金属主要是钠或钾等碱金属，也有用氨及某些有机碱如乙醇胺、三乙醇胺等制成特殊用途肥皂的。

据史料记载，最早的肥皂配方起源于西亚的美索不达米亚，大约在公元前 3000 年的时候，人们便将 1 份油和 5 份碱性植物灰混合制成清洁剂。考古学家在意大利的庞贝古城遗址中发现了制肥皂的作坊，说明罗马人早在公元 2 世纪已经开始了原始的肥皂生产。中国人也很早就知道利用草木灰和天然碱洗涤衣服，人们还把猪胰腺、猪油与天然戌混合，制成块，称“胰子”。

1. 肥皂的去污原理

普通肥皂的主要成分是高级脂肪酸的钠盐和钾盐，其分子结构可以分成两个部分：一端是带电荷呈极性的 COO－（亲水端），另一端为非极性的碳链（亲油端）。肥皂能破坏水的表面张力，当肥皂分子进入水中时，具有极性的亲水端，会破坏水分子间的吸引力而使水的表面张力降低，使水分子平均地分配在待清洗的衣物或皮肤表面。肥皂的亲油端深入油污，而亲水端溶于水中，此结合物经搅动后形成较小的油滴，其表面布满肥皂的亲水端，而不会重新聚在一起成大油污。此过程（又称乳化）重复多次，则所有油污均会变成非常微小的油滴溶于水中，可被轻易地冲洗干净。

2. 肥皂的种类

肥皂的用途很广，除了人们熟悉的用来洗衣服，还广泛地用于纺织工业。肥皂中通常还含有大量的水，在成品中加入香料、染料及其他填充剂后，即得各种肥皂。

（1）黄色洗衣皂

普通使用的黄色洗衣皂，一般掺有松香，松香是以钠盐的形式而加入的，其目的是增加肥皂的溶解度和多起泡沫，并且作为填充剂也比较便宜。

（2）白色洗衣皂

白色洗衣皂则加入碳酸钠和水玻璃（有时含量可达 12%），一般洗衣皂的成分中约含 30% 的水。如果把白色洗衣皂干燥后切成薄片，即得皂片，用以洗高级织物。

（3）药皂

药皂是由牛油、椰子油（或其他油脂）及少量发泡剂、烧碱等原料制成，并加入法定含量的杀菌剂。药皂除了具有清洁去污的功能，还有杀菌的作用，广泛应用于生活和医药上。药皂因其强大的清除和杀灭效果，成为家庭对付细菌保卫自身的最佳武器。但实际生活中，药皂并不为家庭广泛采用，其中重要的原因是传统的药皂具有强烈的刺激气味。

（4）香皂

香皂含碱量较低，对皮肤的刺激性较小，正常人和银屑病患者均可以使用。香皂需要比较高级的原料。例如，用牛油或棕榈油与椰子油混用，制得的肥皂，弄碎，干燥至含水量为 10% ~ 15%，再加入香料、染料后，压制成型即得。

（5）其他

石碳酸皂、硫磺皂、煤焦油皂，硼酸皂、来苏皂、檀香皂、过脂皂等。

（二）洗衣粉

洗衣粉是一种碱性的合成洗涤剂，是用于洗衣服的化学制剂，最早由德国汉高于1907年用硼酸盐和硅酸盐为主要原料制成。洗衣粉的主要成分是阴离子表面活性剂，烷基苯磺酸钠，少量非离子表面活性剂，再加一些助剂，如磷酸盐、硅酸盐、元明粉、荧光剂、酶等，经混合、喷粉等工艺制成，现在大部分用4A沸石代替磷酸盐。

洗衣粉是合成洗涤剂的一种，是必不可少的家庭用品。目前市场上的洗衣粉主要有以下3种分类，各具特点。

1. 普通洗衣粉和浓缩洗衣粉

普通洗衣粉颗粒大而疏松，溶解快，泡沫较为丰富，但去污力相对较弱，不易漂洗，一般适合于手洗。浓缩洗衣粉颗粒小，密度大，泡沫较少，但去污力强（至少是普通洗衣粉的两倍），易于清洗，节水，一般适宜于机洗。

2. 含磷洗衣粉和无磷洗衣粉

含磷洗衣粉以磷酸盐为主要助剂，而磷元素易造成环境水体富营养化，从而破坏水质，污染环境。无磷洗衣粉则无这一缺点，有利于水体环境保护。为了我们生活环境的健康，建议使用无磷洗衣粉。

3. 加酶洗衣粉和加香洗衣粉

加酶洗衣粉就是洗衣粉中加有酶，加香洗衣粉就是洗衣粉中加有香精。加酶洗衣粉对特定污垢（如果汁、墨水、血渍、奶渍、肉汁、牛乳、酱油渍等）的祛除具有特殊功能，同时其中的一些特定酶还能起到杀菌、增白、护色增艳等作用。加香洗衣粉在满足洗涤效果的同时让衣物散发芳香，使人感到更舒适。

（三）洗衣液

洗衣液的有效成分主要是非离子型表面活性剂，其结构包括亲水端和亲油端，其中亲油端与污渍结合，然后通过物理运动（如手搓、机器运动）使污渍和织物分离。同时表面活性剂降低水的张力，使水能够达到织物表面，使有效成分发挥作用。

洗衣液的工作原理与传统的洗衣粉、肥皂类同，有效成分都是表面活性剂。区别在于：传统的洗衣粉、肥皂采用的是阴离子型表面活性剂，是以烷基磺酸钠和硬脂酸钠为主，碱性较强（洗衣粉pH一般大于12），进而在使用时对皮肤的刺激和伤害较大；而洗衣液多采用非离子型表面活性剂，pH接近中性，对皮肤温和，并且排入自然界后，降解较洗衣粉快，所以成为新一代的洗涤剂。

（四）洗洁精

洗洁精，日常生活清洁用品，洁净温和，泡沫柔细，快速去污、除菌，有效彻底清洁、不残留，散发淡雅果香味，洗后洁白光亮如新，时常使用以确保居家卫生，避免病菌传染。洗洁精的主要成分是烷基磺酸钠、脂肪醇醚硫酸钠、泡沫剂、增溶剂、香精、水、色素和防腐剂等。烷基磺酸钠和脂肪醇醚硫酸钠都是阴离子表面活性剂，是石化产品，用以去污去油渍。

洗洁精不宜多放

有人认为，洗涤剂杀菌、消毒、去污力强，放得越多，洗得越干净，浸泡时间越长效果越好，事实上这是一种误解。目前市场上出售的普通洗涤剂只能机械地消除果蔬表面的大部分农药残余，但不具备消毒、杀菌功能。相反浸泡时间过长，细菌会随着洗涤残液进入人体。洗涤剂洗后的餐具必须用自来水漂洗两次以上。洗涤剂浓度应为0.2～0.5%，浸泡时间根据果蔬表皮的不同情况而定。例如，草莓之类表皮不光滑，浸泡十几秒即可，用流动清水反复冲洗。另外多种洗涤剂、消毒剂的混合使用对人体健康有害。含氯的清洁剂（漂白粉、清毒液）与含酸的消毒清洁剂（洁厕灵）混用或漂白粉与含氨类清洁剂合用时会产生有毒的氯气，致使眼、鼻、咽喉受到刺激，引起炎症，导致中毒，对人体造成致命的危害。

二、化妆用品的种类及功能

根据2007年8月27日国家质检总局公布的《化妆品标识管理规定》，化妆品是指以涂 抹、喷、洒或者其他类似方法，施于人体（皮肤、毛发、指趾甲、口唇齿等），以达到清洁、保养、美化、修饰和改变外观，或者修正人体气味，保持良好状态为目的的产品。

（一）化妆品的种类

化妆品从不同的角度有多种分类。

1. 按使用目的分

①清洁化妆品：用以洗净皮肤。

②基础化妆品：化妆前，对面部头发的基础处理。这类化妆品如各种面霜、蜜，化妆水，面膜，发乳、发胶等定发剂。

③美容化妆品：用于面部及头发的美化用品。这类化妆品指胭脂、口红、眼影，头发染烫、发型处理、固定等用品。

④疗效化妆品：介于药品与化妆品之间的日化用品。这类化妆品如清凉剂、除臭剂、育毛剂、除毛剂、染毛剂、驱虫剂等。

2. 按使用部位分

①肤用化妆品：面部及皮肤用化妆品。这类化妆品如各种面霜、浴剂等。

②发用化妆品：头发专用化妆品。这类化妆品如香波、摩丝、喷雾发胶等。

③美容化妆品：主要指面部美容产品，也包括指甲、头发的美容品。

④特殊功能化妆品：添加有特殊作用的药物的化妆品。

3. 按剂型分

①液体化妆品：洗面乳、浴液、洗发液、化妆水、香水、原液等。

②乳液化妆品：蜜类、奶类。

③膏霜类化妆品：润面霜、粉底霜、洗发膏。

④粉类化妆品：香粉、爽身粉、散粉。

⑤块状化妆品：粉饼、化妆盒、口红、发蜡。

4. 按年龄和性别分

①婴儿用化妆品：婴儿皮肤娇嫩，抵抗力弱，配制时应选用低刺激性原料，香精也要选择低刺激的优制品。

②少年用化妆品：少年皮肤处于发育期，皮肤状态不稳定，且极易长粉刺，可选用调整皮脂分泌作用的原料，配制弱油性化妆品。

③男用化妆品：男性多属于脂性皮肤，应选用适于脂性皮肤的原料。剃须膏、须后液是男人专用化妆品。

④孕妇化妆品：女性在孕期内，因雌激素和黄体素分泌增加，肌肤自我保护与修复的能量不足，因此要格外注意孕期内的皮肤护理。

（二）化妆品的作用

1. 清洁作用

祛除皮肤、毛发、口腔和牙齿上面的脏物，以及人体分泌与代谢过程中产生的不洁物质。如清洁霜、清洁奶液、净面面膜、清洁用化妆水、泡沫浴液、洗发香波、牙膏等。

2. 保护作用

保护皮肤及毛发等处，使其滋润、柔软、光滑、富有弹性，以抵御寒风、烈日、紫外线辐射等的损害，增加分泌机能活力，防止皮肤皲裂、毛发枯断。

3. 营养作用

补充皮肤及毛发营养，增加组织活力，保持皮肤角质层的含水量，减少皮肤皱纹，减缓皮肤衰老以及促进毛发生理机能，防止脱发。

4. 美化作用

美化皮肤及毛发，使之增加魅力，或散发香气。

5. 防治作用

预防或治疗皮肤及毛发、口腔和牙齿等部位影响外表或功能的生理病理现象。

（三）化妆品的质量要求

1. 感官检验

（1）包装

化妆品的包装应整洁、美观、封口严密，不能泄漏；商标、装饰图案、文字说明等应清晰、美观、色泽鲜艳、配色协调。

（2）使用说明

使用说明要标准、规范，应包括组成成分、正确使用方法、安全保养、储存条件、生产日期、保质期、生产标号标注。此外，特殊用途化妆品还必须有特殊用途化妆品卫生批准文号。

进口化妆品应同时使用规范的汉字标注并应标明进口化妆品卫生许可证批准文号。

（3）色泽

无色固状、粉状、膏状、乳状化妆品应洁白有光泽，液状化妆品应清澈透明；有色化妆品应色泽均匀一致，无杂色。

（4）组织形态

固状化妆品应软硬适宜；粉状化妆品应粉质细腻，无粗粉和硬块；膏状、乳状化妆品应稠度适当，质地细腻，不得有发稀、结块、剧烈干缩和分离出水等现象；液状化妆品应清澈、均匀、无颗粒等杂质。

（5）气味

化妆品须具有幽雅芬芳的香气，香味可根据不同的化妆品呈不同的香型，但必须悠厚持久，没有强烈的刺激性。

2. 理化及微生物检验

正常皮肤化妆品的选择

（1）耐温性、干缩度

耐温性是指化妆品在经受高温、低温变化后能保持原组织状态的性能。干缩度是指化妆品经存放后，因水分蒸发所失去的重量与原重的百分比。

（2）化妆品所用原料的限定

化妆品所用的原料必须保证不对人体造成伤害，对不同类型的化妆品所禁止使用的原料以及限定使用的着色剂也不相同。

(3) 化妆品中化学有毒物质

根据我国《化妆品安全技术规范》的规定，化妆品中汞、铅、砷、甲醇的重量限值为：汞≤1毫克/千克；铅≤10毫克/千克；砷≤2毫克/千克；甲醇≤2 000毫克/千克。

(4) 化妆品中微生物的检验

我国《化妆品安全技术规范》规定：

①所有化妆品致病菌不得检出（金黄色葡萄球菌、铜绿假单胞菌、耐热大肠杆菌）；②口唇、眼部、儿童化妆品含菌落总数≤500CFU/毫升或≤500CFU/克；③其他化妆品含菌落总数≤1 000CFU/毫升或≤1 000CFU/克。

《化妆品卫生监督条例》中对化妆品经营的卫生监督做了明确规定，指出："化妆品经营单位和个人不得销售下列化妆品：(一) 未取得《化妆品生产企业卫生许可证》的企业所生产的化妆品；(二) 无质量合格标记的化妆品；(三) 标签、小包装或者说明书不符合本条例第十二条规定的化妆品；(四) 未取得批准文号的特殊用途化妆品；(五) 超过使用期限的化妆品。"

化妆品禁止使用二氯酚、汞及其化合物、硫双二氯酚、毛果芸香碱，含激素类化妆品对激素种类和用量都加以限定。

三、皮革商品的种类及特征

皮是经脱毛和鞣制等物理、化学加工所得到的已经变性不易腐烂的动物皮。革是由天然蛋白质纤维在三维空间紧密编织构成的，其表面有一种特殊的粒面层，具有自然的粒纹和光泽，手感舒适。

皮革制品具有柔软、坚韧，遇水不易变形，干燥不易收缩，耐湿热，耐化学药剂等性能，特别是透气性和防老化性能非常突出。

(一) 皮革的种类及识别

皮革分为天然皮革（真皮)、再生皮革、人造革（PU/PVC)。真皮是牛、羊、猪、马、鹿或某些其他动物身上剥下的原皮，经皮革厂加工后，制成各种特性、强度、手感、色彩、花纹的皮具材料，是现代真皮制品的必需材料。其中，牛皮、羊皮和猪皮是制革所用原料的三大皮种。

1. 天然皮革（真皮)

"真皮"在皮革制品市场上是常见的字眼，是人们为区别合成革而对天然皮革的一种习惯叫法。真皮种类繁多，品种多样，结构不同，质量各异，价格也相差悬殊。由于真皮中含有网状的小纤维束，故皆具相当的强度和透气性。表皮位于毛发之下，紧贴在真皮的上面，由不同形状的表皮细胞排列组成。表皮的厚度随着动物的不同而异，例如，牛皮的表皮厚度为总厚度的0.5%~1.5%，绵羊皮和山羊皮为2%~3%，而猪皮则为2%~5%。真皮则位于表皮之下，介于表皮与皮下组织之间，是生皮的主要部分，其重量或厚度约占生皮的90%以上。

按皮革的层次分，真皮有头层皮和二层皮，这是用片皮机将原皮剖层而得的。其中头层皮用来做粒面皮、修面皮、压花皮、特殊效应皮，二层皮又分猪二层皮和牛二层皮等。

(1) 头层皮是指带有粒面（真皮层）的牛、羊、猪皮等，皮面有自然特殊的纹路效果。进口皮可能还有烙印。

①全粒面皮：是指保留并使用动物皮表面（生长毛或鳞的一面）的皮革，也叫正面皮。全粒面皮的表面未经涂饰较少直接使用，大多数是经过美化涂饰的，如摔纹、压花等。全粒面皮所用的原料必须是伤残少的高级原料皮，加工要求也高，属高档皮革，另外因皮革的表面完整地保留在皮上，其坚固性好。全粒面皮表面不经涂饰或涂饰很薄，保持了皮革的柔软弹性和良好的透气性，因此其制成品舒适、耐久、美观。

②半粒面皮：其在制作过程中经设备加工、修磨成只有一半的粒面，故称半粒面皮。它保持了天然皮革的部分风格，毛孔平坦呈椭圆形，排列不规则，手感坚硬，一般选用等级较差的原料皮，所以属中档皮革。因工艺的特殊性，其表面无伤残及疤痕且利用率较高，其制成品不易变形，所以一般用于面积较大的大公文箱类产品。

③修面皮：又称“光面皮”，市场也称雾面、亮面皮，特性为表面平坦光滑无毛孔及皮纹。它在制作中表层粒面做轻微磨面修饰，在皮革上面喷涂一层有色树脂，掩盖皮革表面纹路，再喷涂水性光透树脂，所以是一种高档皮革。特别是亮面牛皮，其光亮耀眼、高贵华丽的风格，是时装皮具的流行皮革。

④压花皮：是用带有图案的花板（铝制、铜制）在皮革表面进行加温压制各种图案而形成一种风格的皮革。目前市场流行的“荔枝纹牛皮”，就是利用一块带有荔枝纹图案的花板压制成的，名称也随之称“荔枝纹牛皮”。

⑤特殊效应皮：其制作工艺要求同修面皮，只是在有色树脂里面加带珠、金属铝或金属铜元素综合喷涂在皮革上，再滚一层水性光透明树脂，其成品具有各种光泽，鲜艳夺目，雍容华贵，为目前流行皮革，属中档皮革。

（2）二层皮

二层皮没有真皮层，是纤维组织（网状层）经化学材料喷涂或覆上 PVC、PU 薄膜加工而成。因此，区分头层皮和二层皮的有效方法，是观察皮革的纵切面纤维密度：头层皮由又密又薄的真皮层及与其紧密连在一起的稍疏松的网状层共同组成，具有良好的强度、弹性和工艺可塑性等特点；二层皮则只有疏松的纤维组织层（网状层），只有在喷涂化工原料或磨面后才能用来制作皮具制品，它保持着一定的自然弹性和工艺可塑性的特点，但强度稍差。二层皮的做法要求同头层皮相似，不同的是它有绒毛效果，能生产一系列不同于头层皮的效果。一般牛绒和猪绒应用较多，另有用于特殊工艺擦拭的鹿绒，还有用于现今流行制作的各种皮革。二层皮价格比头层皮低。

二层牛反面是牛皮的第二层皮料，在表面涂上一层 PU 树脂，所以也称贴膜牛皮。其价格较便宜，利用率高。其随工艺的变化也制成各种档次的品种，如进口二层牛皮，因工艺独特、质量稳定、品种新颖等特点，为目前的高档皮革，价格与档次都不亚于头层真皮。

2. 再生皮革

真皮头层皮和真皮二层皮有什么区别?

再生皮革在国外又名皮糠纸，将各种动物的废皮及真皮下脚料粉碎后，调配化工原料加工制作而成。其表面加工工艺同真皮的修面皮、压花皮一样。其特点是皮张边缘较整齐、利用率高、价格便宜；但皮身一般较厚，强度较差，只适宜制作平价公文箱、拉杆袋、球杆套等定型工艺产品和平价皮带。其纵切面纤维组织均匀一致，可辨认出流质物混合纤维的凝固效果。

3. 人造革

人造革也叫仿皮或胶料，是 PVC 和 PU 等人造材料的总称。它是在纺织布基或无纺布基上，由各种不同配方的 PVC 和 PU 等发泡或覆膜加工制作而成的，可以根据不同强度、耐磨度、耐寒度和色彩、光泽、花纹图案等要求加工制成，具有花色品种繁多、防水性能好、边幅整齐、利用率高和价格相对真皮便宜的特点。但绝大部分的人造革，其手感和弹性无法达到真皮的效果。它的纵切面，可看到细微的气泡孔、布基或表层的薄膜和干干巴巴的人造纤维。它是早期一直到现在都极为流行的一类材料，被普遍用来制作各种皮革制品，或部分真皮材料。它日益先进的制作工艺，正被二层皮的加工制作广泛采用。如今，极似真皮特性的人造革已生产面市，它的表面工艺及其基料的纤维组织，几乎达到真皮的效果，其价格也相当。

四、皮革保养常识

皮革发霉通常是因为放置不通风处或者因为泡水导致。如果只是表面较好处理，先用干净的布将表面擦拭干净，再以稳定性高的保养剂擦拭，放置通风处。如果仍有发霉现象，有可能是由皮革内部所产生的，较难处理，可委托专业人士处理。其实皮革的保养要从平常做起，尤其当皮革遇水，必须立即擦拭，并放置通风处阴干，这样就可尽量避免发霉。日常简单护理，可令皮革产品历久如新，寿命更长，越用越好。皮革吸收力强，应注意防污，高档磨砂真皮尤其要注意。

①皮革所粘灰尘可用一块柔软、干燥的海绵或布擦去。起绒的皮面可以刷去灰尘。若皮革上有污渍，用干净湿海绵蘸温性的洗涤剂抹拭，然后让其自然干。正式使用洗涤剂前可在不显眼的角落试用一下。若沾上油脂，可用干布擦干净，剩余的由其自然消散或用清洁剂清洁，不可用水擦洗。清洁皮革产品时切忌用水冲洗或接触化学溶剂。皮革上的五金保养，应在使用后以干布擦拭。如微氧化，以面粉或牙膏轻轻擦五金即可。

②不可将存放皮革制品的家具放在阳光下暴晒，这将导致皮革干裂和褪色。

③若皮革产品不慎淋到水，应用干布将水珠拭干后放置通风阴凉处风干，千万不要把湿了的皮革产品直接放在太阳下暴晒或用风筒吹，也不能放在冷气旁边吹，切忌用火烘干，否则会出现皮料爆裂的现象。

④光泽皮革的保养，使用软布料蘸少许皮革保养专用油，再稍用力在皮革上摩擦；无光泽皮革的保养，平时只需用布轻拭，若污垢严重时，可以类似橡皮的橡胶轻轻擦拭去除。

⑤绒面皮革须使用柔软动物毛刷在皮表面顺同一方向轻轻擦去污渍，除去表面尘埃与污垢，可使纹理顺畅；也可用生胶及猄皮毛用的清洁用品去除污渍，但不宜擦油膏。如污染较严重时，可以橡皮擦轻轻向四方均匀推散除去污垢。

⑥给皮革产品上皮膏时避免把皮膏直接涂在皮面上，应先涂在绒毛或软毛上，再擦拭皮面。

⑦经常保持皮革产品干爽，存放时应摆在通风之处。一些易受潮的皮革产品，存放时可放少许防潮珠于皮革产品内。

⑧皮革不慎产生皱痕时，可使用熨斗设定成毛料温度并隔布烫平。优质皮革表面不免有细微伤痕，可借由手部体温与油脂使细微伤痕淡化。

项目小结

1. 食品营养是指人体从食品中所能获得的热能和营养素的总称。食品中所含的热能和营养素能满足人体营养需要的程度即称为食品营养价值。医学营养学家把营养素分为七大类，即碳水化合物、蛋白质、脂肪、无机盐、维生素、水和膳食纤维。

2. 食品卫生是在食品的培育、生产、制造直至被人摄食为止的各个阶段中，为保证其安全性、有益性和完好性而采取的全部措施。

3. 食品中可能存在的有害因素按来源分为4类：①食品污染物；②食品添加剂；③食品中天然存在的有害物质；④食品加工、保存过程中产生的有害物质。

4. 中国的“八大菜系”，即鲁菜、川菜、粤菜、苏菜、闽菜、浙菜、湘菜、徽菜。

5. 西餐一般以刀叉为餐具，以面包为主食，多以长形桌台为台形；主要特点是主料突出，形色美观，口味鲜美，营养丰富，供应方便等。

6. 快餐是指由商业企业快速供应、即刻食用、价格合理，以满足人们日常生活需要的大众化餐饮，具有快速、方便、标准化、环保等特点，如汉堡包、盒饭等。

7. 酒度是酒中乙醇含量大小的标识。国际标准酒度是指在以20℃的条件下，每100毫升酒液内含有的乙醇毫升数。

8. 按乙醇含量，可将酒分为高度酒、中度酒和低度酒；按制作工艺分类，酒可分为蒸馏酒、发酵酒和配制酒。

9. 世界八大蒸馏酒分别是：白兰地、威士忌、伏特加、金酒或杜松子酒、朗姆酒、龙舌兰酒、日本清酒、中国白酒。

10. 绿茶是未发酵茶，乌龙茶是半发酵茶，红茶是全发酵茶。

11. 世界四大红茶：祁门红茶——中国、大吉岭红茶——印度、乌沃——斯里兰卡、阿萨姆红茶——印度。

12. 天然纤维的种类很多，长期大量用于纺织的有棉、麻、毛、丝四种。棉和麻是植物纤维，毛和丝是动物纤维。

13. 化学纤维是用天然高分子化合物或人工合成的高分子化合物为原料，经过制备纺丝原液、纺丝和后处理等工序制得的具有纺织性能的纤维。

14. 合成纤维是由合成的高分子化合物制成的，常用的合成纤维有涤纶、锦纶、腈纶、氯纶、维纶、氨纶、聚烯烃弹力纤维等。

15. 化妆品是指以涂 抹、喷、洒或者其他类似方法，施于人体（皮肤、毛发、指趾甲、口唇齿等），以达到清洁、保养、美化、修饰和改变外观，或者修正人体气味，保持良好状态为目的的产品。

16. 皮革分为天然皮革（真皮）、再生皮革、人造革（PU/PVC）。牛皮、羊皮和猪皮是制革所用原料的三大皮种。

思考与练习

一、单选题

1. 我国营养学工作者将食品分为五大类：第一类为（　　），主要提供糖类、蛋白质、B 族维生素，也是主要的热能来源。

A. 谷类、薯类、干豆类　　B. 动物性食品

C. 大豆及其制品　　D. 蔬菜、水果

2.（　　）是构成、更新、修补人体组织的主要营养素。

A. 蛋白质　　B. 无机盐　　C. 水分　　D. 脂肪

3. 清代形成（　　）四大菜系。

A. 川、浙、湘、徽　　B. 粤、苏、闽、徽

C. 鲁、粤、湘、徽　　D. 鲁、川、粤、苏

4. 食用白酒的酒度一般在（　　）度以下。

A. 99　　B. 90　　C. 75　　D. 60

5. 下列属于配制酒的是（　　）。

A. 朗姆酒　　B. 龙舌兰酒　　C. 鸡尾酒　　D. 威士忌

6.（　　）是一种全发酵茶。

A. 绿茶　　B. 红茶　　C. 乌龙茶　　D. 紧压茶

7. 普洱茶属于（　　）。

A. 绿茶　　B. 红茶　　C. 乌龙茶　　D. 紧压茶

8. 中国暂行规定合成短纤维一律名（　　）。

A. 纶　　B. 纤　　C. 丝　　D. 网

9. 下列不属于防护服的是（　　）。

A. 消防服　　B. 宇航服　　C. 石棉服　　D. 海关服

10. （　　）被誉为民国的国服，盛行于20世纪三四十年代，其手工制作工艺成为国务院批准公布的第三批国家级非物质文化遗产。

A. 旗袍　　B. 中山装　　C. 长袍马褂　　D. 袄和裙

二、多选题

1. 在体内进行生理燃烧的营养素有（　　）。

A. 碳水化合物　　B. 脂肪　　C. 蛋白质　　D. 无机盐

2. 食品中可能存在的有害因素来源于（　　）。

A. 食品污染物　　B. 食品添加剂

C. 食品中天然存在的有害物质　　D. 食品加工产生的有害物质

3. 按制作工艺分类，酒可分为（　　）。

A. 葡萄酒　　B. 蒸馏酒　　C. 发酵酒　　D. 配制酒

4. 下列属于发酵酒的有（　　）。

A. 葡萄酒　　B. 啤酒　　C. 黄酒　　D. 清酒

5. 下列属于乌龙茶的有（　　）。

A. 文山包种茶　　B. 安溪铁观音　　C. 冻顶乌龙茶　　D. 武夷大红袍

6. 下列属于绿茶的有（　　）。

A. 西湖龙井　　B. 洞庭碧螺春　　C. 信阳毛尖　　D. 六安瓜片

7. 天然纤维的种类很多，长期大量用于纺织的有（　　）。

A. 棉　　B. 麻　　C. 毛　　D. 丝

8. 常用的合成纤维有（　　）。

A. 涤纶　　B. 锦纶　　C. 腈纶　　D. 氨纶

9. 按使用目的分类，化妆品可分为（　　）。

A. 清洁化妆品　　B. 美容化妆品　　C. 疗效化妆品　　D. 孕妇化妆品

10. 头层皮有（　　）。

A. 粒面皮　　B. 修面皮　　C. 压花皮　　D. 特殊效应皮

三、简答题

1. 食品营养价值的高低，主要从哪几方面评价？
2. 简述中国八大菜系。
3. 什么是配制酒？并举例说明。
4. 白酒的香型可划分为哪几类？
5. 简述茶叶的基本成分与功效。
6. 简述世界四大红茶。
7. 什么是团体服，其作用是什么？
8. 简述化妆品感官检验的质量要求。
9. 什么是二层皮？其特性如何？
10. 列举5条皮革保养常识。

四、实训操作题

（一）实训目的

掌握茶叶感官质量鉴别的方法。

（二）原料准备

红茶、绿茶、乌龙茶、花茶的新茶和陈茶各500克；茶盘、茶碗或茶杯若干只。

（三）实训要求

1. 能区别茶叶的类型。

2. 能鉴别同一种茶叶质量的优劣。

（四）实训程序

1. 茶叶品种的鉴别：

（1）取 4 种不同品种的新茶，倒入茶盘，进行外形、颜色、香气等外观特征的鉴别。

（2）用茶杯或茶碗冲泡后，进行香气、汤色、滋味、叶底等内质鉴定。

（3）说出鉴定结果并进一步体会 4 种茶叶的特点。

2. 茶叶质量的鉴别：

（1）取同一品种的新茶、陈茶分别倒入茶盘。

（2）分别比较、检查茶叶的嫩度、色泽、净度、香气等外形特征。

（3）冲泡后进行香气、汤色、滋味、叶底等内质检查。

（4）说出新茶、陈茶的质量特征。

项目四

商品养护管理

学习目标

【知识目标】

(1) 掌握商品质量变化的形式，掌握仓库害虫的防治技术，掌握商品防锈的主要方法，掌握商品防老化的一般措施；

(2) 理解影响商品质量变化的因素，理解金属锈蚀的基本原理及主要因素，理解商品老化的因素，理解食品防腐保鲜的原理；

(3) 了解常见的易霉腐的商品；了解霉腐微生物的生长条件；了解常见的易虫蛀、鼠咬的商品。

【能力目标】

(1) 具备商品霉腐防治的基本方法，具备食品防腐保鲜的基本方法；

(2) 能够说明仓库温湿度的基本知识及变化规律，具备仓库温湿度控制与调节的基本方法；

(3) 能够说明仓库害虫的主要来源，能够区别库房中常见鼠类，具备鼠类防治基本方法。

【素质目标】

(1) 培养学生具备商品养护管理的基本逻辑素质；

(2) 培养学生爱岗敬业、细心踏实的商品管理的职业精神。

导入案例

导入案例

人们所熟悉的烟酒、糖茶、服装鞋帽、医药、化妆品、家用电器以及节日燃放的烟花爆竹等，有的怕潮、怕冻、怕热，还有的易燃、易爆。影响商品质量变化的因素很多，其中一个重要的因素是空气的温度。有的商品怕热，例如油毡、复写纸、各种橡胶制品及蜡等，如果储存温度超过要求（30℃～35℃）就会发黏、熔化或变质。有的商品怕冻，如医药针剂、口服液、墨水、乳胶、水果等，会因库存温度过低冻结、沉淀或失效。例如：苹果储藏在1℃比在4℃～5℃储藏时寿命要延长一倍，但储藏温度过低，可引起果实冻结或生理失调，也会缩短储藏寿命。影响商品质量变化的另外一个重要因素是空气的湿度。由于商品本身含有一定的水分，如果空气相对湿度超过75%，吸湿性的商品就会从空气中吸收大量的水分而使含水量增加，这样就会影响商品的质量，如食盐、麦乳精、洗衣粉等出现潮解、结块，服装、药材、糕点等生霉、变质，金属生锈。但空气相对湿度过小（低于30%），也会使一些商品的水分蒸发，从而影响商品质量，如皮革、香皂、木器家具、竹制品等的开裂，甚至失去使用价值。

【点评】商品储运期间，宏观上处于静止状态，但商品本身不断发生各种各样的运动变化，这些变化都会影响到商品的质量，如不加以控制，就会由量变发展到质变。

商品在储运期间，由于商品本身的性能特点，以及外界因素的影响，可能发生各种各样的质量变化，归纳起来有物理机械变化、化学变化、生理变化等。研究商品的质量变化，了解商品质量变化的规律及影响质量变化的因素，对确保商品安全，防止、减少商品劣变或损失有十分重要的作用。

任务一　商品的质量变化及其影响因素

在日常生活中商品的质量变化是可以经常看到的，如新鲜果蔬的泛黄、褐变，食品的酸败、腐烂、霉变，金属器具的锈蚀，塑料、纤维的老化等。这些变化产生的原因主要是商品自身的运动或生理活动。

商品的种类繁多。商品在流通过程中质量变化的形式很多，概括起来有物理机械变化、化学变化、生物学变化等。商品自身运动的快慢或生理活动的旺盛与否又和商品在流通环境中的条件，如日光、温度、湿度、氧气和其他工业有害气体等的影响有关。为了减少商品在流通过程中的质量变化，防止商品损耗和损失，就要掌握商品质量变化的现象和规律，研究相应的科学的包装技术和包装方法，保护商品安全流通，使商品按要求进入消费领域。

一、商品质量变化的形式

由于商品受各种内因和外因的影响，所以质量变化种类繁多，但主要有物理机械变化、化学变化、生物学变化等。

（一）商品的物理机械变化

商品的物理性质是物质本身的一种属性，它是指物质不需要发生化学变化就表现出来的性质，例如颜色、重量、光泽、气味、状态、密度、熔点、沸点、溶解性、延展性、导电性、透水性、透气性、耐热性等。物理变化是指只改变物质的外表形态，不改变其本质，没有新物质生成的质量变化现象。商品的外表形态可分为气态、液态、固态三种，不同形态的商品在一定的温度、湿度或压力下，会发生相互变化，表现形式有商品的挥发、溶化、熔化、凝固、干缩等。商品的机械变化是指商品在外力作用下发生的形态变化。物理机械变化的结果不是数量的损失，就是质量的降低，甚至失去使用价值。商品常发生的物理机械变化主要有挥发、溶化、熔化、渗漏、串味、冻结、沉淀、破碎与变形等。

1. 挥发

低沸点的液体商品或经液化的气体商品，在一定的条件下，其表面分子能迅速汽化而变成气体散发到空气中去的现象叫挥发。挥发属于“三态变化”中液态变气态的变化。常见的易挥发商品有汽油、酒精、苯、香水、印刷油墨、液氨、液氮等。液体货物表面的分子运动比其内部分子更为活跃，它的表面气压大于空气压力，故能不断地挥发扩散到空气中去。挥发速度与商品中易挥发成分的沸点、气温的高低、空气流速以及与它们接触的空气表面积等因素有关。一般温度高、物质沸点低、空气流动快、液面大、空气压力小，挥发的速度就快。

液态商品的挥发，不仅会使商品数量减少，有的还严重影响商品的质量，特别是有的挥发气体，不仅影响人体健康，甚至还会引起燃烧爆炸。例如：各种香精受热易散发香气，质量下降；

乙醚、丙酮等挥发出来的蒸气具有毒性和麻醉性，对人体健康有影响；还有些液体商品挥发出来的气体与空气混合成一定比例时，会成为易燃易爆的气体，若接触火星就会引起燃烧或造成爆炸事故等。常见易挥发的商品有白酒、酒精、花露水、香水、医药中的一些试剂、部分化肥农药、杀虫剂、油漆等。

防止商品挥发的主要措施是加强包装的密封性。此外，要控制库房温度，高温季节要采取降温措施，保持在较低的温度条件下储存商品。

2. 熔化

熔化是指低熔点的商品受热后发生软化乃至化为液体的变化现象。熔化除受气温高低的影响外，与商品本身的熔点、商品中杂质种类及其含量高低密切相关。熔点越低、杂质含量越高，越容易熔化。熔化是吸热过程，熔化的反过程是凝固。易于发生熔化的商品有：医药商品中的油膏类、胶囊等；百货商品中的香脂、发蜡、蜡烛等；化工商品中的松香、石蜡和金属盐类中的硝酸锌等。

商品熔化，有的会造成商品流失、粘连包装、沾污其他商品；有的因产生熔解热而体积膨胀，使包装爆破；有的因商品软化而使货垛倒塌。

预防商品熔化，应根据商品的熔点高低，选择阴凉通风的库房储存。对易熔化商品的包装，一般应采用密封性能好、隔热性能强的包装方法，尽量减少因环境温度升高而影响商品的质量。在保管过程中，一般可采用密封和隔热措施，加强仓房的温度管理，防止日光照射，尽量减少温度的影响。

3. 溶化

溶化是指固体商品在保存过程中，吸收潮湿空气或环境中的水分达到一定程度时，会溶解变成液体的现象。溶化是属于“三态变化”中的固态变液态的变化形式。常见的易溶化商品有食糖、食盐、明矾、硼酸、尿素、氯化钙、硝酸铵、烧碱等。

商品溶化的基本条件：同时具备吸湿性和水溶性，并有一定环境条件要求（一定的相对湿度条件）。例如棉花、纸张、硅胶等，虽然有较强的吸湿性，但不具有水溶性，吸收水分再多，它们也不会被溶化。又如硫酸钾、过氯酸钾等，虽然具有水溶性，但是由于它们的吸湿性很低，所以不易溶化。许多易溶于水的商品均有溶化的倾向。

影响商品溶化的因素，主要有商品的组成成分、结构和性质以及空气的相对湿度、气温等。比如，空气相对湿度的大小对商品溶化的影响很大，易溶性商品虽具有吸湿性和水溶性，但在空气相对湿度很低时，仍然不能从空气中吸收水分而溶化，相反含有结晶水的商品，还可能丧失水分而“风化”。再如，各种商品在不同的温度下，吸湿能力也不同，一般来说，随着环境温度的升高，商品的吸湿点就会不断下降，商品就易于吸湿溶化。

商品溶化后，商品本身的性质并没有发生变化，但由于形态改变，给储存、运输及销售部门带来很大的不方便。对易溶化的商品应按商品性能，分区分类存放在阴凉干燥的库房内，不适合与含水分较大的商品同储，在堆码时要注意底层商品的防潮与隔潮，垛底要垫得高一些，并采取吸潮和通风相结合的温湿度管理方法来防止商品吸湿溶化。

4. 渗漏

渗漏主要是指液体商品，特别是易挥发的液体商品，由于包装容器密封不良，包装质量不符合内装商品的性质要求，搬运装卸时碰撞震动，而使商品发生跑、冒、滴、漏的现象。

商品渗漏，与包装材料性能、包装容器结构及包装技术优劣有关，还与仓储温度变化有关。例如，某些液体商品包装质量较差，有的容器有砂眼、气泡或焊接不严等；有些包装材料耐腐蚀性差，受潮锈蚀；有的液体商品因气温升高，体积膨胀或汽化，使包装内部压力加大而胀破包装容器；有的液体商品在低温或严寒季节，也会发生体积膨胀造成包装容器破裂；还有些商品如玻璃、陶瓷制品、搪瓷制品、铝制品、皮革制品等，在搬运过程中，受到碰撞、挤压和抛掷等外力作用，会发生破碎、变形、结块、脱落散开等形态上的变化，致使商品的质量降低或完全丧失了它们的使用价值。

解决渗漏问题，重点在于提高包装质量以及改善商品的储运条件，采用高强度的包装材料和可靠的密封技术。易渗漏货物有污染性，应堆装于底部位置；渗漏物有挥发性、散湿性，应做好防护。同时对商品加强入库验收和在库商品检查及温度湿度控制和管理。

5. 串味

串味是指吸附性较强的商品吸附其他气体、异味，从而改变本来气味的变化现象。具有吸附性易串味的商品，主要是因为它们的成分中含有胶体物质，以及具有疏松、多孔性的组织结构。商品的串味，与其表面状况，与异味物质接触面积的大小、接触时间的长短，以及环境中异味的浓度有关。

常见易被串味的商品有大米、面粉、木耳、食糖、茶叶、卷烟、饼干等。常见的易引起其他商品串味的商品有汽油、煤油、腌鱼腌肉、樟脑、肥皂、农药等。预防商品串味，应对易被串味的商品尽量采取密封包装，在储存运输中不得与有强烈气味的商品共储混运，同时还要注意运输工具和仓储环境的清洁卫生。

茶叶装载集装箱串味

6. 沉淀

沉淀是指含有胶质和易挥发成分的商品，在低温或高温等因素影响下，部分物质的凝固，进而发生沉淀或膏体分离的现象。常见的商品有墨汁、墨水、牙膏、化妆品等。某些饮料、酒在仓储中，也会析出纤细絮状的物质而出现浑浊沉淀的现象。

商品沉淀主要受商品的组成成分、性质以及外界温度等的影响。因此，预防商品的沉淀，应根据不同商品的特点，防止阳光照射，同时做好冬季保温和夏季降温工作。

7. 沾污

沾污是指商品外表沾有其他脏物或染有其他污秽，而影响商品质量的现象。

商品沾污的主要原因是生产、储运中卫生条件差及包装不严等造成的。对一些外观质量要求较高的商品，如绸缎呢绒、针织品、服装等要注意防沾污，精密仪器、仪表类也要特别注意。

8. 破碎与变形

破碎与变形是常见的机械变化，是指商品在外力作用下所发生的形态上的改变。商品的破碎主要是脆性较大的商品。所谓脆性是指材料在外力作用下，如拉伸、冲击等，仅产生很小的变形即断裂破坏的性质。如陶瓷、搪瓷制品、玻璃等，因包装原因或在运输过程中受到碰、撞、挤、压、抛掷，而破碎、掉瓷、变形等。商品的变形通常是塑性较大的商品。所谓塑性是指材料承受外力作用时发生形变，除去外力后，不能自动恢复原来的形状的性质。如钢材、橡胶、塑料等，由于受到强烈的外力撞击或长期重压，商品丧失回弹性能，从而发生形态改变。

商品的破碎与变形主要受商品的组成成分、性质以及外力作用等的影响。因此对于容易发生破碎与变形的商品，要注意妥善包装，轻拿轻放，在库堆码高度不能超过一定的压力限度。

（二）商品的化学变化

商品的化学性质，是商品在流通和使用过程中，在光线、空气、水、热、酸、碱等各种因素作用下，其成分发生化合、分解、置换、复分解、聚合等化学反应的性质。而在变化中生成其他新的物质的变化，我们叫作化学变化，如铁的生锈、铜在潮湿的空气中变成绿色等。

商品的化学变化与物理变化有本质的区别。化学变化，是指不仅改变了商品的外表形态，也改变了商品的本质，并且有新物质生成，且不能恢复原状的变化现象。商品化学变化过程即商品质变过程，严重时会使商品失去使用价值。商品常发生的化学变化主要有以下 5 种。

1. 分解、水解

分解是指某些化学性质不稳定的商品，在光、热、酸、碱及潮湿空气的作用下，会由一种物质分解成两种或两种以上物质的变化现象。分解不仅使商品质量变差，而且会使商品完全失效。例如漂白粉在温度高、水分大、光照、不密闭的条件下，会分解生成次氯酸和氧，失去漂白能力，使商品失去使用价值。

水解是某些商品在一定条件（如酸性或碱性条件）下，与水作用而发生的复分解反应。对于易分解或水解的商品，在储存运输中应尽量避免发生这些变化所需的外部条件，尤其不宜与酸性或碱性物质共储混运。

2. 氧化

氧化是指商品与空气中的氧或与其他放出氧气的物质接触，发生与氧结合的化学变化。商品氧化，不仅会降低商品的质量，有的还会在氧化的过程中产生热量，引起自燃，有的甚至会引发爆炸。易于氧化的商品种类很多，例如，化工原料中的亚硝酸钠、硫代硫酸钠、保险粉，油脂类商品（包括用油脂加工的食品）和纤维制品等。有些商品在氧化过程中要产生热量，如果热量不易散失，又会加速氧化过程，使温度逐步升高达到自燃点时就会发生自燃现象。例如桐油布、油纸等桐油制品，如尚未干透就进行包装，就易发生自燃。橡胶的老化、茶叶的陈化、煤的风化等也是在氧化作用下产生的现象。

这类商品在储运过程中应选择低温避光条件，避免与氧接触，同时注意通风散热，有条件的可在包装容器中放入脱氧剂。

3. 老化

老化是指某些以高分子化合物为主要成分的商品，如橡胶、塑料、合成纤维等高分子材料制品，在储运过程中，受到光、氧、热及微生物等的作用，出现发黏、龟裂、变脆、失去弹性、强力下降，丧失原有优良性能的变质现象。

商品老化是一种不可逆的变化，易老化是高分子材料存在的一个严重缺陷。老化的原因，主要是高分子化合物在外界条件的作用下，分子链发生了降解和交联等变化。储存和运输这类商品时，要注意防止日光照射和高温，尤其是要防止暴晒，同时堆码不宜过高，要避免重压。

4. 腐蚀

腐蚀是指物质接触周围的介质（如酸、碱、氧气及腐蚀性气体等），其表面受到破坏的变化现象。金属的锈蚀也是其中的一种。

金属的锈蚀主要是发生了电化学腐蚀。在潮湿的空气中，金属制品通过表面吸附、毛细管（表面裂纹和结构缝隙）凝聚，特别是结露作用，可在金属表面形成水膜。水膜溶解表面的水溶性黏附物，和空气中的氧气、二氧化碳、二氧化硫等气体，形成具有导电性的电解液。金属制品接触这种电解液后，引起电化学反应，反应中，金属原子成为离子不断进入电解液而被溶解，这种腐蚀称为电化学腐蚀。电化学腐蚀先在金属表面造成不规则的凹洞、斑点和溃疡，然后使破坏掉的金属变为金属氧化物或氢氧化物而附于金属表面，最后或快或慢地往里深入腐蚀。它是金属商品的主要破坏形式。

5. 化合

化合是指商品在储存期间，在外界条件的影响下，两种或两种以上的物质相互作用而生成一种新物质的反应。化合反应通常不是单一存在于化学反应中，而是两种反应（分解、化合）依次先后发生。如果不了解这种情况，就会给保管和养护此类商品造成损失。

（三）商品的生物学变化

商品的生物学变化，是指有生命活动的有机体商品，在储存过程中，为了维持它们的生命，本身所进行的一系列生理变化。例如，蔬菜、水果、鲜鱼、鲜肉、鲜蛋等有机体商品，往往由于本身的特性，在储存过程中受到外界环境的影响会发生各种变化。这些变化有的能够促进产品质量的提高和完善，如番茄、香蕉、柿子等的后熟作用；但有些会降低产品的使用价值，甚至会使商品失去使用价值，如鱼的软化变质。商品常发生的生物学变化主要有以下6种。

1. 呼吸作用

呼吸作用是指有机体商品在生命活动中，不断地进行呼吸，分解体内有机物质，产生热能，维持其本身的生命活动的现象。如果这种作用停止了，就意味着有机体商品生命力的丧失。呼吸作用可分为有氧呼吸和无氧呼吸两种。

有氧呼吸是指细胞在氧的参与下，通过酶的催化作用，把糖类等有机物彻底氧化分解，产生二氧化碳和水，并释放出能量的过程。有氧呼吸是高等动物和植物进行呼吸作用的主要形式，可以用下列反应式表示：

$$C_6H_{12}O_6 + 6O_2 \xrightarrow{\text{酶}} 6CO_2\uparrow + 6H_2O + \text{大量能量}$$

无氧呼吸是指细胞在无氧的条件下，通过酶的催化作用，把葡萄糖等有机物质分解成为不彻底的氧化产物，同时释放出少量能量的过程。这个过程对于高等植物、高等动物和人来说，称为无氧呼吸；如果用于微生物如乳酸菌、酵母菌等，则习惯上称为发酵。无氧呼吸可以用下列反应式表示：

酒精发酵：$C_6H_{12}O_6 \xrightarrow{\text{酶（无氧）}} 2C_2H_5OH\text{（酒精）} + 2CO_2\uparrow + \text{少量能量}$

乳酸发酵：$C_6H_{12}O_6 \xrightarrow{\text{酶（无氧）}} 2C_3H_6O_3\text{（乳酸）} + \text{少量能量}$

苹果储藏久了会有酒味；高等植物在水淹的情况下，可以进行短时间的无氧呼吸，将葡萄糖分解为酒精和二氧化碳，并且释放出少量的能量，以适应缺氧的环境条件；高等动物和人在剧烈运动时，尽管呼吸运动和血液循环都大大加强了，但是仍然不能满足骨骼肌对氧的需要，这时骨骼肌内就会出现无氧呼吸。高等动物和人的无氧呼吸产生乳酸；此外，还有一些高等植物的某些器官在进行无氧呼吸时也可以产生乳酸，如马铃薯块茎、甜菜块根等。

旺盛的有氧呼吸可造成有机体中营养成分大量消耗并产生自热、散湿现象；而严重的无氧呼吸所产生的酒精积累过多会引起有机体内细胞中毒死亡。影响呼吸强度的因素有含水量、温度、氧的浓度等。

对于一些鲜活商品，无氧呼吸往往比有氧呼吸要消耗更多的营养物质。保持正常的呼吸作用，有机体商品本身会具有一定的抗病性和耐储性。鲜活商品的储藏应保证它们正常而最低的呼吸，利用它们的生命活性，减少损耗、延长储藏时间。所以，为了达到保存鲜活商品质量和减少损耗以及延长储藏期限的目的，要创造适宜的外界环境，以保持有机体的正常而最低的呼吸作用，抑制旺盛的有氧呼吸，防止无氧呼吸。

2. 后熟

后熟是指瓜果、蔬菜类食品脱离母株后继续成熟的现象。后熟作用是指有生命的有机体商品如香蕉、柿子等，从收获成熟到生理成熟和工艺成熟，品质不断改善的变化过程，它是鲜活商品脱离母株后成熟过程的继续。这主要是由于有机体内含有各种酶，会引起一系列复杂的生理变化。如：淀粉水解为单糖而产生甜味；有机酸数量相对减少，同时产生挥发油和芳香油而增加其芳香；叶绿素分解消失，类胡萝卜素和花青素显露而显红色、黄色、紫色等。总之，瓜果类后熟作用能改进色、香、味及适口的硬脆度等食用性能。

影响有机体商品后熟作用的因素主要是高温、氧气，和某些有刺激性的气体如乙烯、酒精等。但当后熟作用完成后，有机体商品则容易腐烂变质，难以继续储藏甚至失去使用价值。因此，对于这类商品，应在其成熟之前采收。如要延缓后熟和延长储藏时间，应采用适宜的低温和适量的通风；如要加快后熟作用，则可以采用适当的高温、密封以及利用某些催化剂以加强酶的活性等措施，以加快后熟过程，满足市场销售的需要。

3. 蒸腾

猕猴桃早采损害了你我所有人的利益

蒸腾作用是指水分从植物体表面以水蒸气状态散失到大气中的过程。我们通常所说的蒸腾作用主要是指含水量较多的新鲜菜果在储藏期间失去水分。蒸腾作用会使菜果的重量减轻，菜果丧失鲜嫩品质，降低菜果的耐储性和抗病性。凡细胞间隙大、外皮薄且缺乏蜡层、细胞原生质保水力弱以及蒸腾面积大的菜果，水分蒸腾就快，而且易于萎蔫；相反，凡肉质坚实致密、表皮厚或已木化的菜果，其水分蒸腾就慢，也耐于储藏。因此，为了便于储藏，增强菜果的抗病性，保持商品的特有风味、品质，应采取相应措施来降低或避免蒸腾作用对菜果的不良影响。

4. 僵直

僵直又叫僵硬或尸僵，是指畜禽、鱼失去生命后，肌肉在一段时间内发生的生化和形态上的变化，如肌肉失去原有的弹性，变得僵硬，肉片呈不透明状态等。僵直形成的原因主要是动物死后，血液循环停止，组织内中断了氧气供给，肉中的糖原在缺氧的情况下酵解产生乳酸，使动物肉的 pH 值下降，肉中的蛋白质发生酸性凝固，造成肌肉组织的硬度增加，出现僵直状态。

在僵直阶段的肌肉组织紧密、挺硬，弹性差，无鲜肉的自然气味，烹调时不易煮烂，消化率低，肉的食用品质差。但是僵直期的动物肉的 pH 值较低，组织结构也较紧密，不利于微生物的繁殖，所以，适于冷冻储藏。而一般鱼类在死后的僵直期新鲜度最高，食用价值也最大。

5. 软化

软化是指畜禽鱼在僵直达到最高点后进一步发生的变化，如逐渐由硬变软，恢复弹性。这是因为蛋白质和三磷酸腺苷分解，使肌肉变得柔软而有弹性。同时，肌肉蛋白质在肌肉中组织酶的作用下产生部分分解，形成与风味有关的化合物，如多肽、二肽、氨基酸、亚黄嘌呤等，使肉具有鲜美滋味，达到肉的最佳食用期。但鱼类软化后往往会降低价值，甚至腐败变质。高温时软化速度较快，当温度低于0℃时则软化停止，故冷冻储藏可防止畜禽鱼等软化。

6. 发芽

发芽指植物芽的萌生现象，是有机体商品（如蔬菜类）在储藏期间经过短期休眠后继续生长的一种生理活动。发芽的结果会使有机体商品的营养物质转化为可溶性物质，供给有机体本身的需要，降低有机体商品的质量。如蔬菜发芽消耗大量的营养成分，使组织粗老或空心，降低质量并不耐储藏。而且，有时发芽、萌发的过程中，会产生毒素，比如，土豆发芽会产生龙葵素，从而丧失有机体商品的使用价值。因此，对于能够发芽、萌发的商品必须控制其水分，防止光照，并加强温湿度管理，抑制其发芽、抽薹。

（四）其他生物引起的变化

其他生物引起的变化主要是指商品在外界有害生物作用下受到破坏的现象，如虫蛀、霉腐等。

1. 虫蛀

商品在储存过程中，经常遭受仓库害虫的蛀蚀或老鼠的咬损，使商品及其包装受到损坏，甚至完全丧失使用价值。除食品商品能提供仓库害虫和老鼠生活活动所需的营养物质外，很多用动植物材料制成的工业品商品，如毛皮制品、皮革制品、丝毛织品、纸及纸制品、纤维制品等，都含有蛋白质、脂肪、淀粉、纤维素等仓库害虫所喜食的成分。纤维制品常成为老鼠觅取做窝的材料；而竹木制品、皮箱甚至聚氯乙烯制品等也成为老鼠咬啮的对象。仓库害虫大多数属于昆虫纲下鞘翅目、等翅目、鳞翅目、蜚蠊目、蜱满目。它们不仅破坏商品的组织结构，使商品发生破碎和洞孔，而且排泄各种代谢废物污染商品，影响商品质量和外观，降低商品使用价值。

对虫蛀、鼠咬的防治，应熟悉虫、鼠的生活习性和危害规律，首先立足于防，即搞好运输工具和仓库的清洁卫生工作，加强日常管理，切断虫鼠的来源；其次采用化学药剂或其他方法杀虫、灭鼠，坚持经常治理与突击围剿相结合的方法来防治。

2. 霉腐

霉腐是商品在微生物作用下所发生的霉变和腐败现象。商品的霉腐是由于霉腐微生物在商品上进行生长繁殖的结果。霉腐微生物在商品中不断吸取营养并排泄废物，所以，在霉腐微生物大量繁殖的同时，商品也就逐渐遭到分解破坏。

在气温高、湿度大的季节，如果仓库的温度湿度控制不好，储存的针棉织品、皮革制品、鞋帽、纸张、香烟等许多商品就会霉变，肉、蛋、鱼就会腐败发臭，水果、蔬菜就会腐烂，果酒变酸等。无论哪种商品，只要发生霉变，质量就会有不同程度的降低，严重霉腐可使商品完全失去使用价值。有些食品还会因腐败变质而产生能引起人畜中毒的有毒物质。

常见危害商品的微生物主要是一些腐败性细菌、酵母菌和霉菌。特别是霉菌，它是引起绝大部分日用工业品、纺织品和食品霉变的主要根源，它们对纤维、淀粉、蛋白质、脂肪等物质具有较强的分解能力。

微生物的活动，需要一定的温度和湿度。没有水分，它们是无法生活下去的；没有适宜的温度，它们也不能生长繁殖。掌握这些规律，就可以根据商品的含水量，采取不同的温湿度调节措施，防止微生物的生长，以利商品储运。

二、影响商品质量变化的因素

草坪腐霉枯萎病

在日常生活中，商品的质量变化是可以经常看到的，诸如金属器具的锈蚀，食品的酸败、腐烂、霉变，木制家具的腐朽或虫蛀，塑料、纤维、羊毛制品的老化等。这些变化都会影响到商品的质量。而引起商品质量变化的原因很多，总的来说，可以分为内因和外因两方面。内因是变化的前提，外因是变化的条件。影响商品质量变化的内因主要是商品成分、结构和性质。这些内因在商品特性中有较详细阐述，这里只是对影响商品质量的外因进行讨论。影响商品质量变化的外因主要有日光、空气中的氧和臭氧、空气温度、空气湿度、卫生条件与仓库害虫、有害气体等。

1. 日光

日光中包含着各种频率的色光，以及红外线和紫外线。日光对商品起着正反两方面的作用：一方面，日光中的红外线有增热作用，可以增加商品的温度，降低商品的含水量，紫外线对微生物有杀伤作用，所以，在一定条件下，有利于商品的保护。另一方面，有些商品在日光照射下发生剧烈或缓慢的破坏作用。例如：酒类在日光下与空气中的氧作用会变浑浊；油脂会加速酸败；橡胶、塑料制品会加速老化；商品的成分中如含有不饱和的化学键，在日光的作用下，易发生聚合反应，桐油、福尔马林等结块沉淀就属于这种情况；有些商品如油布、油纸在日光照射下氧化放热，若不及时散热，不仅会加速这些商品的氧化，而且还可能达到自燃点引起火灾；照相胶卷和感光纸未使用时见光，会发生光化学反应而丧失使用价值。因此，要根据各种不同商品的特性，注意合理地利用日光。

2. 空气中的氧和臭氧

氧是无色、无臭、无味的气体，熔点 -218.4℃，沸点 -182.962℃，气体密度 1.429 克/立方厘米，液态氧是淡蓝色的。在空气中约含有 21% 的氧气。氧是化学性质活泼的元素，商品发生化学和生化变化绝大多数都与空气中的氧有关。氧能与许多商品直接化合，使商品氧化，不仅降低商品质量，有时还会在氧化过程中产生热量，发生自燃，甚至还会发生爆炸事故。如氧可以加速金属商品锈蚀；氧是好气性微生物活动的必备条件，使有机体商品发生霉变；氧是害虫赖以生存的基础，是仓库害虫发育的必要条件；氧是助燃剂，不利于危险品的安全储存；在油脂的酸败，鲜活商品的分解、变质中，氧都是积极的参与者。由此可见，氧对商品质量变化有着极大的影响，因此，在储存中我们要针对商品的具体性能，研究相应的包装技术和方法，控制包装内的含氧量。

臭氧是氧的同素异形体，在常温下，它是一种有特殊臭味的蓝色气体，液态呈深蓝色，固态呈蓝黑色。大气层中的氧气发生光化学作用时，便产生了臭氧，因此，在离地面垂直高度 15 千米至 25 千米处形成臭氧层，而在接近地面大气层中的浓度很低，但对商品的破坏性很大。臭氧的稳定性低，它能分解出原子态氧，因而其化学活性比氧更强，对商品的破坏性也大。

3. 空气温度

空气温度是指空气的冷热程度，简称气温。气温是影响商品质量变化的一个主要因素。一般商品在常温或常温以下都比较稳定，高温能够促进商品的挥发、渗漏、溶化等物理变化及各种化学变化，而低温又容易引起某些商品的冻结、沉淀等变化，从而影响到商品质量。此外，温度也是微生物和害虫生长繁殖的前提条件，适宜的温度会加速商品的腐败和虫蛀。

4. 空气湿度

空气湿度是指空气的干湿程度。空气湿度的改变，能引起商品的含水量、化学成分、外形或体态结构发生变化。湿度下降，可使商品含水量降低，如蔬菜、水果、肥皂等会发生萎蔫、干缩变形，纸张、皮革制品等失水过多，会发生干裂或脆损。湿度增加，可使商品含水量相应增加，如食糖、盐、化肥等易溶性商品结块、膨胀或进一步溶化，金属制品加速锈蚀，纺织品、卷烟等发生霉变或虫蛀等，从而使商品发生质量的改变。湿度适宜，可保持商品具有的正常含水量、外形或体态结构和重量，所以，在商品养护中，必须根据不同商品的特性，尽量创造适宜的空气湿度。

5. 卫生条件与仓库害虫

卫生条件是保证商品特别是食品免于变质腐败的重要条件之一。卫生条件不好，不仅使垃圾、灰尘、油污等污染商品，影响商品质量，而且还为微生物、害虫等提供滋生场所，促使商品腐败变质。仓库害虫不仅蛀食各种商品和包装，破坏商品的组织结构，而且在生活过程中，吐丝结茧、做窝繁殖，排泄各种代谢废物沾污商品，影响商品的质量和外观。因此商品在储存过程中，一定要注意卫生条件及仓库虫害防治，以保持商品质量的稳定。

6. 有害气体

有害气体是指存在于大气中的危害性较大的气体状污染物质，主要包括酸性有害气体和氧化性有害气体，例如二氧化硫、硫化氢、氯化氢等。这些有害气体主要来自煤、石油、天然气、煤气等燃料放出的烟尘和工业生产过程中的粉尘、废气。商品储存在有害气体浓度大的空气中，其质量变化明显。例如二氧化硫，就具有强烈的腐蚀作用，能够腐蚀各种金属制品，此外，二氧化硫溶于水生成亚硫酸，还能强烈地腐蚀商品中的有机物。

任务二　工业商品的养护

工业商品是指各种组织，如企业、机关、学校、医院为生产或维持组织运作需要购买的商品和服务，它是人类生产、生活中不可或缺的重要物资。对于工业商品的养护主要是对商品霉腐、仓库害虫、商品锈蚀、商品老化等的养护。

一、商品霉腐的防治

商品上的霉腐微生物与其他生物一样，在适宜的条件下就会生长和繁殖，微生物必须从商品中摄取必需的营养成分来维持其生命活动的能量需要，繁殖后代，并排泄代谢产物。在霉腐微生物的新陈代谢过程中，会发生一系列的生物化学变化，从而造成商品霉烂、变质。也就是说商品霉腐的实质就是霉腐微生物在商品上吸取营养物质并排泄代谢终产物的结果。

（一）商品霉腐的原理

商品霉腐的过程就是微生物新陈代谢的过程。

1. 微生物的呼吸作用

多数霉菌进行有氧呼吸，受好氧微生物霉菌侵蚀的商品常有发热现象，受厌氧微生物侵蚀的商品常有酒味产生。

2. 酶及酶的作用

酶是有机体中一类具有特殊催化作用的蛋白质，自然界中一切生命活动都与酶的活动有关，有机体的新陈代谢都是在酶的作用下进行的，如果离开酶，新陈代谢就不能进行，生命就会停止。所以酶都是在活的细胞中形成的，死亡的细胞就不能再形成酶。

酶的催化速度快。酶的另一个特性是专一性，如淀粉酶只对淀粉有催化作用。所有酶均不耐热，40℃～50℃最适合酶的活动，超过这个温度，由于酶分子中的蛋白质受热易变性，使酶失去应有的催化作用。

3. 商品霉腐的过程

微生物生存，必须以有机物质为营养。糖、淀粉、蛋白质、纤维素、木质素、脂肪等物质都是它们的养料。用有机物质加工制成的商品，在外界条件适合微生物生长的情况下，微生物新陈代谢作用使其原有结构破坏，发生霉腐变质，轻则影响商品外观，严重时导致商品全部损坏，最后失去使用价值。商品霉腐一般经过以下 4 个环节：

（1）受潮

商品受潮是霉菌生长繁殖的关键因素。当商品吸收了外界水分受潮后，商品含水量超过了该商品安全水分的限度，则为商品提供了霉腐的条件。

（2）发热

商品受潮后霉腐微生物开始生长繁殖，就要产生热量。其产生的热量一部分供其本身利用，剩余部分就在商品中散发。商品的外部比内部易散热，所以内部的温度比外部的温度高。

（3）霉变

由于霉菌在商品上生长繁殖，开始有菌丝生长，能看到白色毛状物，称为菌毛。霉菌继续生长繁殖形成小菌落，称为霉点。菌落增大或菌落融合形成菌苔，称为霉斑。霉菌代谢产物中的色素使菌苔变成红、黄、紫、绿、褐、黑等色。

（4）腐烂

商品霉变后，由于霉菌摄取商品中的营养物质，通过霉菌分泌酶的作用，破坏了商品的内部结构，发生霉烂变质。发霉后的商品产生霉味，外观上产生污点或染上各种颜色，内部结构被彻底破坏，弹力消失而失去了使用价值。

（二）霉腐微生物的生长条件

引起商品霉腐的霉腐微生物主要有霉菌、细菌、酵母菌。这些霉腐微生物的生长繁殖需要一定的条件，当这些条件得到满足时商品就容易发生霉腐。霉腐微生物生长的外界环境条件如下：

1. 空气湿度

当空气湿度与霉腐微生物自身的要求相适应时，霉腐微生物就生长繁殖旺盛；反之则处于休眠状态或死亡。各种霉腐微生物生长繁殖的最适宜的空气相对湿度，因微生物不同略有差异。

多数霉菌生长的最低相对湿度为80%～90%。在相对湿度低于75%的条件下，多数霉菌不能正常发育，因而通常把75%这个相对湿度叫作商品霉腐的临界湿度。

2. 空气温度

霉腐微生物的生长繁殖有一定的温度范围，超过这个范围其生长会滞缓甚至停止或死亡。低温和高温对霉腐微生物生长都有很大影响：低温对霉腐微生物生命活动有抑制作用，能使其休眠或死亡；高温能破坏菌体细胞的组织和酶的活动，使细胞的蛋白质凝固变性，从而使其失去生命活动的能力或死亡。

霉腐微生物大多是中温性微生物，其最适宜的生长温度为20℃～30℃，在10℃以下不易生长，在45℃以上停止生长。大多数微生物在80℃以上会很快死亡。

3. 光线

多数霉腐微生物在日光直射下经1～4小时即大部分死亡，所以商品大都是在阴暗的地方霉腐变质的。日光的杀菌作用，在于日光中的紫外线能强烈破坏细胞和酶，一般微生物在紫外线灯下照射3～5分钟就会死亡。

4. 空气成分

多数霉腐微生物特别是霉菌，需要在有氧条件下才能正常生长，无氧条件下不形成孢子。二氧化碳浓度的增加不利于微生物生长，甚至导致其死亡。若改变商品储存环境的空气成分，如增加二氧化碳、减少氧气，有利于保护商品。例如：某些青霉和毛霉，当空气中二氧化碳的浓度达到20%，死亡率就能达到50%～70%；二氧化碳在空气中达到50%，霉菌将全部死亡。

也有一些微生物是厌氧型的，它们不能在有氧气或氧气充足的条件下生存。通风可以防止部分商品霉腐，但主要是防止厌氧型微生物引起的霉腐。

5. 溶液浓度

多数微生物不能在浓度很高的溶液中生长，因为浓度很高的溶液能使细胞脱水，造成质壁分离，使其失去活动能力甚至死亡。例如：导致蛋白质腐败的细菌，在10%～15%的食盐溶液中多数不能生长，引起食物中毒的霉腐微生物，在6%～9%食盐中不能生存。另外，多数霉腐微生物在60%～80%的糖溶液中不能生存。因此，盐腌和蜜饯食品一般不易腐烂。但也有少数微生物对浓度高的溶液有抵抗能力，如蜜酵母能引起蜜饯食品的变质，嗜盐的盐锯杆菌能使盐腌食品腐败。

（三）商品霉腐的防治方法

1. 加强库存商品的管理

①加强入库验收。易霉腐商品入库，首先应检验其包装是否潮湿，商品含水量是否超过安全水分。

②加强仓库温湿度管理。根据商品的不同性能，正确地运用密封、吸潮及通风相结合的方法，控制好仓库内温湿度。特别是梅雨季节，要将相对湿度控制在不适宜于霉菌生长的范围内。

③选择合理的储存场所。易霉腐商品应尽量安排在空气流通、光线较强、比较干燥的库房，并应避免与含水量大的商品共储。

④合理堆码，下垫隔潮。商品堆码不应靠墙靠柱，下垫防潮物质隔潮。

⑤将商品密封储存。

⑥做好日常的清洁卫生工作。

2. 化学药剂防霉腐

化学药剂防霉腐主要是使用防霉腐化学药剂。防霉腐化学药剂的基本原理是：使微生物菌体蛋白凝固、沉淀、变性；或用防霉腐剂与菌体酶系统结合，使酶失去活性，影响菌体的呼吸或代谢；或降低菌体表面张力，改变细胞膜的通透性，使霉腐微生物发生细胞破裂或溶解。

使用防霉腐剂时应选择具有高效、低毒、使用简便、价廉、易购等特点的防霉腐剂。同时还要求该防霉腐剂不影响商品的性能和质量，对金属无腐蚀作用以及要求防霉腐剂本身应具有较好的稳定性、耐热性与持久性。通常可作为防霉腐剂的有酚类（如苯酚）、氯酚类（如五氯酚）、有机汞盐（如油酸苯基汞）、有机铜类（如环烷酸铜皂）、有机锡盐（如三乙基氯化锡）以及无机盐（如硫酸铜、氯化汞、氟化钠）等。根据使用商品的种类防霉腐剂主要可分为两大类：一类是用于工业制品的防霉腐剂，如多菌灵、百菌清、灭菌丹等；另一类是用于食品的防霉腐剂，如苯甲酸及其钠盐、脱氢蜡酸、托布津等。

3. 气相防霉腐

气相防霉是一种先进的防霉方法，它主要是使用具有挥发性的防霉腐剂，利用其挥发产生的气体直接与霉腐微生物接触，杀死这些微生物或抑制其生长，以达到商品防霉腐的目的。同时由于气相防霉腐是气相分子直接作用于商品上，对其外观和质量不会产生不良影响。但要求包装材料和包装容器具有透气率小、密封性好的特点。

通常商品所用的气相防霉腐剂有多聚甲醛防霉腐剂、环氧乙烷防霉腐剂等。

（1）多聚甲醛防霉腐剂

多聚甲醛是甲醛的聚合物，在常温下可徐徐升华解聚成有甲醛刺激气味的气体，能使菌体蛋白质凝固，以杀死或抑制霉腐微生物。使用时将其包成小包或压成片剂，与商品一起放入包装容器内加以密封，让其自然升华扩散。但是多聚甲醛升华出来的甲醛气体在高温高湿条件下可能与空气的水蒸气结合形成甲酸，对金属有腐蚀作用，因此有金属附件的商品不可以使用。另外甲醛气体对人的眼睛黏膜有刺激作用，所以操作人员应做好保护。

（2）环氧乙烷防霉腐剂

环氧乙烷能与菌体蛋白质、酚分子的羧基、氨基、羟基中的游离的氢原子结合，生成羟乙基，使细菌代谢功能出现障碍而死亡。环氧乙烷分子穿透力比甲醛大，因而杀菌力也比甲醛强；又可在低温低湿下发挥杀菌作用，所以应用于不能加热怕受潮的商品的杀菌防霉腐较为理想。但是环氧乙烷能使蛋白质液化，并能破坏粮食中的维生素和氨基酸，还残留下有毒的氯乙醇，所以环氧乙烷只可用于日用工业品的防霉腐剂，不宜用作粮食和食品的防霉腐剂。

4. 气调防霉腐

气调防霉腐是生态防霉腐的形式之一。霉腐微生物与生物性商品的呼吸代谢都离不开空气、水分、温度这三个因素，只要有效地控制其中一个因素，就能达到防止商品发生霉腐的目的。如只要控制和调解空气中氧的浓度，人为地造成一个低氧环境，霉腐微生物生长繁殖和生物性商品自身呼吸就会受到抑制。

气调防霉腐包装就是在密封包装的条件下，通过改变包装内空气组成成分，主要是创造低氧（5%以下）环境，来抑制霉腐微生物的生命活动与生物性商品的呼吸强度，从而达到对被包装商品防霉腐的目的。这也是气调防霉腐包装的原理。气调防霉腐是充对人体无毒性、对霉腐微生物有抑制作用的气体，以达到防霉腐的目的。目前主要是充二氧化碳和氮。二氧化碳在空气中的正常含量是0.03%；微量的二氧化碳对微生物有刺激生长作用；当空气中二氧化碳的浓度达到10%～14%时，对微生物有抑制作用；如果空气中二氧化碳的浓度超过40%时，对微生物有明显的抑制和杀死作用。包装材料必须采用对气体或水蒸气有一定阻透性的气密性材料，才能保持包装内的气体浓度。

气调防霉腐的关键是密封和降氧，包装容器的密封是保证气调防霉腐的关键。降氧是气调防霉腐的重要环节，目前人工降氧的方法主要有机械降氧和化学降氧两种。机械降氧主要有真空充氮法和充二氧化碳法；化学降氧是采用脱氧剂来使包装内的氧的浓度下降。

5. 低温防霉腐

低温防霉腐是通过控制商品本身的温度，使其低于霉腐微生物生长繁殖的最低界限，控制酶的活性。它一方面抑制了生物性商品的呼吸氧化过程，使其自身分解受阻，一旦温度恢复，仍可保持其原有的品质；另一方面抑制霉腐微生物的代谢与生长繁殖来达到防霉腐的目的。

低温防霉腐所需的温度与时间应按具体商品而定。含水量大的商品，尤其是生鲜食品，如鲜肉、鲜鱼、水果和蔬菜等，多利用低温抑制霉腐微生物繁殖和酶的活性，以达到防霉腐的目的。一般情况下，温度愈低，持续时间愈长，霉腐微生物的死亡率愈高。按温度的高低和时间的长短，分为冷藏法和冻藏法两种。

（1）冷藏法

冷藏法是使储存温度控制在0～10℃的低温防霉腐方法。适于含水量大又不耐冰冻的易腐商品短时间在0℃左右的冷却储藏，如蔬菜、水果、鲜蛋等。在冷藏期间霉腐微生物的酶几乎失去了活性，新陈代谢的各种生理生化反应缓慢，甚至停止，生长繁殖受到抑制，但并未死亡。因此，采用冷藏法的食品储存期不宜过长。

（2）冻藏法

冻藏法是使储存温度控制在-18℃的低温防霉腐方法。适于耐冰冻含水量大的易腐商品较长时间在-16℃～-18℃的冻结储藏，如肉类、鱼类。在冻藏期间，商品的品质基本上不受损害，商品上霉腐微生物同细胞内水变成冰晶脱水，冰晶又损坏细胞质膜而引起死伤。采用冻藏法适宜长期储存生鲜动物食品。

6. 干燥（低湿）防霉腐

微生物生活环境缺乏水分即造成干燥，在干燥的条件下，霉菌不能繁殖，商品也不易腐烂。干燥防霉主要是通过降低密封包装内的水分与商品本身的含水量，使霉腐微生物得不到生长繁殖所需水分来达到防霉腐目的。因为干燥可使微生物细胞蛋白质变性并使盐类浓度增高，从而使微生物生长受到抑制或促使其死亡。霉菌菌丝抗干燥能力很弱，特别是幼龄菌种抗干燥能力较弱。可通过在密封的包装内置放一定量的干燥剂来吸收包装内的水分，使内装商品的含水量降到允许含水量以下。

一般高速失水不易使微生物死亡；缓慢干燥使霉菌菌体死亡最多，且在干燥初期死亡最快。菌体在低温干燥下不易死亡，而干燥后置于室温环境下最易死亡。干燥防霉腐有自然干燥法和人工干燥法两种。

（1）自然干燥法

自然干燥法是利用自然界的能量，如阳光、风等自然因素，对商品进行日晒、风吹、阴凉而使商品脱水的干燥方法。此法简单易行，成本低廉，常用于粮食、食品等商品的储存，广泛用于干果、干菜、水产海味干制品和某些粉类制品。

（2）人工干燥法

人工干燥法是在人工控制环境的条件下对商品进行脱水干燥。比较常用的方法有热风干燥、喷雾干燥、真空干燥、冷冻干燥及红外线和微波干燥等。它需要一定的设备、技术和较大的能量消耗，成本较高。

7. 电离辐射防霉腐

电离辐射是一切能引起物质电离的辐射总称。能量通过空间传递称为辐射；射线使被射物质产生电离作用，称为电离辐射。

电离辐射的直接作用是当射线通过微生物时能使微生物内部成分分解而发生诱变或死亡。其间接作用是使水分子离解成为游离基，游离基与液体中溶解的氧作用产生强氧化基团，此基团使微生物酶蛋白的 -SH 基氧化，酶失去活性，因而使其诱变或死亡。

电离辐射一般是放射性同位素放出的 α，β，γ 射线，它们都能使微生物细胞结构与代谢的某些环节受损。α 射线在照射时被空气吸收，几乎不能到达目的物上。β 射线穿透力弱，只限于物体表面杀菌。γ 射线穿透作用强，可用于食品内部杀菌。射线可杀菌杀虫，照射不会引起物体升温，故可称其为冷杀菌。但有的食品经照射后品质可能变劣或得以改善。

电离辐射防霉腐包装目前主要应用 β 射线与 γ 射线。包装的商品经过电离辐射后即完成了消毒灭菌的作用，经照射后，如果不再污染，配合冷藏的条件。通常小剂量辐射能延长保存期数周到数月，大剂量辐射可彻底灭菌，长期保存。

（四）常见的易霉腐商品

商品的成分是决定商品霉腐的内因。由于商品本身的特点不同，导致有些商品易于发生霉腐，比如含糖、蛋白质、脂肪等有机物质的商品；而另一些商品则不易发生，比如金属器具等。常见易于发生霉腐的商品主要有以下几类：

1. 食品类

在一般情况下，食品类商品大都易于霉腐，比如糖果、糕点、饼干、罐头、饮料、香烟等，这些商品的原料、在制品和成品都易沾染微生物而腐败变质。

2. 纺织原料及其制品

棉、麻、毛、丝等天然纤维及其制品，在一定的温度湿度条件下，很容易生霉。化纤织物中也会长霉腐微生物，属于可以发生霉变的商品。

3. 纸张及其制品

各种纸张、纸板及其制品含有大量的纤维素，能够被微生物利用，当温度和湿度适宜时极易发生霉腐。

4. 橡胶和塑料制品

橡胶内含有微生物可以利用的营养成分，同时，无论橡胶还是塑料制品在加工过程中都加入了一些添加剂，其中有些成分容易被霉腐微生物利用，造成商品霉腐。

5. 日用化学品

在日用化学品中，最易发生微生物灾害的是化妆品。由于其配料中含有甘油、十八醇、硬脂酸、水等，使得易被微生物利用，进而导致商品腐败。

6. 皮革及其制品

皮革是由蛋白质组成的，修饰皮革表面时又添加了一些微生物可利用的营养成分，一旦温湿度适宜，微生物就会在上面繁殖，从而对皮革及其制品产生严重的破坏作用。通常在春、夏季特别是梅雨季节，皮革及其制品容易长霉。

7. 工艺美术品

工艺品的种类繁多，所涉及的原料很广，比如竹制品、草制品、木制品等，这些工艺品在运输、储藏过程中都可能发生霉腐。

此外，一些文娱和体育用品、电器产品、药品等在适宜的温湿度条件下也容易发生霉腐。

二、仓库的害虫与防治

仓库害虫又叫储藏物害虫。在广义上包括所有一切危害储藏物品的害虫，不仅包括昆虫、螨类和其他小动物（如伪蝎等），还包括鸟类和鼠类。在通常意义上仓库害虫是指一些食性广泛、生殖力强、对环境条件有很大适应性和抵抗能力，能在仓库特定环境下生活和繁殖的害虫。储藏物害虫涉及动物分类中的4个纲，至少18个目，详见图4－1。

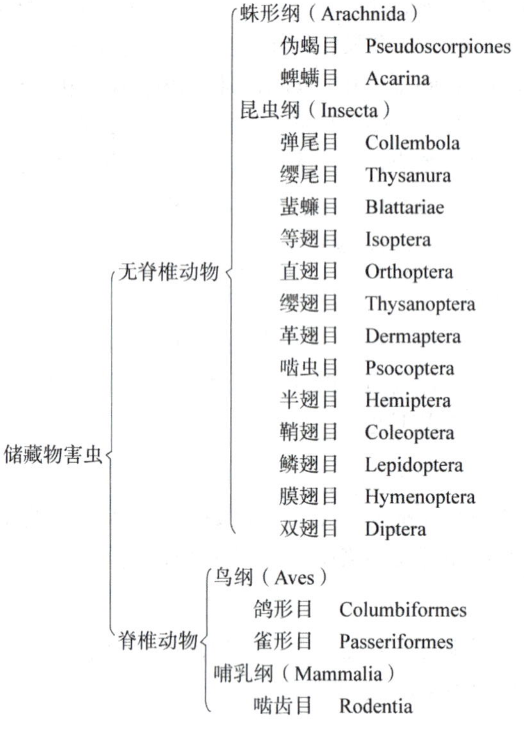

图4－1　储藏物害虫分类

（一）仓库害虫的主要来源

1. 由商品或包装带入

如竹木制品、毛皮、粮食等商品，害虫已在原材料上产卵或寄生，以后在加工过程中，又未采取杀灭措施，进仓后遇到适宜的条件，就会滋生起来。

2. 商品和包装在加工或储存过程中感染害虫

商品和包装原材料在加工时，接触的加工设备、运输工具隐藏着害虫，或与已生害虫的商品堆放在一起而受到感染等，都会把害虫带入仓库。

3. 库房不卫生

仓库的墙壁、梁柱、门窗、垫板等缝隙中隐藏着害虫，以及库内的杂物、垃圾等未清干净而潜伏的害虫，在商品入库后危害商品。仓库环境不够清洁，库内杂物、垃圾等未及时清理干净，滋生生活害虫。

4. 库外害虫侵入仓库

仓库外部环境中的害虫飞入或爬入仓库内，在仓库内生长繁殖，危害商品。

（二）仓库害虫的生活特性

活动隐蔽的仓库害虫长时期生活在库房内，形成了一些特殊的生活习性。

1. 耐干性

干燥是商品仓储养护的要求之一，因此仓库害虫必须具备耐干的能力，才能适应这种环境。掌握仓库害虫在一定温度下对一定商品的耐干能力是仓库害虫防治的有效办法之一。

2. 耐热耐寒性

仓库害虫能忍受的极限最高温度是45℃～55℃，这种状态如果继续延续，仓库害虫可以致死，但若不久温度下降到适宜温度，虫体仍可保持生命。

仓库害虫对低温的适应性较强，当温度低于生长发育要求时，它们就采取休眠的办法，一旦温度适宜，就活动起来。

3. 耐饥性

仓库害虫的耐饥性很强，有的仓库害虫耐饥能长达两三年。由于长期挨饿不死，它们就有可能在长时间没有食物的情况下被带到别处，等到环境适宜时又能繁殖发育。

4. 食性广而杂

真正的仓库害虫是多食性和杂食性的，可以植物、动物、无机物和有机物为食。

5. 繁殖能力强

多数仓库害虫在适宜的环境中一年四季能不断地繁殖。仓库害虫个体小、体色深，故数量少时不易发现，一旦发生则难以根除，稍不注意很快就会蔓延开来，对仓库商品造成巨大损失。

（三）仓库害虫的防治技术

1. 仓库害虫防治

仓库害虫大部分属于昆虫，也包括螨类微小动物。一般应当遵循“以防为主，防重于治”的方针，防治的具体方法如下：

（1）仓储管理防治

仓储管理防治就是要人为地创造有利于储存商品而不利于害虫的生态条件，从而控制害虫的生长、繁殖，达到安全储存商品的目的。这种防治技术简单易行，节约费用。具体内容包括：清洁卫生，空仓与器材杀虫，隔离与保护及改善仓库条件。

清洁卫生是基本而重要的防治方法。清洁卫生工作可以清除虫源、清除食源，尤其是在冬季清除虫源，效果更好，因为越冬害虫是来年的基数害虫，清除它们就为来年的防治工作打下了良好的基础。清洁卫生工作要做到“仓内面面光，仓外三不留（不留垃圾、污水、杂草）”，使害虫得不到栖息场所。因害虫个体小，会隐蔽，空仓与器材经清扫后，难免还有少数害虫残存下来，这些残存的害虫有相当的耐饥能力，在既不活动又不取食的情况下，也能存活，因此，用杀虫剂毒杀一次，是十分必要的。用于空仓消毒杀虫的药剂有敌敌畏、敌百虫和辛硫磷等。同时改善仓库条件，是防止害虫进入仓库的一种必要措施。仓库应能密闭，并装防虫门窗；墙角最好是圆弧形，以便清扫；地坪应能防潮，阻止地下水上升。另外，认真做好害虫检查测报工作，可以及时发现虫害情况，为防治工作提供直接依据。

（2）物理机械防治

应用物理因素作用于害虫有机体，控制及消灭虫害的方法称为物理防治。利用人力操作或动力操作各种机械，以清除仓库害虫的方法称为机械防治。物理防治主要有温控防治和气控防治，机械防治主要有风扬与风车除虫和筛子除虫。

一般而言，45℃～55℃是害虫致死高温区，40℃～45℃是害虫亚致死高温区。在致死高温区，害虫很快死亡，较长时间处在亚致死高温区亦会死亡。日光暴晒杀虫、烘干杀虫、湿热气体杀虫是常见的几种高温杀虫方法。一般仓库害虫的发育始点在10℃以上，在霜冻季节里，可以敞开仓库气窗自然通风或利用风机机械通风降温，甚至可以将商品搬出，薄摊在晒场上反复冷冻以达到低温杀虫的目的。

气控防治是人为地改变商品堆中的气体成分，造成不利于害虫生长的环境条件，以达到防治害虫的目的。实践证明，当商品堆中氧气的浓度降到8%以下时，就能抑制害虫的生长发育；当氧气浓度控制在2%以下时，害虫便会很快死亡；当商品堆中二氧化碳浓度上升到40%～50%时，也会使害虫中毒及因氧气相对减少而窒息死亡。通常采用塑料薄膜密闭自然缺氧，充二氧化碳或氮气等气控措施以达到杀虫目的。

机械防治是根据商品与害虫、杂质在物理性状上的不同特点，利用风力和筛选等机械设备，将混杂在商品中的害虫、杂质分离出来的一种方法。进行机械除虫操作，应选择低温季节进行，并应远离仓库，在作业现场周围用药剂喷布防虫线。

(3) 化学药剂防治

化学药剂防治是利用杀虫剂杀灭仓库害虫的方法，具有彻底、快速、效率高的优点，兼有防与治的作用。但也有对人有害、污染环境、易损商品的缺点，因此，在食品中应限制使用。在使用化学药剂防治中必须贯彻下列原则：对仓库害虫有足够的杀灭能力，对人体安全可靠，药品性质不致影响商品质量；对库房、仓具、包装材料较安全，使用方便，经济合理。常用的化学药剂防治方法有以下 3 种：

①驱避法：将易挥发并具有特殊气味和毒性的固体药物放入商品包装内或密封货垛中，以达到驱虫、杀虫目的。常用的有萘、樟脑丸等。一般可用于毛、丝、棉、麻、皮革、竹木、纸张等商品的防虫，不可用于食品和塑料等商品。

②喷液法：用杀虫剂进行空仓和实仓喷洒，直接毒杀仓库害虫。常用的杀虫剂有敌杀死、敌敌畏、敌百虫等。除食品外大多数商品都可以进行实仓杀虫或空仓杀虫。

③熏蒸法：利用液体或固体挥发成剧毒气体杀死仓库害虫的防治方法。常用的药剂有溴代甲烷、磷化铝等。用熏蒸法杀虫成本低、效率高，一般多用于毛皮库和竹木制品库的害虫防治。

(4) 检疫防治

检疫防治是根据国家颁布的国内、国外植物检疫法令和条例，对国家输出、输入及省际调拨的商品及附属物等进行严格的检查和检验，防止危险性害虫传播蔓延和就地消灭的一种防治方法。我国规定，仓库害虫中的谷象、谷斑皮蠹、大豆象、大谷蠹、巴西豆象为对外检疫对象。

另外，还有高低温杀虫、电离辐射、灯光杀虫、微波、远红外线杀虫等仓库害虫防治等方法。

2. 鼠害防治

(1) 库房中常见鼠类

鼠类属于啮齿动物，繁殖能力很强，具有食性杂、记忆力强，视觉、嗅觉和听觉都很灵敏的特点，一般在夜间活动。在库房中常见的鼠类有 4 种：

①褐家鼠：又名水老鼠、大家鼠。它体躯粗大，体长 150～250 毫米，体重 250～500 克，除腹部灰白色外，全身是褐色。尾粗壮，比体躯短。鼻端圆钝，耳较短且有稀毛。褐家鼠为家野两栖鼠种，分布范围广，危害极大。通常在仓房、土墙下、垃圾、阴沟以及露天囤垛等处栖息。善于钻洞、挖沟，最深可达 1.5 米。不善于攀登。性凶猛，有同类残杀性。感觉灵敏，机警，行动狡猾，昼夜均外出活动。对水分要求高，常住在近水边。繁殖能力强，每年繁殖 6～10 窝，每胎产仔 5～14 只。

②黄胸鼠：又名黑鼠、屋顶鼠。个体比褐家鼠小，体长 130～190 毫米，体重约 250 克。鼻端部尖锐，耳大无毛呈圆形，背毛棕褐色，腹毛土黄色，尾毛黑色，尾长过于体。黄胸鼠善于攀爬，可在粗糙墙壁上行走，也能在屋梁上奔跑，喜欢栖息屋顶。其洞穴构造简单。主要在夜间活动，尤以黄昏和黎明为活动高峰。终年均能繁殖，每年繁殖 4～6 窝，每胎产仔 5～7 只，最多可达 13 只。可在无水的环境下生活 1 周以上。

③黑线姬鼠：又名田鼠、田姬鼠。体长 70～125 毫米，体重 25～30 克，尾长约为体长的 2/3。背部有一条黑线，从尾直达头顶。背毛浅棕色，间杂黑色，腹毛灰白色。黑线姬鼠喜欢挖洞，常栖息在田野近水源的耕作地区，有贮粮习惯。季节迁移现象明显，通常冬季大量窜入仓库、住房中打洞做窝，危害粮食，夏暖后迁至田间。多在黄昏、黎明时活动，白天很少外出。1 年繁殖 2～5 窝，每胎产仔 3～11 只。

④小家鼠：又名小鼠、鼷鼠。体形较小，体长60～100毫米，体重10～20克，尾长约为体长的2/3。背部有黑灰色毛，腹部有灰白色毛。嘴短，鼻端尖，耳宽大具有短毛。小家鼠活动敏捷，善于攀登、跳跃，常栖居在室内、仓库或囤顶。鼠洞构造简单，洞口较多。贪食，耐渴力强，昼夜均进行活动。每年繁殖6～8窝，每胎产仔4～8只，多可产11只。小家鼠个体数量多，是仓库中数量最大的一群。

（2）鼠类具体防治方法

①防鼠驱鼠：根据不同仓型的具体情况，在仓房门口装设防鼠门或在仓房与防鼠门间的门槛上设防鼠板，以切断仓门的鼠路。若发现鼠洞要及时堵塞，以绝鼠迹。在露天储藏时，要修建防鼠货台，防止老鼠往上爬。另外，还可使用驱鼠剂（也称忌避剂）驱鼠，如使用0.05%的放线菌酮药液喷洒包装器材，能防鼠达数月之久。

②器械捕鼠：捕鼠的器械种类很多，如鼠夹、捕鼠笼、粘鼠胶板、电子灭鼠器等。在使用捕鼠器械前要通过观察粪便、足迹、跑道、咬啮的痕迹等，掌握鼠的活动规律，选择适当的捕鼠方法和器材。根据鼠的习性，捕杀时要先诱后杀。捕鼠器械的布置要经常变化，勤换诱饵，勤查捕鼠器械。

③药剂熏杀：将竹竿顶端劈开一道缝，夹一团旧棉花或碎布头，蘸2～5克氯化苦药液，塞入鼠洞内，然后将洞口严密封死。采用这种方法，事前一定要认真检查鼠洞，预先堵塞仓外及其他部位洞口。仓库附近有住户时，不宜采用这种方法，以免鼠洞通入住房，引起人员中毒。投药熏洞时，操作人员一定要按库房熏蒸的要求佩戴好防毒面具。

④毒饵诱杀：因为鼠类的嗅觉和味觉都很灵敏，发现异味即不取食，所以，对调拌诱饵的药剂，应具备一个基本的要求，即药剂拌入饵料内配成的毒饵，必须适合鼠类取食入口才能起到毒杀作用。目前常用的杀鼠剂有敌鼠、杀鼠灵、安妥、磷化锌等。

在使用毒饵诱杀时，毒饵、毒液应在室外或较宽敞的室内配制。所用的药剂必须准确称量，并做好记录，配制时应戴防毒口罩，防止药粉飞扬进入呼吸道。禁止用手直接接触药剂或毒饵毒液。现场禁止吸烟和饮食。杀鼠毒饵毒液施放在固定器皿或具有明显标志的特制毒饵箱中，并记载施放时间、地点、数量。包装过药剂和毒饵的纸，以及过期的毒饵毒液，要集中烧毁并深埋。盛装毒饵毒液的器皿，要用肥皂水洗净，集中保管。毒饵、毒液的配制、保管、使用、回收和处理应有专人负责。用毒饵、熏蒸药剂毒死的和捕鼠器具捕获的老鼠，均须焚化或深埋处理，不得随意乱扔，以免病害传染。

（四）常见的易虫蛀、鼠咬的商品

容易虫蛀、鼠咬的商品主要是一些营养成分含量较高的动植物原料加工制成的商品，常见的主要有：纺织品，特别是毛丝织品；毛皮、皮制品，包括皮革及其制品、毛皮及其制品等；竹藤制品；食品；纸张及纸制品，包括纸张及其制品和很多商品的纸制包装物；木材及其制品。

三、商品锈蚀的防治

商品锈蚀是指金属商品与周围介质发生化学作用或电化学作用而引起的破坏现象。金属材料制成的商品如保管不好，很容易发生锈蚀而影响外观，严重时将失去使用价值。因此，做好金属商品的防锈工作是十分重要的。

（一）金属锈蚀的基本原理

金属的腐蚀主要有两种，即化学腐蚀和电化学腐蚀。

1. 化学腐蚀

金属与气体（如O_2、H_2S、SO_2、Cl_2等）接触时，在金属表面生成相应的化合物而受到破坏，称为化学腐蚀。这种腐蚀在低温情况下不明显，但在高温时就很显著。

2. 电化学腐蚀

在潮湿环境中，金属与水及溶解于水中的物质接触时，因形成原电池而发生电化学反应所受到的腐蚀，称为电化学腐蚀。这种腐蚀作用可以连续进行，以至金属由表及里受到严重损坏。电化学腐蚀的本质是：在原电池作用下，金属原子放出电子，其他物质接受电子，金属以离子状态进入溶液，然后形成氢氧化物或氧化物而发生锈蚀，使金属受到损坏。电化学腐蚀是金属商品腐蚀的主要形式，比如海水中船体锈蚀，金属制品在潮湿空气中的锈蚀等。

（二）影响金属商品锈蚀的主要因素

1. 金属生锈的内在因素

（1）商品性质

金属是由金属原子所构成的，其性质一般较活泼。金属原子易失去电子成为阳离子而发生腐蚀，这是金属生锈的主要内在原因。各种金属具有不同的电极电位，一般来说，电极电位越低的金属在大气中越易锈蚀。如铁与铜的标准电礁分别是 -0.44 和 -0.33，铁的电位比铜低，因此在大气中铁比铜易锈蚀。

（2）金属成分不纯

生产日用工业品的金属，一般都含有杂质，金属成分不纯，在大气环境下表面形成电解质薄膜后，金属原子与杂质之间容易形成无数原电池，发生电化学反应而使金属受到腐蚀。金属材料制品的纯度越高越不易被锈蚀。仓储中的金属商品，绝大多数不是纯金属，而是多组合的合金，同时，含有一定量的杂质，因此易腐蚀。

（3）金属结构不均匀

表面光洁度好的金属耐腐蚀性好，因为粗糙表面有较大的吸附性能，能吸附水分与灰尘，并且易形成原电池反应。金属在机械加工过程中，也会造成变形不均匀，一般在金属材料的划伤处、焊接处、弯扩部位、表面不完整处等，都容易发生电化学腐蚀。

（4）腐蚀产物的性质

有些金属如铝、锡、铜、铅、锑等，在大气中能在表面上生成一层组织致密、性能稳定的保护膜，而使金属不易锈蚀。钢铁在大气中，表面上生成的锈蚀产物，组织疏松，具有多空性结构，不但没有保护作用，同时还易吸潮吸尘，加速钢铁的腐蚀。

2. 影响金属生锈的外界因素

“腐蚀事故”镜鉴录

（1）空气相对湿度

金属的锈蚀主要是电化学腐蚀，电化学腐蚀是在表面上形成极薄的一层液膜下进行的。因此，空气中相对湿度是影响金属腐蚀的主要因素。当相对湿度超过75%时，金属表面就易形成电解质液膜，从而构成了电化学腐蚀的条件。

（2）空气温度

通常情况下，温度越高金属商品腐蚀速度越快。当空气温度变化大时，金属表面容易出现“出汗”现象，形成电解质液膜，加剧金属锈蚀，这对五金商品的安全储存和运输是一个很大的威胁。

（3）腐蚀性气体

空气中的二氧化碳对金属腐蚀危害很大。此外硫化氢、氯化氢、二氧化硫、氨气、氯气等气体，对金属都具有强烈的腐蚀性。

（4）空气中的杂质

空气中的灰尘、煤烟、砂土等杂质，附着在金属表面易产生原电池反应，造成金属商品的腐蚀。

（三）商品的防锈

金属商品的锈蚀主要是电化学腐蚀所造成的，因此，金属商品的防锈主要是防止形成原电池反应。

1. 控制和改善储存条件

金属商品储存的露天货场应选择地势高、不积水、干燥的场地，要尽可能远离工矿区，特别是化工厂。

较精密的五金工具、零件、仪器等金属商品，应选择便于通风和密封、地潮小、库内空气温湿度容易调节和控制的库房储存，严禁与化工商品、含水量较大的商品同库储存。

金属商品入库时，必须对商品质量、包装等进行严格验收，合理安排好仓位、货架和货垫，并定期检查。仓库要保持干燥，相对湿度不要超过75%，防止较大的温差，以免使金属商品出现“出汗”现象。

2. 塑料封存

塑料封存就是利用塑料对水蒸气及空气中腐蚀性物质的高度隔离性能，防止金属制品在环境因素作用下发生锈蚀。常用的方法有：

①塑料薄膜封存：是将塑料薄膜直接在干燥的环境中封装金属制品，或封入干燥剂以保持金属制品的长期干燥，不至锈蚀。

②收缩薄膜封存：是将薄膜纵向或横向拉伸几倍，处理成收缩性薄膜，使得包装商品时会紧紧黏附在商品表面，既防锈又可减少包装体积。

③可剥性塑料封存：是以塑料为成膜物质，加入增塑剂、稳定剂、缓蚀剂及防霉剂等加热熔化或溶解，喷涂在金属表面，待冷却或挥发后在金属表面可形成保护膜，阻隔腐蚀介质对金属制品的作用，达到防锈的目的。这是一种较好的防锈方法。

3. 涂油防锈

涂油防锈是金属制品防锈的常用方法。它是在金属表面涂刷一层油脂薄膜，使商品在一定程度上与空气隔离开来，达到防锈的目的。这种方法省时、省力、节约、方便且防锈性能较好。涂油防锈一般采取按垛、按包装或按件涂油密封。涂油前必须清除金属表面灰尘污垢，涂油后要及时包装封存。

通常所用的防锈油是以油脂或树脂类物质为主体，加入油溶性缓蚀剂所组成的暂时性防锈涂料。防锈油中的油脂或树脂类物质为涂层和成膜物质，常用的有润滑油、凡士林、石蜡、沥青、洞油、松香及合成树脂等；油溶性缓蚀剂既有极性基团，又有非极性基团的有机化合物（如硬脂酸、石油脂等），也是能溶于油脂的表面活性剂，常用的油溶性缓蚀剂有石油磺酸钡、二壬基萘磺酸钡、硬脂酸铝、羊毛脂及其皂类等。

4. 气相防锈

气相防锈是利用挥发性缓蚀剂，在金属制品周围挥发出缓蚀气体，来阻隔腐蚀介质的腐蚀作用，以达到防锈目的。气相缓蚀剂在使用时不需涂在金属制品表面，只用于密封包装或容器中，因它是一些挥发性物质，在很短时间内就能充满包装或容器内的各个角落和缝隙。气相防锈既不影响商品外观，又不影响使用，也不污染包装，是一种有效的防锈方法。

5. 商品的除锈

商品的除锈是对已发生锈蚀的金属制品采取的清除锈蚀的救治措施。常用的除锈方法主要有：

①手工除锈：对已锈蚀的商品用人工方法进行擦、刷、磨等，除去锈迹、锈斑。

②机械除锈：根据不同的商品及商品的不同形状选择各种不同的除锈机，把制品表面的锈迹清除。

③化学除锈：利用化学药剂把金属表面的锈迹溶解掉。化学除锈操作简便，设备简单、效果好，尤其适宜于形状复杂的商品。化学除锈液大多是无机酸，如磷酸、硫酸、盐酸等。

根据金属制品本身的特性差异，在选择防锈材料及方法时，应考虑其特点、储存环境条件、储存期的长短等因素，同时还要考虑相关的成本及防锈效果。同时，经过除锈的商品应立即采取有效的防锈措施，以防再次生锈。

四、商品老化的预防

以橡胶、塑料、合成纤维等高分子材料为主要成分的商品，在储存或使用过程中性能逐渐变坏，以致最后丧失使用价值的现象称为“老化”。老化的主要特征是高分子商品出现发黏、龟裂、变脆、失去弹性、强度下降等性能改变现象。老化的实质是在外界条件作用下，组成高分子材料主要成分的高聚物分子链发生了降解或者交联等变化。

老化是一种不可逆的变化，它与高分子商品的成分、结构及储存使用环境等有着密切的联系。

（一）商品老化的因素

1. 商品老化的内在因素

（1）高分子化合物分子组成与结构

组成高分子材料的高分子化合物分子链结构中，存在着不饱和的双键或大分子支链等，在一定条件下易发生分子链的交联或降解。

（2）其他添加剂组分

其他附加成分对商品老化有加速作用：塑料中的增塑剂会缓慢挥发或促使霉菌滋生；着色剂会产生迁移性色变；硫化剂会产生多硫交联结构，降低橡胶的耐老化能力。

（3）组分中的杂质

在高分子化合物的单体制造、缩合聚合及高分子与添加剂的配合过程中，会带入极少量的杂质成分，它们对高分子商品的耐老化性有较大的影响。

（4）加工成型条件

高分子材料在加工成型的过程中，由于加工温度等的影响，使材料结构发生变化而影响商品的耐老化性能。

2. 商品老化的外部因素

（1）阳光

阳光（特别是光线中的紫外线）对高分子分子链及材料中各组分的老化起催化作用。实验表明，光化学反应一般是在商品的表面层进行的，首先引起表层材料的老化，并随着时间的推移而逐渐向内层发展。

（2）氧和臭氧

高分子材料对于大气中的氧是很敏感的，微量的氧的作用可使某些材料的性能发生严重的变化。在大气条件下，高分子商品老化其过程就是商品在热、光的引发下产生的各种氧化反应。氧是商品老化的直接参与者，是影响商品老化的重要因素。臭氧在接近大气层中的浓度很低，但对商品的破坏性很大。臭氧的稳定性低，它能分解出原子态氧，其化学活性比氧高，所以对商品的破坏性也大。

（3）温度的变化

温度过高，使高分子材料变软或发黏；温度过低，使高分子材料变硬或发脆。许多高分子材料的老化是热氧老化，热促进了氧化反应的进行。热也是促进商品老化的重要因素，温度升高，会使分子运动加速，从而促进高分子材料大分子链发生氧化裂解反应，导致老化。有光、氧两者配合参与，热的因素对商品的老化起到加速作用，热氧老化是商品储存中的重要老化反应之一。

另外，温度的冷热交替，对商品老化也起到促进作用。

（4）水

水能够渗入材料的内部，使高分子材料含有的某些水溶性物质、增塑剂和含亲水性基团的物质被水所溶解、抽提或吸收，从而逐步改变材料的组成和比例，加速材料的老化。水对高分子材料的老化起着加速作用。

此外，水分和湿度、微生物、昆虫排泄物、重金属以及重金属盐等，也会对高分子商品的老化有加速作用。

（二）商品防老化的一般措施

根据影响商品老化的内外因素，商品的防老化可从两方面入手：

1. 提高商品的耐老化性能

提高商品的耐老化性能主要是在生产过程中完成的，如采用共聚、交联、共混、改进成型加工和后处理工艺，减少不稳定结构和杂质，来提高原材料的耐老化性；在商品的组成中添加能防护和抑制光、氧、热、臭氧、重金属离子等外因对商品产生破坏作用的防老化剂；在商品外涂漆、涂胶、涂蜡、涂油、涂复合材料、镀金属或衬底材料或涂布防老化剂溶液等保护层来阻缓商品老化；另外商品包装也是防止高分子材料老化的有效措施。

2. 按商品性能，做好仓储管理

对易老化商品，应从以下方面采取防护措施，减少热、光的影响。

①夏季应安排存放在库温较低的库房里，不宜存放在库温较高的仓库顶层或货棚，更不应存在露天货场，并不得与酸、碱性商品同库储存。

②保持库房清洁，墙壁、门窗应刷上白色，或挂置窗帘以防阳光直射商品。

③底层仓库要隔离地潮，露天货垛要做好防晒、防雨、防风等工作。

④加强仓库温湿度管理，如塑料制品一般要求适宜温度在30℃以下，空气相对湿度60%～80%。

⑤加强在库检查。一般每月或每季度抽查一次，注意分别抽查有代表性的上、中、下层商品。炎热季节特别注意货架里层塑料制品，梅雨季节和底层仓间应注意检查货垛下层商品，如发现发黏、变色、变硬、龟裂、脆损等老化现象，应及时隔离处理。

任务三　食品商品的养护

食品商品由于富含营养物质，所以极易腐败变质，因此对于食品商品的养护，主要就是指食品商品的防腐保鲜问题。

食品防腐保鲜是指食品在储藏过程中保持其固有的色、香、味、形及其营养成分。防腐与保鲜是两个有区别而又互相关联的概念。防腐是指防止食品在物理、生物化学和有害微生物等因素的作用下，失去固有的色、香、味、形而腐烂变质。有害微生物的作用是导致食品腐烂变质的主要因素，通常将蛋白质的变质称为腐败，碳水化合物的变质称为发酵，脂类的变质称为酸败。保鲜强调的是保持食品的新鲜程度，目的是延缓食品由于各种因素作用失去固有的色、香、味、形的进程。实际上，防腐与保鲜是密不可分的。

一、食品防腐保鲜的原理

1. 维持食品最低的生命活动

新鲜果蔬是有生命活动的有机体，采收后仍进行着生命活动，它表现出来的最容易被察觉到的生命现象是呼吸作用，但因其已脱离母株，不再有养料供应，故其化学反应只能向分解方向

进行而不再合成。因此，生命活动越旺盛，其分解越迅速，体内储藏物质减少越快，组织结构也就随之瓦解或接替。因此，必须创造一种适宜的储藏条件，保持它们正常而最低的生命活动，充分利用食品本身的抗病性和耐储性，达到保持鲜活质量和减少损耗的目的。

2. 抑制食品的生命活动

某些物理化学因素可以使食品中微生物的生长发育和酶的活性受到抑制，从而延缓其腐败变质过程。但这些因素一旦消失，微生物和酶的活性还能恢复，因此这只是一种暂时性的储藏措施。

3. 运用发酵产物抑制腐败微生物的活动

这种方法主要是通过创造有利于食品储藏的微生物的发育条件来抑制食品中有害微生物的生长和繁殖。例如乳酸发酵、醋酸发酵和酒精发酵的主要产物——酸和酒精就是抑制腐败菌生长的有效物质。

4. 利用无菌原理

利用热处理、微波、辐照过滤等方法对食品进行处理，将食品中腐败菌消灭或减少到能长期储藏所允许的最低限度，并维持这种状况，以免储藏期间内腐败变质。常见的食品防腐保鲜方法及其对微生物的作用见表 4－1。

表 4－1　常见的食品防腐保鲜方法及其对微生物的作用

序号	食品防腐保鲜方法	对微生物的作用
1	冷藏（低温运输与储存）	低温抑制生长
2	冷冻（冻结状态和储存）	低温并降低水分活性以抑制生长
3	干制、熏制、糖渍	降低水分活性，明显地降低和抑制微生物的生长
4	真空或缺氧“气调”包装	氧降低可以抑制需氧菌和使兼性厌氧菌生长缓慢；“气调”包装中二氧化碳对一些微生物有特别的抑制作用
5	加酿	降低 pH 值
6	酒精发酵	提高酒精的浓度
7	乳化	在乳液中，水被高度分散，与食品的营养成分有明显的界面分开
8	乳酸与醋酸发酵	降低 pH，所产生的乳酸与醋酸均可起到抑菌的作用
9	加入防腐剂	抑制特定的菌属
10	巴氏消毒和杀菌	用足够的热量杀灭微生物的活性
11	辐照	利用射线使微生物失去活性
12	无菌加工	防止二次污染
13	消毒	把包装材料和食物组分分别用热射线或者化学药品处理，以减少微生物的污染

二、食品防腐保鲜的方法

采用合理的防腐保鲜方法，可以有效地防止食品腐败变质，延长食品的食用期限。常用的防腐保鲜方法主要有：

1. 低温保存

食品低温保存，即降低食品的温度，并维持低温或冻结状态，以便阻止或延缓食品的腐败变质，从而达到较长时期地储藏食品的目的。低温保存又可分为低温储存和冷冻储存。

(1) 低温储存

低温可以降低或停止食品中微生物繁殖速度，减慢食品中的一切化学反应速度，这是因为酶的作用、微生物的繁殖以及食品内所进行的化学反应速度都受到温度的影响。大多数酶的适宜活动温度为30℃～40℃，温度每下降10℃时酶的活性就会明显削弱。食品在10℃以下保存时可使微生物对食品的作用大为降低，0℃以下微生物对食品的分解作用基本停止，-7℃～-10℃时只有少数霉菌尚能生长，而所有细菌和酵母几乎停止了生长，一般把-10℃～-12℃作为食品较长期储藏的安全温度。

(2) 冷冻储存

冷冻储存是将食品在低温下冻结，然后将其保持在冻结状态的温度下储存的方法，它是易腐食品长期储藏的主要方法。在冷冻储存过程中食品的冻结方法主要有缓冻和速冻。

所谓缓冻，一般是在-18℃～-23℃的条件下冻结，这样冻结的时间比较长，往往在90分钟以上。而速冻则是在强冷的环境下，15分钟左右完成冻结过程，经常采用的速冻温度是-30℃～-35℃。

速冻使食物形成极小的冰晶，不严重损伤细胞组织，从而保存了食物的原汁与香味，且能保存较长时间。因此，速冻方法能最大限度地保持食品原有的外观和品质，不仅能抑制微生物、酶类的活动，降低食品的水分活性，防止食品变质，还能保持食品原有的新鲜度。无论是缓冻还是速冻都应尽可能阻止其在储藏中食品内部发生各种变化，以达到长期保存食品的目的。

2. 高温保存

高温保存食品主要是指烧煮，能杀死食品中绝大部分微生物，破坏食品中酶类，可以防止食品腐败，但是食品若保存不当极易再次受微生物污染。所以饭菜烧煮后，隔顿隔夜一定要回锅煮透（尤其夏季），杀死再次污染的微生物，否则易发生意外。

3. 脱水保存

食品中水分含量降至一定限度，微生物就难以繁殖，酶的活性受到抑制，从而可防止食品腐败变质。一般使微生物不能发育繁殖的食品水分含量，霉菌低于13%～16%，细菌低于18%，酵母为20%以下。

常用脱水保存方法有滚筒干燥、喷雾干燥、架式真空干燥、柜式干燥、窑房式干燥、隧道式干燥等，此外还有自然干制，如晒干、风干、阴干等。

4. 化学保藏

化学保藏是指使用化学制品（化学添加剂或食品添加剂）来防止食品腐败变质的措施。食品化学保藏的主要作用就是保持或提高食品品质和延长食品储藏期。其优点在于，往食品中添加了少量的化学制品，如防腐剂、生物代谢产物及抗氧（化）剂等物质之后，就能在室温条件下延缓食品的腐败变质。和其他食品保存方法如罐藏、冷冻储存、干藏等相比，具有简便而又经济的特点。一般来说按照化学保存剂的保存机理的不同，大致可以分为三类，即防腐剂、抗氧（化）剂和保鲜剂，其中抗氧（化）剂又分为抗氧化剂和脱氧剂。

(1) 防腐剂

食品防腐剂是能防止微生物引起的腐败变质、延长食品保质期的添加剂。因兼有防止微生物繁殖引起食物中毒的作用，又称抗微生物剂。它的主要作用是抑制食品中微生物的繁殖。食品防腐剂作用机理如下：

①能使微生物的蛋白质凝固或变性，从而干扰其生长和繁殖。

②防腐剂对微生物细胞壁、细胞膜产生作用。由于能破坏或损伤细胞壁，或能干扰细胞壁合成的机理，致使胞内物质外泄，或影响与膜有关的呼吸链电子传递系统，从而具有抗微生物的

作用。

③作用于遗传物质或遗传微粒结构，进而影响到遗传物质的复制、转录、蛋白质的翻译等。

④作用于微生物体内的酶系，抑制酶的活性，干扰其正常代谢。

中国批准了32种允许使用的食品防腐剂，且都为低毒、安全性较高的品种。它们在被批准使用前都经过了大量的科学实验，有动物饲养和毒性毒理试验和鉴定，已证实对人体不会产生任何急性、亚急性或慢性危害。只要食品生产厂商所使用的食品防腐剂品种、数量和范围，严格控制在国家标准《食品添加剂使用标准》（GB 2760—2011）规定的范围之内，是绝对不会对人体健康造成损害的，人们大可放心食用。比如，在市场上所见到的食品通常会添加山梨酸钾、苯甲酸钠等防腐剂，这两种应用最广泛的防腐剂被人体摄入后，一般会随尿液排泄，并不会在人体内蓄积。

（2）抗氧（化）剂

为了防止食品氧化变质，除了可对食品原料、加工和储运环节采取低温、避光、隔氧或充氮等措施，配合添加适量的抗氧（化）剂能有效地改善食品储藏效果。它们的抗氧化作用都是以其还原性为理论依据的。脂溶性抗氧化剂易溶于油脂，主要用于防止食品油脂的氧化酸败及油烧现象，常用的种类有丁基羟基茴香醚、二丁基羟基甲苯等；水溶性抗氧化剂主要用于防止食品氧化变色，常用的种类是抗坏血酸类抗氧化剂。脱氧剂又称游离氧吸收剂，目前在食品储藏上广泛应用的有三类：特制铁粉、连二亚硫酸钠和碱性糖制剂。

（3）保鲜剂

保鲜剂是一种为防止食品腐烂变质，保持营养成分及色香味不变，对食品进行短期保鲜的辅助手段和技术方法。主要采用化学合成物质和天然物质作为食品保鲜剂。食品保鲜剂是食品加工、储存过程中必不可少的添加剂，要求具有无毒、少残留、高效等特点 。

食品保鲜剂的作用机理如下：

①含有抗菌活性物质，具有杀菌、抑菌作用。如有的含有抗菌能力强的有机酸、醇，有的含天然杀菌素，有的含溶菌酶。

②含有天然抗氧化物质，可延缓食品氧化过程，防止食品的氧化变质。如维生素C. 维生素E、植酸、咖啡酸、奎尼酸、鼠尾草酚等，这些物质都有较强的抗氧化性能。

③降低pH值，抑制微生物繁殖，并使微生物的耐热性减弱，促进加热灭菌的效果。通过pH值的调整，还可提高解离型或非解离型分子的抗菌力。

④调节食品的水分活性，提高食品的渗透压，抑制微生物的生长繁殖。

⑤在食品表面形成一层保护膜，既可防止微生物侵入，又可通过隔氧防止食品的氧化，还可抑制果实呼吸，延缓果蔬熟化过程，保持果蔬鲜度。

食品常用保鲜剂有：

①苯甲酸，是世界各国允许使用的一种食品保鲜剂，它在动物体内易随尿液排出体外，不蓄积，毒性低且价格低廉，目前占据国内大部分保鲜剂市场。

②丁基羟基茴香醚（BHA），是目前国际广泛应用的抗氧化剂之一，并有很强的抗微生物作用，主要用于食用油脂，最大用量为0.2 g/kg，缺点是成本较高。

③二丁基羟基甲苯（BHT），是目前我国生产量最大的抗氧化剂之一，价格低廉，为BHA的1/5～1/8，但抗氧化性不如BHA强，使用范围与BHA相同，缺点是毒性较高。

5. 气调贮藏

气调贮藏是指通过调整和控制食品储藏环境的气体成分和比例以及环境的温度和湿度来延长食品的储藏寿命和货架期的一种技术。在一定的封闭体系内，通过各种调节方式得到不同于正常大气组成的调节气体，以此来抑制食品本身引起食品劣变的生理生化过程或抑制作用于食品的微生物活动过程。

气调贮藏的研究，是从贮藏水果开始的。早在1860年，英国一位学者建立了一座气密性较好的苹果贮藏试验库，库体是用钢板做的，用冰进行冷却，库温不超过1℃，效果较好。但这项研究成果当时未被重视，直至1929年和1933年，英国和美国才分别建立了第一座商业上尝试的气调库。1941年，美国发表了公告，提供了气体成分和温度的参考数据，并正式称为气调贮藏。

气调主要以调节空气中的氧气和二氧化碳为主，因为引起食品品质下降的食品自身生理生化过程和微生物作用过程，多数与氧和二氧化碳有关。另外，许多食品的变质过程要释放二氧化碳，二氧化碳对许多引起食品变质的微生物有直接抑制作用。气调贮藏的主要方法有：

（1）自然降氧法

自然降氧法（普通气调贮藏，即MA贮藏）指的是最初在气调系统中建立起预定的调节气体浓度，在随后的贮藏期间不再受到人为调整，是靠果蔬自身的呼吸作用来降低氧的含量和增加二氧化碳的浓度。

（2）快速降氧法（即CA贮藏）

快速降氧法即利用人工调节的方式，在短时间内将大气中的氧和二氧化碳的含量调节到适宜果蔬贮藏的比例的降氧方法，又叫“人工降氧法”。

（3）混合降氧法

混合除氧法（又称半自然降氧法）主要包括以下两种：

①充 N_2 自然除氧法：自然降氧法与快速降氧法相结合的一种方法。用快速降氧法把氧含量从21%降到10%较容易，而从10%降到5%就要耗费较大，成本较高。因此，先采用快速降氧法，使氧迅速降至10%左右，然后再依靠果蔬的自身呼吸作用使氧的含量进一步下降，二氧化碳含量逐渐增多，直到规定的空气组成范围后，再根据气体成分的变化进行调节控制。

②充 CO_2 自然降氧法：在果蔬进塑料薄膜帐密封后，充入一定量的二氧化碳，再依靠果蔬本身的呼吸及添加硝石灰，使氧和二氧化碳同步下降。这样，利用充入二氧化碳来抵消贮藏初期高氧的不利条件，因而效果明显，优于自然降氧法而接近快速降氧法。

（4）减压降氧法

这是采用降低气压来使氧的浓度降低，同时室内空气各组分的分压都相应下降的降氧方法，又称为低压气调贮藏法或真空贮藏法，是气调贮藏的进一步发展。

其原理是：采用降低气压来使氧的浓度降低，从而控制果蔬组织自身气体的交换及贮藏环境内的气体成分，有效地抑制果蔬的成熟衰老过程，以延长贮藏期，达到保鲜的目的。

一般的果蔬贮藏法，出于贮藏成本的考虑，没有经常换气，使库内有害气体慢慢积蓄，造成果蔬品质降低。在低压下，换气成本低，相对湿度高，可以促进气体的交换。另外，减压使容器或贮藏库内空气的含量降低，相应地获得了气调贮藏的低氧条件，同时，也减少了果蔬组织内部乙烯的生物合成及含量，起到延缓成熟的作用。

6. 辐照贮藏

辐照是指利用射线照射食品（包括原材料），延迟新鲜食物某些生理过程（发芽和成熟）的发展，或对食品进行杀虫、消毒、杀菌、防霉等处理，达到延长贮藏时间，稳定、提高食品质量目的的操作过程。

辐照贮藏与其他保存方法相比有其独特的优点：与化学保藏法相比，它无化学残留物质；与高温保存法相比，它能较好地保持食品的原有新鲜品质；与低温保存相比，能节约能源。但是辐照贮藏方法不完全适用于所有的食品，要有选择地应用。辐照贮藏在食品保存中的主要应用有：

（1）辐照杀虫

辐照杀虫，从对食品的不同对象而言，可以分成：杀灭危害粮食、干燥食品、中草药等的仓库害虫，如玉米象、豆象、螨等；杀死进出口食品和其他产品中的有害昆虫，如不同类型的果蝇、实蝇、线虫等和未加工食品肉和鱼等体内的寄生虫，如囊虫、绦虫、旋毛虫等。

辐照杀虫的方法有两种：一种是直接杀虫法，通过调节辐照剂量和选择辐照的时间直接杀死各种虫态的害虫；另一种就是通过辐照使害虫不育，达到消灭害虫的目的。昆虫对辐射是比较敏感的，辐射对昆虫的效应与对组成细胞的效应密切相关。辐射对细胞的敏感性与细胞的繁殖活动成正比，而与分化程度成反比。大量试验结果表明，采用直接杀虫法，既可以杀灭各种害虫，减少产品损失，又可以保证产品质量。

（2）辐照杀菌

微生物的作用是引起食品腐败变质的主要原因，各种微生物在食品加工的各个环节污染食品，导致食品腐败变质，人们食用之后引起肠道传染病和食物中毒。目前控制食品腐败的方法主要有化学法和物理法。化学法主要是加入各种抑制腐败的防腐剂，往往造成化学残留，危害人体健康。而辐照处理，则是物理方法中的一种杀菌彻底无任何残留的方法。根据辐照杀菌的目的一般分成三类：选择性杀菌，针对性杀菌和辐射灭菌。

选择性杀菌是指通过一定剂量的电离辐射，减少初始细菌的总量（通常亦称之为细菌总数）以限制腐败作用。通常随着细菌总数的增加，食品品质就会出现明显的变化，而防止这种情况的发生，就是通过辐照使食品中细菌的总数降低到一个相应的水平，延长食品的货架期。

针对性辐射杀菌是指利用一定剂量的电离辐射杀死食品内除病毒以外的各种致病菌，如沙门氏菌、大肠杆菌、志贺氏菌、李斯特菌、副溶血性弧菌等等。例如，调味品通常含有大量的致病菌和较高的细菌总数，采用加热方法会使芳香族成分破坏而降低调味品质量，采用化学薰蒸又易产生残留，如用环氧乙烷和环氧丙烷薰蒸香辛料时能生成有毒的氧乙醇盐或多氧醇盐，现在许多国家已经禁止使用。实验证明：用 γ 射线对调味品杀菌，不仅不会影响调味品质量，而且杀菌效果比环氧乙烷更好。

辐射灭菌是指采用较高的辐照剂量，杀灭食品中全部的微生物，达到细菌总数、致病菌为零。经过这种辐照的食品在没有污染的条件下可以长期保存，不会腐败。

（3）辐照抑制发芽和辐照延长货架期

利用一定的辐照剂量使一些块根植物的芽抑制生长，通常称之为辐照抑制发芽，常用的有大蒜、马铃薯、洋葱等。通过辐照后，植物发芽的生长点在休眠期受到抑制，而不致发芽，这样处理的结果是，这些食品不致因为发芽而损耗养分。大蒜通过辐照以后可以保存半年以上，保证了食品的质量，平衡了市场供货的需求。

辐照食物会损害健康吗?

辐照延长货架期主要指的是对水果、蔬菜辐照后延迟成熟，延长水果、蔬菜的贮藏寿命。例如：上海用 500 戈瑞辐照青蕉苹果，可延长贮藏期到第二年 4 月，在外观质量和口感上均比未辐照的要好；南京采用 200 戈瑞辐照绿熟番茄，在平均 30℃～34℃下可推延成熟 10 天，烂果率低于 20%。另外辐照还可以改良食品品质，如：酒通过辐照以后可以加速其醇化的过程，改进口味，可以使醛类、酯类、乙缩醛等都得到增加，对黄酒进行辐照以后，可使酒的香气浓郁、醇厚、酒体协调。

7. 电子保鲜贮藏

国外已应用电子技术对水果、蔬菜进行保鲜贮藏。例如电子果蔬保鲜机，它是运用高压放电，在储存水果、蔬菜等食品的空间产生一定浓度的臭氧和空气负离子，造成果蔬生命活体酶的钝化，从而降低果蔬的呼吸强度。在一般普通房间内使用具有不需恒温冷冻，不需药剂套袋，不需专人看管，安全高效无残害等特点。

从分子生物学角度看，水果、蔬菜可看作一种生物蓄电池，当受到带电离子的空气作用时，水果、蔬菜中的电荷就会起到中和作用，使生理活动处于“假死”状态，呼吸强度因此而减慢，有机物消耗也相对减少，从而达到贮藏保鲜目的。

8. 其他比较常见的食品保鲜法

（1）盐腌

食品中食盐含量达8% ~10%时大部分微生物停止繁殖，但不能杀死。杀死微生物盐的含量要高达15%，并需腌制数天。严格说，盐只是一种抑菌手段。

（2）糖渍

食品加入大量糖后，构成抑菌高渗度，有一定防腐作用，但糖的浓度必须在60% ~65%才能有防腐作用。由于糖渍食品容易吸收空气中水分，因此，糖渍食品储存不密封时仍易变质。

任务四　商品仓储养护的技术方法

一、仓库温湿度的基本知识

1. 仓库温度

仓库温度也叫仓温，是指仓库空间的温度。大气中的热量，以传导、对流和辐射形式通过库顶、墙壁和门、窗的启闭，影响着库内温度。由于标定的方法不同，温度的表示方法有以下3种：

（1）摄氏温标（℃）

摄氏温标也称国际百度温标，是世界上普遍使用的温标。摄氏温标的规定是：在标准大气压下，以水的冰点为0度，沸点为100度，中间划分100等分，每等分表示1度。该方法是由瑞典天文学家安德斯·摄尔休斯（Anders Celsius，1701—1744）制定的。摄氏温度用℃表示。

（2）华氏温标（℉）

华氏温标的规定是：在标准大气压下，以水的冰点为32度，沸点为212度，中间划分180等分，每等分表示1度。该方法是由德国物理学家丹尼尔·家百列·华伦海特（Daniel Gabriel Fahrenheit，1686—1736）制定的，至今只有美国等少数国家仍在使用。华氏温度用℉表示。

（3）开氏温标（°K）

开氏温标的规定是：以绝对零度为基点，即以物质内部分子运动平均动能为零时物质所具有的温度作为零点。开氏温度计的刻度单位与摄氏温度计上的刻度单位相一致，也就是说，开氏温度计上的1度等于摄氏温度计上的1度，水的冰点摄氏温度计为0℃，开氏温度计为273.16°K。该方法是英国物理学家开尔文（Lord Kelvin，1824—1907）发明的。开氏温度用°K表示。

摄氏温度、华氏温度、开氏温度三者之间有以下换算关系：

$$℉ = 1.8 \times ℃ + 32$$

$$℃ = 5/9\ (℉ - 32)$$

$$°K = 273 + ℃$$

2. 仓库湿度

湿度是表示空气干湿程度的物理量。地面或库内商品中的水分，在空气热量的作用下，会有一部分蒸发成水蒸气，上升到空气中，使空气显示出一定的潮湿度。空气湿度主要由以下几个指标来衡量：

（1）绝对湿度

绝对湿度是指一定温度下，单位体积空气中所能容纳的水汽的实际含量，通常以1立方米空气内所含有的水蒸气的克数来表示。温度对绝对湿度有直接影响，在通常情况下，温度越高，水分蒸发越快，绝对湿度越大；反之，温度越低，绝对湿度越低。

（2）饱和湿度

饱和湿度是指在某一温度下，单位体积空气中所能容纳的水汽量的最大限度。如果超过这个限度，多余的水蒸气就会凝结，变成水滴。饱和湿度随温度的变化而变化，温度越高，单位体积空气中能容纳的水蒸气量就越多，饱和湿度也就越大；反之，温度越低，饱和湿度也就越小。

（3）相对湿度

相对湿度是指在一定温度下，空气的绝对湿度与饱和湿度的百分比。其公式为：

$$相对湿度 = \frac{绝对温度}{饱和温度} \times 100\%$$

相对湿度的大小直接能表示空气中实际含水量距离达到饱和状态的程度，说明大气或仓库中空气的干湿度的大小。相对湿度表示空气的干湿程度，但它不能表示空气中究竟含有多少水分。相对湿度与温度的高低密切相关，在绝对湿度不变的情况下，温度越高，饱和湿度越大，则相对湿度越小；反之，温度越低，饱和湿度越小，则相对湿度越大。相对湿度的大小对商品质量的影响很大，仓库温湿度管理，主要是指相对湿度的控制与调节。

（4）露点

露点是指含有一定水汽量的空气，在压力和水汽量不变的情况下，冷却到饱和湿度时的温度。如果温度继续下降到露点以下，空气中超过饱和的水蒸气，就会在商品或其包装物表面凝结成水滴，此现象称为“水凇”，俗称商品“出汗”。

二、仓库温湿度的变化规律

1. 温度的变化规律

（1）空气温度的变化规律

空气温度是指空气的冷热程度。空气中热量的来源主要是太阳，通过光辐射把热量传到地面，地面又把热量传到近地面的空气中。因为空气的导热性很小，所以只有近地面的大气层温度较高，通过冷热空气的对流，使整个大气层的温度发生变化。一般而言，距地面越近气温越高，距地面越远气温越低。

温度的日变化：温度的日变化规律通常为单峰型，一天当中温度最高值为午后 2 ~ 3 时，最低温度在凌晨日出前。气温一般在日出后升高，午后又逐渐下降。一昼夜中，最高气温和最低气温的差值称为气温日变幅。

温度的年变化：一年当中气温最低月份，内陆为 1 月，沿海为 2 月；最热月份，内陆为 7 月，沿海为 8 月。平均气温均在 4 月底和 10 月底。温度的年变化规律因各地区地理位置和地形地貌不同而有所差异。

（2）仓库温度的变化规律

仓库温度的高低依赖于大气温度的高低，库温的变化服从于大气温度的变化，但表现出特殊性。气温的日变化在一个昼夜中，由一个最高值和一个最低值交替出现。库温一般随大气温度的变化而变化，在总体上表现出“滞后性”和“复杂性”，夜间库温温度高于气温，白天库温低于气温，库温变化比气温变化滞后 1 ~ 2 时。

库温的变化还与仓库的结构材料、结构厚度、外表色泽、外表面积、方向、层数、密封程度、垛形等因素有关，表现出复杂性；此外，仓库的建筑材料、所在位置、内部结构，以及商品的堆放、储存方式等都在不同程度上影响库房温度，使库房内的温度随外界气温变化而变化，产生各种差异。

2. 湿度的变化规律

（1）湿度的变化规律

空气湿度是指空气中水汽含量的多少或空气干湿的程度。空气中的水汽，主要来自江河、海洋和土壤，空气中水汽含量越多，空气湿度就越大，反之则越小。水汽在蒸发和凝结过程中，要吸收或放出热量，所以它对空间的气温也有一定的影响。空气湿度与空气温度有关，空气湿度变化随着空气温度的变化而变化。

绝对湿度通常随气温升高而增大，随气温降低而减小。大陆上每日清晨当温度最低时，绝对湿度最小。一年之中，从冬到春再到夏，气温越来越高，绝对湿度也逐渐上升，所以人们感到又闷热又潮湿，从夏到秋再到冬，气温逐渐下降，绝对湿度也减少，故而人们感到又干又冷。

空气相对湿度的日变化与空气温度的日变化相反。通常情况下，一天当中，气温最低时，相对湿度最高；气温最高时，相对湿度最低。相对湿度的日变化主要取决于气温，气温升高时，水汽远离饱和状态，相对湿度减小。最低相对湿度出现在温度最高时，即午后2～3时；最高相对湿度出现在温度最低时，即日出前。

我国受信风影响较大，季节气候显著，大部分地区冬季刮西北风，夏季刮东南风。因此，北方地区冬季和初春相对湿度最小，而雨季一般在7～8月份，相对湿度最高；南方地区，4～5月份是梅雨季节，相对湿度最大。

（2）仓库湿度的变化规律

库内湿度变化规律与库外基本一致，但库外气候对库内的影响，在时间上有一个过程，且有一不定期的减弱。所以库内湿度变化的时间，总是落后于库外，且变化幅度比库外小。库内相对湿度还因仓库的密封条件、方向、结构、管理方式不同而不同。

库内四角，空气淤积不流通，湿度通常偏高；库内向阳一面，因气温高，相对湿度偏低，背阴面则相反；仓库上部因温度较高而相对湿度偏低，底部温度低而相对湿度大。

当含有水蒸气的热空气进入库房遇到冷的物体（如金属、地面等）使冷物体周围的湿空气温度降到露点，则空气中的水蒸气就会凝结在物体的表面上。引起金属生锈的相对湿度的范围，称为金属生锈的临界湿度。铁的临界湿度为65%～70%，钢的临界湿度为70%～80%。因此，不管采取什么防潮措施，都应使仓库内的相对湿度降低到金属的临界湿度以下。

几种常见商品的温湿度要求见表4－2。

表4－2 几种常见商品的温湿度要求

种类	温度/℃	相对湿度/%	种类	温度/℃	相对湿度/%
金属及制品	5～30	≤75	重质油、润滑油	5～35	≤75
碎末合金	0～30	≤75	轮胎	5～35	45～65
塑料制品	5～30	50～70	布电线	0～30	45～60
压层纤维塑料	0～35	45～75	工具	10～25	50～60
树脂、油漆	0～30	≤75	仪表、电器	10～30	70
汽油、煤油、轻油	≤30	≤75	轴承、钢珠、滚针	5～35	60

三、仓库温湿度的控制与调节

各种商品按其内在特性各有其适当的温湿度范围，在这个温湿度范围内储存商品，就可以使商品质量不发生或少发生变化，达到安全保管的目的。如果仓库的温湿度经常或长期超过这个范围，就会引起或加速商品的质量变化，从而降低商品的使用价值，甚至完全失去使用价值。例如，库内湿度过大，就会引起纺织品、服装、鞋帽等霉变，金属制品生锈，硅酸盐制品风化等现象；库内湿度过小，也会使肥皂干缩、皮革与竹制品干裂等，从而影响商品质量。

为了创造适宜于商品储存的环境，应采取各种措施控制仓库内温湿度的变化，对不适宜的温湿度进行及时调节。当库内温湿度适宜于商品储存时，就要防止库外气候对库内的不利影响。

控制和调节仓库温湿度的方法很多，但最常用的主要有密封、通风、吸潮等。

1. 密封

密封是指采用一定的方法，将储存的物品尽可能严密地密封起来，以防止和减弱外界对物品的影响，达到安全储存的目的。密封是温湿度管理的基础，它是利用一些不透气、能隔热、能隔潮的材料，把商品严密地封闭起来，以隔绝空气，降低或减少空气温湿度变化对商品的影响。为了确保密封的效果，选择合适的密封材料很关键。通常密封材料的选择标准为：导热系数小；气密性好；吸湿性小；具有一定结构和良好的抗压强度，足以支撑自身重量；体积小；无毒无味，不产生污染；不易燃烧或燃烧后不产生有害气体；价格低廉。

（1）密封保管应注意的事项

①在密封前要检查商品质量、温度和含水量是否正常，如发现生霉、生虫、发热等现象就不能进行密封。

②发现商品含水量超过安全范围或包装材料过潮，也不宜密封。

③要根据商品的性能和气候情况来决定密封的时间。例如，怕潮、易溶、易霉的商品，应选择在相对湿度较低时进行密封。

④常用的密封材料有塑料薄膜、防潮纸、油毡、芦席等。

⑤商品密封后，要定期进行检查，观察和记录密封内的温湿度情况。

（2）常用的密封方法

常用的密封方法有整库密封、小室密封、货垛密封、货架密封以及按件密封等。

①整库密封：将库房全部密封起来。它能在较大的范围内隔离库外空气的影响，对储量大、整进整出或出入不频繁的商品可采用此方法。

②小室密封：在库房内选择适当的地方，用密封材料围筑成临时性密闭小室，以保管一些贵重的怕潮的商品。

③货垛密封：用油毡纸等密封材料，将货垛上、下及四周都封闭起来。这种密封方法适宜于放在露天货场的易锈商品，库内某些要求保管条件较高的商品亦可采用。

④货架密封：将货架用塑料薄膜等密封材料封闭起来，防止外界空气的影响和结尘。此种方法适用于出入频繁、怕潮、易锈、易霉的小件商品。

上述各种密封方法，可单独使用也可结合起来使用。

2. 通风

通风就是利用库内外空气对流达到调节库内温湿度的目的。通风既能起到降温、降潮和升温的作用，又可排除库内的污浊空气，使库内空气适宜于储存商品的要求。

通风有自然通风和机械通风。自然通风就是打开库房门窗和通风口，让库内外空气自然交换，既可以降温驱潮，又可以升温增潮，而且还可以排除库内污浊空气。夏天气温较高、天晴时可在凌晨和夜晚通风；库内湿度较高时，可用通风散潮，一般在上午通风，但要注意此时库外湿度要低于库内。机械通风是用鼓风机、电扇等送风或排风，以加速空气交换，达到降温散潮的目的。另外，为提高工作效率，也可将自然通风和机械通风配合使用。

通风除湿时应注意以下几点：

①应尽量在晴天进行，风力不宜超过 5 级，这时库外空气较纯净。

②须注意商品本身的温湿度和空气温湿度变化的关系。如有些金属制品，表面光洁，导热性能较好。通风时，若商品本身温度低于或等于库外空气的露点时，热空气进入库内与其商品接触，商品周围的空气急剧下降，达到饱和状态，就会造成商品表面结露。

③在进行通风时，应不断观察通风效果。如果通风结果不利于商品保存或通风效果已经达到，就应关闭门窗，停止通风。另外，遇到大风沙天气、雾天、雪天等，应尽量不要通风。

3. 吸潮

吸潮就是利用吸湿剂减少库房的水分，以降低库内湿度的一种方法。尤其在霉雨季或阴雨天，当库内湿度过大，不宜通风散潮，但为保持库内干燥，可以放置吸湿剂吸湿。常用的吸湿剂有生石灰、氯化钙、氯化锂、硅胶、木灰、炉灰等。生石灰和氯化钙的吸湿性较强，价格便宜，使用时用木箱盛装，放于库房墙根四周，对一些怕潮商品还要将生石灰放在堆垛边。木炭和炉灰也有一些吸湿性，使用时木炭同生石灰一样，炉灰铺在墙根或堆垛下，上面可盖一层薄席，与商品隔离开来。氯化锂和硅胶，吸湿能力强，但价格较高，一般只用于较贵重商品的吸湿。

此外，还可以采用去湿机排潮。空气去湿机是目前常用的去湿机械，它适用于仓库湿度相对过高而需要紧急除湿时。其去湿原理，是使库内湿空气降到露点以下，空气中过饱和水汽凝结成水，集中排出库外，达到去湿目的。

项目小结

1. 商品的质量变化形式主要有物理机械变化、化学变化、生物学变化等。

2. 商品常发生的物理机械变化主要有挥发、溶化、熔化、渗漏、串味、冻结、沉淀、破碎与变形等。商品常发生的化学变化主要有分解、水解、氧化、老化、腐蚀、化合等。商品常发生的生物学变化主要有呼吸作用、后熟、蒸腾、僵直、软化、发芽等。其他生物引起的变化主要是指商品在外界有害生物作用下受到破坏的现象，如虫蛀、霉腐等。

3. 影响商品质量变化的外界因素主要有日光、空气中的氧和臭氧、空气温度、空气湿度、卫生条件与仓库害虫、有害气体等。

4. 引起商品霉腐的霉腐微生物主要有霉菌、细菌、酵母菌。商品霉腐一般经过以下四个环节：受潮、发热、霉变、腐烂。

5. 商品霉腐的防治方法主要有：加强库存商品的管理、化学药剂防霉腐、气相防霉腐、气调防霉腐、低温防霉腐、干燥（低湿）防霉腐、电离辐射防霉腐。

6. 仓库害虫的生活特性：耐干性、耐热耐寒性、耐饥性、食性广而杂、繁殖能力强。仓库害虫的防治一般应当遵循“以防为主，防重于治”的方针，防治的具体方法：仓储管理防治、物理机械防治、化学药剂防治、检疫防治。

7. 商品锈蚀是指金属商品与周围介质发生化学作用或电化学作用而引起的破坏现象。金属的腐蚀主要有两种，即化学腐蚀和电化学腐蚀。

8. 金属商品防锈主要方法：控制和改善储存条件、塑料封存、涂油防锈、气相防锈、商品的除锈。

9. 以橡胶、塑料、合成纤维等高分子材料为主要成分的商品，在储存或使用过程中性能逐渐变坏，以致最后丧失使用价值的现象称为“老化”。老化的主要特征是高分子商品出现发黏、龟裂、变脆、失去弹性、强度下降等性能改变现象。

10. 商品防老化的一般措施：提高商品的耐老化性能；按商品性能，做好仓储管理。

11. 食品防腐保鲜是指食品在储藏过程中保持其固有的色、香、味、形及其营养成分。防腐与保鲜是两个有区别而又互相关联的概念。

12. 常用的防腐保鲜方法主要有：低温保存、高温保存、脱水保存、化学保藏、气调贮藏、辐照贮藏、电子保鲜贮藏、盐腌、糖渍等。

13. 温度的表示方法有：摄氏温标（℃）、华氏温标（℉）、开氏温标（K）。

14. 湿度是表示空气干湿程度的物理量。绝对湿度是指一定温度下，单位体积空气中所能容纳的水汽的实际含量。饱和湿度是指在某一温度下，单位体积空气中所能容纳的水汽量的最大限度。相对湿度是指在一定温度下，空气的绝对湿度与饱和湿度的百分比。

15. 露点是指含有一定水汽量的空气，在压力和水汽量不变的情况下，冷却到饱和湿度时的温度。

16. 控制和调节仓库温湿度的方法很多，但最常用的主要有密封、通风、吸潮等。常用的密封方法有整库密封、小室密封、货垛密封、货架密封以及按件密封等。通风有自然通风和机械通风。常用的吸湿剂有生石灰、氯化钙、氯化锂、硅胶、木灰、炉灰等。

思考与练习

一、单选题

1. 属于商品常发生的物理机械变化的是（　　）。

A. 水解　　B. 沉淀　　C. 老化　　D. 腐蚀

2. （　　）是指低熔点的商品受热后发生软化乃至化为液体的变化现象。

A. 溶化　　B. 熔化　　C. 渗漏　　D. 挥发

3. （　　）相对湿度叫作商品霉变的临界湿度。

A. 75%　　B. 80%　　C. 90%　　D. 85%

4. （　　）使食物形成极小的冰晶，不严重损伤细胞组织，从而保存了食物的原汁与香味，且能保存较长时间。

A. 速冻　　B. 低温　　C. 冷冻　　D. 缓冻

5. （　　）运用高压放电，在储存果蔬等食品的空间产生一定浓度的臭氧和空气负离子，造成果蔬生命活体酶的钝化，降低果蔬的呼吸强度。

A. 化学保藏　　B. 气调贮藏

C. 辐照贮藏　　D. 电子保鲜贮藏

6. 世界上普遍使用的温标是（　　）。

A. 绝对温标　　B. 开氏温标　　C. 华氏温标　　D. 摄氏温标

7. （　　）是指在某一温度下，单位体积空气中所能容纳的水汽量的最大限度。

A. 绝对湿度　　B. 绝对温度　　C. 饱和湿度　　D. 相对湿度

8. 出现“水淞”现象时，相对湿度（　　）。

A. >1　　B. <1　　C. =1　　D. >0

9. 绝对湿度通常随气温升高而（　　）。

A. 增大　　B. 减小　　C. 不变　　D. 二者没有关系

10. 通风应尽量在晴天进行，风力不宜超过（　　）级，库外空气较纯净。

A. 8　　B. 1　　C. 10　　D. 5

二、多选题

1. 常见易被串味的商品有（　　）。

A. 大米　　B. 饼干　　C. 茶叶　　D. 卷烟

2. 商品常发生的化学变化主要有（　　）。

A. 分解　　B. 氧化　　C. 化合　　D. 老化

3. 商品常发生的生物学变化主要有（　　）。

A. 呼吸作用　　B. 后熟　　C. 蒸腾　　D. 老化

4. 气调防霉的关键是（　　）和（　　）。

A. 密封　　B. 降氧　　C. 包装　　D. 脱水

5. 商品霉腐一般经过以下环节（　　）。

A. 受潮　　B. 发热　　C. 霉变　　D. 腐烂

6. 常用的化学药剂防治仓库害虫方法有（　　）。

A. 驱避法　　B. 喷液法　　C. 熏蒸法　　D. 检疫防治法

7. 控制和调节仓库温湿度的方法很多，但最常用的主要有（　　）。

A. 密封　　B. 通风　　C. 吸潮　　D. 调温

8. 仓库常用的密封方法有（　　）。

A. 整库密封　　B. 小室密封　　C. 货垛密封　　D. 货架密封

三、简答题

1. 影响商品的质量变化的因素有哪些？
2. 简述商品霉腐的防治方法。
3. 常见的易霉腐商品有哪些？
4. 仓库害虫的主要来源有哪些？
5. 影响金属商品锈蚀的主要因素有哪些？
6. 商品的防锈方法主要有哪些？
7. 什么是商品老化？商品老化的主要特征有哪些？
8. 简述食品防腐保鲜的原理。
9. 简述仓库温度的变化规律。
10. 通风除湿时应注意哪些方面？

四、案例分析题

在德国，食品、农产品的保鲜非常讲究科学性和合理性。无论是肉类、鱼类，还是蔬菜、水果，从产地或加工厂到销售点，只要进入流通领域，这些食品就始终在一个符合产品保质要求的冷藏链的通道中运行。而且这些保鲜通道都是由电脑控制的全自动设备，如冷藏保鲜库全部采用风冷式，风机在电脑的控制下调节库温，使叶菜类在这种冷藏环境中能存放2~5天。

对香蕉产品，则有一整套完全自动化的后熟系统。香蕉从非洲通过船舶和铁路运到批发市场时是半熟的，批发市场则要根据客户、零售商的订货需要进行后熟处理。在这套温控后熟设备中，除了温度控制，还可使用气体催熟剂，使后熟控制在3~7天，具体时间完全掌握在批发商的手中。

在瓜果蔬菜方面，只要是块类不易压坏的均用小网袋包装，对易损坏产品则用透气性良好的硬纸箱包装。叶菜类一般平行堆放在箱内，少量的产品则采用盒装，且包装盒都具有良好的透气性。对肉类则通过冷冻、真空和充气等包装形式保鲜。在肉类制品加工上，原料肉每500千克装一个大冷藏真空包装袋后再装入塑料周转箱内，到了超市或零售店后则改用切片真空包装或充气包装。

请问：德国商品养护有哪些方面值得我们学习？

项目五

商品包装管理

学习目标

【知识目标】

(1) 掌握商品包装的概念、功能与分类，掌握商品包装材料及其分类，掌握运输包装标志；

(2) 理解商品包装的基本要求，理解包装合理化的要求；

(3) 了解商品包装的发展趋势，了解商品包装材料的基本要求。

【能力目标】

(1) 具备商品包装的基本技法，能够选择使包装合理化的基本途径。

(2) 能够区别销售包装标志与使用说明标志；

(3) 能够合理运用商品包装策略满足企业生产经经营要求。

【素质目标】

(1) 培养学生具备商品包装管理的基本逻辑素质；

(2) 培养学生爱岗敬业、细心踏实的商品管理的职业精神。

导入案例

红星青花瓷珍品二锅头

作为一家有着50多年历史的酿酒企业，北京红星股份有限公司（以下简称“红星公司”）生产的红星二锅头历来是北京市民的餐桌酒，一直受到老百姓的喜爱。然而，由于在产品包装上一直是一副“老面孔”，使得红星二锅头始终走在白酒低端市场，无法获取更高的经济效益。随着红星青花瓷珍品二锅头的推出，红星二锅头第一次走进了中国的高端白酒市场。红星青花瓷珍品二锅头在产品包装上融入中国传统文化的精华元素。酒瓶采用仿清乾隆青花瓷官窑贡品瓶型，酒盒图案以中华龙为主体，配以紫红木托，整体颜色构成以红、白、蓝为主，具有典型中国文化特色。该包装在中国第二届外观设计专利大赛颁奖典礼上荣获银奖。国家知识产权局副局长邢胜才在看了此款包装以后表示，“这款产品很有创意，将中国的传统文化与白酒文化结合在一起，很成功。”对此，红星公司市场部有关负责人告诉记者，红星青花瓷珍品二锅头酒是红星公司50多年发展史上具有里程碑意义的一款重要产品。“它的推出，使得红星二锅头单一的低端形象得到了彻底的颠覆，不但创造了优异的经济效益，还提高了公司形象、产品形象和品牌形象。”记者了解到，红星青花瓷珍品二锅头在市场上的销售价格高达200多元，而普通的红星二锅头酒仅为五六元。据该负责人介绍，除了红星青花瓷珍品二锅头，红星公司还推出了红星金樽、金牌红星、百年红星等多款带有中国传统文化元素包装的高档白酒。

问题：结合红星二锅头包装形象更改的实例，谈谈你对商品包装意义的看法。

任务一　商品包装概述

商品包装是在人类社会的长期经济生活中逐步形成和发展起来的。随着我国国民经济的不断发展，商品包装在生产、流通和人民生活中的地位和作用日益增长。在现代生产中绝大多数产品只有经过包装后，才算完成它的生产过程，才能进入流通领域和消费领域。

一、商品包装的概念

我国国家标准《包装术语》（GB/T 4122.1—2008）中，关于包装的定义为：“为在流通过程中保护产品，方便储运，促进销售，按一定技术方法而采用的容器、材料及辅助物等的总称。也指为了达到上述目的而采用容器、材料和辅助物的过程中施加一定方法等的操作活动。”

理解商品包装的含义，包括两方面的意思：一方面是指盛装商品的容器，通常称作包装物，如箱、袋、筐、桶、瓶等；另一方面是指包扎商品的过程，如装箱、打包等。商品包装具有从属性和商品性等两种特性。商品包装是附属于内装商品的特殊商品，具有价值和使用价值，同时又是实现内装商品价值和使用价值的重要手段。

二、商品包装的功能

包装的功能主要有两种：一种是自然功能，即对商品起保护作用；另一种是社会功能，即对商品起媒介作用，也就是把商品介绍给消费者，把消费者吸引过来，从而达到扩大销售占领市场的目的。这两种功能相辅相成。自然功能保护商品处于完好状态，为社会功能的实现提供可能；社会功能把商品尽快地推向消费者手中，使自然功能的实现成为有效。而对于一种商品来说，包装的自然功能和社会功能直接影响到该商品在市场中的竞争力。

综合包装的功能，大致又可细分以下几个方面：保护商品、方便物流、促进销售、增加价值。

（一）保护商品

保护商品使用价值是包装的最重要功能。被包装物品的复杂性决定了它们具有各样的质地和形态，有固体的、液体的、粉末的或膏状的等。这些物品一旦形成商品后，就要经过多次搬运、储存、装卸等过程，最后才能流入消费者手中。在以上流通过程中，都要经历冲撞、挤压、受潮、腐蚀等不同程度的损毁。如何将商品保持完好状态，使各类损失降到最低点，这是包装制品生产制造之前首先考虑的问题，同时也是选材设计乃至结构设计的理论依据。具体表现在以下几个方面：

1. 防止震动、挤压或撞击

商品在运输过程中要经历多次装卸、搬运，在此过程中震荡、撞击、挤压及偶然因素，极易使一些商品变形、变质。因此在包装选材上应该选取那些具有稳定保护性的材料，设计结构合理的盛装制品才能充分发挥包装的功能。

2. 防干湿变化

过于干燥、过分潮湿都会影响某些被包装商品的品质，在这一类商品的包装选材上，就应选取那些通透性良好的材料。

3. 防冷热变化

温度、湿度高低会影响某些商品的性质。适宜的温度、湿度有利于保质保鲜，不适宜的温度、湿度往往造成商品干裂、污损或霉化变质。因此，包装在选材上要考虑温度、湿度变化会对包装的适应性的影响。

4. 防止外界对商品的污染

包装能有效地阻隔外界环境与内装商品之间的联系，形成一个小范围的相对“真空”地带，这样，可以阻断不清洁环境产生的微生物对内装商品的侵害，防止污物接触商品而使其发生质变。

5. 防止光照或辐射

有些商品不适于紫外线、红外线或其他光照直射。如化妆品、药品等，光照后容易产生质变，使其降低功效或失去物质的本色。

6. 防止酸碱的侵蚀

一些商品本身具有一定的酸碱度，如果在空气中与某些碱性或酸性及具有挥发性的物质接触时，就会发生潮解等化学变化，影响商品品质。如油脂类，如果用塑料制品包裹时间过长，就会产生化学变化而影响品质。

7. 防止挥发或渗漏

许多液态商品的流动性，极易使其在储运过程中受损，如碳酸饮料中溶解的二氧化碳膨胀流失，某些芳香制剂和调味品挥发失效等，而包装物的选择恰恰能避免其特性的改变。

（二）方便物流

所有物流系统的作业都受包装效果的影响。物流生产率是指物流活动的产出与投入之比，几乎所有的物流活动的生产率都能用包装所组成的货物单元来描述。

按照商品外形和标准订单数量包装商品有助于提高物流活动的生产率。可以减小包装尺寸，提高包装的利用率；可以通过将商品集中起来或通过装运未装配的货物、成组的货物，并使用最小量的衬垫以减少包装内的无效空间。

包装成组化是指为了材料搬运或运输的需要而将成组化包装成组为一个受约束的载荷。集装化包括了将两个成组化包装捆在一起的成组化到使用专门的运输设备成组化的所有形式。所有类型的集装化都有一个基本目的，那就是提高效率。大约一半的总成本花费在车辆间的换装、运输、包装成本上，以及为防止货损货差所采取的措施和保险上。因此，通过集装化可提高效率是显而易见的。

便利作业是指包装的结构造型、辅助设施能适于装卸、搬运、多层堆码和有效而充分利用运载工具与库存容积。包装的外部结构形式中，小型包装适于人工作业；大型的、集装的适于叉车及各种起重机机械作业。包装的大小、形态、包装材料、包装重量等因素都影响着运输、保管、装卸等各项作业。

（三）促进销售

商品包装特别是销售包装，是无声的推销员，在商品和消费者之间起媒介作用。商品包装可以美化商品和宣传商品，使商品具有吸引消费者的魅力，引起消费者对商品的购买欲，从而促进销售。包装的促销功能是因为包装具有传达信息、表现商品和美化商品的功能。传达信息功能是通过包装上的文字说明，向消费者介绍商品的名称、品牌、产地、特性、规格、用途、使用方法、价格、注意事项等，起到广告、宣传和指导消费的作用。包装的表现商品功能主要是依靠包装上的图案、照片及“开窗”包装所显露的商品实物，把商品的外貌表达给消费者，使消费者在感性认识的基础上对商品建立起信心。包装的装潢、造型等艺术装饰性内容对商品起到加强、突出、美化的作用。随着市场经济的发展，包装的促销功能越来越被人们所重视，得到了不断的开发和运用。

（四）增加价值

优良、精美的包装，不仅可以使好的商品与好的包装相得益彰，避免“一等产品，二等包装，三等价格”的现象，而且能够抬高商品的身价，使消费者或用户愿意出较高的价格购买，从而使企业增加销售收入。此外，包装商品的存货控制，比较简单易行。实现商品包装化，还可使商品损耗率降低，提高运输、储存、销售各环节的劳动效率，这些都可使企业增加利润。

例如，苏州檀香扇，小巧玲珑，华美精致，香气馥郁，驰名中外。但原来的包装比较平淡、没有特色。现在改成锦盒包装，古色古香，具有一定的民族特色，有的加配红木或有机玻璃插座，成为较好的工艺品，受到国外客户和旅游者的欢迎，为国家多创了外汇。

扬州玩具厂生产的熊猫玩具，过去包装简陋粗糙，每 12 只装一箱，被称为“赤膊商品”，卖不到好价，打不开销路。后来改变装潢，在熊猫颈部套上金色电化锌项链，并挂上一块金属铝牌，用单只彩印开窗纸盒装，盒面用中国特色的竹子图案，通过天窗可见图案。结果销路大开，每年多收外汇几十万美元。

三、商品包装的分类

设计创造包装价值工艺材质精于执行！

商品包装因商品流通的不同需要和商品本身的不同需要而有不同的种类。为了分析研究不同种类商品包装使用价值的特点，商品包装常按包装在流通中的作用、流通领域中的环节、包装材料、包装技术方法来分类。

（一）按包装在流通中的作用分类

以包装在商品流通过程中的作用分类，商品包装分为销售包装和运输包装。

1. 销售包装

它指以一个商品作为一个销售单元的包装形式，或若干个单位商品组成一个小的整体的包装，亦称为小包装或个包装。销售包装的技术要求是美观、安全、卫生、新颖、易于携带，其印刷、装潢要求较高。销售包装一般随商品销售给顾客，起着直接保护商品、宣传商品和促进商品销售的作用，还可方便商品陈列展销和方便顾客识别选购。

2. 运输包装

它指用于安全运输、保护商品的较大单元的包装形式，又称为外包装或大包装，如纸箱、木箱、集合包装、托盘包装等。运输包装一般体积较大，外形尺寸标准化程度高，坚固耐用，表面印有明显的识别标志，其主要功能是保护商品，方便运输、装卸和储存。

（二）按流通领域中的环节分类

1. 小包装

它是直接接触商品，与商品同时装配出厂，构成商品组成部分的包装。商品的小包装上多有图案或文字标识，具有保护商品、方便销售、指导消费的作用。

2. 中包装

它是商品的内层包装，通称为商品销售包装，多为具有一定形状的容器等。它具有防止商品受外力挤压、撞击而发生损坏或受外界环境影响而发生受潮、发霉、腐蚀等变质变化的作用。

3. 外包装

它是商品最外部的包装，又称运输包装，多是若干个商品集中的包装。商品的外包装上都有明显的标记。外包装具有保护商品在流通中安全的作用。

（三）按包装材料分类

以包装材料作为分类标志，是研究商品包装材料的主要分类方法。一般商品包装可分为纸制包装、木制包装、金属包装、塑料包装、玻璃与陶瓷包装、纤维织品包装、复合材料包装和其他材料包装等。复合材料包装是指以两种或两种以上材料黏合制成的包装，亦称复合包装，主要有纸与塑料、塑料与铝箔和纸、塑料与铝箔、塑料与木材、塑料与玻璃等材料制成的包装。

（四）按包装技术方法分类

以包装技术方法为分类标志，商品包装可分为贴体、透明、托盘、开窗、收缩、提袋、易开、喷雾、蒸煮、真空、充气、防潮、防锈、防霉、防虫、无菌、防震、遮光、礼品、集合包装等。

四、包装的发展趋势

（一）包装的大型化和集装化

包装的大型化和集装化十分有利于物流系统在装卸、搬运、保管等过程的机械化；有利于加快这些环节的作业速度，从而加快全物流过程的速度；有利于减少单位包装，节约包装材料的包装费用；还有利于货体保护。可以认为，为实现物流过程的机械化、自动化，提高物流效率，包装的大型化和集装化是必不可少的。

采用大型和集装方式的包装还要考虑包装形态和销售的结合。办法是，使大型包装和集装的货物个体的工业包装实现商业包装化，即货物个体由于大型包装和集装的保护作用，可省去单独的工业包装，而使之商业包装化，从大型包装或集装中取出后，拆除工业包装即可成为销售单位并有促销效果。

（二）包装的多次、反复使用和废弃包装处理

包装产业现今已是世界各国的重要产业之一，在有的国家已占到国民经济的5%。这么大的产业，资源消耗巨大，因而资源回收利用、梯级利用、资源再循环是包装领域现代化的重要课题。在这方面，有许多有效的管理措施。

1. 通用包装

按标准模数尺寸制造瓦楞纸、纸板及木制、塑料制通用外包装箱，这种包装箱不用专门安排回返使用，由于其通用性强，无论在何处落地，都可转用于其他包装。

2. 周转包装

有一定数量规模并有较固定供应流转渠道的产品，可采用周转包装多次反复周转使用的办法。

3. 梯级利用

一次使用后的包装物，用毕转作他用或用毕后进行简单处理转做他用。

4. 再生利用

对废弃的包装经再生处理，转化为其他用途或制成新材料。

（三）网络经济时代包装管理发展趋势

电子商务的兴起和发展，使人们通过互联网就可以搜寻到有关商品的全部信息，这些信息

远胜于传统包装利用商业包装的促销作用。因此，可以预见，随着电子商务的发展，包装促销的功能会逐渐弱化，促销型包装的领域会大幅度的狭窄化。

以集装方式进行多式联运形成的“门到门”的物流系统，由于集装方式有很好的保护功能，又由于采用多式联运的方法，取消了途中的多次装卸、搬运活动，因此商品的防护性包装也会逐渐弱化。尽量减少防护性包装，又可以减轻商品的重量、缩减商品的体积，从而可以充分利用集装容器的空间，大大提高效率。所以，随着集装方式大规模化和网络化的进展，商品防护性包装的功能也会逐渐减退。

任务二　商品包装材料与商品包装技法

一、商品包装材料的基本要求

从现代包装功能要求来看，商品包装材料选取的基本要求应具有以下几方面的性能：

1. 保护性能

保护性能主要指保护内装物，防止其变质、损失，保证其质量的性能。包装的保护性能主要取决于包装材料的机械强度、防潮防水性、耐腐蚀性、耐热耐寒性、抗老化性、透光及遮光性、透气性、防紫外线穿透性、耐油性、适应气温变化性、卫生安全性、无异味性等。

2. 加工操作性能

加工操作性能主要指易加工、易包装、易充填、易封合以及适应自动包装机械操作、生产效率高的性能。包装的加工操作性能主要取决于包装材料的刚性、挺力、光滑度、可塑性、可焊性、易开口性、热合性、防静电性等。

3. 外观装饰性能

外观装饰性能主要指材料的形、色、纹理的美观性，能产生陈列效果，提高商品身价和激发消费者的购买欲的性能。包装的外观装饰性能主要取决于包装材料的透明度、表面光泽、印刷适应性及防静电吸尘性等。

4. 方便使用性能

方便使用性能主要指便于开启和取出内装物、便于再封闭的性能等。包装的方便使用性能主要取决于包装材料的启闭性能、不易破裂以及包装容器的结构等。

5. 节省费用性能

节省费用性能主要指经济合理地选择包装材料，体现在节省包装材料、包装机械设备费、劳动费、降低自身重量和提高包装效率等方面。

6. 易处理性能

易处理性能主要指包装材料要有利于生态环境保护，有利于节省资源，体现在易回收、可复用、可再生、可降解、易处理等方面。

二、商品包装材料及其分类

商品包装材料是指用于包装容器、包装装潢、包装印刷、包装运输等满足商品包装要求所使用的材料。用于商品包装的材料很多，从传统的纤维纸板到最新的记忆性塑料带，可谓应有尽有。按不同用途包装材料可分为以下几类：容器材料，用于制作箱子、瓶子、罐子，可有纸制品、塑料、木料、玻璃、陶瓷、各类金属等；内包装材料，用于隔断物品和防震，可有纸制品、泡沫塑料、防震毛毡等；包装用辅助材料，如各类接合剂、捆绑用细绳（带）等。

（一）纸和纸制品

纸和纸板是支柱性的传统包装材料，耗量大，应用范围广，其产值占包装总产值的45%左右。纸和纸板具有以下特点：

①具有适宜的强度、耐冲击性和耐摩擦性。

②密封性好，容易做到清洁卫生。

③具有优良的成型性和折叠性，便于采用各种加工方法，适应于机械化、自动化的包装生产。

④具有最佳的可印刷性，便于介绍和美化商品。

⑤价格较低，且重量轻，可以降低包装成本和运输成本。

⑥用后易于处理，可回收复用和再生，不会污染环境，并节约资源。

纸和纸板也有一些致命的弱点，如难以封口、受潮后牢度下降以及气密性、防潮性、透明性差等，从而使它们在包装应用上受到一定的限制。

用纸和纸板制成大包装容器主要有纸箱、纸盒、纸桶、纸袋、纸罐、纸杯、纸盘等，广泛应用于运输包装和销售包装。在纸制包装容器中，用量最多的是瓦楞纸箱，其比重占50%以上。在运输包装中，瓦楞纸箱正在取代传统的木箱，广泛用于包装日用百货、家用电器、服装鞋帽、水果、蔬菜等。目前，瓦楞纸箱正在向规格标准化、功能专业化、减轻重量、提高抗压强度等方向发展。除瓦楞纸箱外，其他纸制包装容器多用于销售包装，如用于食品、药品、服装、玩具及其他生活用品的包装。纸盒可制成开窗式、摇盖式、抽屉式、套合式等，表面加以装饰，具有较好的展销效果。纸桶结实耐用，可以盛装颗粒状、块状、粉末状商品。纸袋种类繁多，用途广泛。纸杯、纸盘、纸罐都是一次性使用的食品包装，由于价廉、轻巧、方便、卫生而被广泛应用。纸杯一般为小型盛装冷饮的容器。纸盘为冷冻食品包装，既可冷冻，又可在微波炉上烘烤加热。纸罐采用高密度纸板制成，有圆筒形、圆锥形，一般涂层以防渗漏，用于盛装饮料，目前纯纸罐已被纸、塑料、铝箔组成的复合罐取代。纸浆模制包装是用纸浆直接经模制压模、干燥而制成的衬垫材料，如模制鸡蛋盘，用于鸡蛋包装，可以大大减少运输中的破损率。

（二）金属

金属的种类很多，包装用金属材料主要是钢材、铝材及其合金材料。包装用钢材包括薄钢板、镀锌低碳薄钢板、镀锡低碳薄钢板（俗称马口铁）。包装用铝材有纯铝板、合金铝板和铝箔。金属材料具有以下优点：

①具有良好的机械强度，牢固结实，耐碰撞，不破碎，能有效地保护内装物品。

②密封性能优良，阻隔性好，不透气，食品包装（罐装）能达到中长期保存。

③具有良好的延伸性，易于加工成型。

④金属表面有特殊光泽，易于涂饰和印刷，具有良好的装潢效果。

⑤易于回收再利用，不污染环境。

金属材料的优点很多，故常常用作包装，但也存在一些无法避免的缺点，尤其是其化学稳定性比较差，在潮湿大气中易发生锈蚀，遇酸、碱易发生腐蚀，因而包装用途受到一定限制。实际应用中，常在钢板外镀锌、镀锡或加涂层以提高其耐酸碱性和耐腐蚀性，但成本上升。因此，目前刚性金属材料主要用于制造运输包装桶、集装箱及饮料、食品和其他商品的销售包装罐、听、盒，另外还有少量用于加工各种瓶罐的盖底及捆扎材料等。例如：钢瓶、钢罐，用于存放酸类液体和压缩、液化及加压溶解的气体；薄钢板桶广泛用于盛装各类食用油脂、石油和化工商品；铝和铝合金桶用于盛放酒类和各种食品；镀锌薄钢板桶主要用于盛放粉状、浆状和液体商品；铁塑复合桶适宜盛放各种化工产品及腐蚀性、危险性商品；马口铁罐、镀铬钢板罐为罐头和饮料工业的重要包装容器；金属听、盒适宜于盛放饼干、奶粉、茶叶、咖啡、香烟等。软性金属材料主要用于制造软管和金属箔，如：铝制软管广泛用于包装膏状化妆品、医药品、清洁用品、文化用品、食品等；铝箔多用于制造复合包装材料，也常用于食品、卷烟、药品、化妆品、化学品等包装。

（三）塑料包装

塑料是20世纪蓬勃发展起来的新兴材料，使现代商品包装发生了变革性改变，即改变了商品包装的整个面貌。塑料在整个包装材料中的比例仅次于纸和纸板，包装用塑料的占有量占塑料总消费量的1/4，在许多方面已经取代或逐步取代了传统包装材料。例如：制成编织袋、捆扎绳代替棉麻；制成包装袋、包装盒、包装桶代替金属；制成瓶罐代替玻璃；制成各种塑料袋代替纸张；制成周转箱、钙塑箱代替木材；制成多种泡沫塑料代替传统的缓冲材料。塑料包括软性薄膜、纤维材料和刚性的成型材料，其基本特点为：

①物理机械性能优良，具有一定的强度和弹性，耐折叠、耐摩擦、耐冲击、抗震动、抗压、防潮、防水，并能阻隔气体等。

②化学稳定性好，耐酸碱、耐油脂、耐化学药剂、耐腐蚀、耐光照等。

③比重小，是玻璃比重的1/2，是钢铁比重的1/5，属于轻质材料，因此制成的包装容器重量轻，适应包装轻量化的发展需要。

④加工成型工艺简单，便于制造各种包装材料和包装容器。

⑤适合采用各种包装新技术，如真空、充气、拉伸、收缩、贴体、复合等。

⑥具有优良的透明性、表面光泽、可印刷性和装饰性，为包装装潢提供了良好的条件。

塑料作为包装也有一些不足之处：强度不如钢铁；耐热性不如玻璃；在外界因素长期作用下易老化；有些塑料在高温下会软化，在低温下会变脆，强度下降；有些塑料带有异味，某些有害成分可能渗入内装物；易产生静电而造成污染；塑料包装废弃物处理不当会造成环境污染。因此，在选用塑料包装材料时要注意以上问题。

（四）玻璃与陶瓷

玻璃与陶瓷均属于以硅酸盐为主要成分的无机性材料。玻璃与陶瓷用作包装材料的历史悠久，目前玻璃仍是现代包装的主要材料之一。

1. 玻璃

玻璃以其本身的优良特性以及玻璃制造技术的不断进步，能适应现代包装发展的需要，其特点如下：

①化学稳定性好，耐腐蚀，无毒无味，卫生安全。

②密封性良好，不透气，不透湿，有紫外线屏蔽性，有一定的强度，能有效地保护内装物。

③透明性好，易于造型，具有特殊的宣传和美化商品的效果。

④原料来源丰富，价格低。

⑤易于回收复用、再生，有利于保护环境。

玻璃用作包装材料，存在着耐冲击强度低、碰撞时易破碎、自身重量大、运输成本高、内耗大等缺点，限制了玻璃的应用。目前，玻璃的强化、轻量化技术以及复合技术已有一定的发展，这加强了它对包装的适应性。玻璃主要用来制造销售包装容器，如玻璃瓶和玻璃罐，广泛用于酒类、饮料、罐头食品、调味品、药品、化妆品、化学试剂、文化用品等的包装。此外，玻璃也用于制造大型运输包装容器，用来存装强酸类产品；还用来制造玻璃纤维复合袋，用于包装化工产品和矿物粉料。

2. 陶瓷

陶瓷的化学稳定性与热稳定性均佳，耐酸碱腐蚀，遮光性优异，密封性好，成本低廉，可制成缸、罐、坛、瓶等多种包装容器，广泛用于包装各种发酵食品、酱菜、腌菜、咸菜、调味品、蛋制品及化工原料等。陶瓷瓶是酒类和其他饮料的销售包装容器，其结构造型多样，古朴典雅，釉彩和图案装潢美观，特别适用于高级名酒的包装。

（五）其他包装材料

1. 木材

在我国很早就使用木材做包装材料，其特点是强度高、坚固、耐压、耐冲击、化学和物理性能稳定、易于加工、不污染环境等，是大型和重型商品常用的包装材料。但由于森林资源的匮乏、环境保护要求、价值高等原因，其发展潜力不大。木材包装主要有木箱、木桶、木匣、木轴和木夹板、纤维板箱、胶合板箱、托盘等。

2. 复合材料

复合材料包装是以两种或两种以上材料紧密复合制成的包装，主要由塑料与纸、塑料与铝箔、塑料与铝箔和纸、塑料与玻璃、塑料与木材等材料复合制成。复合材料具有更好的机械强度、气密性、防水、防油、耐热或耐寒、容易加工等优点，是现代商品包装材料的发展方向，特别适用于食品的包装。

3. 纤维织物

纤维织物主要有麻袋、布袋、布包等，适合盛装颗粒状和粉状商品。其优点是强度大、轻便、耐腐蚀、易清洗、不污染商品和环境、便于回收利用等。

4. 竹类、野生藤类、树枝类和草类等材料

用树条、竹条、柳条编的筐、篓、箱以及草编的蒲包、草袋等，具有可就地取材、成本低廉、透气性好的优点，适宜包装生鲜商品、部分土特产品和陶瓷产品等。

三、商品包装技法

商品包装技法是商品包装技术和商品包装方法的统称。按包装的主要功能可以将包装技法分为运输包装技法和销售包装技法两种。

（一）运输包装技法

1. 一般包装技法

（1）对内装物的合理放置、固定和加固

在运输包装体中装进形态各异的商品，需要具备一定的技巧。只有对商品进行合理置放、固定和加固，才能达到缩小体积、节省材料、减少损失的目的。例如，对于外形规则的商品，要注意套装；对于薄弱的部件，要注意加固。

（2）松泡商品进行压缩包装

对于一些松泡商品，包装时所占用容器的容积太大，相应地就多占用了运输空间和储存空间，增加了运输储存费用，所以对松泡商品要压缩体积，一般采用真空包装技法。

（3）合理选择内、外包装的形状和尺寸

有的商品运输包装件，还需要装入集装箱，这就存在包装件与集装箱之间的尺寸配合问题。如果配合得好，就能在装箱时不出现空隙，有效地利用箱容，并有效地保护商品。包装尺寸的合理配合主要指容器底面尺寸的配合，即应采用包装模数系列。至于外包装高度的选择，则应由商品特点来决定，松泡商品可选高一些，沉重的商品可选低一些。包装件装入集装箱只能平放，不能立放或侧放。在选择外包装形状和尺寸时，要注意避免过高、过扁、过大、过重包装。过高的包装会重心不稳，不易堆码；过扁的包装则给标志刷字和标志的辨认带来困难；过大包装量太

多，不易销售，而且体积大也给流通带来困难；过重包装则纸箱容易破损。

在选择内包装形状和尺寸时，要与外包装形状和尺寸相配合，即内包装的底面尺寸必须与包装模数相协调。当然，内包装主要是作为销售包装，更重要的考虑是要有利于商品的销售，有利于商品的展示、装潢、购买和携带。

（4）包装物的捆扎

外包装捆扎对包装起着重要作用，有时还能起关键性作用。捆扎的直接目的是将单个物件或数个物件捆紧，以便于运输、储存和装卸。此外，捆扎还能防止失盗而保护内装物，能压缩容积而减少保管费和运输费，能加固容器，一般合理捆扎能使容器的强度增加20%～40%。捆扎的方法有多种，一般根据包装形态、运输方式、容器强度、内装物重量等不同情况，分别采用井字、十字、双十字和平行捆等不同方法。

2. 缓冲包装技法

德邦物流解决包装运输让“瓜果之乡”瓜果不绝于市

缓冲包装又称防震包装，在各种包装方法中占有重要的地位。商品从生产出来到开始使用要经过一系列的运输、保管、堆码和装卸过程，置于一定的环境之中，在任何环境中都会有力作用在商品之上，并使商品发生机械性损坏。为了防止商品遭受损坏，就要设法减小外力的影响，所谓缓冲包装就是指为减缓内装物受到冲击和振动，保护其免受损坏所采取的一定防护措施的包装。

常用的缓冲包装材料有泡沫塑料、木丝、弹簧等。发泡包装是缓冲包装的较新方法，它是通过特制的发泡设备，将能生产塑料泡沫的原料直接注入内装物与包装容器之间的空隙处，约经几十秒钟即引起化学反应，进行50～200倍的发泡，形成紧裹内装物的泡沫体，对于一些形体复杂或小批量的商品最为合适。缓冲包装分为全面缓冲、部分缓冲和悬浮式缓冲包装三类。

①全面缓冲包装是将商品的周围空间都加缓冲材料衬垫的包装。

②部分缓冲包装是指仅在商品内包装的拐角或局部地方使用缓冲材料衬垫。这样既能达到减震效果，又能降低包装成本，如家电产品、仪器仪表等通常采用此类包装。部分缓冲包装有天地盖、左右套、四棱衬垫、八角衬垫、侧衬垫几种。

③悬浮式缓冲包装是用绳索、弹簧等将商品或内包装容器悬吊在包装箱内，通过弹簧、绳索的缓冲作用保护商品，一般适用于极易受损、价值较高的商品，如精密机电设备、仪器、仪表等。

3. 防潮包装技法

防潮包装是为了防止潮气侵入包装件，影响内装物质量而采取一定防护措施的包装。防潮包装设计就是防止水蒸气通过，或将水蒸气的通过减少至最低限度。一定厚度和密度的包装材料，可以阻隔水蒸气的透入。其中金属和玻璃的阻隔性最佳，防潮性能较好；纸板结构松弛，阻隔性较差，但若在表面涂抹防潮材料，就会具有一定的防潮性能；塑料薄膜有一定的防潮性能，但它多由无间隙、均匀连续的孔穴组成，并在孔隙中扩散造成其透湿特性，透湿强弱与塑料材料有关，特别是加工工艺、密度和厚度的不同，其差异性较大。

为了提高包装的防潮性能，可用涂布法、涂油法、涂蜡法、涂塑法等方法。涂布法，就是在容器内壁和外表加涂各种涂料，如在布袋、塑料编织袋内涂树脂涂料，纸袋内涂沥青等；涂油法，如增强瓦楞纸板的防潮能力，在其表面涂上光油、清漆或虫胶漆等；涂蜡法，即在瓦楞纸板表面涂蜡或楞芯渗蜡；涂塑法，即在纸箱上涂聚乙烯醇丁醛（PVB）等。还有在包装容器内盛放干燥剂（如硅胶、泡沸石、铝凝胶）等。此外，对易受潮和透油的包装内衬一层至多层防潮材料，如牛皮纸、柏油纸、邮封纸、上蜡纸、防油纸、铝箔和塑料薄膜等。上述方法既可单独使用，又可几种方法一起使用。

4. 防锈包装技法

防锈包装是为防止金属制品锈蚀而采用一定防护措施的包装。防锈包装可以采用在金属表面进行处理，如镀金属（包括镀锌、镀锡、镀铬等），镀层不但能阻隔钢铁制品表面与空气接触，且电化学作用时镀层先受到腐蚀，保护了钢铁制品的表面；也可采用氧化处理（俗称发蓝）和磷化处理（俗称发黑）的化学防护法；还可采用除油防锈、涂漆防锈和气相防锈等方法，如五金制品可在其表面涂一层防锈油，再用塑料薄膜封装。涂漆处理是对薄钢板桶和某些五金制品先进行喷砂等机械处理后涂上不同的油漆。气相防锈是采用气相缓蚀剂进行防锈的方法，目前采用的是气相防锈纸，即将涂有缓蚀剂的一面向内包装制品，外层用石蜡纸、金属箔、塑料袋或复合材料密封包装。若包装空间过大，则可添加适量防锈纸片或粉末。此外，还可采用普通塑料袋封存、收缩或拉伸塑料薄膜封存、可剥性塑料封存和茧式防锈包装、套封式防锈包装以及充氮和干燥空气等封存法防锈。

5. 防霉包装技法

防霉包装是防止包装和内装物霉变而采取一定防护措施的包装。它除防潮措施外，还要对包装材料进行防霉处理。防霉包装必须根据微生物的生理特点，改善生产和控制包装储存等环境条件，达到抑制霉菌生长的目的。

①要尽量选用耐霉腐和结构紧密的材料，如铝箔、玻璃和高密度聚乙烯塑料、聚丙烯塑料、聚酯塑料及其复合薄膜等，这些材料具有微生物不易透过的性质，有较好的防霉效能。

②要求容器有较好的密封性，因为密封包装是防潮的重要措施。如采用泡罩、真空和充气等严密封闭的包装，既可阻隔外界潮气侵入包装，又可抑制霉菌的生长和繁殖。

③采用药剂防霉的方法。可在生产包装材料时添加防霉剂，或用防霉剂浸湿包装容器和在包装容器内喷洒适量防霉剂。如采用多菌灵（BCM）、百菌清、水杨脱苯胺、菌舀净、五氯酚钠等，用于纸与纸制品、皮革、棉麻织品、木材等包装材料的防霉。

④采用气相防霉处理，主要有多聚甲醛、充氮包装、充二氧化碳包装，也具有良好的效果。

6. 集合包装

集合包装具有提高港口装卸效率，减轻劳动强度，节省装运费用，保护商品，减少损耗和促进商品包装标准化等优点，主要有集装袋、集装箱、托盘组合包装三种。

（1）集装袋

集装袋又称柔性集装袋、吨装袋、太空袋等，是集装单元器具的一种，配以起重机或叉车，就可以实现集装单元化运输。集装袋是一种柔性运输包装容器，广泛用于食品、粮谷、医药、化工、矿产品等粉状、颗粒、块状物品的运输包装。发达国家普遍使用集装袋作为运输、仓储的产品包装。

（2）集装箱

集装箱是指具有一定强度、刚度和规格，专供周转使用的大型装货容器。使用集装箱转运货物，可直接在发货人的仓库装货，运到收货人的仓库卸货，中途更换车、船时，无须将货物从箱内取出换装。集装箱最大的成功在于其产品的标准化以及由此建立的一整套运输体系。它能够让一个载重几十吨的庞然大物实现标准化，并且以此为基础逐步实现全球范围内的船舶、港口、航线、公路、中转站、桥梁、隧道、多式联运相配套的物流系统。

（3）托盘组合包装

托盘是用于集装、堆放、装卸和运输的放置作为单元负荷的货物和制品的水平平台装置。它是用木材、塑料、金属材料或玻璃纤维等制成的垫板，有平面式托盘、箱式托盘、立柱式托盘、滑片托盘等几种形式。托盘作为物流运作过程中重要的装卸、储存和运输设备，与叉车配套使用，在现代物流中发挥着巨大的作用。托盘给现代物流业带来的效益主要体现在：可以实现物品包装的单元化、规范化和标准化，保护物品，方便物流和商流，提高搬运效率。

（二）销售包装技法

1. 贴体包装技法

贴体包装就是把透明的塑料薄膜加热到软化程度，然后覆盖在衬有纸板的商品上，从下面抽真空使加热软化的塑料薄膜按商品的形状黏附在其表面，同时也黏附在承载商品的纸板上，冷却成型后成为一种新颖的包装物体。

贴体包装使商品被一层完全透明的塑料薄膜裹覆，被包装的商品能整齐、牢固、透明、美观、色彩鲜艳、形体清楚地呈现在“货架”上，使商品更富有魅力。若贴体包装的纸板上印上五彩缤纷的图案和文字，更能增加商品的吸引力。贴体包装的商品不仅一目了然，而且商品的形状手感颇佳，顾客服触摸外表，对商品产生一种“亲切感”“安全感”。

贴体包装不像吸塑包装那样，需要按产品的形状开发吸塑模具，其不管被包装的产品形状如何，均能直接包装。包装后的商品，由于塑料薄膜和纸衬板紧紧粘连，可有效地防止假冒产品，因此，贴体包装目前正日渐取代传统吸塑包装。近几年来，这种包装已广泛用于五金、百货、工具、元器件、工艺品、医疗器械，旅游纪念品。贴体包装在国外十分流行，许多国家的商厦规定，小型产品必须进行贴体包装，方可进入超级市场。

2. 泡罩包装技法

泡罩包装是将商品封合在透明塑料薄片形成的泡罩与底板（用纸板、塑料薄膜或薄片，铝箔或它们的复合材料制成）之间的一种包装方法。泡罩包装技法的特点是：保护性好、透明直观、使用方便、质量轻便。泡罩包装最初主要用于药品包装，现在除了药品片剂、胶囊栓剂等医药产品的包装，还广泛应用于食品、化妆品、玩具、礼品、工具和机电零配件的销售包装。

3. 收缩包装技法

收缩包装是以收缩薄膜为包装材料，包裹在商品外面，通过适当温度加热，使薄膜受热自动收缩紧包商品的一种包装方法。收缩薄膜是一种经过特殊拉伸和冷却处理的塑料薄膜，内含有一定的收缩应力，这种应力重新受热后会自动消失，使薄膜在其长度和宽度方向急剧收缩，厚度加大，从而使内包装商品被紧裹，起到良好的包装效果。收缩包装具有透明、紧凑、均匀、稳固、美观的特点，同时由于密封性好，还具有防潮、防尘、防污染、防盗窃等保护作用。收缩包装适用于食品、日用工业品和纺织品的包装，特别适用于形态不规则商品的包装。

4. 充气包装技法

充气包装是采用二氧化碳气体或氮气等不活泼气体置换包装容器中空气的一种包装技术方法，因此也称为气体置换包装。这种包装方法是根据好氧性微生物需氧代谢的特性，在密封的包装容器中改变气体的组成成分，降低氧气的浓度，抑制微生物的生理活动、酶的活性和鲜活商品的呼吸强度，达到防霉、防腐和保鲜的目的。

5. 真空包装技法

真空包装是将商品装入气密性容器后，在容器封口之前抽真空，使密封后的容器内基本没有空气的一种包装方法。一般的肉类商品、谷物加工商品以及某些容易氧化变质的商品都可以采用真空包装。真空包装不但可以避免或减少脂肪氧化，而且抑制了某些霉菌和细菌的生长；同时在对其进行加热杀菌时，由于容器内部气体已排除，因此加速了热量的传导，提高了高温杀菌效率，也避免了加热杀菌时，由于气体的膨胀而使包装容器破裂。

6. 拉伸包装技法

拉伸包装是用具有弹性（可拉伸）的塑料薄膜，在常温和张力下，裹包单件或多件商品，在各个方向拉伸薄膜，使商品紧裹并密封。它与收缩包装技法的效果基本一样，其特点是：

①采用此种包装不用加热，很适合于那些怕加热的产品，如鲜肉、冷冻食品、蔬菜等。

②可以准确地控制裹包力，防止产品被挤碎。

③由于不需加热收缩设备，可节省设备投资和设备维修费用，还可节省能源。

7. 保鲜包装技法

保鲜剂包装，是采用固体保鲜剂（由沸石、膨润土、活性炭、氢氧化钙等原料按一定比例组成）和液体保鲜剂（如以椰子油为主体的保鲜剂，以碳酸氢钠、过氧乙酸溶液、亚硫酸与酸性亚硫酸钙、复方卵磷脂和中草药提炼的CM保鲜剂等）进行水果、蔬菜的保鲜。固体保鲜剂法是将保鲜剂装入透气小袋封口后再装入内包装，以吸附鲜果、鲜菜散发的气体而延缓后熟过程。液体保鲜剂法是为鲜果浸涂液体保鲜剂，鲜果浸后取出，表面形成一层极薄的可食用保鲜膜，既可堵塞果皮表层呼吸气孔，又可起到防止微生物侵入和隔温、保水的作用。

硅气窗转运箱保鲜包装，是采用塑料密封箱加盖硅气窗储运鲜果、鲜菜、鲜蛋的保鲜方法。硅气窗又称人造气窗，在塑料箱、袋上开气窗，有良好的调节氧气、二氧化碳浓度，抑制鲜菜、鲜果和鲜蛋的呼吸作用，延长储存期。

8. 脱氧包装技法

脱氧包装又称除氧封存剂包装，即利用无机系、有机系、氢系三类脱氧剂，除去密封包装内游离态氧，降低氧气浓度，从而有效地阻止微生物的生长繁殖，起到防霉、防褐变、防虫蛀和保鲜的目的。脱氧包装适用于某些对氧气特别敏感的商品。

任务三　商品包装标志

商品包装标志包括销售包装标志、运输包装标志、使用说明标志等，它是便于消费者识别的一种记号标志，用来指导和提醒商品在流通、消费过程中的使用说明、使用禁忌或注意事项。《中华人民共和国产品质量法》第二十七条规定，产品或者其包装上的标志必须真实，并且要符合一定的要求。

一、运输包装标志

运输包装标志是用简单的文字或图形在运输包装外面印刷的特定记号和说明事项，是商品运输、装卸和储存过程中不可缺少的辅助措施。运输包装标志可分为收发货标志、包装储运图示标志和危险货物包装标志。

（一）收发货标志

1. 收发货标志

收发货标志是指在商品外包装上的商品分类图示标志、文字说明、排列格式和其他标志的总称，也叫识别标志。国家标准《运输包装收发货标志》（GB 6388—86）中均有具体规定，主要内容见表5-1。

表5-1　收发货标志

项目	代号	含义
分类标志	FL	用几何图形和简单的文字表明商品类别的特定符号
供货号	GH	供应该批货物的供货清单号码（出口商品用合同号码）
货号	HH	商品顺序编号，以便出入库、收发货登记和核查商品价格

续表

项目	代号	含义
品名规格	PG	商品名称或代号，标明单一商品的规格、型号、尺寸、花色等
数量	SL	包装容器内含有的商品数量
重量	ZL	包装件的重量（kg），包括毛重和净重
生产日期	CQ	产品生产的年、月、日
生产厂家	CC	生产该产品的工厂名称
体积	TJ	包装件的外径尺寸长 × 宽 × 高（cm）= 体积（m^3）
有效期	XQ	商品有效期至 × 年 × 月
收货地点和单位	SH	货物到达站、港和某单位（人）收（可用贴签或涂写）
发货单位	FH	发货单位（人）
运输号码	YH	运输单号码
发运件数	JS	发运的件数

2. 商品分类图形标志

商品分类图形标志（见图 5－1）是按照国家统计目录分类，规定用几何图形加简单文字构成的特定符号，同时按商品类别规定用单色印刷。百货类、医药类、文化用品类用红色印刷；食品类、农副产品类、针纺类用绿色印刷；五金类、交电类、化工类、农药、化肥、机械用黑色印刷。

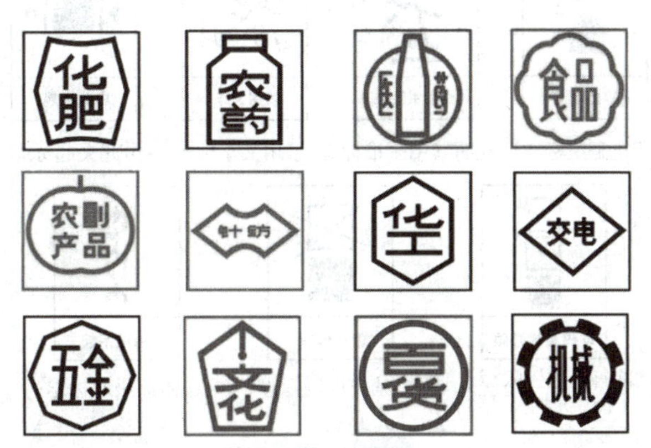

图 5－1　商品分类图形标志

3. 收发货标志的字体和颜色

标志的全部内容，中文都用仿宋体字，代号用汉语拼音大写字母；数码用阿拉伯数字；英文用大写的拉丁文字母。标志必须清晰、醒目，不脱落，不褪色。

纸箱、纸袋、塑料袋、钙塑箱，按商品类别以规定的颜色用单色印刷；麻袋，布袋用绿色或黑色印刷；木箱、木桶不分类别，一律用黑色印刷；铁桶用黑、红、绿、蓝底印白字，灰底印黑字。

4. 收发货标志的方式

(1) 印刷

印刷适用于纸箱、纸袋、钙塑箱、塑料袋。在包装容器制造过程中，将需要的项目按规定印刷在包装容器上。有些不固定的文字和数字在商品出厂和发运时填写。

（2）刷写

刷写适用于木箱、桶、麻袋、布袋、塑料编织袋。利用印模、镂模，按规定涂写在包装容器上，要求醒目、牢固。

（3）粘贴

对于不固定的标志，如收货单位和到达站需要临时确定的，应先将需要的项目印刷在60克/平方米以上的白纸或牛皮纸上，然后粘贴在包装件有关栏目内。

（4）拴挂

对于不便印刷、刷写的运输包装件，如筐、篓、捆扎件，将需要的项目印刷在不低于120克/平方米的牛皮纸或布、塑料薄膜、金属片上，拴挂包装件上（不得用于出口商品包装）。

（二）包装储运图示标志

包装储运图示标志（见图5－2）是依据商品特性，以文字、图形构成的特殊标志符号，其作用在于警示人们在储运过程中规范操作、避免差错、保护商品。按国家标准《包装储运图示标志》（GB 191—2000）规定，包装储运标志有17种。

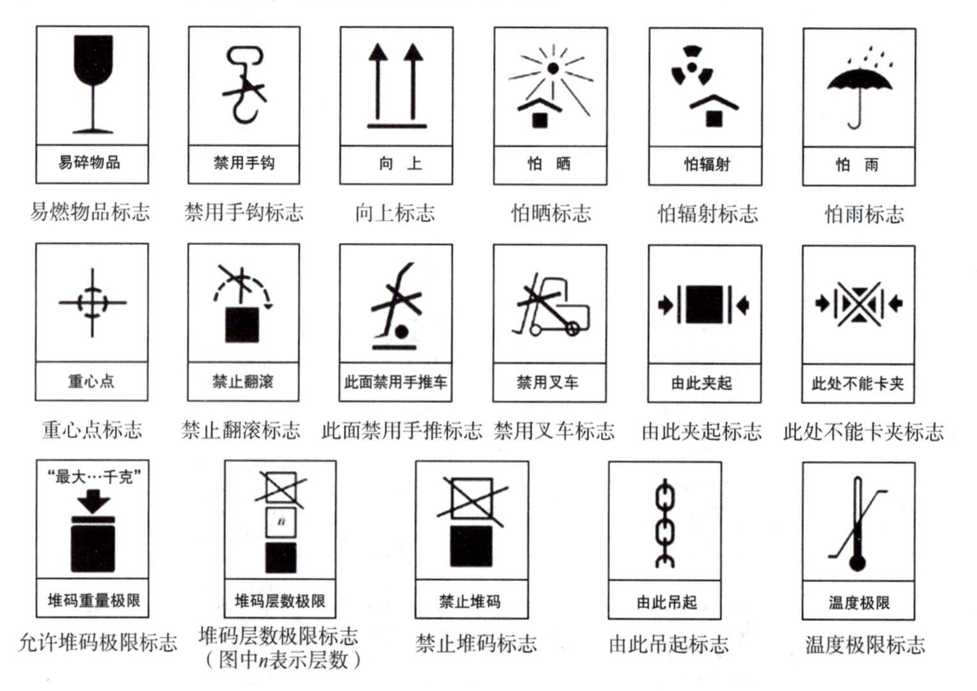

图5－2 包装储运图示标志

（三）危险货物包装标志

危险货物包装标志（见图5－3）是为对易燃、易爆、易腐、有毒、放射性等危险商品起警示作用而在运输包装上加印的特殊标记。危险货物包装标志的图形、尺寸、颜色及使用方法在国家标准《危险货物包装标志》（GB 190—1990）中均有明确规定。

二、销售包装标志

销售包装标志是指赋予商品销售包装容器的一切标签、吊牌、文字、符号、图形及其他说明物，它是生产者与销售者传达商品信息、表现商品特色、推销商品的主要手段，是消费者选购商品、正确保存养护商品及科学消费的指南。

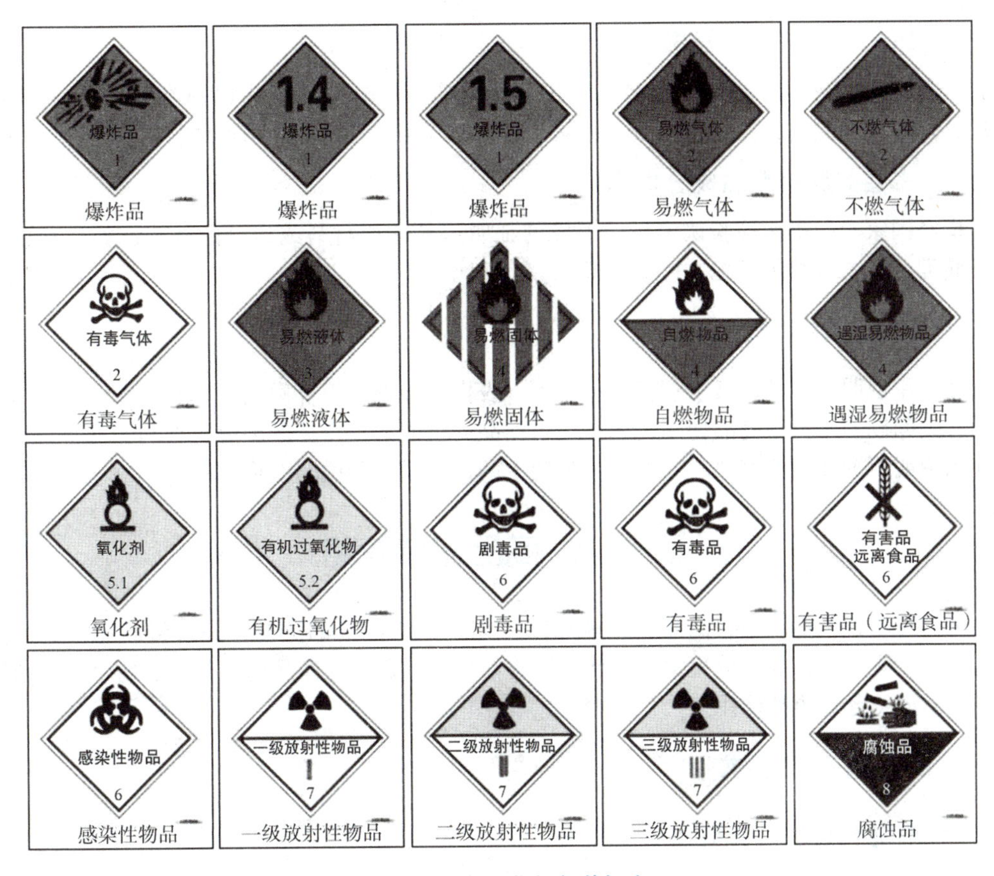

图 5－3　危险货物包装标志

（一）销售包装的一般标志

此类标志一般用文字标志，标志的基本内容包括商品名称、商标、规格、数量、成分、产地、用途、功效、使用方法、保养方法、批号、品级、商品标准代号、条码等。

（二）商品质量标志

商品质量标志是指法定机构按照一定程序颁发给生产企业，以证明其商品质量达到一定水平的标志，主要包括合格标志、优质产品标志、绿色食品标志、有机食品标志等。实行商品质量标志，能有效防止粗制滥造，避免劣质商品进入流通领域，有利于保证和促进商品质量的提高，有利于维护消费者的利益，保障其人身安全与健康。

（三）使用方法及注意事项标志

商品的种类、用途不同，反映使用方法和注意事项的标志也各有不同。如我国服装已采纳国际通用的服装洗涤保养标志，见图 5－4。

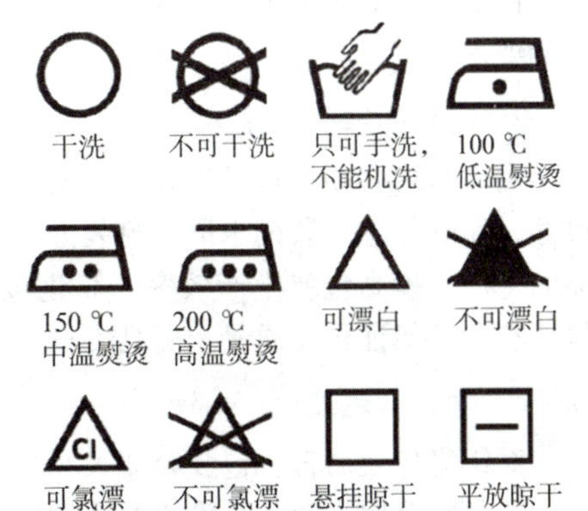

图 5－4　服装洗涤保养标志

（四）产品的性能指示标志

它指用简单的图形、符号表示产品的主要质量性能。如电冰箱用星级符号表示其冷冻室的温度范围。

（五）销售包装的特有标志

它指名牌商品在其商品体特定部位或包装物内让消费者更加容易识别本品牌商品的标记。它由厂家自行设计制作，如名牌西服、衬衫、名优酒等都有独特的、精致的特有标志。

（六）产品的原材料和成分标志

它指经国家专门机构检验认定后，颁发的证明产品的原材料或成分的标志。如目前已实施的属于此类的标志有纯羊毛标志、真皮标志等。

三、使用说明标志

商品使用说明是一种由文字、符号、图示、表格等分别或组合构成，向消费者传递商品信息和说明有关问题的工具。商品使用说明是交付商品的组成部分，是保护消费者利益的一 种手段。商品使用说明可分使用说明书、在商品或包装上的使用说明和说明性标签三种。

任务四　商品包装策略

在现代市场营销活动中，商品包装被冠以“无声推销员”的美誉，是宣传商品、宣传企业形象的工具，是商品特征的放大镜、免费的广告。因此，良好的商品包装从商品的生产、销售到人们的生活始终起着重要作用。

一、商品包装的要求

（一）商品包装的总体要求

1. 适应各种流通条件的需要

要确保商品在流通过程中的安全，商品包装应具有一定的强度，坚实、牢固、耐用。对于不同的运输方式和运输工具，还应有选择地利用相应的包装容器和技术。总之，整个包装应适应流通领域中的储存运输条件和强度要求。

2. 适应商品特性

商品包装必须根据商品的特性，分别采用相应的材料与技术，使包装完全符合商品理化性质的要求。

3. 适应标准化的要求

商品包装必须推行标准化，即对商品包装的包装容（重）量、包装材料、结构造型、规格尺寸、印刷标志、名词术语、封装方法等加以统一规定，逐步使之系列化和通用化，便于包装容器的生产，提高包装生产效率，简化包装容器的规格，节约原材料，降低成本，易于识别和计量，有利于保证包装质量和商品安全。

4. 适量、适度

对销售包装而言，包装容器大小与内装商品相宜，包装费用应与内装商品相吻合。预留空间过大、包装费用占商品总价值的比例过高，都会损害消费者利益。

5. 绿色、环保

商品包装的绿色、环保要求要从两个方面认识：首先，材料、容器、技术本身对商品和消费者而言，应是安全的和卫生的；其次，包装的技法、材料容器等对环境而言，是安全的和绿色的。在选材料和制作上，遵循可持续发展原则，节能、低耗、高功能、防污染，可以持续性回收利用，或废弃之后能安全降解。

（二）商品包装技术与设计要求

1. 大小

确定包装的大小主要考虑使用方便、运输费用、储存或陈列的要求，以及消费者的购买力等因素，同时还要考虑市场上已有包装的影响。过大或过小的包装，都会影响销售的成果。比如，洗衣粉的包装习惯上有小号、中号及大号之分，而世界各国的香皂则大小都差不多。

2. 形状

包装的形状除应符合运输与储藏的要求外，还应力求具有视觉美感而足以引起消费者的注意和兴趣。比如长方形的包装不但可以节省空间，便于运输和储藏，而且有广告效果，能引起消费者的注意。为吸引女性的视线，化妆品的包装形状总是标新立异，与众不同。可口可乐饮料行销全世界的原因之一是瓶子的形状特殊，能给消费者留下深刻的印象。

3. 构造

商品包装的构造具有多种功能，其中之一是便于使用，因此，合理的包装构造对于促进商品销售是至关重要的。一个显著的实例是：美国某啤酒公司面临竞争的威胁，产品销路日趋萎缩，其研究发展部门研制了一种不用任何器具就可以开启的啤酒包装罐——易拉罐，并取得此项发明的专利，采用易拉罐包装以后该公司啤酒的销售直线上升。

4. 材料

选择最适当的包装材料，力求给商品以充分的保护，既能发挥促进销售的功能，又能节省包装成本。就保护商品的角度看，包装材料应具有防潮、隔热、避免震损、遮光等功能，但同时必须兼顾使用上的方便，运输、储存的要求以及控制成本的考虑。比如，目前在美国、欧洲和日本市场上，牛奶、果汁等液体食品，均采用纸盒包装，既有保护食品的质量功能，又兼具使用方便、成本低廉等各种优点。

5. 设计

包装的作用已超过它作为容器与保护品的作用，它能向消费者传递销售的信息，并能使消费者对不同的商品产生不同的印象，甚至对两种几乎相同的产品产生完全不同的感觉。因此，一个良好的包装设计必须具备重点和特色。设计者应将设计需要考虑的要素分为重要的、次要的及再次要的，从中确定重点并在设计中加强，使包装不但能引起顾客的注意，而且具有吸引力，能刺激顾客立即购买。这是现代包装设计的基本原则，也是包装设计获得成功的诀窍。

（1）包装设计要与商品的品质相统一

包装固然可以表现其内部的商品，给予消费者一种直接的印象，但不能因此忽略表现商品的其他品质。对于某些本身不容易带给消费者美好印象的商品，必须精心设计包装，使其能给消费者带来好印象。例如，大米本身不容易给人带来好印象，但美国一家公司出售的快煮米的包装盒上印有用闪光的紫铜锅盛装的一锅煮好的米饭，旁边放着一只鲜美的烤火鸡，这对于家庭主妇显然具有吸引力。

（2）包装设计要与顾客的购买行为相一致

包装设计者先要弄清哪些人是本商品的顾客，然后针对顾客的特点和喜好进行设计，才能使包装发挥最大的效果。消费者由于年龄、性别、收入、教育程度以及种族、宗教信仰的不同，其兴趣、欲望与对事物的观念均有很大的差异，因此，对市场与消费者进行细分，再针对每一层次、每一类型消费者的需要与兴趣来设计包装，将收到扩大销售的效果。

（三）包装法规的要求

目前我国与包装有关的法律法规正在陆续发布和施行，对规范商品包装的生产、流通、销售和保护消费者的利益起着重要的法律依据的作用。

如为了遏制过度包装行为，2010 年 4 月 1 日开始实施的《限制商品过度包装要求　食品和化妆品》国家标准就对食品和化妆品销售包装的孔隙率、层数和成本等指标作出了强制性规定。食品和化妆品销售包装的孔隙率、层数和成本等三个指标分别是包装层数 3 层以下、包装孔隙率不得大于 60%、初始包装之外的所有包装成本总和不得超过商品销售价格的 20%。

二、商品包装策略

在竞争异常激烈和销售方式不断演变的市场中，企业除了靠创新、优质、快速、服务取胜，包装也愈来愈显得格外重要。以市场观点看，包装是商品整体中的形式产品，是很重要的一部分内容，它使消费者产生购买欲望，刺激消费。美国最大的化学工业公司——杜邦公司的一项调查表明，63% 的消费者是根据商品的包装来选购商品的，这一发现就是著名的杜邦定律。商品包装策略主要有以下几种：

（一）强调商品特长的包装策略

这种包装策略主要是通过包装物来突出商品的用途、性质、质量，给顾客一种便利、省时之感，明显地给顾客带来附加价值或剩余利用价值，深受消费者青睐。

1. 一次用量包装

它是指根据消费者的使用习惯而设计包装，内装物仅供一次使用。如：市场上出售的方便面、袋泡茶以及按一次用量包装的咖啡；镇江香醋推出的类似口服液的包装，一盒 12 支，特别适合很少做饭的家庭使用；白糖的小包装，既方便食用，又可防潮防虫，深受消费者的欢迎。

2. 透明包装与“开窗”包装

透明包装有全透明包装和部分透明包装，是通过透明的包装材料，部分或全部展示内装商品的实物形态，能够使购买者直接看到商品的形象、颜色和质量，既能体现商品的自然美，又便于顾客识别选购。如日本“爱华”的各种型号的单放机、收录放机，外包装有一层透明的塑膜，让消费者一眼就能看见里面的商品。我国“金帝”牌巧克力则采用硬质的透明塑料盒包装，盒内各式巧克力一目了然。

“开窗”包装则是在外包装某一部位开一窗口，用玻璃纸或透明薄膜封闭，使商品最佳部位显示出来。这种方法在食品、纺织品、轻工产品与小五金包装中运用较多。如：服装包装盒，通常采用“开窗”包装形式，其“开窗”的位置最好在领部；食品看局部就知全貌，“开窗”可小些。

（二）类似包装策略

类似包装策略是指企业将其所生产的各种不同产品，在包装外形上采用相同的图案、近似的色彩及其他共存的特征，使消费者或用户极易联想到这是同一家企业生产的产品。类似包装策略将这些单个包装摆放在一起，犹如一个阵容强大的包装大家族，形成一个包装系列，唤起消费者对商品附带的厚重的文化内涵的感知，能给消费者留下难以磨灭的印象，可以明显提高商品的形象效应。这种包装策略既有利于推销、增强企业的声望，又能节省包装的设计制作费用，还有利于消除和减少消费者对新商品的不信任感，为迅速打开销路创造条件。如日本松下、爱华公司的系列商品，均采用类似包装、图案、商标与色彩，使顾客一见如故，商品很畅销。不过采用这种策略的，必须是用途和性质相近的商品，否则会抵消包装便于识别商品的作用。

（三）配套包装策略

按各国消费者的消费习惯，将数种有关联的商品配套包装在一起成套供应，便于消费者购买、使用和携带，同时还可扩大商品的销售。在配套商品中如加进某种新商品，可使消费者不知不觉地习惯使用新商品，有利于新商品上市和普及。

现今采用配套包装的商品繁多，在市场营销中常见的有各种酒类、日用消费品、玩具、五金工具、文具、化妆品、服装、瓷器、家电等商品的配套包装。

浙江绍兴一包装设计师曾设计出一种新颖包装，将绍兴名酒中的加饭酒、花雕酒、善酿酒、元红酒、绍兴酒、土绍酒六种不同风味酒，组合在一个包装盒内，并且和六只酒盅配套在一起组成一个花瓣形图案，并采用开窗式盒盖的可提携细瓦楞包装，不仅外形设计美观大方，使消费者对包装物一目了然，便于消费者品尝不同风味的酒，还不必为品酒而另找酒杯，同时携带又方便，充分满足消费者的要求，深受消费者青睐。配套包装应严格区分那些利用品牌优质商品强行搭配低劣商品的不正当商业行为。

（四）附赠包装策略

附赠包装策略的主要方法是在包装物中附赠一些物品，从而引起消费者的购买兴趣，有时还能吸引顾客重复购买。如食品中附玩具，玩具包中附连环画、识字图，化妆品包装中附赠券。又如在珍珠霜盒里放一颗珍珠，顾客买了一定数量的本商品之后，就能串成一条项链。附赠包装的内容包括包装内附赠、包装上的附赠、包装外附赠。

1. 包装内附赠

此法是将赠品放在商品包装内附送。此类赠品通常体积较小，价值较低。包装内附赠常被保健品、美容类商品和一般食品所使用。

2. 包装上附赠

此法是将赠品附在商品上或商品包装上，置于包装外部。包装上附赠的种类繁多，比如用橡皮筋或胶带装赠品与商品绑在一起，或用透明成型包装，如超市卖的牛奶的附赠装；也有将折价券等印在包装盒或纸箱上，消费者可剪下使用。包装上附赠如果希望促销的效果好一些的话，附赠应该尽量与商品有关联，如买剃须刀送剃须膏，买咖啡送咖啡杯等，极易引起消费者的购买兴趣。

3. 包装外附赠

此种附赠常在零售点购物时送给消费者。赠品可摆在商品附近，方便消费者购物时一并带走。

（五）再使用包装策略

再使用包装策略是指原包装的商品用完后，包装容器可转作他用的策略，又称“双重用途包装策略”。再使用包装可分为复用包装和多用途包装。复用包装可以回收再使用，可以大幅度降低包装费用，节省开支，加速和促进商品的周转，减少环境污染。多用途包装在商品使用后，其包装品还可以作其他用途。

如喜之郎果冻，其包装是透明包，大小不同，样式有别，有适合幼儿用的背包，有适合家长带孩子出门游玩用的休闲包，都很令年轻母亲动心。更重要的是同时散卖，这样消费者在不同的消费阶段可以灵活选择，有了包就买散装的，包用坏了就可买带包装的，给了消费者多一份关怀。再如用手枪、熊猫、小猴等造型的塑料容器来包装糖果，糖果吃完后，其包装还可以作玩具，因此备受小朋友的欢迎。大量事实证明，只要设计新颖、吸引力强，具有明显使用价值或欣赏价值的再使用包装，顾客通常是非常愿意购买的。

（六）更新包装策略

随着科学技术的日益发展，新工艺、新技术和新的包装材料必然要取代旧的包装工艺和材料，为企业新产品开拓市场创造条件；同时人们消费习惯的改变，推动着包装的不断更新。例如，由于现代生活节奏的加快，人们要求减少家务劳动时间和劳动量，家务劳动逐步社会化，因此出现各种方便食品、罐头食品，产生了各种新型的包装，如可蒸煮的食品袋、可烘烤的食品盒、饮料复合纸罐、方便罐等应运而生。另外，销售方式的变化，也导致包装的更新。例如随着超级市场的出现，顾客挑选商品时全靠包装“自我介绍”，因此包装要突出商品形象，商标和文字说明要十分醒目。

更新包装的目的，一是通过改进包装给处于劣势的商品带来生机；二是通过改进、更新包装使处于热销的商品锦上添花。但是，一般情况下，当一种商品处于热销期时人们不太会想去改进更新包装，而当商品进入滞销期才开始意识到此问题，这是不可取的。要使商品一直保持畅销的势头，除了改进商品本身，不断地改进包装也是一种很好的办法。更新包装的方法常有以下3种：

1. 剧变式

给原来的包装一个剧烈的变化，改变其原来的面貌，以一个全新的势态展示在消费者面前。

2. 改良式

保持原来合理的部分，通过改变“欠缺”带来新意，让消费者觉得“虽生犹熟”，避免给人陌路相逢的感觉。

3. 渐变式

经常对原来的设计做些小改进，在消费者不易察觉的情况下，调整结构、文字排列等，乍一看还是原来的风格，但以更加协调、新颖的面貌出现在消费者面前。

（七）企业协作的包装策略

该策略是指普通企业由于企业声望小，产品知名度不高，特别是新产品问世，一时难以打开市场，可以与企业信誉好、实力雄厚的大企业联合经营，在产品包装上重点突出联合企业的名称。包装上仿效名牌产品的包装装潢，这是适应消费者的购买经验以保持商品主顾的一种做法。如日本电子产品在初进美国市场时滞销，后采用西尔斯的商标，并以此策略占领了美国市场。

农夫山泉又更新包装啦！

（八）等级式包装策略

消费者的经济收入、消费习惯、文化程度、审美眼光、年龄等存在差异，对包装的需求心理也有所不同。一般来说，高收入者、文化程度较高的消费层，比较注重包装设计的制作审美、品味和个性化；而低收入消费层，则更偏好经济实惠、简洁便利的包装设计。因此，企业将同一产品针对不同层次的消费者的需求特点制定不同等级的包装策略，以此来争取不同层次的消费群体。

（九）绿色包装

绿色包装又可以称为无公害包装和环境之友包装，指对生态环境和人类健康无害，能重复使用和再生，符合可持续发展的包装。它的理念有两个方面的含义：一个是保护环境，另一个是节约资源。这两者相辅相成，不可分割。其中保护环境是核心，节约资源与保护环境又密切相关，因为节约资源可减少废弃物，其实也就是从源头上对环境的保护。

绿色包装分为A级和AA级。A级绿色包装是指废弃物能够循环复用、再生利用或降解腐化，含有毒物质在规定限量范围内的适度包装。AA级绿色包装是指废弃物能够循环复用、再生利用或降解腐化，且在产品整个生命周期中对人体及环境不造成公害，含有毒物质在规定限量范围内的适度包装。

从技术角度讲，绿色包装是指以天然植物和有关矿物质为原料研制成的，对生态环境和人类健康无害，有利于回收利用，易于降解，可持续发展的一种环保型包装。也就是说，其包装产品从原料选择、产品的制造到使用和废弃的整个生命周期，均应符合生态环境保护的要求，应从绿色包装材料、包装设计和大力发展绿色包装产业三方面入手实现绿色包装。

具体言之，绿色包装应具有以下的含义：

1. 实行包装减量化（Reduce）

绿色包装在满足保护、方便、销售等功能的条件下，应是用量最少的适度包装。欧美等国将包装减量化列为发展无害包装的首选措施。

2. 包装应易于重复利用（Reuse）或易于回收再生（Recycle）

通过多次重复使用，或通过回收废弃物、生产再生制品、焚烧利用热能、堆肥化改善土壤等措施，达到再利用的目的，既不污染环境，又可充分利用资源。

3. 包装废弃物可以降解腐化（Degradable）

为了不形成永久的垃圾，不可回收利用的包装废弃物要能分解腐化，进而达到改善土壤的目的。世界各工业国家均重视发展利用生物或光降解的包装材料。Reduce、Reuse、Recycle 和 Degradable 即是现今 21 世纪世界公认的发展绿色包装的 3R 和 1D 原则。

4. 包装材料对人体和生物应无毒无害

包装材料中不应含有有毒物质或有毒物质的含量应控制在有关标准以下。

5. 在包装产品的整个生命周期中，均不应对环境产生污染或造成公害

包装制品从原材料采集、材料加工、制造产品、产品使用、废弃物回收再生，直至最终处理的生命全过程，均不应对人体及环境造成公害。

以上绿色包装的含义中，前 4 点应是绿色包装必须具备的要求，最后一点是依据生命周期评价，用系统工程的观点，对绿色包装提出的理想的、最高的要求。

三、包装合理化

IPE 公众环境研究中心刊发宝洁绿色供应链创新案例

（一）包装合理化的概念

所谓包装合理化，是指在包装过程中使用适当的材料和适当的技术，制成与商品相适应的容器，节约包装费用，降低包装成本，既满足包装保护商品、方便储运、有利销售的要求，又要提高包装的经济效益的包装综合管理活动。包装合理化一方面包括包装总体的合理化，这种合理化往往用整体物流效益与微观包装效益的统一来衡量，另一方面也包括包装材料、包装技术、包装方式的合理组合及运用。

（二）不合理包装的形式及相关管理问题

1. 包装不足

由于包装不足造成的主要问题是在流通过程中的损失及降低促销能力，这一点不可忽视。包装强度与包装堆码、装卸搬运有密切关系，强度不足，使物流性能不足，造成货物在物流环节中受损。我国曾经举行过的全国包装大检查，经过统计分析，认定由于包装不足引起的损失一年达 100 亿元以上。

2. 包装过剩

包装过剩主要体现在以下方面：

①包装物强度设计过高。如包装材料截面过大，包装方式大大超过强度要求等，从而使包装防护性过高。

②包装材料选择不当，选择过高。如可以用纸板却不用而采用镀锌、镀锡材料等。

③包装技术过高。如包装层次过多，包装体积过大。

④包装成本过高。一方面可能使包装成本支出大大超过减少损失可能获得的效益；另一方面，包装成本在商品成本中比重过高，损害了消费者利益。

包装过剩的浪费不可忽视，对于消费者而言，购买的主要目的是内装物的使用价值，包装物大多作为废物甩弃，因而会形成浪费。此外过重、过大的包装，有时适得其反，反而会降低促销能力，所以也不可取。相关数据调查显示，目前发达国家包装强度过剩，约在 20% 以上。

美丽垃圾

某商场的保健品柜台，橱窗内展示的各种规格的山参售价不菲，动辄上千元，包装也相当豪华：一棵长约10厘米、重约9克的山参，用实木匣子包装，木匣子长约70厘米，宽约20厘米，做工精美，手感细腻。在另一柜台，一款250克包装的铁观音茶叶，采用超大铁盒包装；一款高档白酒，两瓶装标价1 680元，盒子里搭售一柄精美的玉如意，如果光看包装盒，你甚至会以为里面装着一床高档蚕丝被。

某女士曾收到一个礼物，一个半支钢笔大小的水晶饰品，竟用长50厘米、宽20厘米、高10厘米的皮箱子包装。她说："包装得那么豪华，有必要吗？皮箱子留着占地方，扔了又可惜！"市民高先生也表示，他曾收到一个白酒礼盒，里面盛放着两瓶合计1 000毫升的白酒。装酒的木匣子长60厘米、宽40厘米、高10厘米，总重量竟有3千克！

留之无用、弃之可惜，有如鸡肋的"美丽垃圾"——商品包装废弃物，不但给消费者造成了困扰，还浪费了大量的社会资源，造成了环境污染。相关统计显示，目前，我国每年仅衬衫包装盒用纸量就达24万吨，相当于砍掉168万棵碗口粗的大树。此外，包装材料中相当一部分是难以降解的塑料，更会对环境造成破坏。尽管如此，包装豪华商品的消费群体还是有增无减。

设计新颖、风格独特、美观大方的商品包装，有利于商品销售，有利于商品文化与礼品属性的完美体现。过度包装则走向另一个极端，给经济和社会发展带来了极大的危害，这种危害主要表现为：一是浪费资源，加剧了资源能源供需矛盾；二是污染环境，危害人类的生存；三是增加了产品成本，损害消费者利益；四是助长奢侈浪费，毒化社会风气。这种现象的存在，与中华民族崇尚朴实、节俭的传统美德格格不入，与建设资源节约型、环境友好型社会和建设社会主义精神文明的要求背道而驰。据有关行业分析，目前，我国城市包装废弃物的年排放量在重量上已占固体废弃物的三分之一，在体积上则达到二分之一，且每年以10%的速度递增。过度包装使城市生活垃圾处理更加不堪重负，以北京为例，每年因为过度包装，就要增加垃圾处理费用2亿元。

问题：

1. "美丽垃圾"产生的原因有哪些？
2. 如何才能控制"美丽垃圾"的产生？

3. 包装模数

包装模数是关于包装基础尺寸的标准化及系列尺寸选定的一种规定。包装模数标准确定之后，各种进入流通领域的商品便需按模数规定的尺寸进行包装。按模数包装之后，各种包装货物可以按一定规定随意组合，这就有利于小包装的集合，有利于集装箱用托盘装箱、装盘。包装模数如能和仓库设施、运输设施尺寸模数统一化，也有利于运输和保管。包装模数尺寸的标准化，有一定局限性，大部分工业产品，尤其是散杂货可以实现包装标准化，有些产品则无法实现标准化。

4. 包装管理最优化

物流过程中的物流因素随着现代科技的进步、人为和自然环境的变化而不断地发生变化。现代企业在物流活动过程中必须正确地确定包装形式，选择包装方法，适应物流因素的变化。在确定包装时，必须针对企业不同的装卸、保管和运输的条件及其方式来确定最优化包装。

（三）包装合理化要求

对包装合理化的要求需从多个角度考虑：

①包装材料和包装容器应当安全无害。包装材料要避免有害物质，包装容器的造型要避免

对人体造成伤害。

②包装的容量要适当。包装的容量一方面要适应商品的消费，使得商品在消费中不致造成不必要的损失；另一方面，同一类商品的包装容量不应千差万别，以致造成顾客难以判断商品的贵贱。

③包装容器的内装物要有贴切的标志或说明。商品包装物上关于商品质量的规格等标志说明，一定要便于顾客识别和选择，要能贴切的表示内装物的性状，不得言过其实。

④包装内商品空闲空间不能过大。

⑤包装费用要与内装商品相适应。包装费用包括包装本身的费用和包装作业的费用。包装费用与内装商品相适应，但不同商品对包装要求不同，包装费用的比率是不相同的，很难有一个统一的要求。一般来说，对于普通商品，包装费用应低于商品售价的15%，这只是一个平均指标，不是说高了一定不合理，低了就一定就合理。例如，有些包装如金属罐作用大，实际已成为商品的一部分，包装费用的比率超过15%也是合理的。又如手纸的包装，其作用小，包装费用比率不超过15%，仍然有不合理的可能。

（四）包装合理化的途径

1. 包装的轻薄化

由于包装只是起保护作用，对商品使用价值没有任何意义，因此在强度、寿命、成本相同的条件下，更轻、更薄、更短、更小的包装，可以提高装卸搬运的效率；而且轻薄短小的包装一般价格比较便宜，如果用作一次性包装还可以减少废弃包装材料的浪费。

2. 包装的单纯化

为了提高包装作业的效率，包装材料及规格应力求单纯化，包装规格还应标准化，包装形状和种类也应单纯化。

3. 包装的标准化

包装的规格和托盘、集装箱关系密切，也应考虑到和运输车辆、搬运机械的匹配，从系统的观点制定包装的尺寸标准。

4. 包装的机械化

为了提高作业效率和包装现代化水平，各种包装机械化的开发和应用是很重要的。

5. 包装的绿色化

绿色包装是指无害少污染的、符合环保要求的各类包装物品。主要包括纸包装、可降解塑料包装、生物包装和可食用包装等，这是包装合理化的发展主流。

6. 包装模数与物流模数的协调化

物流模数是指以模数包装最大设计尺寸为基础，研究有关的托盘、集装箱等集装器具、铁路货车、轮船和飞机等运载工具，起重机、叉车、搬运车等装卸搬运机械的模数，以便与包装模数相互配合和相互协调。包装模数与物流模数的协调有利于运输和保管，提高物流的运作效率。现代企业必须选择集装单元、集装容器具的模数尺寸作为媒介来过渡，从而达到整体物流系统的相关性和协调性。

项目小结

1. 商品包装是为在流通过程中保护产品，方便储运，促进销售，按一定技术方法而采用的容器、材料及辅助物等的总称。也指为了达到上述目的而采用容器、材料和辅助物的过程中施加一定方法等的操作活动。

2. 商品包装的功能主要有保护商品、方便物流、促进销售、增加价值。

3. 销售包装是指以一个商品作为一个销售单元的包装形式，或若干个单位商品组成一个小的整体的包装，亦称为小包装或个包装。

4. 运输包装是指用于安全运输、保护商品的较大单元的包装形式，又称为外包装或大包装，如纸箱、木箱、集合包装、托盘包装等。

5. 商品包装材料的基本要求：保护性能、加工操作性能、外观装饰性能、方便使用性能、节省费用性能、易处理性能。

6. 商品包装材料是指用于包装容器、包装装潢、包装印刷、包装运输等满足商品包装要求所使用的材料，包含纸和纸制品、金属、塑料、玻璃与陶瓷、木材、复合材料、纤维物、竹类、野生藤类、树枝类和草类等材料。

7. 运输包装技法包含：一般包装技法、缓冲包装技法、防潮包装技法、防锈包装技法、防霉包装技法、集合包装。

8. 销售包装技法包含：贴体包装技法、泡罩包装技法、收缩包装技法、充气包装技法、真空包装技法、拉伸包装技法、保鲜包装技法、脱氧包装技法。

9. 运输包装标志是用简单的文字或图形在运输包装外面印刷的特定记号和说明事项，是商品运输、装卸和储存过程中不可缺少的辅助措施。运输包装标志可分为收发货标志、包装储运图示标志和危险货物包装标志。

10. 销售包装标志是指赋予商品销售包装容器的一切标签、吊牌、文字、符号、图形及其他说明物，它是生产者与销售者传达商品信息、表现商品特色、推销商品的主要手段，是消费者选购商品、正确保存养护商品及科学消费的指南。

11. 商品使用说明是一种由文字、符号、图示、表格等分别或组合构成，向消费者传递商品信息和说明有关问题的工具。

12. 商品包装策略包含：强调商品特长的包装策略、类似包装策略、配套包装策略、附赠包装策略、再使用包装策略、更新包装策略、企业协作的包装策略、等级式包装策略。

13. 绿色包装又可以称为无公害包装和环境之友包装，指对生态环境和人类健康无害，能重复使用和再生，符合可持续发展的包装，绿色包装分为 A 级和 AA 级。

14. 所谓包装合理化，是指在包装过程中使用适当的材料和适当的技术，制成与商品相适应的容器，节约包装费用，降低包装成本，既满足包装保护商品、方便储运、有利销售的要求，又要提高包装的经济效益的包装综合管理活动。

思考与练习

一、单选题

1. (　　) 一般体积较大，外形尺寸标准化程度高，坚固耐用，表面印有明显的识别标志，其主要功能是保护商品，方便运输、装卸和储存。

A. 运输包装　　B. 销售包装　　C. 小包装　　D. 中包装

2. (　　) 是把透明的塑料薄膜加热到软化程度，覆盖在衬有纸板的商品上，从下面抽真空使加热软化的塑料薄膜按商品的形状黏附在其表面，冷却成型后成为一种新颖的包装物体。

A. 贴体包装　　B. 收缩包装　　C. 泡罩包装　　D. 真空包装

3. (　　) 是以收缩薄膜为包装材料，包裹在商品外面，通过适当温度加热，使薄膜受热自动收缩紧包商品的一种包装方法。

A. 脱氧包装　　B. 收缩包装　　C. 泡罩包装　　D. 保鲜包装

4. (　　) 是采用二氧化碳气体或氮气等不活泼气体置换包装容器中空气的一种包装技术方法，因此也称为气体置换包装。

A. 贴体包装　　B. 充气包装　　C. 保鲜包装　　D. 真空包装

5. （　　）是指在商品外包装上的商品分类图示标志、文字说明、排列格式和其他标志的总称，也叫识别标志。

A. 包装储运图示标志　　B. 收发货标志

C. 商品分类图形标志　　D. 危险货物包装标志

6. 下列标志属于（　　）。

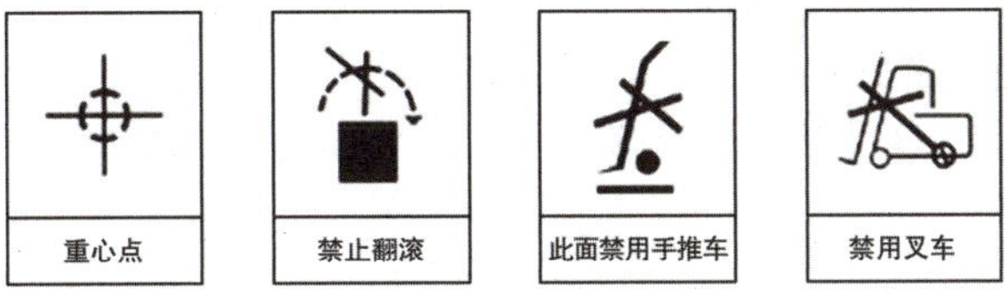

重心点标志　禁止翻滚标志　此面禁用手推标志　禁用叉车标志

A. 包装储运图示标志　　B. 收发货标志

C. 商品分类图形标志　　D. 危险货物包装标志

7. （　　）是指企业将其所生产的各种不同产品，在包装外形上采用相同的图案、近似的色彩及其他共存的特征，使消费者或用户极易联想到这是同一家企业生产的产品。

A. 类似包装策略　　B. 配套包装策略　　C. 附赠包装策略　　D. 等级式包装策略

8. 商家采用手枪、熊猫、小猴等造型的塑料容器来包装糖果，糖果吃完后，其包装还可以作玩具，因此备受小朋友的欢迎，这属于商品包装的（　　）。

A. 再使用包装策略　　B. 更新包装策略

C. 企业协作的包装策略　　D. 透明包装策略

9. （　　）是关于包装基础尺寸的标准化及系列尺寸选定的一种规定。

A. 包装模数　　B. 设计模数　　C. 商品模数　　D. 物流模数

10. 下列标志属于（　　）。

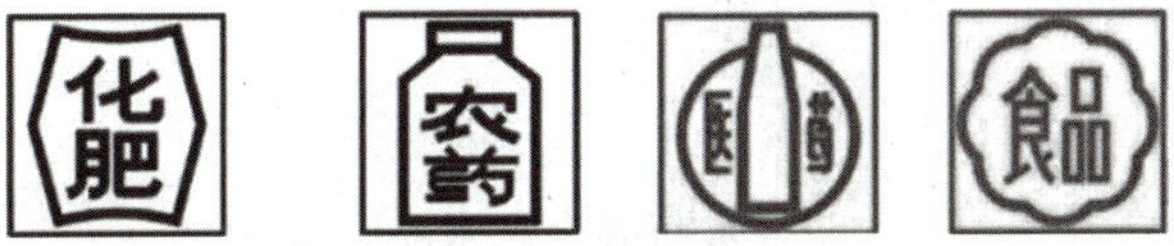

A. 包装储运图示标志　　B. 收发货标志

C. 商品分类图形标志　　D. 危险货物包装标志

二、多选题

1. 包装的功能有（　　）。

A. 保护商品　　B. 方便物流　　C. 促进销售　　D. 增加价值

2. 销售包装技法有（　　）。

A. 防霉包装　　B. 收缩包装　　C. 真空包装　　D. 泡罩包装

3. 商品分类图形标志有（　　）。

A. 五金类　　B. 交电类　　C. 化工类　　D. 针纺类

4. 销售包装的一般标志的基本内容包括（　　）等。

A. 商品名称　　B. 商标　　C. 规格　　D. 用途

5. 商品包装设计应注意包装的（　　）。

A. 大小　　B. 形状　　C. 构造　　D. 材料

6. 包装的绿色化主要包括（　　）等。

A. 纸包装　　B. 可食用包装　　C. 生物包装　　D. 塑料包装

7. 包装合理化的途径有包装（　　）。

A. 轻薄化　　B. 单纯化　　C. 标准化　　D. 机械化

8. 更新包装的方法通常有（　　）。

A. 继承式　　B. 改良式　　C. 渐变式　　D. 剧变式

9. 集合包装具有提高港口装卸效率，减轻劳动强度，节省装运费用，保护商品，减少损耗和促进商品包装标准化等优点，主要有（　　）。

A. 集装袋包装　　B. 集装箱包装　　C. 托盘组合包装　　D. 打包包装

10. 下列属于运输包装技法的是（　　）。

A. 缓冲包装技法　　B. 防潮包装技法　　C. 收缩包装技法　　D. 泡罩包装技法

三、简答题

1. 从现代包装功能要求来看，商品包装材料的选取应具有哪几方面的性能要求？
2. 简述纸制品包装的特点。
3. 简述塑料包装的基本特点。
4. 什么是缓冲包装技法，可分为哪几类？
5. 商品包装的总体要求有哪些？
6. 商品包装策略主要有哪几种？
7. 包装过剩主要体现在哪几个方面？
8. 包装合理化需要考虑哪些方面的要求？
9. 绿色包装应具备哪些要求？
10. 包装合理化的途径有哪些？

四、论述题

1. 请结合时代发展，谈谈未来包装的发展趋势。
2. 论述不合理包装的形式及相关管理问题。

五、案例题

香水瓶成为艺术品

1921 年 5 月，当香水创作师恩尼斯·鲍将他发明的多款香水呈现在香奈尔夫人面前让她选择时，香奈尔夫人毫不犹豫地选出了第 5 款，即现在誉满全球的香奈尔 5 号香水。然而，除了那独特的香味，真正让香奈尔 5 号香水成为“香水贵族中的贵族”却是那个看起来不像香水瓶，反而像药瓶的创意包装。

服装设计师出身的香奈尔夫人，在设计香奈尔 5 号香水瓶型上别出心裁。“我的美学观点跟别人不同：别人唯恐不足地往上加，而我一项项地减除。”这一设计理念，让香奈尔 5 号香水瓶简单的包装设计在众多繁复华美的香水瓶中脱颖而出，成为最怪异、最另类，也是最为成功的一款造型。香奈尔 5 号香水瓶以其宝石切割般形态的瓶盖、透明水晶的方形瓶身造型、简单明了的线条，成为一股新的美学观念，并迅速俘获了消费者的心。从此，香奈尔 5 号香水在全世界畅销多年，至今仍然长盛不衰。

1959 年，香奈尔 5 号香水瓶以其所表现出来的独有的现代美荣获“当代杰出艺术品”称号，跻身纽约现代艺术博物馆的展品行列，成为名副其实的艺术品。对此，中国工业设计协会副秘书长宋慰祖表示，香水作为一种奢侈品，最能体现其价值和品位的就是包装。“香水的包装本身不但是艺术品，也是其最大的价值所在。包装的成本甚至可以占到整件商品价值的 80%。香奈尔 5 号的成功，依靠的就是它独特的、颠覆性的创意包装。”

问题：结合案例说明包装设计的注意事项及商品销售包装的意义。

项目六

商品质量管理

学习目标

【知识目标】

(1) 掌握 ISO 9000 质量的含义，掌握商品质量的概念及性质，掌握食品商品、纺织品商品、工业品质量的基本要求，掌握全面质量管理理念；

(2) 理解商品质量的综合体现，理解商品质量的基本要求，理解影响商品质量的因素，理解商品质量管理的发展阶段；

(3) 了解质量概念的发展历程，了解商品质量的意义，了解六西格玛管理的由来。

【能力目标】

(1) 能够绘制并使用 PDCA 循环法、因果图、散布图、直方图的应用；

(2) 能够合理运用 6σ 管理法满足企业生产经经营要求；

【素质目标】

(1) 培养学生具备商品质量管理的基本逻辑素质；

(2) 培养学生爱岗敬业、细心踏实的商品管理的职业精神。

导入案例

央视曝光辣条生产乱象，劣质辣条正在毒害中小学生健康

辣条是一种非常受大家欢迎的零食，甚至被制成了表情包。由于它刺激的口感、香辣的口味，以及低廉的售价，尤其在中小学生中备受追捧。2019 年 3·15 晚会中辣条成为食品质量安全曝光的第一枪。

记者走访了河南省开封市、湖北荆门市等地的中小学校门口，每到放学，这里的小卖部挤满了小学生，摊位上摆满了各式各样的辣条产品。为了便于销售，这些辣条无论什么品牌，统一按照包装袋的大小，被分为“5 毛”“1 元”两种。孩子们挑好了辣条掏钱结账，熟练的样子一看就知道这不是第一次购买这种食品。记者：“你每天都买这个?”小学生：“对。”记者：“一次最多吃几个?”小学生：“两包，或者是三四包。”河南省开封市汴京路小学，在校门口 20 米范围内，竟聚集着 4 家小卖店，辣条无一例外地成为这些店里主角儿。

为了更真实地了解辣条的生产情况，记者按照“虾扯蛋”品牌辣条包装袋上的地址，来到了位于河南省开封市兰考县城关乡高场村。经过多方打听，在距离高场村几公里外的一片田野里，记者才找到了这家企业。

在企业工作人员带领下，记者未经过任何消毒措施就进入了食品生产车间。刚进入车间，浓重的辣条味扑面而来。生产线上被膨化后的面球四处飞溅，生产车间地面上，满地粉尘与机器渗出的油污交织在一起。搅拌桶上也满是油污，搅拌机旁边几米远就是水池。水池墙壁上到处是黑色污点，水池里白色水桶上、桶边上、水瓢上都覆盖了厚厚的污垢，一滴滴水正在从水龙头生锈的接口不断渗出，落在下面的水桶里。

《中华人民共和国食品安全法》第四章第三十三条明确规定：贮存、运输和装卸食品的容器、工具和设备应当安全、无害，保持清洁，防止食品污染。在这间食品生产企业里，这些国家的规章制度显然没有得到任何的执行落实。

这款“黄金口味棒”辣条是由平江县安定镇浮潭村的味泉食品公司生产的。在包装车间里，辣条颗粒堆满整张桌子，电子秤、脏兮兮的抹布就和辣条堆在一起。工人们既没戴口罩，也没戴手套，一双双油腻腻的手，将一粒粒辣条装进了包装袋。记者：“一天能做多少?”味泉食品公司负责人：“一天200多件。”

2015年，河南、湖南等地多款辣条被食品药品质量监督局网站曝光，而各类小作坊生产的不安全辣条产品仍然源源不断地涌入中小学校门口。食用辣条的都是自我保护意识较弱的学生，这些黑作坊的劣质食品，对祖国未来的身体危害极大。

任务一　商品质量概述

一、质量概述

质量的内容十分丰富，随着社会经济和科学技术的发展，在不断充实、完善和深化。同样，人们对质量概念的认识也经历了一个不断发展和深化的历史过程，有代表性的质量概念主要有：

（一）朱兰的定义

美国著名的质量管理专家朱兰（J. M. Juran）博士从顾客的角度出发，提出了产品质量就是产品的适用性，即产品在使用时能成功地满足用户需要的程度。用户对产品的基本要求就是适用，适用性恰如其分地表达了质量的内涵。

这一定义有两个方面的含义，即使用要求和满足程度。人们使用产品，总对产品质量提出一定的要求，而这些要求往往受到使用时间、使用地点、使用对象、社会环境和市场竞争等因素的影响，这些因素变化，会使人们对同一产品提出不同的质量要求。因此，质量不是一个固定不变的概念，它是动态的、变化的、发展的；它随着时间、地点、使用对象的不同而不同，随着社会的发展、技术的进步而不断更新和丰富。

用户对产品的使用要求的满足程度，反映在对产品的性能、经济特性、服务特性、环境特性和心理特性等方面。因此，质量是一个综合的概念，它并不要求技术特性越高越好，而是追求诸如性能、成本、数量、交货期、服务等因素的最佳组合，即所谓的最适当。

（二）ISO 8402“质量术语”定义

质量是反映实体满足明确或隐含需要的能力的特性总和。这里需要说明的是：①在合同情况中，或是在法规规定情况下，需要是明确规定的；而在其他情况中，隐含的需要则应加以识别和确定。②在许多情况下，需要会随着时间而变化，这就意味着要对质量要求进行定期评审。

从定义可以看出，质量就其本质来说是一种客观事物具有某种能力的属性，由于客观事物具备了某种能力，才可能满足人们的需要。需要由两个层次构成。第一层次是产品或服务必须满足规定或潜在的需要，这种“需要”可以是技术规范中规定的要求，也可能是在技术规范中未注明，但用户在使用过程中实际存在的需要。它是动态的、变化的、发展的和相对的，“需要”随时间、地点、使用对象和社会环境的变化而变化。因此，这里的“需要”实质上就是产品或服务的“适用性”。第二层次是在第一层次的前提下质量是产品特征和特性的总和。因为，需要应加以表征，必须转化成有指标的特征和特性，这些特征和特性通常是可以衡量的：全部符合特征和特性要求的产品，就是满足用户需要的产品。因此，“质量”定义的第二个层次实质上就是产品的符合性。另外质量的定义中所说“实体”是指可单独描述和研究的事物，可以是活动、过程、产品、组织、体系、人以及它们的任何组合。

从以上分析可知，企业只要生产出用户使用的产品，才能占领市场。而就企业内部来讲，企业又必须要生产符合质量特征和特性指标的产品。所以，企业除了要研究质量的“适用性”，还要研究“符合性”质量。

（三）ISO 9000：2000“质量”定义

国际标准化组织（ISO）2005 年颁布的 ISO 9000：2005《质量管理体系基础和术语》中对质量的定义是：一组固有特性满足要求的程度。

上述定义，可以从以下几个方面来理解：

①质量是相对于 ISO 8402 的术语，更能直接地表述质量的属性。由于它对质量的载体不做界定，说明质量可以存在于不同领域或任何事物中。对质量管理体系来说，质量的载体不仅针对产品，即过程的结果（如硬件、流程性材料、软件和服务），也针对过程和体系或者它们的组合。也就是说，所谓“质量”，既可以是零部件、计算机软件或服务等产品的质量，也可以是某项活动的工作质量或某个过程的工作质量，还可以是指企业的信誉、体系的有效性。

②定义中“特性”是指事物所特有的性质，固有特性是事物本来就有的，它是通过产品、过程或体系设计和开发及其之后实现过程形成的属性。例如：物质特性（如机械、电气、化学或生物特性）、感官特性（如用嗅觉、触觉、味觉、视觉等感觉控测的特性）、行为特性（如礼貌、诚实、正直）、时间特性（如准时性、可靠性、可用性）、人体工效特性（如语言或生理特性、人身安全特性）、功能特性（如飞机最高速度）等。这些固有特性的要求大多是可测量的。赋予的特性（如某一产品的价格），并非产品、体系或过程的固有特性。

③满足要求就是应满足明示的（如明确规定的）、通常隐含的（如组织的惯例、一般习惯）或必须履行的（如法律法规、行业规则）的需要和期望。只有全面满足这些要求，才能评定为好的质量或优秀的质量。

④顾客和其他相关方对产品、体系或过程的质量要求是动态的、发展的和相对的，它将随着时间、地点、环境的变化而变化。所以，应定期对质量进行评审，按照变化的需要和期望，相应地改进产品、体系或过程的质量，确保持续地满足顾客和其他相关方的要求。

⑤“质量”一词可用形容词如差、好或优秀等来修饰。在质量管理过程中，“质量”的含义是广义的，除了产品质量，还包括工作质量。质量管理不仅要管好产品本身的质量，还要管好质量赖以产生和形成的工作质量，并以工作质量为重点。

二、商品质量

（一）商品质量的概念

商品质量（Merchandise Quality，MQ）的概念有狭义和广义之分。狭义的商品质量是指产品与其规定标准技术条件的符合程度，它以国家或国际有关法规、商品标准或订购合同中的有关规定作为最低技术条件，是商品质量的最低要求和合格的依据。广义的商品质量是指商品适合其用途所需的各种特性的综合及其满足消费者需求的程度，是市场商品质量的反映。它不仅指商品的各种特性能够满足需要，而且包括价格实惠、交货准时、服务周到等内容。

（二）商品质量的性质

1. 商品质量具有针对性

商品的质量是针对一定使用条件和一定的用途而言的。各种商品均需在一定使用条件和范围内按设计要求或食用要求合理使用。若超出它的使用条件，即使是优质品也很难反映出它的实际功能，甚至会完全丧失其使用价值。

2. 商品质量具有相对性

商品质量相对于同类商品（使用目的相同）的不同个体而言，是一个比较的范畴。对一般商品来说，可以通过简单的比较和识别来观察，而对某些商品则要有严格的质量指标规定。

3. 商品质量具有可变性

商品的特性会随着科技进步而发展，而且人们消费水平的提高和社会因素的变化，对商品质量也会不断提出新的要求；即使同一时期，因地点、地域、消费对象不同，对商品的要求也不一样；消费者职业、年龄、性别、经济条件、宗教信仰、文化修养、心理爱好等不同，对质量要求也不同。

（三）商品质量的综合体现

商品质量是一个综合性的概念，它涉及商品本身及商品流通过程中诸因素的影响。从现代市场观念来看，商品质量是内在质量、外观质量、社会质量和经济质量等方面内容的综合体现。

1. 商品的内在质量

商品的内在质量是指商品在生产过程中形成的商品本身固有的特性，包括商品的实用性能、可靠性、寿命、安全与卫生性等。它构成商品的实际物质效用，是最基本的质量要素。

2. 商品的外观质量

商品的外观质量主要指商品的外表形态，包括外观构造、质地、色彩、气味、手感、表面疵点和包装等，它已成为人们选择商品的重要依据。

3. 商品的社会质量

商品的社会质量是指商品满足全社会利益需要的程度，如是否违反社会道德，对环境造成污染，浪费有限资源和能源等。一种商品不管其技术如何进步，只要有碍于社会利益，就难以生存和发展。

4. 商品的经济质量

商品的经济质量是指人们按其真实的需要，希望以尽可能低的价格，获得尽可能优良性能的商品，并且在消费或使用中付出尽可能低的使用和维护成本，即物美价廉的统一程度。

商品的内在质量是由商品本身的自然属性决定的；商品的外观质量、社会质量和经济质量则是由商品的社会效应来决定的，它涉及诸多社会因素的影响。

三、保证和提高商品质量的意义

百年大计，质量为本，经济大战的最锐利武器就是质量。保证和提高商品质量，不但可以促进企业技术改造和经营实力提升，还对我国经济的顺利发展和人民生活水平的改善具有重要意义。

（一）保证和提高商品质量，有利于提高企业的效益和市场竞争力

保证和提高商品质量是提高企业效益的重要渠道之一。消费者购买的不是商品本身，而是商品所带来的利益，是商品的使用价值及其具体表现，即质量。商品质量好，表明商品性能好，

使用效率高，商品使用期限长，消费者可以从中获得更多的利益，其需求会得到充分的满足，从而增加商品的购买量，使商品市场扩大。反之，质量低劣的商品，如不合格产品或低等产品，消费者从中获得的利益少，则会逐渐失去消费者和市场，造成商品积压，给企业带来极大的损失。此外，商品质量好，废品少，在投入相同的情况下，质量越好，产能越大，可降低成本，增加盈利，这些都可以为企业带来可观的经济效益。

保证和提高商品质量有利于提高市场竞争力。现阶段市场的竞争，首先是质量的竞争。企业能否在竞争中生存、发展，关键要看商品能否满足消费者的利益，而商品质量直接决定消费者利益能否得到满足。因此，提高商品质量，有利于提高企业的知名度和美誉度，有利于提高商品的市场占有率和市场竞争力。

（二）保证和提高商品质量，有利于加速技术进步和管理创新

商品质量的提升有赖于先进的技术和科学合理的管理方法。因此，为了保证和提高商品质量，少投入、多产出，获得更多的经济效益，企业需要不断引进和开发新的技术以及管理方法。一方面，企业必须经常开展技术创新，进行技术改造，改进商品质量，不断应用和推广新技术、新工艺、新设备和新材料。另一方面，企业必须不断完善质量管理制度，建立起有权威、有效能、整体协调能力强的生产、销售指挥系统以及科学的质量保证体系和质量控制体系；以人为本，运用现代化管理手段，提高全体员工的素质，强化质量意识。通过生产技术和管理水平的改进，商品质量才可以得到有效的保证和提高。

（三）保证和提高商品质量，有利于满足消费者的需求，改善消费者的生活水平

质量是商品具有使用价值的保证。质量优良，物美价廉，可靠耐用，代表商品具有的使用价值高，能带给消费者更多的实际利益，真正符合消费者的需求。随着生产技术的发展，消费者生活水平的不断提高，消费者对商品在性能、外观、包装、服务等方面提出了更高的要求。商品质量特别是其社会质量的提高，有助于满足消费者日益增长的需求，不仅能使消费者物质生活条件得到改善，也会极大地丰富消费者的精神生活，使消费者生活水平得到根本的改善。

（四）保证和提高商品质量，有助于促进商品流通及保障商品有效供给

商品质量好，能够满足消费者的需求，消费者则愿意购买此种商品，其销量增加，商品流通顺畅，资金快速回收，有利于扩大商品生产及功能新奇、质量优良的新产品研发，形成良性循环。反之，商品质量差，不能满足消费者的需求，消费者不愿意购买，商品长期积压，造成流通不畅。因此，提高商品质量，加快销售速度，有助于促进商品的流通。

（五）保证和提高商品质量，有助于促进国民经济的发展

企业生产和销售质量优良的商品，市场竞争能力加强，因而能为企业创造良好的效益，繁荣商品市场。提高商品质量，降低成本是企业的生命。商品质量的提高需要大量具有专业素质的工作人员，这又从一定促进了教育和劳务市场的发展。此外，质量优良可以促使商品出口的数量和品种大幅增加，既可以获得更多的外汇收入，又可以赢得企业和国家的信誉。因此，保证和提高商品的质量，有助于完善市场体系，促进国民经济的发展。

任务二 商品质量的要求

一、商品质量的基本要求

商品质量的要求多种多样，是因为不同的使用目的（用途）会产生不同的使用要求（需要），即使对于同一用途的商品，不同的消费者也会提出不同的要求。商品质量可以概括为商品

的适用性、寿命、可靠性、安全性、经济性、艺术性六个方面。

（一）适用性

适用性是指满足商品主要用途所必须具备的性能，是为实现预定使用目的或规定用途，商品所必须具备的各种性能（或功能）。它是构成商品使用价值的基础。

（二）寿命

寿命通常指商品使用寿命，有时也包括储存寿命。使用寿命是指工业品商品在规定的使用条件下，保持正常使用性能的工作总时间。

（三）可靠性

可靠性是指商品在规定条件下和规定时间内，完成规定功能的能力。它是与商品在使用过程中的稳定性和无故障性联系在一起的一种质量特性，是评价机电类商品质量的重要指标之一。可靠性通常包括耐久性、易维修性和设计可靠性。

1. 耐久性

耐久性是指日用工业品在使用时抵抗各种因素对其破坏的性能，它是评价高档耐用商品的一个重要质量特性。

2. 易维修性

易维修性是指商品在发生故障后能被迅速修好恢复其功能的能力。商品是否容易维修与商品设计有关。设计中应尽量采用组合式或组件式商品结构，所用零部件要标准化、通用化、系列化，以便拆卸更换。此外还应该容易通过仪表式专用检具迅速诊断出故障部位。

3. 设计可靠性

为了避免使用者在操作上的过失和在规定的环境以外使用等用法错误导致商品出故障的可能性，一方面要求提高商品的易操作度（易使用度），使人为过失的可能性尽量减少；另一方面即使因人为过失或环境改变引起了故障，也要把可能遭受的损害控制在最低限度。设计上这两方面的要求就是设计可靠性。

（四）安全性

安全性是指商品在储存和使用过程中对环境无污染，对人体无损害的能力。环境要求包括两个方面：一方面要求商品在生产、流通直至消费以及废弃阶段，均不对社会和人类生存环境造成危害；另一方面要求提供能使商品正常发挥效用的环境条件，如规定的温度、电压等。

（五）经济性

经济性是指商品的生产者、经营者、消费者都能用尽可能少的费用获得较高的商品质量，从而使企业获得最大的经济效益，消费者也会感到物美价廉。经济性反映了商品合理的寿命周期费用及商品质量的最佳水平。

（六）艺术性

艺术性是指商品符合时代审美特点，具有一定的艺术创造性。如商品的形态、色泽、质地、结构、气味、味道等，能够满足人们审美的需要。现代社会人们对商品质量的追求已转向物质方面的使用价值与精神方面审美价值的高度统一。商品的艺术性与审美性已成为提高商品市场竞争能力的重要手段之一。

商品质量的各项基本要求，并不是独立的、静止的、绝对的，特别是对某种商品提出具体质量要求时，不仅要根据不同的用途进行具体分析，而且还必须与社会生产力的发展、国民经济水平以及人们消费习惯相适应。

二、主要大类商品质量的基本要求

（一）食品商品质量的基本要求

1. 食品的安全卫生性

食品的安全卫生性是食品的最基本的要求。食品的安全性以食品卫生为基础，食品安全性包括了卫生的基本含义，即“食品应当是无毒、无害”，是正常人在正常情况下摄入的可食状态下的食品，不会对人体造成危害。《中华人民共和国食品安全法》第十章附则第九十九条规定：“本法下列用语的含义：食品安全，指食品无毒、无害，符合应当有的营养要求，对人体健康不造成任何急性、亚急性或者慢性危害。”食品（食物）的种植、养殖、加工、包装、储藏、运输、销售、消费等活动符合国家强制标准和要求，不存在可能损害或威胁人体健康的有毒有害物质以导致消费者病亡或者危及消费者及其后代的隐患。该理念表明，食品安全既包括生产安全，也包括经营安全；既包括结果安全，也包括过程安全；既包括现实安全，也包括未来安全。

作为食品，卫生、无毒无害、无污染是最起码的条件。影响食品卫生的主要来源，有以下五个方面：食品自身产生的毒素；生物对食品的污染；加工中混入的毒素；保管不善产生的毒素；环境、化学品造成的污染。

2. 食品的营养价值

营养价值能给人体提供营养物质，这是一切食品的基本特征。食品的营养价值功能是提供人体维持生命活动的能源，保证健康，调节代谢以及延续生命。食品的营养价值是决定食品质量高低的重要依据，是评定食品质量优劣的关键指标。

食品营养价值通常指食品中的营养素与热能满足人体需要的程度，它包括营养素种类齐全、数量及其相互比例适宜，且易被人体所消化吸收及利用。一种食品营养价值高低主要取决于营养成分、可消化率和发热量三个因素。

（1）营养成分

它是指食品中所含蛋白质、脂肪、碳水化合物、维生素、矿物质及水分等。由于各营养成分各自起着它应有的作用，因此，人们可以从各种不同的食品中获得各种营养成分。

（2）可消化率

它是指食品在食用后，可能消化吸收的百分率。它反映了食品中营养成分被人体消化吸收的程度。食品中营养成分只有被人体消化吸收后，才能发挥其作用。营养学专家经过多年的研究、实践得出结论：动物性食品的营养价值高于植物性食品的营养价值。

（3）发热量

它是指食品的营养成分经人体消化吸收后在人体内产生的热量。它是评价食品营养价值最基本的综合性指标。

3. 食品的色、香、味、形

这是指食品的色泽、香气、滋味和外观形状。食品的色、香、味、形不仅能反映食品的新鲜度、成熟度、加工精度、品种风味及变质状况，也可直接影响人们对食品营养成分的消化和吸收。食品的色、香、味、形良好，还可以刺激人产生旺盛的食欲。许多食品的色、香、味、形还是重要的质量指标。例如，评价烟、酒、茶等商品的质量时，主要从色泽、香气、滋味等方面进行鉴定。不同食品的色、香、味、形，决定它本身的档次和等级。

（二）纺织品商品质量的基本要求

纺织品是人们日常生活中不可缺少的生活资料。随着社会的发展，纺织品的款式、品种日趋新颖、丰富，其功能已不再是简单的御寒遮体、维持生活，而是增加了对于舒适、卫生安全、美观、大方、流行、具有时代性等的要求。纺织品质量的基本要求有以下几方面：

1. 材料选择适宜性

纺织品的基本性能及外观特征，主要由其所用的纤维材料决定。不同种类的纤维，如棉、麻、毛、涤纶等，其织品的性能各不相同；即使同种纤维不同品质，其织品也各有特色。因此，纺织品用途不同，所选择的纤维的种类和品质也各不相同。

2. 组织结构合理性

纺织品组织结构主要包括织物组织、重量和厚度、紧度和密度、幅宽和匹长等。纺织品的组织结构影响着织物的外观和机械性能，如纺织品的厚度、紧度等可影响其透气性、保暖性、柔软性等。

3. 良好的机械性

纺织品的机械性能主要是指各种强度指标，主要包括断裂强度、断裂伸长度、撕裂强度、抗皱强度和抗磨强度等。它是衡量纺织品耐用性能的重要指标，另外，对织物的尺寸稳定性和手感及成品风格也有影响。

4. 良好的服用性

服用性是指纺织品要在穿用过程中舒适、美观、大方的性能。良好的服用性包括尺寸的稳定性，刚挺性、悬垂性、染色牢度等指标符合规定标准以及具有良好的吸湿性、透气性，不起毛起球，花型、色泽、线条图案大方富有特色等。

良好的服用性是纺织品具有使用价值的最基本的标准。各项服用性能指标的欠缺直接影响纺织品的舒适及美观。例如，纺织品缩水率较大，水洗后尺寸产生变化导致服装变形，不仅影响外观，还会影响穿着甚至丧失使用价值。

5. 外观的艺术性

艺术性是指纺织品所呈现的外观风格、色泽、花纹、图案等。随着人们生活水平的提高，人们对纺织品的外观艺术越来越重视。人们对于外观艺术性的判定是有差异性的，它一方面受社会发展总趋势、总潮流的影响，另一方面又受个人文化素质、个性爱好等因素的影响。因此，企业应该生产多品种、多花色的纺织品，以满足不同顾客的需求。

6. 功能性及工艺性

由于科学技术的进步，人们对纺织品功能的要求日益增多，除了遮体御寒及美化的功能，还渴望得到更多功能，如防水、防污、隔热等。

工艺性是指纺织品采用各种加工工艺的可能性。良好的工艺性要求纺织品在加工过程中必须方便裁剪缝制，易于洗涤、熨烫、定型，染色牢固等。

（三）日用工业品商品质量的基本要求

日用工业品包括的面很广，有玻璃制品、搪瓷器皿、铝制品、日用塑料制品、皮革制品、胶鞋、纸张、洗涤剂、化妆品、钟表、家具、电器、服装等，是人们生活中不可缺少的生活资料。因此，对日用工业品质量的基本要求是：适用性、耐用性、卫生性和安全性、外观美观性、结构合理性。

央视新闻：这些儿童服装甲醛严重超标

1. 适用性

适用性是指日用工业品满足主要用途所必须具备的性能或质量要求。不同商品的适用性各有不同要求，如保温瓶必须保温，洗涤剂必须去污，电冰箱必须制冷，钢笔必须书写流利，手表要求走时准确，雨鞋必须防水，化妆品对肌肤无刺激，服装、鞋帽要求保暖、透气、无毒等。即使同一类商品，由于品种不同，用途也各不相同。如印刷用纸对油墨应有良好的吸湿性，而包装用纸则要求有一定的厚度和机械强度。再如，玻璃制品中的茶杯，要求耐热性高；镜子要求反映影像逼真；化学仪器要求耐酸、碱性好。商品的多用性扩大了商品的适用范围。因此，适用性是构成商品使用价值的基本条件，也是评价日用工业品质量的重要指标。

2. 耐用性

耐用性是指日用工业品抵抗各种外界因素对其破坏的能力，它反映了日用工业品坚固耐用的程度和一定的使用期限、次数。例如，皮革、橡胶制品和某些纸张常用强度和耐磨耗等指标来评定其耐用性。电器开关可以开关多少次，手机电池可用多长时间，灯管在220伏电压下工作多少小时等，这些都是通过使用寿命来反映其耐用性。提高日用工业品的坚固耐用性，就能延长它的使用寿命，就等于不用额外消耗原料和劳动力，而提高了产品的质量。所以，耐用性是评价绝大多数日用工业品质量的主要依据。

随着生活节奏的加快，许多一次性日用工业品产生，如一次性纸杯、一次性桌布等。对此类商品的耐用性要求应有所变化，能够满足消费者一次性使用即可，不然就会造成原材料和劳动力的浪费。

3. 卫生性和安全性

卫生性是指日用工业品在使用时不能影响人体健康和人身安全的质量特性。对盛放食物的器皿、化妆品、玩具、太空杯、肥皂、牙膏及包装材料等商品应具有无毒无害性；各种家用电器不漏电、无辐射、安全可靠，在使用过程中不发生危险；玻璃器皿中有毒的重金属元素应在一定的标准内；儿童玩具除不含有害物质外还应符合机械性能标准并注明适用年龄。

如今人们的环保意识不断增强，为了保护地球环境，要求日用工业品不污染环境。例如，为了避免白色污染，应将塑料袋制成可降解型；洗衣粉中添加磷助剂会污染水环境，因此提倡企业生产无磷洗衣粉。

4. 外观美观性

日用工业品的外观，主要是指其表面特征。一方面包括商品的外观疵点，即影响商品外观或影响质量的表面缺陷；另一方面指商品的表面装饰，如造型、款式、色彩、花纹、图案等。对商品外观总的要求是式样大方新颖、造型美观、色彩适宜，具有艺术感和时代风格，并且应无严重影响外观质量的疵点。

5. 结构合理性

日用工业品的结构，主要是指其形状、大小和部件的装配要合理。若结构不合理，不仅影响其外观，而且直接影响其适用性和耐用性。例如，服装、鞋帽结构不当，不仅使人感到不舒服、不美观，而且无法穿戴，丧失了使用价值。对于那些起着美化装饰作用的日用工业品，它们的外观造型结构更具有特殊的意义。

任务三 影响商品质量的因素

商品质量受多方面因素的制约，既有生产环节的影响，也有流通环节和消费使用环节的影响。要保证和提高商品质量，重要的问题是找出影响商品质量的各种因素，特别是关键性因素，只有这样，才能确保商品质量。

一、生产过程中影响商品质量的因素

对于工业品来说，其生产过程中的市场调研、开发设计、原材料、生产工艺、成品检验与包装等环节都会影响其质量。来自农业、林业、牧业、渔业等产业的天然商品，其质量主要取决于品种选择、栽培和饲养方法、生产的自然环境和收获季节及方法等因素。

（一）市场调研

市场调研是商品开发设计的基础。在开发设计之前，首先要充分研究商品消费需求，因满足消费需求是商品质量的出发点和归宿；其次要研究影响商品消费需要的因素，使商品开发设计具有前瞻性；最后必须收集、分析与比较国内外同行业不同生产者的商品质量信息，总结以往成功和失败的经验，通过市场预测以确定何种质量等级、品种规格、数量、价格的商品才能适应目标市场需要。

（二）开发设计

开发设计是形成商品质量的前提，包括使用原材料配方、商品的结构原理、性能、外观结构及包装装潢设计等。如果开发设计质量不好，就会给商品质量留下许多后遗症；设计出了差错，制造工艺再高超、生产操作再精细，也生产不出合格的商品业。

（三）原材料

原材料是形成商品质量的物质基础，由于原材料的成分、结构、性质不同，决定着所形成的商品质量也不同。例如，以春茶为原料制出的绿茶和花茶有益的成分含量高，色、香、味好，而以老叶为原料制出的茶叶质量差；用牛、羊脂做的肥皂，去垢力强而且耐用；优质棉能纺出优质纱并织出优质棉布，制成的服装透气性、吸湿性更好。原材料本身的质量又受品种、成分、结构、性质、产区的自然条件及饲养或栽培方法等因素的影响。例如，植物性的原材料，因其品种，种植环境，气候条件，栽培技术等不同，造成原材料的质量也不尽相同。如莲子在我国许多地方均有生产，而质量最佳的是湖南产的湘莲，特别是湘莲中的白莲，为莲子中之极品。所以，选择确定原材料的化学成分和质量，就可以获得具备一定性质一定质量的商品。研究分析构成商品的原材料，便于了解商品的质量，并为采用代用品开辟原材料的来源，节约资源和合理使用原材料提供重要的依据。

（四）生产工艺

生产工艺主要是指产品在加工制造过程中的配方、操作规程、设备条件以及技术水平等。生产工艺是形成商品质量的关键，对商品质量起决定性作用。因为商品的各种有用性及外形和结构，都是在生产工艺过程中形成和固定下来的。生产工艺不但可以提高质量，也可以改变质量。在很多情况下，虽然采用的原材料相同，但因生产工艺和技术水平不同，不仅产品数量会有差异。质量方面也会相差悬殊。例如，电冰箱、录音机、电视机、手表等采用同样的材料和原件，由于装配、调试水平不同，会使它们的质量产生极大的差异，先进的生产工艺，能生产出优质产品，落后的生产工艺，则生产出劣质产品。

即使原材料的质量发生变化，如果进行必要处理，采取补救性工艺技术，也能改变因原材料质量变化而造成的对产品质量的影响。例如，猪皮毛孔较粗，影响制品的外观质量，如果采取补救性技术，就可以克服这种缺陷，提高猪皮的外观质量。在生产工艺过程中，对形成商品质量有重要影响的因素是配方、操作规程、设备条件和技术条件等。

（五）成品包装与检验

商品包装是构成商品质量的重要因素，良好合理的包装不但有利于流通过程中对商品的质量保护，而且有利于商品的销售与使用，提高竞争能力，增加商品的市场价值。

成品检验是根据商品标准和其他技术文件的规定，判断商品及其包装质量是否合格的工作。对大批量的商品来说，重要的质量特征、安全及外观项目通常要全部检验，其他项目可采用分批抽样或连续抽样的检验方法。对不合格返修的商品仍需重新检验。

二、流通过程中影响商品质量的因素

流通过程是指商品离开生产过程进入消费过程前的整个区间。商品在流通过程中，都要经过时间和空间的转移，商品的储存和运输是不可避免的。流通过程对商品质量的影响，主要体现在运输、储存、销售等方面。

（一）商品的运输与装卸

在商品流通过程中，商品的运输与装卸是影响商品质量的重要因素。商品运输对商品的影响，与路程的远近、运输时间的长短、运输线路、运输方式及运输工具等都有密切关系，同时还需考虑运输气候环境等外在条件对商品质量的间接影响。例如，一辆载有玻璃器皿的运输车辆从北方开往南方，其包装箱内的填充物为干草。由于南方气候潮湿，干草受潮后体积缩小，于是包装箱内空隙变大，导致玻璃器皿互相碰撞，破损率上升。以最少的环节、最近的路程、最短的时间为原则选择恰当的运输方式，合理地使用运输工具，安全地将商品运到目的地，是防止运输对商品质量造成不良影响的有效措施。

商品流通过程中，在装卸环节上，应做到轻拿轻放，不得随意倒置、抛掷、挤压、剧烈震动等。当前，不合理的装卸搬运方式已成为流通环节影响商品质量的一个重要因素。

（二）商品的储存与保养

商品储存是商品流通的一个重要环节。没有商品储存，就难以保证商品流通的正常运转。商品在储存期间的质量变化，与储存场所和方位、时间长短、储存措施与技术、商品存放数量等有关。例如：把葡萄酒横放在有控温、控湿的设备中，甚至保存于酒窖内，会延长或提升葡萄酒的质量及价值；而把葡萄酒曝露在强光或阳光下，并采用直立方式放置，则有可能导致其品质下降。

在储存过程中，储存环境对商品质量变化有重要影响，是商品发生质量变化的外因。通过一系列保养和维护储存商品质量的技术与措施，有效控制外界环境因素，可以减少或减缓外界因素对储存商品质量的不良影响。

（三）销售服务

服务质量是商品质量的延伸部分，服务质量水平的高低直接影响到商品使用价值的顺利实现和商品最终质量的保证。销售服务包括售前、售中、售后服务。售前服务包括入库储存、商品陈列等；售中服务包括提货搬运、运输装卸等；售后服务包括安装调试、维修保养、人员培训、技术咨询、零配件供应及“三包”服务等。商品销售服务中的技术咨询是指导消费者对复杂、耐用性新商品进行正确安装、使用和维护的有效措施。低水平的服务质量可能会导致消费者使用不当，损害商品，降低其使用价值。例如，某些服装不能机洗，如果销售人员没有对顾客特别提醒而导致顾客用洗衣机洗涤该服装，就会使服装变形、变色等。许多商品质量问题不是商品本身固有的，而往往是由于使用者缺乏商品知识或未遵照商品使用说明书的要求，进行了错误操作或不当操作所引起的。所以，良好的售前、售中、售后服务质量已被消费者视为商品质量的重要组成部分；企业通过特色服务提高商品的附加价值和商品质量，更好地满足消费者的质量需求。

三、使用过程中影响商品质量的因素

商品的使用对商品质量有直接影响。商品使用对商品的质量影响主要与商品使用与保养条件、商品安装及商品使用的方法等有关。例如，药品、农药、化肥、塑料制品的合理使用，机械商品、电器用品的安装，液化气灶具的操作规程，设备的安装环境，毛、丝类针纺织品的洗涤与保管等。

（一）使用范围和条件

任何商品都有一定的使用范围和使用条件，在使用过程中不能超出商品的使用范围界限并且要严格遵循商品的使用条件，只有这样才能发挥商品的正常功能，否则就会对商品质量造成严重的影响。例如，燃气热水器要区分交流电和直流电以及电源电压值，电脑要注意工作场所的温度、湿度等。

（二）使用方法和维护保养

正确使用和维护保养商品是保证商品质量、延长商品寿命的前提。消费者在使用商品的过程中应了解商品的结构、性能等特点，掌握正确的使用方法，并应具备一定的商品日常维护保养知识。例如，某些电子类机械应定期清洁，添加润滑油等；皮鞋、服装穿用时要避免坚硬物质摩擦或被坚硬物划破等。

商品在使用过程中如果方法不当，环境条件不利，违反了规定要求，不仅损坏了商品，降低了使用价值，而且有些能直接危及人身安全。例如，燃气热水器，若使用不当，会造成人身伤亡；农药敌百虫可以用于多种农作用防治病虫害，但如果用于高粱防虫，反而会造成药害。所以生产厂家要认真编制商品使用和养护说明书，采取多种形式向消费者宣传，传授使用和养护知识，设立必要的咨询中心、维修网点等，这些都是使用过程中保护商品质量的重要途径和措施。

案例学习

锦湖轮胎事件

2011年9月1日，经济学家贾康及家人驾车行驶中爆胎，致使车祸发生，造成贾康及家人受伤。2011年9月3日，贾康在医院病床上发微博，控诉锦湖轮胎，质疑因其质量问题导致车祸发生。

2011年中央电视台3·15晚会上锦湖轮胎被揭露在轮胎制造过程中存在严重的违规生产问题。为了保证轮胎品质，锦湖轮胎制订了严格的作业计划，然而在制造过程中，却大量添加返炼胶。至此，锦湖轮胎事件引起了社会的广泛关注。3月21日17时，锦湖轮胎全球总裁金宗镐、中国区总裁李汉燮通过央视《消费主张》栏目，面对镜头向广大消费者发布道歉声明，宣布召回所有违规产品。

该事件发生后，锦湖轮胎自身理应受到冲击，不过曝光的冲击波显然超出了锦湖的范围。根据目前掌握的情况，国内的奇瑞汽车、一汽大众、上海通用、哈飞汽车、华晨汽车、长城汽车等主流汽车企业均因使用了锦湖的配套轮胎卷入其中，涉及的车型包括捷达、速腾、雪佛兰景程、昌河利亚纳等上百款车型。与奇瑞汽车明确的“锦湖轮胎所占整车比例的10%”表态不同，在有多少数量的车型使用了锦湖轮胎的问题上，很多企业都是含糊其词、打太极。锦湖轮胎的销售渠道分为两种，一种是为整车企业的车型进行OEM配套，一种为消费者自己购买。据说，锦湖轮胎的销售渠道中为整车厂商配套的比例占到了80%左右。

锦湖轮胎出事后，有人说整车企业也是跟着吃苦瓜的，言语中透着无奈。其实不然，之所以有众多企业愿意使用锦湖轮胎，最根本的原因是看中了锦湖轮胎的低价格。从品牌上看，使用锦湖轮胎多为中低端的汽车品牌，能省则省是第一要务；从车价上看，锦湖轮胎所配套的车型大多在10万元上下，不少企业敢于大量使用看中的就是锦湖轮胎的低价格。应该讲，企业降低成本的经营理念才使得锦湖轮胎能够大行其道，从这点上，板子不应全部打在锦湖身上，整车企业也应担负相应的责任。

任务四　商品质量管理

一、商品质量管理的发展阶段

商品质量管理随商品生产而产生，并随商品经济的发展而发展变化。在不同的时期，对商品的质量管理有不同的方法。商品质量管理发展到今天，已经成为一门条理清楚、组织严密、有系统管理的质量管理科学。它的发展可分为下面几个阶段：

（一）质量检验阶段

20世纪初，人们对质量管理的理解还只限于质量的检验。质量检验所使用的手段是各种的检测设备和仪表，方式是严格把关，进行百分之百的检验。其间，美国出现了以泰罗为代表的“科学管理运动”。“科学管理”提出了在人员中进行科学分工的要求，并将计划职能与执行职能分开，中间再加一个检验环节，以便监督和检查对计划、设计、产品标准等项目的贯彻执行。这就是说，计划设计、生产操作、检查监督各有专人负责，从而产生了一支专职检查队伍，构成了一个专职的检查部门，这样，质量检验机构就被独立出来了。起初，人们非常强调工长在保证质量方面的作用，将质量管理的责任由操作者转移到工长，故被人称为“工长的质量管理”。后来，这一职能又由工长转移到专职检验人员，由专职检验部门实施质量检验，称为“检验员的质量管理”。

质量检验是在成品中挑出废品，以保证出厂产品质量。但这种事后检验把关，无法在生产过程中起到预防、控制的作用。废品已成事实，很难补救，且百分之百的检验，增加检验费用。生产规模进一步扩大，在大批量生产的情况下，其弊端就突显出来。一些著名统计学家和质量管理专家就注意到质量检验的问题，尝试运用数理统计学的原理来解决，使质量检验既经济又准确。

质量检验阶段的主要特点是：①主要科学主张是三权分立，即将生产、标准的制定与产品的检验三种职能分离出来，单独设立，各司其职。②主要特点是事后检验。质量管理对象仅限于商品本身的质量，质量管理领域局限于生产制造过程，是一种消极防范型质量管理。③主要缺陷是浪费较大，不经济；质量责任不清晰；不能明确质量问题的产生原因，无法采取有针对性的措施解决质量问题。

（二）统计质量管理阶段

这一阶段的特征是数理统计方法与质量管理的结合。第一次世界大战后期，为了在短时期内解决美国300万参战士兵的军装规格，美国的休哈特建议将军装按十种规格的不同尺寸加工不同的数量，美国国防部采纳了他的建议，结果，制成的军装基本符合士兵体裁的要求。

后来休哈特又将数理统计的原理运用到质量管理中来，并发明了控制图。他认为质量管理不仅要搞事后检验，而且在发现有废品生产的先兆时就应进行分析改进，从而预防废品的产生。控制图就是运用数理统计原理进行这种预防的工具。因此，控制图的出现，是质量管理从单纯事后检验转入检验加预防的标志，也是形成一门独立学科的开始。第一本正式出版的质量管理科学专著就是1931年休哈特的《产品生产的质量经济控制》。

在休哈特创造控制图以后，他的同事道奇和罗米克在1929年发表了《挑选型抽样检查法》，他们都是最早将数理统计方法引入质量管理的，为质量管理科学做出了贡献。然而，休哈特等人的创见，除了他们所在的贝尔系统，只有少数美国企业开始采用，特别是由于资本主义的工业生产受到了20年代开始的经济危机的严重影响，先进的质量管理思想和方法没有能够广泛推广。第二次世界大战开始以后，统计质量管理才得到了广泛应用，这是由于战争的需要。美国军工生产急剧发展，尽管大量增加检验人员，产品积压待检的情况仍然日趋严重，有时又不得不进行无科学根据的检查，结果不仅废品损失惊人，而且在战场上经常发生武器弹药的质量事故，比如炮弹炸膛事件等，对士气产生极坏的影响。在这种情况下，美国军政部门随即组织一批专家和工程技术人员，于1941至1942年间先后制定并公布了Z1.1《质量管理指南》、Z1.2《数据分析用控制图》、Z1.3《生产过程中质量管理控制图法》，强制生产武器弹药的厂商推行，并收到了显著效果。从此，统计质量管理的方法才得到很多厂商的应用，统计质量管理的效果也得到了广泛的承认。

第二次世界大战结束后，美国许多企业扩大了生产规模，除原来生产军火的工厂继续推行质量管理方法以外，许多民用工业也纷纷采用这一方法，美国以外的许多国家，如加拿大、法国、德国、意大利、墨西哥、日本也都陆续推行了统计质量管理，并取得了成效。但是，统计质量管理也存在着缺陷，它过分强调质量控制的统计方法，使人们误认为“质量管理就是统计方法”“质量管理是统计专家的事”，使多数人感到高不可攀、望而生畏。同时，它对质量的控制和管理只局限于制造和检验部门，忽视了其他部门的工作对质量的影响，这样，就不能充分发挥各个部门和广大员工的积极性，制约了它的推广和运用。这些问题的解决，又把质量管理推进到一个新的阶段。

统计质量管理阶段的主要特点是：①主要科学主张是“事先控制，预防废品”，即按照商品标准，运用数理统计原理在从设计到制造的生产工序间进行质量控制，预防产生不合格产品。②主要数理统计工具为质量控制图和抽样检验法及抽样检验表。③质量管理对象包括产品质量和工序质量。依靠生产过程上的质量控制，把质量问题消灭在生产过程中，起到预防管理作用。④主要缺陷是没有让全体员工参与到质量管理中去，让人误以为质量管理仅仅是数理统计专家的事。

（三）全面质量管理阶段

20 世纪 50 年代以来，生产力迅速发展，科学技术日新月异，出现了很多新情况。主要有以下两个方面：

一是科学技术和工业生产的发展，对质量要求越来越高。50 年代以来，火箭、宇宙飞船、人造卫星等大型、精密、复杂的产品出现，对产品的安全性、可靠性、经济性等要求越来越高，质量问题就更为突出，要求人们运用“系统工程”的概念，把质量问题作为一个有机整体加以综合分析研究，实施全员、全过程、全企业的管理。

二是 60 年代在管理理论上出现了“行为科学论”，主张改善人际关系，调动人的积极性，突出“人的因素”，注重人在管理中的作用。随着市场竞争，尤其是国际市场竞争的加剧，各国企业都很重视“产品责任”和“质量保证”问题，加强内部质量管理，确保生产的产品使用安全、可靠。

由于上述情况的出现，显然仅仅依靠质量检验和运用统计方法已难以保证和提高产品质量，促使“全面质量管理”的理论逐步形成。最早提出全面质量管理概念的是美国通用电气公司质量经理阿曼德·费根堡姆。1961 年，他发表了一本著作《全面质量管理》。该书强调执行质量职能是公司全体人员的责任，他提出：“全面质量管理是为了能够在最经济的水平上并考虑到充分满足用户要求的条件下进行市场研究、设计、生产和服务，把企业各部门的研制质量、维持质量和提高质量活动构成为一体的有效体系。”

60 年代以来，费根堡姆的全面质量管理概念逐步被世界各国所接受，在运用时各有所长，在日本叫全公司的质量管理（CWQC），我国自 1978 年推行全面质量管理（简称 TQC）以来，在实践上、理论上都有所发展，也有待于进一步探索、总结、提高。

全面质量管理阶段的理论和方法，并不是全面否定前面两个阶段的传统质量管理，而是继承了传统质量管理方法，并从深度和广度上向前发展。这个发展主要表现在一个“全”字上，故称全面质量管理。

全面质量管理阶段的时间从 20 世纪 60 年代至今。其主要科学主张是：质量管理需要一系列的组织管理工作；企业的质量管理活动必须对质量、价格、交货期和服务进行综合考虑，而不仅仅是只考虑质量；质量管理必须是全过程的管理；产品质量必须同成本联系起来考虑，离开了经济性来谈产品质量是没有什么意义的。其理念是：全面质量管理是一个组织以质量为中心，以全员参与为基础，目的在于通过让顾客满意和本组织所有成员及社会受益而达到长期成功的管理途径。其主要特点是：科学性、全员性、全过程性、全面性。

二、质量管理的基本方法

纽约市公园及娱乐局实施“全面质量管理”技术

（一）PDCA 循环

1. PDCA 循环的基本内涵

PDCA 循环是由美国的休哈特首先提出的，后由戴明采纳、宣传，获得普及，所以又称戴明循环。PDCA 循环的研究起源于 20 世纪 20 年代，休哈特在当时引入了“计划—执行—检查（Plan - Do - See）”的雏形，后来戴明将休哈特的 PDS 循环进一步完善，发展成为“计划—执行—检查—处理（Plan - Do - Check/Study - Act）”这样一个质量持续改进模型。全面质量管理的思想基础和方法依据就是 PDCA 循环。PDCA 循环的含义是将质量管理分为四个阶段，即 Plan（计划）、Do（执行）、Check（检查）和 Action（处理）。在质量管理活动中，要求把各项工作按照作出计划、计划实施、检查实施效果来进行，然后将成功的纳入标准，不成功的留待下一循环去解决。这一工作方法是质量管理的基本方法，也是企业管理各项工作的一般规律。

2. PDCA 循环的步骤

（1）P（Plan）——计划

通过集体讨论或个人思考确定某一行动或某一系列行动的方案，包括 5W1H；即根据顾客的要求和组织的方针，为提供结果而建立必要的目标和过程。

步骤一：选择课题

新产品设计开发所选择的课题范围应是以满足市场需求为前提、以企业获利为目标的，同时也需要根据企业的资源、技术等能力来确定开发方向。

课题是研究活动的切入点。课题的选择很重要，如果不进行市场调研，论证课题的可行性，就可能带来决策上的失误，有可能在投入大量人力、物力后造成设计开发的失败。比如：一个企业如果对市场发展动态信息缺少灵敏性，可能花大力气开发的新产品，然而在另一个企业这个新产品已经是普通产品，这样就会造成人力、物力、财力的浪费。选择一个合理的课题可以减少研发的失败率，降低新产品投资的风险。选择课题时可以使用调查表、排列图、水平对比等方法，使头脑风暴能够结构化呈现较直观的信息，从而做出合理决策。

步骤二：设定目标

明确了研究活动的主题后，需要设定一个活动目标，也就是规定活动所要做的内容和达到的标准。目标可以是定性 + 定量化的，能够用数量来表示的指标要尽可能量化，不能用数量来表示的指标也要明确。目标是用来衡量活动效果的指标，所以设定应该有依据，要通过充分的现状调查和比较来获得。例如，一种新药的开发必须掌握政府部门所制定的新药审批政策和标准。制定目标时可以使用关联图、因果图来系统化地揭示各种可能之间的联系，同时使用甘特图来制订计划时间表，从而可以确定研究进度并进行有效的控制。

步骤三：提出各种方案并确定最佳方案

创新并非单纯指发明创造的创新产品，还可以包括产品革新、产品改进和产品仿制等。其过程就是设立假说，然后去验证假说，目的是从影响产品特性的一些因素中去寻找出好的原料搭配、好的工艺参数搭配和工艺路线。然而现实条件中不可能把所有想到的试验方案都进行实施，所以提出各种方案后优选并确定出最佳的方案是较有效率的方法。

对于筛选出所需要的最佳方案，统计质量工具能够发挥较好的作用，正交试验设计法、矩阵图都是进行多方案设计中效率高、效果好的工具方法。

步骤四：制定对策

有了好的方案，其中的细节也不能忽视。计划的内容如何完成好，需要将方案步骤具体化，逐一制定对策，明确回答出方案中的“5W1H”即：为什么制定该措施（Why）？达到什么目标（What）？在何处执行（Where）？由谁负责完成（Who）？什么时间完成（When）？如何完成（How）？使用过程决策程序图或流程图，方案的具体实施步骤将会得到分解。

（2）D（Do）——执行人执行

按照计划去做，落实计划；即按照预定的计划，在实施的基础上，努力实现预期目标的过程。

步骤五：实施对策

对策制定完成后就进入了试验、验证阶段，也就是做的阶段。在这一阶段除了按计划和方案实施，还必须要对过程进行测量，确保工作能够按计划进度实施。同时建立数据采集过程的原始记录和数据等项目文档。

（3）C（Check）——检查或研究执行人的执行情况

比如到计划执行过程中的“控制点”“管理点”去收集信息，“计划执行的怎么样？有没有达到预期的效果或要求”？找出问题，即确认实施方案是否达到了目标。

步骤六：效果检查

方案是否有效、目标是否完成，需要进行效果检查后才能得出结论。将采取的对策进行确认后，对采集到的证据进行总结分析，把完成情况同目标值进行比较，看是否达到了预定的目标。如果没有出现预期的结果时，应该确认是否严格按照计划实施对策，如果是，就意味着对策失败，就要重新进行最佳方案的确定。

（4）A（Action）——效果

对检查的结果进行处理、认可或否定。成功的经验要加以肯定，或者模式化或者标准化以适当推广；失败的教训要加以总结，以免重现。这一轮未解决的问题放到下一个 PDCA 循环。

步骤七：标准化

对已被证明的有成效的措施，要进行标准化，制定成工作标准，以便以后的执行和推广。

步骤八：问题总结

对于方案效果不显著的或者实施过程中出现的问题，进行总结，为开展新一轮的 PDCA 循环提供依据。例如：设计一个新型红外滤光膜，完成一轮循环后，进行效果检查时发现其中一项的光学性能指标未达到标准要求，总结经验后进入第二轮 PDCA 循环，按计划重新实施后达到了目标值。PDCA 循环的步骤和方法见表 6－1 与图 6－1。

表 6－1　PDCA 循环的步骤和方法

阶段	步骤	主要办法
P	1. 分析现状，找出问题	排列图、直方图、控制图
	2. 分析各种影响因素	因果图
	3. 找出主要影响因素	排列图，相关图
	4. 针对主要影响因素，制定措施计划	回答“5W1H” 为什么制定该措施（Why）？ 达到什么目标（What）？ 在何处执行（Where）？ 由谁负责完成（Who）？ 什么时间完成（When）？ 如何完成（How）？
D	5. 执行、实施计划	
C	6. 检查计划执行结果	排列图、直方图、控制图

续表

阶段	步骤	主要办法
A	7. 总结成功经验，制定相应标准	制定或修改工作规程、检查规程及其他有关规章制度
	8. 把未解决或新出现的问题转入下一个 PDCA 循环	

3. PDCA 循环的特点

（1）大环套小环，小环保大环，推动大循环（见图 6－2）

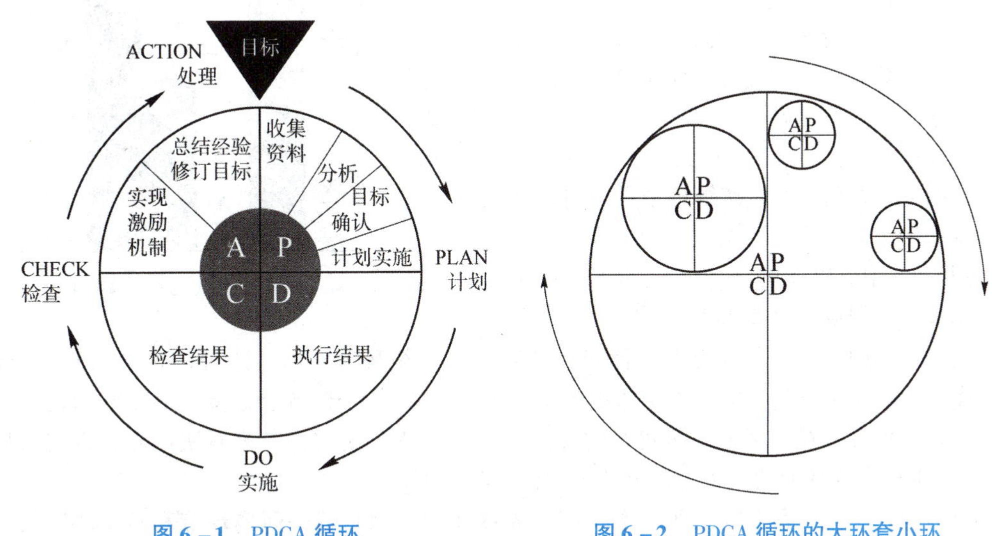

图 6－1　PDCA 循环　　　　图 6－2　PDCA 循环的大环套小环

PDCA 循环作为质量管理的基本方法，不仅适用于整个工程项目，也适用于整个企业和企业内的科室、工段、班组以至个人。各级部门根据企业的方针目标，都有自己的 PDCA 循环，层层循环，形成大环套小环，小环里面又套更小的环。大环是小环的母体和依据，小环是大环的分解和保证。各级部门的小环都围绕着企业的总目标朝着同一方向转动，通过循环把企业上下或工程项目的各项工作有机地联系起来，彼此协同，互相促进。

（2）不断前进、不断提高，门路式上升（见图 6－3）

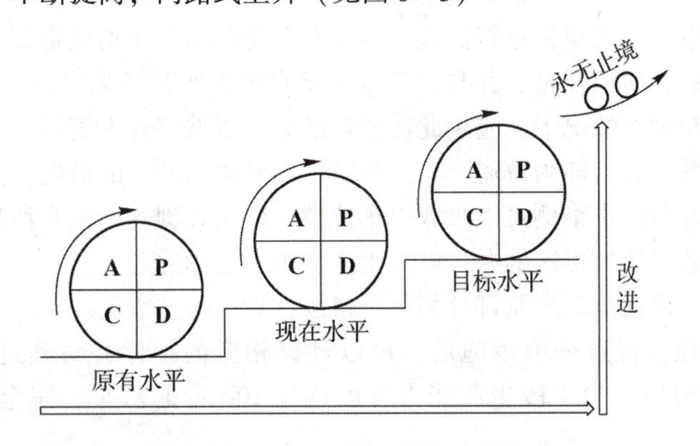

图 6－3　PDCA 循环的门路式上升

PDCA 循环就像爬楼梯一样，一个循环运转结束，生产的质量就会提高一步，然后再制定下一个循环，再运转、再提高，不断前进，不断提高。

PDCA 循环不是在同一水平上循环，每循环一次，就解决一部分问题，取得一部分成果，工作就前进一步，水平就进步一步。每通过一次 PDCA 循环，都要进行总结，提出新目标，再进行第二次 PDCA 循环，使品质治理的车轮滚滚向前。PDCA 每循环一次，品质水平和治理水平均进步一步。

4. PDCA 循环应用案例——PDCA 循环在生产管理中的应用

工段（车间）的生产能力，是在计算设备生产能力的基础上确定的（当工段或车间的生产能力取决于设备组的生产能力时），根据车间实际情况的不同，生产能力的计算有相当的变数，因此也就具有一定的难度，而用 PDCA 循环就能很好地解决这个问题。

下面以平衡某一机械加工工段生产能力的案例来说明 PDCA 循环在生产管理中是如何应用的，机械加工工段生产能力见图 6－4。

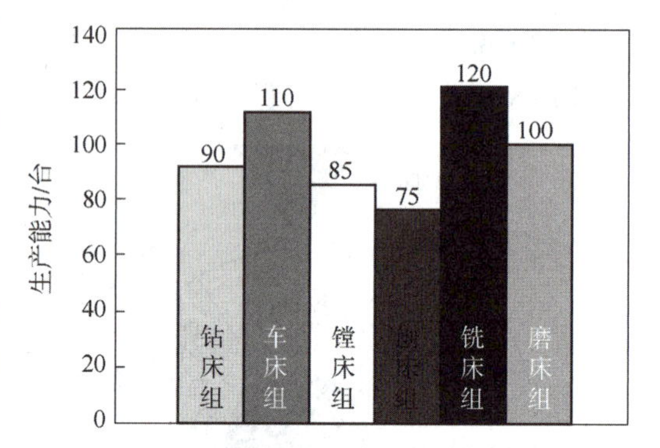

图 6－4 机械加工工段生产能力

从图 6－4 中可以看出，6 个设备组的生产能力是不相等的。假设本月要求生产 100 台，则可以发现钻、镗和刨床组为薄弱环节，而车、铣床组为富裕环节。根据水桶理论，工段（车间）的生产能力取决于最低的要素，即刨床组的生产能力，只能生产 75 台。要完成 100 台的生产任务，就需要增加设备补充不足。而我们的设想是不增加或少增加设备来解决问题，因此可以用 PDCA 循环进行分析从而找到相应的办法。具体步骤如下：

①分析现状，找出存在的问题。本案例主要存在的问题是解决薄弱环节和富裕环节的均衡问题，从而在内部挖潜上扩大生产能力。

②分析产生问题的各种原因或影响因素。通常是以主要设备组的生产能力作为综合平衡的依据。而各生产组的生产能力，一般是不相等的，也就是说存在不均衡问题。

③找出主要影响因素。钻、镗和刨床组的薄弱环节问题就是主要影响因素。

④制定解决措施。确定工段（车间）生产能力时，要进行综合平衡工作。比如可以用生产任务与生产能力比较进行综合平衡，其主要方法有两种：一是以实物单位进行比较，即将生产任务中各种产品产量折合为以代表产品或重量单位表示的计划产量后，与以同样单位表示的生产能力进行比较；二是以台时为单位进行比较，即根据单位产品台时消耗定额，计算出为完成生产任务所需的分设备组的台时消耗量，并与设备组的年有效工作时间数进行比较。在多产品生产，产品结构、工艺又不相似的情况下，应用此法比较准确。根据综合平衡后的结果来确定生产能力的充足与否，其不足的设备组即为薄弱环节。要制定消除薄弱环节的措施，应尽可能利用富裕环节的能力来补偿薄弱环节。本案例可以采取以车代镗、以铣代刨的办法来消除薄弱环节，对钻床组则可以采取技术革新或增加班次的办法解决生产能力不足的问题。

⑤执行措施计划。根据措施来制订计划并严格按计划执行并落实。

⑥调查和评价阶段。经过采取措施后，可以计算相应的指标并对其进行分析，如果符合预计的指标参数，则可以认为工段生产能力可以达到 100 台的水平，完全可以解决生产中的问题。

⑦将工作结果标准化、制度化。

⑧提出尚未解决的问题并进行新的 PDCA 循环。

（二）散布图

做事有方法管理有套路——PDCA 循环浅析

1. 散布图的基本内涵

散布图是用非数学的方式来辨认某现象的测量值与可能原因因素之间的关系。这种图示方式具有快捷、易于交流和易于理解的特点。用来绘制散布图的数据必须是成对的（x，y）。通常用垂直轴表示现象测量值 y，用水平轴表示可能有关系的原因因素 x。推荐两轴的交点采用两个数据集（现象测量值集，原因因素集）的平均值。收集现象测量值时要排除其他可能影响该现象的因素。例如，测量机器制产品的表面品质时，也要考虑到其他可能影响表面品质的因素，如进给速度、刀具状态等。

散布图又叫相关图，它是将两个可能相关的变数资料用点画在坐标图上，判断成对的资料之间是否有相关性。这种成对的资料或许是特性—原因，特性—特性—原因的关系。通过对其观察分析，来判断两个变数之间的相关关系。这种生产中也是常见的，例如热处理时淬火温度与工件硬度之间的关系，某种元素在材料中的含量与材料强度的关系等。这种关系虽然存在，但又难以用精确的公式表示，在这种情况下用相关图来分析就是很方便的。在我们的生活及工作中，许多现象和原因，有些成规则的关联，有些成不规则关联。我们要了解它，就可借助散布图统计手法来判断它们之间的相关关系。

2. 散布图的类型

根据两个变量 x，y 之间的不同关系所绘制成的散布图的形状有多种多样，但归纳起来，主要有下面几种形式，见图 6－5。

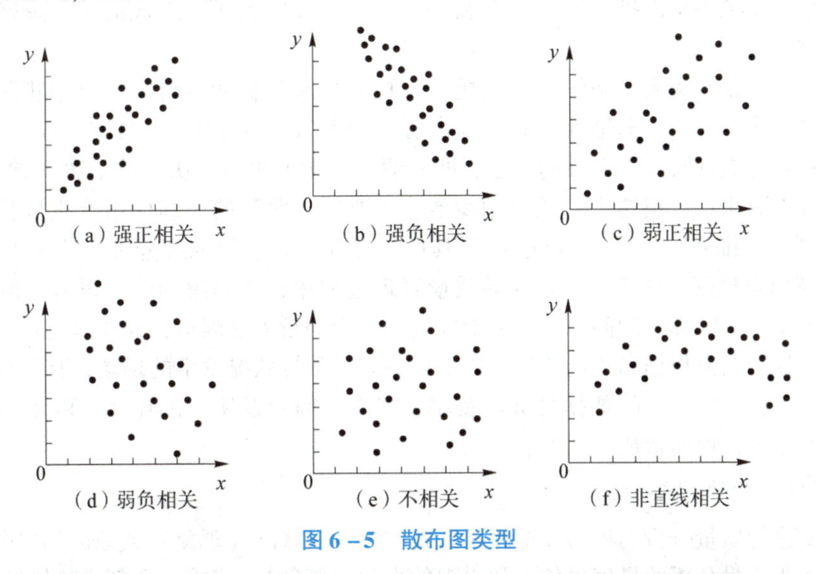

图 6－5　散布图类型

①当变量 x 增大时，变量 y 随之显著地增大。x 与 y 之间的这种关系称为强正相关，见图 6－5（a）。

②当变量 x 增大时，变量 y 随之显著地减小。x 与 y 之间的这种关系称为强负相关，见图 6－5（b）。

③当变量 x 增大时，变量 y 也随之增大，但不明显。x 与 y 之间的这种关系称为弱正相关，见图 6－5（c）。

④当变量 x 增大时，变量 y 随之减小，但不明显。x 与 y 之间的这种关系称为弱负相关，见图 6－5（d）。

⑤当变量 x 增大时，看不出变量随之增大还是随之减小的任何趋势。x 与 y 之间的这种关系称为不相关，见图6－5（e）。

⑥当变量 x 增大时，变量 y 先随之增大，当增大到某个界限值之后，y 又随之减小。x 与 y 之间的这种关系称为曲线相关或非直线相关，见图6－5（f）。

研究散布图的类型时，还需注意下面几种情况：

第一，观察有无异常点，即偏离集体很远的点。如有异常点，必须查明原因。如果经分析得知是由于不正常的条件或测试错误所造成，就应将它们剔除。对于那些找不出原因的异常点，应慎重对待。

第二，观察是否有分层的必要。如果用受到两种或两种以上因素影响的数据绘制散布图，那么有可能出现下面这种情况：就散布图的整体来看似乎不相关，但是，如分层观察，发现又存在相关关系；反之，就散布图整体来看似乎存在相关关系。因此，绘制散布图时，要区分不同条件下的数据，并且要用不同记号或颜色来表示分层数据所代表的点。

第三，假相关。在质量管理中，有时会遇到这样的情况：从技术上看，两个变量之间不存在相关关系，但根据所采集到的对应数据绘制成的散布图，却明显地呈现相关关系，这种现象称为假相关。假相关现象可能是结果（或特性）与所列的原因（或特性）之外的因素相关而引起的。因此，在进行相关分析时，除观察散布图之外，还要进行技术探讨，以免把假相关当作真相关。

（三）排列图

1. 排列图的基本内涵

排列图是为寻找主要问题或影响质量的主要原因所使用的图。它是由两个纵坐标、一个横坐标、几个按高低顺序依次排列的长方形和一条累计百分比折线所组成的图，排列图又称帕累托（柏拉）图。

排列图最早是由意大利经济学家帕累托（柏拉）用来分析社会财富的分布状况。他发现少数人占有着绝大多数财富，而绝大多数人却占有少量财富且处于贫困的状态。这种少数人占有着绝大多数财富左右社会经济发展的现象，即所谓“关键的少数、次要的多数”的关系。后来，美国质量管理专家朱兰，把这个“关键的少数、次要的多数”的原理应用于质量管理中，便成为常用方法之一（排列图），并广泛应用于其他的专业管理。目前在仓库、物资管理中常用的ABC分析法就出自排列图的原理。在商品质量管理过程中，要解决的问题很多，但往往不知从哪里着手，但事实上大部分的问题，只要能找出几个影响较大的因素，并加以处置及控制，就可以解决问题。排列图是根据归集的资料，以不良原因、不良状况发生的现象，有系统地加以分层归类，计算出各层别所产生的数据（如不良率、损失金额）及所占的比例，再依照大小顺序依次排列并进行累加计值而形成的图形。

2. 排列图分析的步骤

①选择要进行质量分析的项目，即将要处置的事，以状况（现象）或原因加以分层归类。

②选择用于质量分析的量度单位，如出现的次数（频数）、成本、金额或其他量度单位。

③选择进行质量分析的数据的时间间隔。

④画横坐标。按项目频数递减的顺序自左至右在横坐标上列出项目。

⑤画纵坐标。在横坐标的两端画两个纵坐标，左边的纵坐标按量度单位规定，其高度必须与所有项目的量值和相等，右边的纵坐标应与左边纵坐标等高，并从0至100%进行标定。

⑥在每个项目上画长方形，其高度表示该项目量度单位的量值，长方形显示出每个项目的作用大小。

⑦由左到右累加每一项目的量值（以百分比表示），并画出累计频数曲线（帕累托曲线），用来表示各项目的累计作用。

⑧利用排列图确定对质量改进最为重要的项目。

如：对某产品检查了7批，将检查的情况汇总成表，并在此基础上作成排列图，不合格原因调查详见表6－2，频数频率分布详见表6－3，排列图详见图6－6。

表6－2　不合格原因调查表

批号	检查数	不合格品数	不合格原因					
			操作	工具	设备	工艺	材料	其他
1	4 573	16	7	0	6	3	0	0
2	9 450	88	36	16	8	14	0	14
3	4 895	71	25	21	11	4	0	10
4	5 076	12	9	0	3	0	0	0
5	5 012	17	13	1	1	1	1	0
6	4 908	23	9	5	6	1	0	2
7	4 839	19	6	13	0	0	0	0

表6－3　频数频率分布表

原因	频数	频率	累计频率
操作	105	0. 427	0. 427
工具	56	0. 228	0. 655
设备	35	0. 142	0. 797
工艺	23	0. 093	0. 890
材料	1	0. 004	0. 894
其他	26	0. 106	1. 000
合计	246	1. 000	

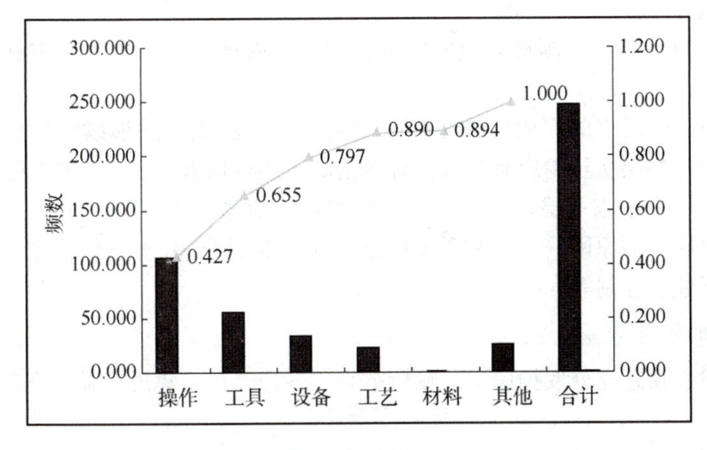

图6－6　排列图

（四）因果图

1. 因果图的基本内涵

所谓因果图，又叫特性要因图、石川图、鱼骨图，表示质量特性波动与其潜在原因的关系，即以图表达结果（特性）与原因（要因）之间的关系。

因果图是由日本管理大师石川馨先生发明出来的，故又名石川图。它是一种发现问题“根本原因”的方法，所以称为因果图。

问题的特性总是受到一些因素的影响，我们通过头脑风暴找出这些因素，并将它们与特性值一起，按相互关联性整理而成的层次分明、条理清楚，并标出重要因素的图形就叫特性要因图。因其形状如鱼骨，所以又叫鱼骨图。因果图用在生产中，来形象地表示生产车间的流程。

2. 因果图（见图6－7）的应用程序

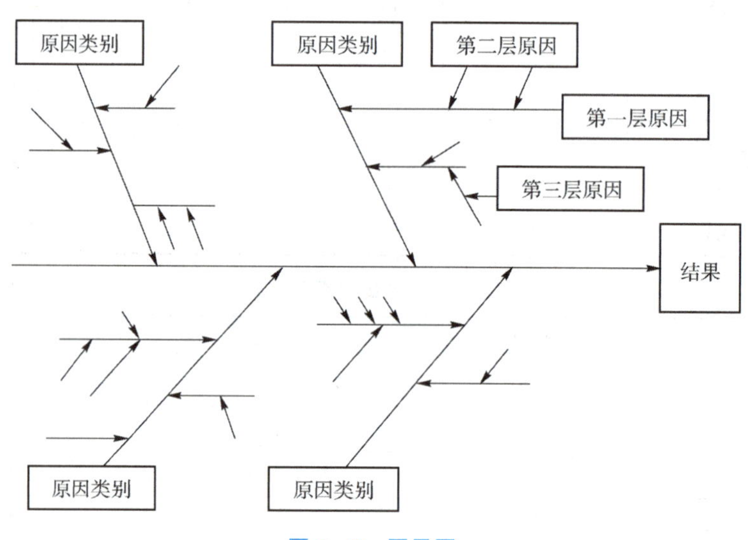

图6－7　因果图

①简明扼要地规定结果，即规定需要解决的质量问题。

②规定可能发生的原因的主要类别。这时要考虑的类别因素主要有人员、机器设备、材料、方法、测量和环境等，称之为“5MIE”。

③开始画图，把“结果”画在右边的矩形框中，然后把各类主要原因放在它的左边，作为“结果”框的输入。

④寻找所有下一个层次的原因，画在相应的主（因）枝上，并继续一层层地展开下去。一张完整的因果图展开的层次至少应有2层，许多情况下还可以有3层、4层或更多层。

⑤从最高层次（即最末一层）的原因（末端因素）中选取和识别少量（一般为3～5个）看起来对结果有最大影响的原因（一般称重要因素，简称要因），并对它们作进一步的研究，如收集资料、论证、试验、控制等。

3. 画因果图的注意事项

①画因果图时必须开充分发扬民主，畅所欲言，各抒己见，集思广益，把每个人的意见都一一记录在图上。

②确定要分析的主要质量问题（特性）。因果图是只能用于单一目的的研究分析工具，即一个主要质量问题只能画一张因果图，多个主要质量问题则应画多张因果图。

③因果关系要层次分明，最高层次关系的原因就寻求到可以直接采取具体措施为止。

④“要因”一定要确定在末端因素上。

因果图应用案例详见图6－8。

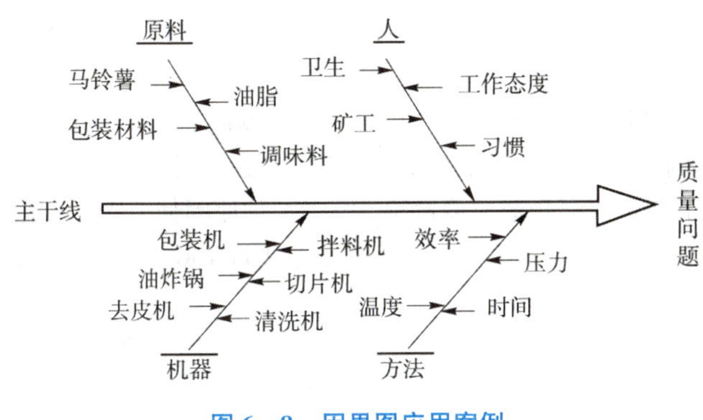

图 6－8 因果图应用案例

因果图应用案例

（五）直方图

1. 直方图的基本内涵

直方图又称柱状图，是指从总体中随机抽取样本，将从样本中获得的数据进行整理，从而找出数据变化的规律，以便测量商品质量的好坏。通过直方图来分析质量状况，一方面可观察直方图的形状判断总体（如生产过程）的正常或异常，进而寻找异常的原因；另一方面可与质量标准（公差）比较，判定生产过程中的质量情况。当出现异常情况时，应立即采取措施，预防不合格品的产生。

2. 直方图的绘制方法

①集中和记录数据，求出其最大值和最小值。数据的数量应在 100 个以上，在数量不多的情况下，至少也应在 50 个以上。我们把分成组的个数称为组数，每一个组的两个端点的差称为组距。

②将数据分成若干组，并做好记号。分组的数量在 5 ~ 12 较为适宜。

③计算组距的宽度。用最大值和最小值之差去除组数，求出组距的宽度。

④计算各组的界限位。各组的界限位可以从第一组开始依次计算。第一组的下界为最小值减去最小测定单位的一半，第一组的上界为其下界值加上组距；第二组的下界限位为第一组的上界限值，第二组的下界限值加上组距，就是第二组的上界限位。依此类推。

⑤统计各组数据出现的频数，作频数分布表。

⑥作直方图。以组距为底长，以频数为高，作各组的矩形图。

3. 直方图的分布

正常生产条件下计量的质量特性值的分布大多为正态分布，从中获得的数据的直方图为中间高、两边低、左右基本对称的正态型直方图。但在实际问题中还会出现另一些形状的直方图，分析出现这些图形的原因，便于采取对策，改进质量。常见的直方图形态见图 6－9。

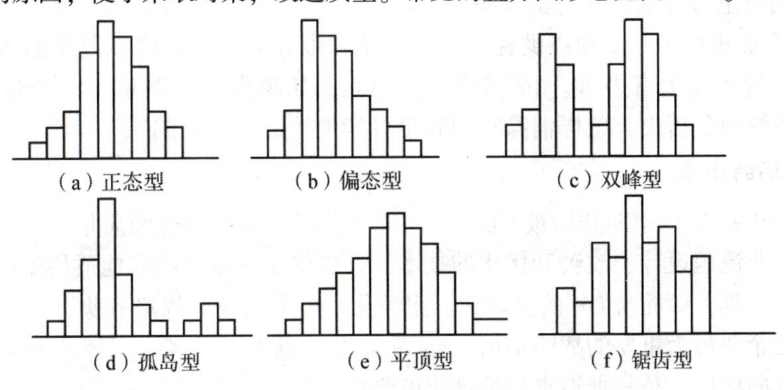

图 6－9 直方图形态

①正态型（a）。正态型是指过程处于稳定的图形，它的形状是中间高、两边低、左右近似对称。近似是指直方图多少有点参差不齐，主要看整体形状。

②偏态型（b）。偏态型直方图是指图的顶峰有时偏向左侧、有时偏向右侧的形态。由于某种原因使下限受到限制时，容易发生偏左型。如，用标准值控制下限、摆差等形位公差、不纯成分接近于0、疵点数接近于0或由于工作习惯都会造成偏左型。由于某种原因使上限受到限制时，容易发生偏右型。如用标准尺控制上限、精度接近100%、合格率也接近100%或由于工作习惯都会造成偏右型。

③双峰型（c）。直方图中出现了两个峰，这是由于观测值来自两个总体、两个分布的数据混合在一起造成的。如两种有一定差别的原料所生产的产品混合在一起，或者就是两种产品混在一起，此时应当加以分层。

④孤岛型（d）。在直方图旁边有孤立的小岛出现，当这种情况出现时说明过程中有异常原因。如原料发生变化、不熟练的新工人替人加班、测量有误等，都会造成孤岛型分布，应及时查明原因、采取措施。

⑤平顶型（e）。直方图没有突出的顶峰，呈平顶形。形成这种情况一般有三种原因：与双峰型类似，由于多个总体、多种分布混在一起；由于生产过程中某种缓慢的倾向在起作用，如工具的磨损、操作者的疲劳等；质量指标在某个区间中均匀变化。

⑥锯齿型（f）。直方图出现凹凸不平的形状，这是由于作图时数据分组太多、测量仪器误差过大或观测数据不准确等造成的，此时应重新收集数据和整理数据。

（六）六西格玛管理方法

1. 六西格玛管理的基本内涵

六西格玛（Six Sigma，6σ）管理法是一种统计评估法，核心是追求零缺陷生产，防范产品责任风险，降低成本，提高生产率和市场占有率，提高顾客满意度和忠诚度。6σ管理既着眼于产品、服务质量，又关注过程的改进。“σ”是希腊文的一个字母，在统计学上用来表示标准偏差值，用以描述总体中的个体离均值的偏离程度，测量出的σ表征着诸如单位缺陷、百万缺陷或错误的概率性，σ值越大，缺陷或错误就越少。

6σ是一个目标,，这个质量水平意味的是所有的过程和结果中，99.999 66%是无缺陷的，也就是说，做100万件事情，其中只有3.4件是有缺陷的，这几乎趋近到人类能够达到的最为完美的境界。6σ管理关注过程，特别关注企业为市场和顾客提供价值的核心过程。过程能力用σ来度量后，σ越大，过程的波动越小，过程以最低的成本损失、最短的时间周期，满足顾客要求的能力就越强。6σ理论认为，大多数企业在3σ～4σ运转，也就是说每百万次操作失误在6 210～66 800，这些缺陷要求经营者以销售额在15%～30%的资金进行事后弥补或修正，而如果做到6σ，事后弥补的资金将降低到约为销售额的5%。

6σ是帮助企业集中于开发和提供近乎完美产品和服务的一个高度规范化的过程，用来测量一个指定的过程偏离完美有多远。6σ的中心思想是，如果你能“测量”一个过程有多少个缺陷，你便能有系统地分析出，怎样消除它们和尽可能地接近“零缺陷”。

2. 六西格玛的由来

6σ在20世纪90年代中期开始被GE（通用电气公司）从一种全面质量管理方法演变成为一个高度有效的企业流程设计、改善和优化的技术，并提供了一系列同等地适用于设计、生产和服务的新产品开发工具。继而与GE的全球化、服务化、电子商务等战略齐头并进，成为全世界追求管理卓越性的企业最为重要的战略举措。6σ逐步发展成为以顾客为主体来确定企业战略目标和产品开发设计的标尺，是一种追求持续进步的管理哲学。

20世纪90年代发展起来的6σ管理总结了全面质量管理的成功经验，提炼了其中流程管理技巧的精华和最行之有效的方法，成为一种提高企业业绩与竞争力的管理方法。该管理法在摩托罗拉、通用、戴尔、惠普、西门子、索尼、东芝等众多跨国企业的实践证明是卓有成效的，为此，国内一些部门和机构在国内企业大力推6σ管理工作，引导企业开展6σ管理。

3. 六西格玛管理的流程

6σ有一套全面而系统地发现、分析、解决问题的方法和步骤，这就是DMAIC改进方法。DMAIC的具体意义如下：D（Define）为项目定义；M（Measure）为数据度量；A（Analysis）为数据分析；I（Improve）为项目改进；C（Control）为项目控制。

（1）项目定义（Define）

质量管理项目负责人确认谁是顾客，顾客对产品的要求是什么，顾客对产品的期望是什么，明确顾客所认可的质量标准。质量管理项目负责人在界定企业面临的问题时，需要确立质量管理项目的范围、起点和终点，用流程图描述生产过程，根据流程图分析问题。定义阶段项目负责人必须了解和明确自己的任务和所要解决的问题。

（2）数据度量（Measure）

质量管理项目负责人用适当的量化指标或测量数据来描述企业核心业务流程，确定业务运作的有效性。制订流程数据收集计划，通过数据确定缺陷的类型，比较调查结果，发现业务中的不足之处。度量阶段的关键是寻找和确定表述业务流程的定量标准。

（3）数据分析（Analysis）

质量管理项目负责人分析流程图中各数据的关系，寻求造成产品质量缺陷的根本原因，确定目前的质量水平与6σ质量管理目标的差距。质量管理项目负责人必须能够以量化的数据来描述业务流程，定量地分析影响产品质量的诸多因素，并从中找出关键因素，这样才能够真正了解质量问题的本质，从中找出主要的矛盾。

（4）项目改进（Improve）

质量管理项目负责人针对主要的矛盾，由专业人士设计创新性方案，以解决主要矛盾。质量管理项目负责人协同专业人士根据创新性方案来改进业务流程，在改进业务流程过程中将创新性方案细化为可操作的具体计划。质量管理项目负责人可以通过应用新技术和对人员培训等措施落实具体的计划。

（5）项目控制（Control）

质量管理项目负责人控制和保持改进质量的成果。质量管理项目负责人本身是专业人士或依赖专业人士控制质量，只有专业人士能够有效地控制质量。在这一阶段，质量管理项目负责人要监视改进质量计划的执行，通过业务流程的改变和组织结构的变化，使改进质量的成果制度化，持续地改善质量。

4. 六西格玛管理的特征

（1）6σ的管理理念是以顾客为关注焦点

6σ以顾客为中心，关注顾客的需求。它的出发点就是研究顾客最需要的是什么，最关心的是什么。比如改进一辆载货车，可以让它的动力增大一倍，载重量增大一倍，这在技术上完全做得到，但这是不是顾客最需要的呢？因为这样做，成本就会增加，油耗就会增加，顾客不一定需要。什么是顾客最需要的呢？这就需要去调查和分析。假如顾客买一辆摩托车要考虑30个因素，这就需要去分析这30个因素中哪一个最重要，通过一种计算，找到最佳组合。因此6σ是根据顾客的需求来确定管理项目，将重点放在顾客最关心、对组织影响最大的方面。

（2）6σ通过提高顾客满意度和降低资源成本促使组织的业绩提升

6σ项目瞄准的目标有两个：一是提高顾客满意度，通过提高顾客满意度来占领市场、开拓市场，从而提高组织的效益；二是降低资源成本，通过降低资源成本，尤其是不良质量成本损失

COPQ（Cost of Poor Quality），从而增加组织的收入。因此，实施6σ管理方法能给一个组织带来显著的业绩提升，这也是它受到众多组织青睐的主要原因。

（3）6σ注重数据和事实，使管理成为一种真正意义上基于数据上的科学

6σ管理方法是一种高度重视数据，依据数据进行决策的管理方法，强调“用数据说话”“依据数据进行决策”“改进一个过程所需要的所有信息，都包含在数据中”。另外，它通过定义“机会”与“缺陷”，通过计算DPO（每个机会中的缺陷数）、DPMO（每百万机会中的缺陷数），不但可以测量和评价产品质量，还可以把一些难以测量和评价的工作质量和过程质量，变得像产品质量一样可测量和用数据加以评价，从而有助于获得改进机会，达到消除或减少工作差错及产品缺陷的目的。因此，6σ管理广泛采用各种统计技术工具，使管理成为一种可测量、数字化的科学。

（4）6σ是一种以项目为驱动力的管理方法

6σ管理方法的实施以项目为基本单元，通过一个个项目的实施来实现。通常项目是以黑带为负责人，牵头组织项目团队通过项目成功完成来实现产品或流程的突破性改进。

（5）6σ实现对产品和流程的突破性质量改进

6σ管理的一个显著特点是项目的改进都是突破性的。通过这种改进能使产品质量得到显著提高，或者使流程得到改造，从而使组织获得显著的经济利益。实现突破性改进是6σ的一大特点，也是组织业绩提升的源泉。

（6）6σ是有预见的积极管理

“积极”是指主动地在事情发生之前进行管理，而不是被动地处理那些令人忙乱的危机。有预见地积极管理意味着我们应当关注那些常被忽略了的业务运作，并养成习惯：确定远大的目标并且经常加以检视；确定清晰的工作优先次序；注重预防问题而不是疲于处理已发生的危机；经常质疑我们做事的目的，而不是不加分析地维持现状。

6σ管理包括一系列工具和实践经验，它用动态的、即时反应的、有预见的、积极的管理方式取代那些被动的习惯，促使企业在当今追求几乎完美的质量水平而不容出错的竞争环境下能够快速向前发展。

（7）6σ是无边界合作

无边界组织是通用电气的韦尔奇首创的一个概念。他强调无边界组织应该将各个职能部门之间的障碍全部消除，工程、生产、营销以及其他部门之间能够自由沟通，工作及工作程序和进程完全透明。韦尔奇致力于消除部门及上下级间的障碍，促进组织内部横向和纵向的合作，这改善了过去仅仅是由于彼此间的隔阂和企业内部部门间的竞争而损失大量金钱的状况。这种做法改进了企业内部的合作，使企业获得了许多受益机会，而6σ扩展了这样的合作机会。在6σ管理中无边界合作需要确切地理解最终用户和流程中工作流向的真正需求。由于6σ管理是建立在广泛沟通基础上的，因此6σ管理法能够营造出一种真正支持团队合作的管理结构和环境。黑带是项目改进团队的负责人，而黑带项目往往是跨部门的，要想获得成功就必须由黑带率领他的团队打破部门之间的障碍，通过无边界合作完成6σ管理项目。

（8）6σ强调骨干队伍的建设

6σ管理方法比较强调骨干队伍的建设，其中，倡导者、黑带大师、黑带、绿带是整个6σ管理队伍的骨干。对不同层次的骨干需要进行严格的资格认证制度，如黑带必须在规定的时间内完成规定的培训，并主持完成一项增产节约幅度较大的改进项目。

西格玛水平

6个σ=3.4失误/百万机会，意味着卓越的管理、强大的竞争力和忠诚的客户。

5 个 σ＝230 失误/百万机会，意味着优秀的管理、很强的竞争力和比较忠诚的客户。

4 个 σ＝6 210 失误/百万机会，意味着较好的管理和运营能力，满意的客户。

3 个 σ＝66 800 失误/百万机会，意味着平平常常的管理，缺乏竞争力。

2 个 σ＝308 000 失误/百万机会，意味着企业资源每天都有三分之一的浪费。

1 个 σ＝690 000 失误/百万机会，意味着每天有三分之二的事情做错，企业无法生存。

6σ 管理的核心特征：顾客与组织的双赢以及经营风险的降低。

项目小结

1. ISO 9000：2005《质量管理体系基础和术语》中对质量的定义是：一组固有特性满足要求的程度。在质量管理过程中，“质量”的含义是广义的，除了产品质量，还包括工作质量。

2. 广义的商品质量是指商品适合其用途所需的各种特性的综合及其满足消费者需求的程度，是市场商品质量的反映。商品质量具有针对性、相对性、可变性的性质。

3. 商品质量是一个综合性的概念，它涉及商品本身及商品流通过程中诸因素的影响。从现代市场观念来看，商品质量是内在质量、外观质量、社会质量和经济质量等方面内容的综合体现。

4. 商品质量的基本要求包含商品的适用性、寿命、可靠性、安全性、经济性、艺术性六个方面。

5. 食品商品质量的基本要求：食品的安全卫生性、食品的营养价值、食品的色、香、味、形。

6. 食品营养价值通常指食品中的营养素与热能满足人体需要的程度，它包括营养素种类齐全、数量及其相互比例适宜，且易被人体所消化吸收及利用。一种食品营养价值高低主要取决于营养成分、可消化率和发热量三个因素。

7. 纺织品商品质量的基本要求：材料选择适宜性、组织结构合理性、良好的机械性、良好的服用性、外观的艺术性、功能性及工艺性。

8. 工业品质量的基本要求是：适用性、耐用性、卫生性和安全性、外观美观性、结构合理性。

9. 商品质量受多方面因素的制约，既有生产环节的影响，也有流通环节和消费使用环节的影响。

10. 商品质量管理的发展经历以下阶段：质量检验阶段、统计质量管理阶段、全面质量管理阶段。

11. 全面质量管理是一个组织以质量为中心，以全员参与为基础，目的在于通过让顾客满意和本组织所有成员及社会受益而达到长期成功的管理途径。主要特点是：科学性、全员性、全过程性、全面性。

12. PDCA 循环的含义是将质量管理分为四个阶段，即 Plan（计划）、Do（执行）、Check（检查）和 Action（处理）。

13. 质量管理的基本方法：PDCA 循环、散布图、排列图、因果图、直方图、6σ 管理法。

14. 六西格玛管理的水平：3.4 失误/百万机会；其流程为 DMAIC 改进方法：D（Define）为项目定义；M（Measure）为数据衡量；A（Analysis）为数据分析；I（Improve）为项目改进；C（Control）为项目控制。

思考与练习

一、单选题

1. 商品的内在质量包括商品的实用性能、可靠性、寿命、（　　）等。

A. 色彩　　B. 气味　　C. 手感　　D. 卫生性

2. （　　）是构成商品使用价值的基础。

A. 适用性　　B. 可靠性　　C. 经济性　　D. 安全性

3. 食品的（　　）是食品的最基本的要求。

A. 新鲜程度　　B. 品种风味　　C. 营养价值　　D. 安全卫生性

4. （　　）是纺织品商品具有使用价值的最基本的标准。

A. 服用性　　B. 机械性　　C. 外观的艺术性　　D. 组织结构合理性

5. （　　）是在成品中挑出废品，以保证出厂产品质量，属于事后检验把关。

A. 6σ 管理　　B. 全面质量管理　　C. 统计质量管理　　D. 质量检验

6. PDCA 循环中的 P 是指（　　）。

A. 计划　　B. 执行　　C. 检查　　D. 处理

7. 以图表达质量特性波动与其潜在原因关系的是（　　）。

A. 散布图　　B. 排列图　　C. 直方图　　D. 鱼骨图

8. 由于作图时数据分组太多、测量仪器误差过大或观测数据不准确等造成的直方图出现凹凸不平的形状，其形态称为（　　）。

A. 锯齿型　　B. 孤岛型　　C. 双峰型　　D. 偏态型

9. 每百万机会中只允许 3.4 次失误的是（　　）。

A. 3 个 σ　　B. 4 个 σ　　C. 5 个 σ　　D. 6 个 σ

10. 把“关键的少数、次要的多数”的原理应用于质量管理中，便成为常用方法之一（　　）。

A. 排列图　　B. 排列图　　C. 因果图　　D. 散布图

二、多选题

1. 商品质量的综合体现包含（　　）。

A. 内在质量　　B. 外观质量　　C. 社会质量　　D. 经济质量

2. 商品质量的可靠性包含（　　）。

A. 耐久性　　B. 易维修性　　C. 设计可靠性　　D. 适用性

3. 作为食品，（　　）是最起码的条件。

A. 卫生　　B. 无毒无害　　C. 无污染　　D. 营养价值

4. 一种食品营养价值高低主要取决于（　　）因素。

A. 营养成分　　B. 可消化率　　C. 发热量　　D. 能量

5. 日用工业品质量的基本要求包含（　　）等。

A. 适用性　　B. 耐用性　　C. 卫生性和安全性　　D. 结构合理性

6. 全面质量管理的主要特点是（　　）。

A. 科学性　　B. 全员性　　C. 全过程性　　D. 全面性

7. 散布图类型有（　　）。

A. 强正相关　　B. 弱正相关　　C. 强负相关　　D. 不相关

8. 常见的直方图形态有（　　）。

A. 正态型　　B. 偏态型　　C. 平顶型　　D. 双峰型

三、简答题

1. 简述 ISO 9000 对质量的定义。
2. 保证和提高商品质量的意义有哪些？
3. 食品商品质量的基本要求有哪些？
4. 食品商品质量的基本要求有哪些？
5. 什么是纺织商品的服用性？
6. 影响商品质量的因素有哪些？
7. 质量检验阶段的主要特点有哪些？

8. 统计质量管理阶段的主要特点有哪些？
9. 简述 PDCA 循环的特点。
10. 简述6σ 管理的流程。

四、论述题

论述 6σ 管理的理念及特征。

五、案例题

“零”是最刚性的目标

2006 年 6 月，海尔洗衣机事业部装配车间的质量经理苏宁和抽检经理刘永军的资源存折上双双被输入了一个数字 –80，这是他们俩为一台外包装箱潮湿的海尔小神童洗衣机“买单”的结果，本月的收入将会被扣掉 80 元。同绝大多数企业一般会对出现质量问题的责任人进行经济处罚不同的地方在于，在海尔，责任人买单只不过是解决这件质量问题所需要的 30 多个环节中的一个而已。因为根据从今年起在海尔集团开始推行的新的质量改进方法——FDAR 归零化管理的要求，从发现质量问题一开始，一套包括了 4 个环节的闭环式的质量管理模式就会启动。它的起源可能来自用户的抱怨，也可能来自企业的检测，但结果一定是从根本上将这件质量事故的隐患消除。

海尔这套质量改进办法的操作过程，首先是问题反馈阶段（F），主要是对质量问题基本情况的掌握。其次是问题分配阶段（D），除了责任人买单，还主要包括了模拟复现、原因分析、责任人反思等环节。责任人买单要承担质量问题耗费成本的 1%，剩下的 99% 作为负债形式被记录进了当事人的资源存折。这些负债部分只有在当事人在其他工作中取得了成绩被记录进了正激励才会被抵消，否则，将会大大影响当事人年终的考核以及下年度的岗位。再次是问题的接收与处理（A），责任人的改进措施、反复的论证、从各个环节对整改办法进行复审等都在这一阶段处理。而最后一个阶段就是问题归零（R），其中包括了对其他人的警示、最多长达 6 个月的效果跟踪以及问题转化的一致性复审等步骤。当然，也并不是每个质量问题的归零都需要那么久，比如由于残水量超标导致外包装箱被打湿，从发现到完全消除隐患也不过就是一个月的时间。很多人会问，问题固然是解决了，而且似乎还比较彻底，但是有必要搞得这么复杂吗？

从表面上看，这套质量改进办法确实环节比较多，但是，由于海尔从 1998 年起开始了市场链流程再造工作，海尔的每个人都成了一个微型公司，每个人对问题的处理都已经习惯于从前后工序进行市场化“SST”（索赔、索酬、跳闸）的运作——如果你提供的服务好，下道工序应该给你报酬；不好的话，下道工序有权向你索赔；如果出问题，就由利益相关的第三方制约并解决问题。当每个人都在这样一个系统下运作的时候，事情反而简单了。而且，由于产能规模越来越大，已经不可能要求对每一个产品进行全面的检验，以便确保质量的一致性和稳定性，只有依赖于系统的完善和防错机制的建立。

“对于一个以创世界名牌为目标的企业，质量毫无疑问是第一位的。但是，海尔对于质量的理解已经不再局限于一件件单独的产品。海尔今天的全面质量战略包括了三个层次：确保标准要求、追求零缺陷的符合性产品质量；以用户和市场为中心，追求零抱怨的适用性的产品和服务；为用户、股东、员工、合作伙伴和社会创造平衡的价值，追求零差错的市场链全球经营质量。”

其实不仅是质量问题的零缺陷和零差错，由于张瑞敏提出流程再造的根本目的在于解决信息化时代企业管理的效率和效益问题，所以海尔每个人、每个岗位都定出了“零基目标”：质量零缺陷、交货期零延误、产品零库存、与用户零距离、零营运资本、零冗员……哪个环节出了问题，就要把问题“买单”，然后解决。他们追求的目标是：不管是意识到还是未意识到的，所有问题都是不该发生的，都应该是零。这是绝对的刚性的目标。

问题：请根据海尔的“零刚性的目标”，谈谈你对商品质量是企业的生命，企业质量管理应树立全面质量管理的观念的理解。

项目七

商品标准与标准化

学习目标

【知识目标】

（1）掌握商品标准、商品标准化内涵及标准化管理内涵；

（2）理解标准的基本含义、商品标准的分类，理解国际标准、区域标准，理解商品标准制定的原则，理解标准化内涵及标准化基本原理；

（3）了解发达国家的国家标准、国际上通行的团体标准，了解商品标准编写的要求及商品标准制定的程序，了解商品标准的复审。

【能力目标】

（1）能够区别国家标准、行业标准、地方标准和企业标准的编号；

（2）具备应用商品标准化的内容进行标准化管理流程操作的技能。

【素质目标】

（1）培养学生具备商品标准与标准化管理的基本逻辑素质；

（2）培养学生爱岗敬业、细心踏实的商品管理的职业精神。

导入案例

电动汽车充电标准之争

一、欧美设立充电系统新标准

2012 年 5 月，在第 26 届世界电动车大会上，奥迪、宝马、克莱斯勒、戴姆勒、福特、通用、保时捷和大众八家车企，宣布将共同使用“统一单端口直流快速充电技术”（Single - port DC - fast Charging Technology）。

据了解，本次欧美八大车企启用的新标准，被称为直流快速联合充电标准系统，由 SAE（国际汽车工程师学会）开发，将所有的充电方案集成到同一种充电连接器接口。八大车企欲将统一全球所有电动汽车的充电器标准，降低充电设施的复杂性，减少相关设备的维护费用。

据悉，按照欧洲汽车制造商协会规定，从 2017 年开始，所有在欧洲销售的新电动汽车都将采用这个新接口标准。其实，在欧美八大车企采用新标准之前，2010 年 10 月，欧盟委员会便制定了电动乘用车法规标准规划指南，明确了多项电动汽车标准，包括今后对电动汽车充电系统和蓄电池标准化方面的工作：在欧盟型式认证立法内引入 ECE R100，强制实施电安全要求。

二、各国争夺电动车标准空白

丰田、日产、三菱和富士重工四家日本汽车制造商与东京电力公司签署协议，宣布成立电动汽车快速充电协会“CHAdeMO”，共同促进电动汽车充电装置规格及设施的规范、统一和普及。目前，日本政府正致力于将“CHAdeMO”电动汽车充电标准上升为国际标准，以在未来国际电动汽车领域的竞争中占据优势地位。据悉，“CHAdeMO”协会拥有430个成员，包括主要的德国设备制造商博世。在日产和三菱的量产电动汽车中，“CHAdeMO”充电方法也已经应用于电动汽车的快速充电。

截至2012年4月，日本国内已经有1 154处、国外有239处设置了“CHAdeMO”方式的相关充电设备。根据日本各大厂家的规划，将在2016年前推出7款电动汽车，以推动日系标准成为国际标准。

日本相关工作人员曾表示，目前已经意识到日本在技术上领先，但在技术的商业推广方面却不是那么成功，这次将确保商业推广方面也成功。

同样，中国电动汽车产业尚处于起步阶段，基础相对薄弱，但是相关标准已经陆续出台。2011年12月，工信部颁布了电动汽车充电接口等四项国家标准，包括《电动汽车传导充电用连接装置第1部分：通用要求》《电动汽车传导充电用连接装置第2部分：交流充电接口》《电动汽车传导充电用连接装置第3部分：直流充电接口》和《电动汽车非车载传导式充电机与电池管理系统之间的通信协议》，新标准于2012年3月1日施行。

“目前德美、日本标准比较强势，目的不仅是争夺本土市场，还将辐射世界，使整个世界市场统一采用自己定制的标准，为自己带来商机。而中国目前制定标准只是为了规范市场，推进基础设施建设。”汽车行业评论人士张志勇说。

三、实质上是市场之争

分析指出，电动汽车作为新的汽车业发展潮流，将成为国内外汽车工业发展的目标之一。而目前全球电动车市场还没有实现市场化，当下标准的制定成为一些国家和企业争夺的焦点。

“不同的标准会产生方案差异、技术差异，而技术差异会形成一定壁垒，对其他企业形成阻碍。”汽车业专家贾新光认为。这意味着，支持“CHAdeMO”充电标准的汽车不能在“SAE”标准下的充电桩充电。这就形成了不同的藩篱，要想生产不同标准模式的电动车，就要重新设计、改造产品，比如，重新安装不同的充电插口。这样一来，生产成本将大大增加。

张志勇认为，对于电动汽车生产企业来说，哪个标准所占的市场份额大，就生产哪种标准的电动车，显然更划算。对于消费者来说，汽车属于大件物品，不可能像换手机充电器一样，便捷地更换汽车充电器，因此也要选择有市场影响力的电动车。标准之争实质上是市场之争、市场垄断。哪个标准的市场更大，哪个标准才更具有影响力。

结合实例，谈谈你对标准与市场关联度的看法。

任务一　商品标准概述

商品标准是科学技术和生产力发展水平的一种标志，它是社会生产力发展到一定程度的产物，又是推动生产力发展的一种手段。凡正式生产的各类商品，都应制定或符合相应的商品标准。商品标准由主管部门批准、发布后，就是一种技术法规，具有法律效力，同时也具有政策性、科学性、先进性、民主性和权威性，它是生产、流通、消费等部门对商品质量出现争议时执行仲裁的依据。

一、标准与商品标准

（一）标准的基本定义

国家标准GB/T 3935.1—83定义：“标准是对重复性事物和概念所做的统一规定，它以科学、技术和实践经验的综合为基础，经过有关方面协商一致，由主管机构批准，以特定的形式发布，作为共同遵守的准则和依据。”

该定义包含以下几个方面的含义：

1. 标准的本质属性是一种“统一规定”

这种统一规定是作为有关各方“共同遵守的准则和依据”。根据《中华人民共和国标准化法》规定，我国标准分为强制性标准和推荐性标准两类。强制性标准必须严格执行，做到全国统一；推荐性标准国家鼓励企业自愿采用。但推荐性标准如经协商，并记入经济合同或企业向用户作出明示担保，有关各方则必须执行，做到统一。

2. 标准制定的对象是重复性事物和概念

这里讲的“重复性”，指的是同一事物或概念反复多次出现的性质。例如，批量生产的产品在生产过程中的重复投入、重复加工、重复检验等，同一类技术管理活动中出现同一概念的术语、符号、代号等被反复利用等。

只有当事物或概念具有重复出现的特性并处于相对稳定时才有制定标准的必要，使标准作为今后实践的依据，以最大限度地减少不必要的重复劳动，又能扩大“标准”的重复利用。

3. 标准产生的客观基础是“科学、技术和实践经验的综合成果”

这就是说标准既是科学技术成果，又是实践经验的总结，并且这些成果和经验都是在分析、比较、综合和验证的基础上，加以规范化，只有这样制定出来的标准才能具有科学性。

4. 制定标准过程要“经有关方面协商一致”

这就是说制定标准要发扬民主，与有关方面协商一致，做到“三稿定标”，即征求意见稿、送审稿、报批稿。例如，制定产品标准不仅要有生产部门参加，还应当有用户、科研、检验等部门参加，共同讨论研究，“协商一致”，这样制定出来的标准才有权威性、科学性和实用性。

5. 标准文件有其一套特定格式和制定颁布的程序

标准的编写、印刷、幅面格式和编号、发布的统一，既可保证标准的质量，又便于资料管理，体现了标准文件的严肃性。所以，标准必须由主管机构批准，以特定形式发布。标准从制定到批准发布的一整套工作程序和审批制度，是使标准本身具有法规特性的表现。

（二）商品标准的内涵

商品标准是对商品质量以及与质量有关的各个方面，如商品的品名、规格、性能、用途、使用方法、检验方法、包装、运输、储存等，所做的统一技术规定，是评定、监督和维护商品质量的准则和依据。

商品标准是“标准”的具体应用，是技术标准的一种，主要是对商品的品质规格及检验方法所做的技术规定。在标准中明确规定商品的结构、化学组成、规格、质量、等级、检验、包装、储存、运输、使用以及生产技术等规定。它是在一定时期和一定范围内具有约束力的产品技术准则，是商品生产、检验、验收、监督、使用、维护和贸易洽谈的技术依据，对于保证和提高商品质量，提高生产和使用的经济效益，具有重要意义。

二、商品标准的分类

（一）按发生作用的范围不同分类

1. 国际标准

国际标准是由国际上权威的专业组织制定，并为世界上多数国家承认和通用的产品质量标准，如国际标准化组织（ISO）、联合国粮农组织（UNFAO）等国际组织颁布的标准。国际标准属于推荐性标准。

2. 国家标准

国家标准是由国务院有关主管部门提出，由国家标准总局审批和公布，在全国范围内实施的标准。国家标准的代号为“GB”（强制性标准）或“GB/T”（推荐性标准）。后面由两组数字组成，第一组数字表示标准的顺序编号，第二组数字表示标准批准或重新修订的年代。如GB 1350—86，表示国家标准1350号1986年发布，为强制性标准。

3. 行业标准

行业标准是在没有国家标准的情况下，由标准化主管机构制定、审批和发布的标准。如果发布实施了国家标准，则该行业标准自行废止。不同行业的主管机构所颁布的标准按标准规定的范围实施。行业标准编号由行业标准代号、标准顺序号和发布的年号组成。行业标准代号由国务院标准化行政主管部门规定，如农业部颁布的农业标准代号为NY（强制性标准），又如NY/T，则表示推荐性农业标准。

4. 地方标准

地方标准是在没有国家和行业标准的情况下，由地方（如省）制定、批准发布，在本行政区域内统一使用的标准。地方标准编号由地方标准代号、标准顺序号和发布年号组成。强制性的地方标准代号由“DB”加省、自治区、直辖市行政区划代码前两位数字和斜线组成。

5. 企业标准

企业标准是由企业制定发布，在该企业范围内统一使用的标准。其代号由“Q”加斜线再加上企业代号组成。

（二）按商品标准的表达形式分类

1. 文件标准

文件标准是以文字（包括表格、图形等）的形式对商品质量所做的统一规定。绝大多数商品标准是文件标准。文件标准在其开本、封面、格式、字体、字号等方面都有明确的规定，应符合《标准化工作导则 标准出版印刷的规定》（GB/T 1.1—1996）的有关规定。

2. 实物标准

实物标准是指对某些难以用文字准确表达的质量要求（如色泽、气味、手感等），由标准化主管机构或指定部门用实物作成与文件标准规定的质量要求完全或部分相同的标准样品，作为文件标准的补充，同样是生产、检验等有关方面共同遵守的技术依据。例如粮食、茶叶、羊毛、蚕茧等农副产品，都有分等级的实物标准。实物标准是文件标准的补充，实物标准要经常更新。

中国即将迎来大宗商品仓储标准化时代

（三）按标准的约束程度不同分类

1. 强制性标准

强制性标准又称法规性标准，即一经批准发布，在其规定的范围内，有关方面必须严格贯彻执行。国家对强制性标准的实施情况依法进行有效的监督。

2. 推荐性标准

推荐性标准又称自愿性标准，即国家制定的标准由各企业自愿采用，自愿认证，国家利用经济杠杆鼓励企业采用。实行市场经济的国家大多数实行推荐性标准。例如国际标准及美国、日本、等国的大多数标准。

我国从 1985 年开始实行强制性和推荐性标准相结合的标准体制。截至 2018 年年底，我国国家标准共 36 949 项，国家标准样品共 1 439 项。其中，强制性标准 2 111 项，推荐性标准 34 464 项，指导性技术文件 374 项。我国行业标准共有 67 类，备案行业标准共 61 854 项。我国备案的地方标准共 37 066 项。

（四）按标准的成熟程度不同分类

标准按成熟程度可以分为正式标准和试行标准。试行标准与正式标准具有同等效用，同样具有法律约束力。试行标准一般在试行二至三年后，经过讨论修订，再作为正式标准发布。现行标准绝大多数为正式标准。

（五）按标准的保密程度分类

标准按保密程度可以分为公开标准和内部标准。我国的绝大多数标准是公开标准。少数涉及军事技术或尖端技术机密的标准，只准在国内或有关单位内部发行，这类标准称为内部标准。

另外，商品标准还可以按性质分为：产品标准、方法标准、基础标准、安全标准、卫生标准、管理标准、环保标准、其他标准。

三、商品标准的级别

（一）我国商品标准的级别

可怕的 5G 标准之争：不只是秒秒钟下完一部电影这么简单

依据《中华人民共和国标准化法》，按制定部门、适用范围等的不同，我国将商品标准划分为国家标准、行业标准、地方标准和企业标准四个层次。各层次之间有一定的依从关系和内在联系，形成一个覆盖全国又层次分明的标准体系。

1. 国家标准

国家标准分为强制性国家标准和推荐性国家标准。

（1）强制性国家标准

对于保障人身健康和生命财产安全、国家安全、生态环境安全以及满足经济社会管理基本需要的技术要求，应当制定强制性国家标准。强制性国家标准由国务院有关行政主管部门依据职责提出、组织起草、征求意见和技术审查，由国务院标准化行政主管部门负责立项、编号和对外通报。强制性国家标准由国务院批准发布或授权发布。

（2）推荐性国家标准

对于满足基础通用、与强制性国家标准配套、对各有关行业起引领作用等需要的技术要求，可以制定推荐性国家标准。推荐性国家标准由国务院标准化行政主管部门制定。

国务院标准化行政主管部门和国务院有关行政主管部门建立标准实施信息和评估机制，根据反馈和评估情况对国家标准进行复审，复审周期一般不超过 5 年。经过复审，对不能满足经济社会发展需要和技术进步要求的标准应当及时修订或者废止。

我国国家标准代号分为 GB 和 GB/T。国家标准的编号由国家标准代号、国家标准发布顺序号和国家标准发布年号（发布年份）构成。GB 代号国家标准含有强制性条文及推荐性条文，当全文强制时不含有推荐性条文，GB/T代号国家标准为全文推荐性。强制性国家标准是保障人身健康和财产安全的标准和法律及行政法规规定强制执行的国家标准；推荐性国家标准是指生产、检验、使用等方面，通过经济手段或市场调节而自愿采用的国家标准。但推荐性国家标准一经接受并采用，或各方商定同意纳入经济合同中，就成为各方必须共同遵守的技术依据，具有法律上的约束性。

国家标准代号由大写汉语拼音字母构成，强制性国家标准代号为“GB”，其含义是“国标”两个字汉语拼音的第一个字母“G”和“B”的组合；推荐性国家标准代号为“GB/T”，其含义是“国标”和“推”三个字汉语拼音的第一个字母“GB”和“T”的组合。国家标准发布顺序号是发布的国家标准的顺序排号。国家标准发布年号为发布该国家标准年份的四位数字。国家标准发布顺序号和年号之间加杠分开，如“GB 17323—1998 瓶装饮用纯净水”和“GB/T 17392—1998 国旗用织物”。强制性国家标准编号详见图7-1，推荐性国家标准编号详见图7-2。

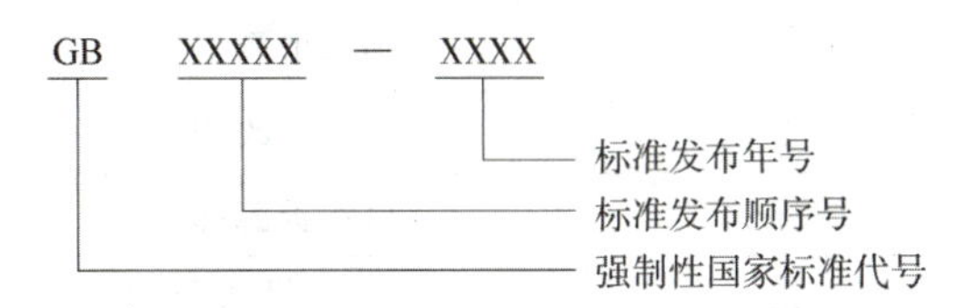

图7-1 强制性国家标准编号

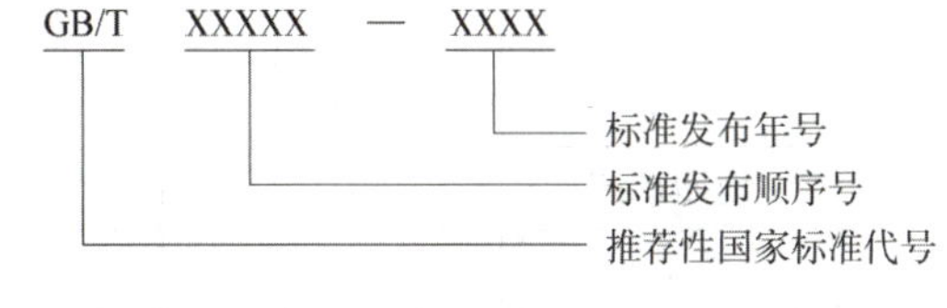

图7-2 推荐性国家标准编号

国家实物标准（样品），由国家标准化行政主管部门统一编号，编号方法为国家实物标准代号（为汉字拼音大写字母“GSB”）加《标准文献分类法》的一级类目代号、二级类目代号及三级类目内的顺序号和四位数年号相结合的办法，如“GSB X 69 055—1996 三花酒”。国家实物标准编号详见图7-3。

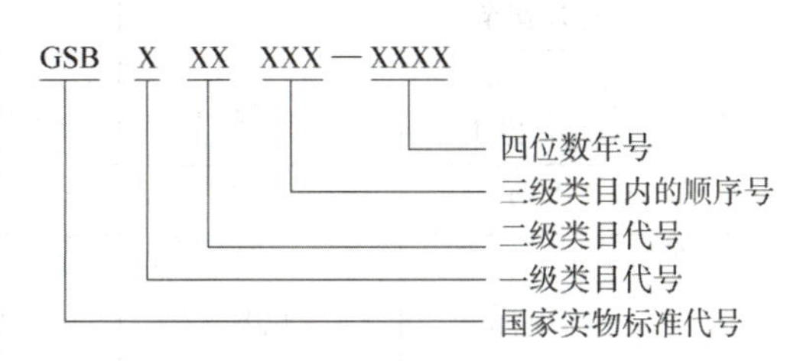

图7-3 国家实物标准编号

2. 行业标准

行业标准是对没有国家标准而又需要在全国某个行业范围内统一技术要求所制定的标准。行业标准不得与有关国家标准相抵触。有关行业标准之间应保持协调、统一，不得重复。行业标准在相应的国家标准实施后，即行废止。行业标准由行业标准归口部门统一管理。

行业标准分为强制性标准和推荐性标准。下列标准属于强制性行业标准：①药品行业标准、兽药行业标准、农药行业标准、食品卫生行业标准；②工农业产品及产品生产、储运和使用中的安全、卫生行业标准；③工程建设的质量、安全、卫生行业标准；④重要的涉及技术衔接的技术术语、符号、代号（含代码）、文件格式和制图方法行业标准；⑤互换配合行业标准；⑥行业范围内需要控制的产品通用试验方法、检验方法和重要的工农业产品行业标准。

行业标准编号由行业标准代号、标准发布顺序号和标准发布年号组成，如纺织行业的强制性标准和推荐性标准为“FZ 20013—1996 防虫蛀毛纺织产品”和“PZ/T 73006— 1995 腈纶针织内衣”。强制性行业标准编号详见图7-4，推荐性行业标准编号详见图7-5，国家行业标准代号见表7-1。

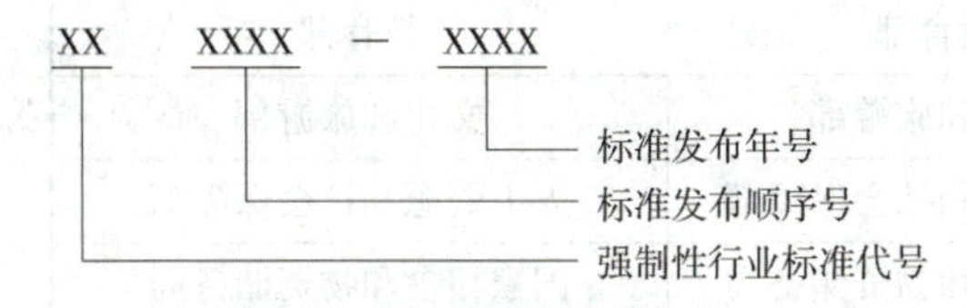

图7-4 强制性行业标准编号

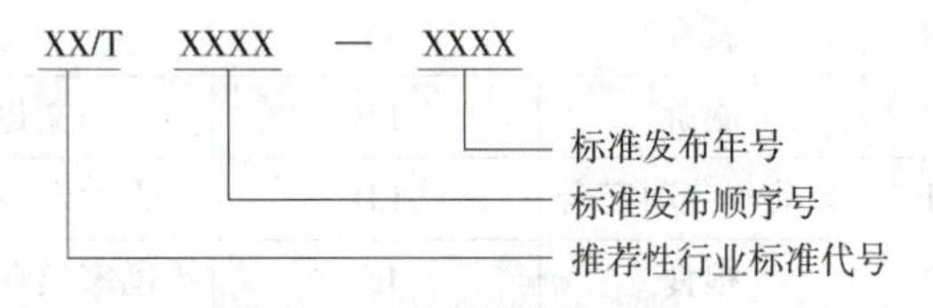

图7-5 推荐性行业标准编号

表7－1　国家行业标准代号

序号	标准类别	标准代号	批准发布部门	标准组织制定部门
1	安全生产	AQ	应急管理部	
2	包装	BB	国家发改委	中国包装工业总公司
3	船舶	CB	工业和信息化部	中国船舶工业总公司
4	测绘	CH	国家测绘地理信息局	国家测绘地理信息局
5	城镇建设	CJ	住房和城乡建设部	住房和城乡建设部
6	新闻出版	CY	国家新闻出版总署	国家新闻出版总署
7	档案	DA	国家档案局	国家档案局
8	地震	DB	中国地震局	中国地震局
9	电力	DL	国家发改委	国家发改委
10	地质矿产	DZ	自然资源部	自然资源部
11	核工业	EJ	工业和信息化部	中国核工业总公司
12	纺织	FZ	国家发改委	中国纺织工业协会
13	公共安全	GA	公安部	公安部
14	建工国标 5万号以上	GBJ	工业和信息化部	
15	供销	GH	中华全国供销合作总社	中华全国供销合作总社
16	国军标	GJB	工业和信息化部	工业和信息化部、中国人民解放军装备发展部、中国人民解放军后勤保障部
17	广播电影电视	GY	国家广播电视总局	国家广播电视总局
18	航空	HB	工业和信息化部	中国航空工业总公司
19	化工	HG	国家发改委	中国石油和化学工业协会
20	环境保护	HJ	生态环境部	生态环境部
21	海关	HS	海关总署	海关总署
22	海洋	HY	自然资源部	自然资源部
23	机械	JB	国家发改委	中国机械工业联合会
24	建材	JC	国家发改委	中国建筑材料工业协会
25	建筑工业	JG	住房和城乡建设部	住房和城乡建设部
26	建工行标	JGJ	住房和城乡建设部	住房和城乡建设部
27	金融	JR	中国人民银行	中国人民银行
28	交通	JT	交通运输部	交通运输部
29	教育	JY	教育部	教育部
30	旅游	LB	文化和旅游部	文化和旅游部
31	劳动和劳动安全	LD	人力资源和社会保障部	人力资源和社会保障部
32	粮食	LS	国家粮食和物资储备局	国家粮食和物资储备局
33	林业	LY	国家林业和草原局	国家林业和草原局

续表

序号	标准类别	标准代号	批准发布部门	标准组织制定部门
34	民用航空	MH	交通运输部	交通运输部
35	煤炭	MT	国家发改委	中国煤炭工业协会
36	民政	MZ	民政部	民政部
37	农业	NY	农业农村部	农业农村部
38	轻工	QB	国家发改委	中国轻工业联合会
39	汽车	QC	国家发改委	中国机械工业联合会
40	航天	QJ	工业和信息化部	中国航天工业总公司
41	气象	QX	中国气象局	中国气象局
42	国内贸易	SB	商务部	商务部
43	水产	SC	农业农村部	农业农村部
44	石油化工	SH	国家发改委	中国石油和化学工业协会
45	电子	SJ	工业和信息化部	工业和信息化部
46	水利	SL	水利部	水利部
47	商检	SN	国家市场监督管理总局	国家认证认可监督管理委员会
48	石油天然气	SY	国家发改委	中国石油和化学工业协会
49	海洋石油天然气	SY（10000号以后）	国家发改委	中国海洋石油总公司
50	铁道	TB	国家铁路局	国家铁路局
51	土地管理	TD	自然资源部	自然资源部
52	铁道交通	TJ	国家铁道局规划与标准研究院	
53	体育	TY	国家体育总局	国家体育总局
54	物资管理	WB	国家发改委	中国物流与采购联合会
55	文化	WH	文化和旅游部	文化和旅游部
56	兵工民品	WJ	工业和信息化部	中国兵器工业总公司
57	外经贸	WM	外经贸部科技司	
58	卫生	WS	卫生部	卫生部
59	文物保护	WW	国家文物局	
60	稀土	XB	国家发改委稀土办公室	国家发改委稀土办公室
61	黑色冶金	YB	国家发改委	中国钢铁工业协会
62	烟草	YC	国家烟草专卖局	国家烟草专卖局
63	通信	YD	工业和信息化部	工业和信息化部
64	有色冶金	YS	国家发改委	中国有色金属工业协会
65	医药	YY	国家药品监督管理局	国家药品监督管理局
66	邮政	YZ	国家邮政局	国家邮政局
67	中医药	ZY	国家中医药管理局	国家中医药管理局

表中给出的是强制性行业标准代号，推荐性行业标准的代号是在强制性行业标准代号后面加“/T”，例如，JGJ 是建筑工程行业建设强制性标准；JGJ/T 是建筑工程行业建设推荐性标准。

3. 地方标准

地方标准是由地方（省、自治区、直辖市）标准化主管机构或专业主管部门批准、发布，在某一地区范围内统一使用的标准。在 1988 年以前，我国标准化体系中还没有地方标准这一级标准，但其客观上已经存在，如在环境保护、工程建设、医药卫生等方面，由有关部门制定了一批地方一级的标准，它们分别由原城乡建设环境保护部、国家计委、卫生部管理。另外，在全国现有的将近 10 万个地方企业标准中，有一部分属于地方性质的标准，如地域性强的农艺操作规程，有一部分是具有地方特色的产品标准 ，如工艺品、食品、名酒标准等。我国地域辽阔，各省、市、自治区和一些跨省市的地理区域，其自然条件、技术水平和经济发展程度差别很大，对某些具有地方特色的农产品、土特产品和建筑材料，或只在本地区使用的产品，或只在本地区具有的环境要素等，有必要制定地方性的标准。制定地方标准一般有利于发挥地区优势，有利于提高地方产品的质量和竞争能力，同时也使标准更符合地方实际，有利于标准的贯彻执行。但地方标准的范围要从严控制，凡有国家标准、专业（部）标准的不能制定地方标准，军工产品、机车、船舶等也不宜制定地方标准。

地方标准编号由地方标准代号（DB）和省级行政区划代码前两位、标准发布顺序号和标准发布年号组成。如北京市地方标准“DB11/T 209—2003 商业、服务业服务质量标准”。强制性地方标准编号详见图 7 - 6，推荐性地方标准编号详见图 7 - 7，各省级行政区划代码详见表 7 - 2 。

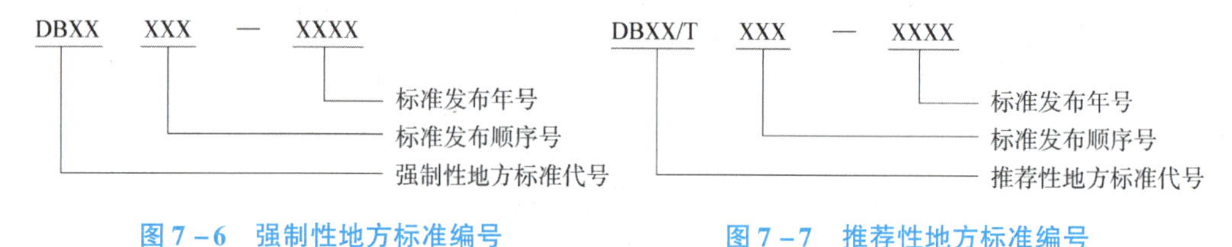

图 7 - 6　强制性地方标准编号

图 7 - 7　推荐性地方标准编号

表 7 - 2　各省级行政区划代码

省、自治区、直辖市	省级行政区划代码	省、自治区、直辖市	省级行政区划代码	省、自治区、直辖市	省级行政区划代码	省、自治区、直辖市	省级行政区划代码
北京市	110000	天津市	120000	河北省	130000	山西省	140000
辽宁省	210000	吉林省	220000	黑龙江省	230000	上海市	310000
江苏省	320000	浙江省	330000	安徽省	340000	福建省	350000
江西省	360000	山东省	370000	河南省	410000	湖北省	420000
湖南省	430000	广东省	440000	海南省	460000	四川省	510000
贵州省	520000	云南省	530000	甘肃省	620000	陕西省	610000
青海省	630000	西藏自治区	540000	内蒙古自治区	150000	广西壮族自治区	450000
宁夏回族自治区	640000	新疆维吾尔自治区	650000	香港特别行政区	810000	澳门特别行政区	820000
台湾省	710000						

4. 企业标准

企业标准是对企业范围内需要协调、统一的技术要求、管理要求和工作要求所制定的标准，是企业组织生产经营活动的依据。国家鼓励企业自行制定严于国家标准或者行业标准的企业标准。企业标准由企业制定，由企业法人或法人代表授权的主管领导批准、发布。企业标准一般以“Q”开头。

企业标准代号由汉字“企”大写拼音字母“Q”加斜线再加企业代号组成，企业代号可用大写拼音字母或阿拉数字或两者共同组成。企业代号按中央所属企业和地方企业分别由国务院有关行政主管部门或省、自治区、直辖市政府标准化行政主管部门会同同级有关行政主管部门加以规定。还要在其企业标准代号“Q”前加上本省、自治区、直辖市的简称汉字，如“京Q/EGF024—1997”表示1997年发布的北京市某企业的第024号企业标准。企业标准一经制定颁布，即对整个企业具有约束性，是企业法规性文件，没有强制性企业标准和推荐性企业标准之分。

企业标准编号由企业标准代号、标准发布顺序号和标准发布年号（四位数）组成，详见图7-8。

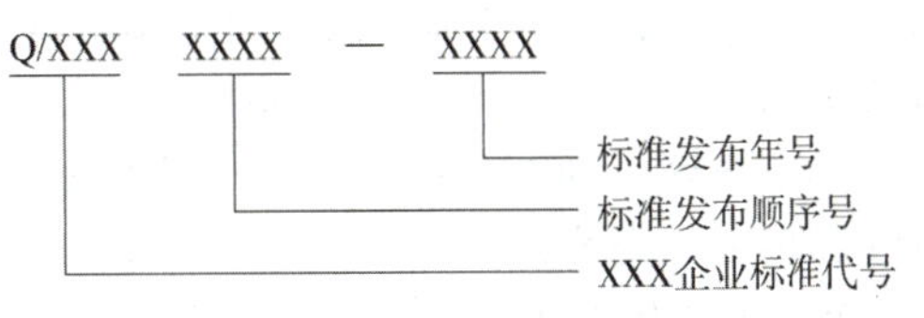

图7-8 企业标准编号

（二）国际商品标准的级别

1. 国际标准

国际标准是指国际标准化组织（ISO）、国际电工委员会（IEC）和国际电信联盟（ITU）制定的标准，以及国际标准化组织确认并公布的其他国际组织制定的标准。国际标准在世界范围内统一使用。

目前被国标组织确认并公布的其他国际组织包括：国际计量局（BIPM）、国际人造纤维标准化局（BISFA）、食品法典委员会（CAC）、时空系统咨询委员会（CCSDS）、国际建筑研究实验与文献委员会（CIB）、国际照明委员会（CIE）、国际内燃机会议（CIMAC）、国际牙科联盟会（FDI）、国际信息与文献联合会（FID）、国际原子能机构（IAEA）、国际航空运输协会（IATA）、国际民航组织（ICAO）、国际谷类加工食品科学技术协会（ICC）、国际排灌研究委员会（ICID）、国际辐射防护委员会（ICRP）、国际辐射单位和测试委员会（ICRU）、国际制酪业联合会（IDF）、万维网工程特别工作组（IETF）、国际图书馆协会与学会联合会（IFLA）、国际有机农业运动联合会（IFOAM）、国际煤气工业联合会（IGU）、国际制冷学会（IIR）、国际劳工组织（ILO）、国际海底组织（IMO）、国际种子检验协会（ISTA）、国际理论与应用化学联合会（IUPAC）、国际毛纺组织（IWTO）、国际动物流行病学局（OIE）、国际法制计量组织（OIML）、国际葡萄与葡萄酒局（OIV）、材料与结构研究实验所国际联合会（RILEM）、贸易信息交流促进委员会（TarFIX）、国际铁路联盟（UIC）、经营交易和运输程序和实施促进中心（UN/CEFACT）、联合国教科文组织（UNESCO）、国际海关组织（WCO）、国际卫生组织（WHO）、世界知识产权组织（WIPO）、世界气象组织（WMO）。

世界三大国际标准化机构简介

一、国际标准化组织简介

国际标准化组织的英语简称是ISO，其全称是International Organization for Standardization 。ISO一来源于希腊语“ISOS”，即“EQUAL”——平等之意。1946年10月14日至26日，中、英、美、法、苏共25个国家的64名代表集会于伦敦，正式表决通过建立国际标准化组织，于1947年2月23日宣告正式成立。ISO负责除电工、电子领域和军工、石油、船舶制造之外的很多重要领域的标准化活动。ISO的最高权力机构是每年一次的“全体大会”，其日常办事机构是中央秘书处，设在瑞士日内瓦。中央秘书处现有170名职员，由秘书长领导。ISO的宗旨是“在世界上促进标准化及其相关活动的发展，以便于商品和服务的国际交换，在智力、科学、技术和经济领域开展合作。”ISO通过它的2856个技术结构开展技术活动，其中技术委员会（TC）共255个，分技术委员会（SC）共611个，工作组（WG）2022个，特别工作组38个。

二、国际电工委员会简介

国际电工委员会（IEC）成立于1906年，至2021年已有115年的历史。它是世界上成立最早的国际性电工标准化机构，负责有关电气工程和电子工程领域中的国际标准化工作。国际电工委员会的总部最初设在伦敦，1948年搬到了日内瓦的现总部处。1887—1900年召开的6次国际电工会议上，与会专家一致认为有必要建立一个永久性的国际电工标准化机构，以解决用电安全和电工产品标准化问题。1904年在美国圣路易召开的国际电工会议上通过了关于建立永久性机构的决议。1906年6月，13个国家的代表集会伦敦，起草了IEC章程和议事规则，正式成立了国际电工委员会。1947年IEC作为一个电工部门并入ISO，1976年又从ISO中分立出来。IEC的宗旨是促进电工、电子和相关技术领域有关电工标准化等所有问题上（如标准的合格评定）的国际合作。该委员会的目标是：有效满足全球市场的需求；保证在全球范围内优先并最大限度地使用其标准和合格评定计划；评定并提高其标准所涉及的产品质量和服务质量；为共同使用复杂系统创造条件；提高工业化进程的有效性；提高人类健康和安全；保护环境。

三、国际电信联盟简介

国际电信联盟是联合国的一个重要专门机构，也是联合国机构中历史最长的一个国际组织，简称“国际”“电联”或“ITU”。国际电联是主管信息通信技术事务的联合国机构，负责分配和管理全球无线电频谱与卫星轨道资源，制定全球电信标准，向发展中国家提供电信援助，促进全球电信发展。作为世界范围内联系各国政府和私营部门的纽带，国际电联通过其麾下的无线电通信、标准化和发展电信展览活动，而且是信息社会世界高峰会议的主办机构。国际电联总部设于瑞士日内瓦，其成员包括193个成员国和700多个部门成员及部门准成员和学术成员。每年的5月17日是世界电信日（World Telecommunication Day）。2014年10月23日，赵厚麟当选国际电信新一任秘书长，成为国际电信150年历史上首位中国籍秘书长，于2015年1月1日正式上任，任期四年。

2. 区域标准

区域标准是世界某一区域标准化团体通过的标准。可以由同一地理范围内的国家组成区域标准化团体，也可以由于政治原因或经济原因而使一些国家组成区域标准化团体。世界上比较重要的区域标准化团体制定的区域标准有：由西欧国家组成的欧洲标准化委员会及欧洲电工标准化委员会制定的欧洲标准，由苏联和东欧国家为主组成的经互会标准化常设委员会制定的经互会标准，由阿拉伯国家组成的阿拉伯标准与计量组织制定的阿拉伯标准。由于区域标准容易造成贸易壁垒，因此，现在许多区域标准化团体倾向于不制定区域标准，区域标准有逐渐削弱和减少之势。

区域标准化组织包括太平洋地区标准会议（PASC）、欧洲标准委员会（CEN）、亚洲标准咨询委员会（ASAC）、非洲地区标准化组织（ARSO）、亚洲大洋洲开放系统互联研讨会（AOW）、亚洲电子数据交换理事会（ASEB）、欧洲电工标准化委员会（CENELEC）、欧洲广播联盟（EBU）等。区域标准代号详见表7-3。

表7-3　区域标准代号

序号	代号	含义	负责机构
1	ARS	非洲地区标准	非洲地区标准化组织（ARSO）
2	ASMO	阿拉伯标准	阿拉伯标准化与计量组织（ASMO）
3	EN	欧洲标准	欧洲标准化委员会（CEN）
4	ETS	欧洲电信标准	欧洲电信标准学会（ETSI）
5	PAS	泛美标准	泛美技术标准委员会（COPANT）

3. 发达国家的国家标准

这类标准是指世界主要经济发达国家所制定的国家标准，如美国国家标准（ANSI）、英国国家标准（BSI）、法国国家标准（NF）、德国国家标准（DIN）、俄罗斯国家标准（GOST）、日本国家标准（JSA）等。

此外，还有其他国家的某些世界先进标准，如瑞士的手表材料国家标准、瑞典的轴承钢国家标准、比利时的钻石标准等。

4. 国际上通行的团体标准

这类标准是指某些国家的标准化组织团体所制定的有一定影响的标准，如美国石油学会（API）标准、美国材料和实验协会（ASTM）标准、美国电子工业协会（EIN）标准、英国劳氏船级社（LR）《船舶入级规范和条例》等。

四、商品标准的内容

商品标准是一种具有法规性的文件，为了便于使用和管理，国内外对其封面格式、内容安排以及符号和编号等都有统一规定。我国商品标准包含的内容很多，一般是由概述、正文、补充三个部分组成。

（一）概述部分

商品标准的概述部分，概括地说明标准的对象、技术特征和适用范围。其主要内容包括封面、目录、标准名称、引言等。

1. 封面与首页

封面列有标准的名称、编号、分类号、批准发布单位、发布和实施日期等。合订本内的标准只有首页，首页上的内容与封面相似。

2. 目录

当商品标准的内容较长、结构较复杂、条文较多时，一般会有目录。

3. 标准名称

标准名称一般由标准化对象的名称和标准所规定的技术特征两部分组成。可用商品名称作为标准名称，也可用“技术条件”（或“规范”）作为标准名称。

4. 引言

引言，主要阐述制定标准的必要性和主要依据，历次复审、修订的日期，修订的主要内容，废除和被代替的标准以及采用国际标准的程度。

（二）正文部分

商品标准的正文部分是商品标准的实质性内容，包括主题内容、适用范围、引用标准、术语、符号、代号、商品分类、技术要求、试验方法、检验规则、标志、包装、运输和储存等方面。

1. 主题内容与适用范围

该部分简要说明标准的主题内容与适用范围。有的商品标准在必要时还明确指出该标准不适用的范围。

2. 引用标准

引用标准主要说明标准中直接引用的标准和本标准必须配套使用的标准，并列出标准的编号和名称。

3. 术语、符号和代号

标准中采用的术语、符号和代号，在现行国家标准、行业标准中尚无规定的，一般在标准中给出定义或说明。其定义或说明集中写在标准技术内容部分的前面，或分别写在有关章、条的前面。

4. 商品分类

商品分类是在商品标准中规定商品种类和形式，确定商品的基本参数和尺寸，作为合理发展商品品种、规格以及用户选用的依据。

商品分类的内容包括商品的种类、结构形式与尺寸、基本参数、工艺特征、型号与标记、商品命名和型号编制方法等。在商品分类中，为了协调同类商品和配套商品之间的关系，常按一定数值规律排列成科学的系列标准化形式。

5. 技术要求

技术要求是保证商品使用要求而必须具备的技术性能方面的规定，是指导生产、流通、使用以及对商品检验的主要依据。

列入标准的技术要求，应当是决定商品质量和使用性能的关键性指标，对商品性能无重要影响的次要指标和要求一般不列入标准。列入标准的各项指标应该具有可以测定或鉴定的质量特性。

6. 试验方法

试验方法，是评定商品质量的具体做法，是对商品质量是否符合标准而进行检测的方法、程序和手段所做的统一规定。试验方法一般包括试验原理、试样的采取或制备、所用试剂或标样、试验用仪器和设备、实验条件、试验步骤、试验结果的计算、分析评定、试验记录和试验报告等内容。

7. 检验规则

检验规则，是对商品如何进行验收而做的具体规定。它是商品制造厂将商品提交质量检验部门进行检验的规定，也是商品收购部门检查商品质量的依据，其目的是保证商品质量合乎标准要求。检验规则一般包括检验的类别和项目、抽样或取样方法、检验方法、检验结果的评定和复检规则等。

8. 标志、包装、运输和储存

标志、包装、运输和储存是为了使商品从出厂到交付使用的过程中不致受到损失所做的规定。

（1）标志

商品标准一般都有对商品标志的规定，特别是对消费品和涉及卫生、安全和环境保护的商品，要求更加严格。标志一般包括在商品及其包装上的位置、制作标志的方法、标志的内容和质量要求等内容。

（2）包装

一切需要包装的商品，在商品标准中都有规定包装的要求。包装要求一般包括包装材料、包装技术与方法、每件包装中商品的数量、重量或体积以及包装试验方法等内容。

（3）运输

在运输中有特殊要求的商品，经常规定运输要求，其内容主要包括运输方式、运输条件和运输中的注意事项。

（4）储存

根据商品的特点，规定商品的储存场所、储存条件、储存要求以及储存期限等。

（三）补充部分

商品标准的补充部分是对标准条文所做的必要补充说明和提供使用的参考资料，包括附录和附加说明两部分。

1. 附录

根据实际需要，一个标准可以有若干个附录，以其性质分为补充件和参考件两种。补充件是标准条文的补充，是标准技术内容的组成部分，与标准条文具有同等效力；参考件是用来帮助使用者理解标准的内容，如某些条文的参考资料或推荐性方法、标准中重要规定的依据等，它不是标准条文的组成部分，仅供参考。

2. 附加说明

附加说明是制定和修订标准中的一些说明事项，分段写在标准终结符号下面。其内容主要有：标准提出单位、归口单位、负责起草单位和标准主要起草人；标准首次发布、历次修订和重新确认的年月；标准负责解释单位以及其他附加说明。

任务二　商品标准的制定和复审

商品标准的制定和复审工作既是技术性工作，又是一项具有高度政策性的工作，所以要遵循一定的原则和相应程序。

一、商品标准制定的原则

（一）要充分考虑使用要求，维护消费者利益

制定商品标准必须面向市场，必须考虑广大消费者的实际需要，特别是要充分考虑商品的最终用途和实际使用条件，使商品尽可能做到品种规格对路、使用性能良好、寿命长、外形美观、节能安全、价格合理等。

（二）技术先进、经济合理和安全可靠

商品标准中规定的各种质量指标和要求要适应现代技术经济发展的先进水平，同时要通过全面的、经济的分析和论证，寻求经济上的合理性，此外要达到能充分保障财产安全、人体健康和环境保护方面的要求。

（三）要从全局出发，考虑全社会的综合效益

在商品标准的制定中，会关系到各个方面的利益，商品标准的制定和实施，不可能使各个方面都获得同等的经济利益，这就要求标准制定要兼顾局部利益与全局利益，必要时要求局部利益服从全局利益。

（四）要结合自然条件，合理利用国家资源

在制定商品标准时，要密切结合我国的资源状况，提高资源的利用率，注意节约和做好稀缺资源的利用。

（五）要协调一致、完整配套

商品标准的制定要与我国现行法令、法规相一致，还要与其他商品标准之间相互衔接。

（六）积极采用国际标准和国外先进标准

这可以使我国的技术及商品质量进一步提高，可增强我国国际竞争力。采用国际标准和国

外先进标准是我国一项重大的技术经济政策，是促进技术进步、提高产品质量、扩大对外开放、加快与国际惯例接轨的重要措施。2002 年 7 月，国家质量监督检验检疫总局、国家计委、国家经贸委、科学技术部、财政部、对外贸易经济合作部联合发文，推出优惠政策，引导和鼓励企业积极采用国际标准和国外先进标准，同时《中华人民共和国标准化法》也做了“国家鼓励积极采用国际标准”的规定。

我国采用国际标准和国外先进标准主要遵循的原则是：

①要密切结合我国国情，有利于促进生产力发展。

②有利于完善我国标准体系，促进我国标准水平的不断提高，努力达到和超过世界先进水平。

③要合理安排采用的顺序，注意国际上的通行需要，还要考虑综合标准化的要求。

④采用国外先进标准要根据标准的内容区别对待。

（七）掌握制定时机，并不断完善

要掌握好制定标准的时机，并随着技术和经济的发展，适时制定并完善。

二、商品标准编写的要求

（一）贯彻国家法律与标准之间协调一致

商品标准要贯彻国家和地区的法律和法规。各级标准之间，同级不同商品标准之间应协调一致，商品标准与其他相关标准之间也应协调一致。

（二）文字表达简明准确

文字叙述必须简明准确、逻辑严谨、通俗易懂。若文字、图表并用更易表达清楚时，最好并用，这样既利于掌握和使用，又避免对商品标准条文产生不同的理解。

（三）技术内容正确无误

商品标准中所做的规定，必须具有严肃性和权威性，要经过严格的科学论证和精确的数字计算，使其建立在科学的基础上，避免一切技术上的错误。

（四）术语、符号、代号统一

商品标准的名词、术语、符号和代号前后要统一，并与其他有关标准相一致，以避免影响商品标准的执行和相互协调。

（五）条文编排符合规定

商品标准条文编排必须符合标准化工作的有关规定。一般按其内容繁简分为若干章、条的顺序来叙述，章一般有标题，条可以有标题，也可以无标题，但同一层次的条应一致。

三、商品标准制定的程序

商品标准的制定是一个复杂的过程，主要包括确定项目、制定工作方案、调查研究、试验验证、起草标准草案、征求意见、审查定稿和审批发布等步骤。

（一）确定项目

根据标准化对象的客观实际需要，制订标准化计划，确定编写标准的项目。

（二）制定工作方案

标准化制定工作组根据任务项目制定出具体工作方案。

（三）调查研究

标准工作组的人员必须深入具有代表性的科研、生产、管理、流通和使用单位进行广泛的调查研究；同时，还应该了解国外同类商品的状况和发展方向，以及相应的国际标准和国外先进标准。

（四）试验验证

通过在不同环境条件、多种生产、使用条件下的测试，可使指标更具有科学性。

（五）起草标准草案

标准制定工作组在对所获得资料和数据进行统计分析和综合研究的基础上编写标准草案征求意见稿。

（六）征求意见

标准草案征求意见稿经主管单位审核同意后，广泛征求生产、使用、科研和流通等方面的意见。通过对意见的处理，将征求意见稿改为标准草案送审稿。

（七）审查定稿

标准草案送审稿经过标准化技术组织和主管部门审理、审查后，由主持审查单位提出标准草案报批稿。

（八）审批发布

标准草案报批稿由标准化主管部门批准正式发布。

四、商品标准的复审

商品标准制定发布后，随着社会经济、技术的发展，还应及时对商品标准进行复审和修订，以防止因商品标准落后而阻碍生产的发展。《中华人民共和国标准化法》中规定：“标准实施后，制定标准的部门应当根据科学技术的发展和经济建设的需要适时进行复审，以确认现行标准继续有效或者予以修订、废止。”

商品标准每隔 3 到 5 年复审一次，分别予以确认、修改或补充、修订或废止。

（一）确认

经过复审认为，标准内容不做修改或仅做编辑性修改，仍符合当前科学技术水平、适应需要的，给予确认。经过确认的标准，不改变编号和年号。当标准重版时，在标准封面写明某年确认的字样。

（二）修改或补充

经过复审认为，标准内容不够完善和充实，或不完全切合实际和当前科学技术水平的，可对标准中局部不适应之处进行个别的、少量的修改或补充。标准的编号和年号不变，修改、补充的内容和开始实施的日期，采用标准修改通知单的形式发布，并在指定的刊物《中国标准化》上全文刊登。

（三）修订

经过复审认为，标准内容已不完全切合实际和当前科学技术水平，主要技术规定需要作较大的修改才能适应当前生产、流通和消费的需要及科学技术水平的，应作为修订项目列入标准化计划，按照标准的制定程序进行修订。修订后的标准编号不变，把年代号改为新修改的年代号。

（四）废止

经过复审认为，标准内容已不适应当前的需要，或已经为新的标准所代替，以及无存在的必要的，予以废止。

执行标准废止的服装，可以打折销售吗？

产品标识是产品的重要部分，是和产品密不可分的。产品标识有国家强制性标准。《中华人民共和国产品质量法》第二十六规定：“生产者应当对其生产的产品质量负责。产品质量应当符合下列要求：……（三）符合在产品或者其包装上注明采用的产品标准，符合以产品说明、实物样品等方式表明的质量状况。”产品质量包括产品内在质量和外在质量，标识属于产品外在质量，国家强制性标准中对标识有明确规定的，产品必须符合强制性标准的要求。

因此销售执行标准废止的服装，属于销售不合格产品行为，应当依据《中华人民共和国消费者权益保护法》第五十四条“依法经有关行政部门认定为不合格的商品，消费者要求退货的，经营者应当负责退货”的规定要求经营者退货，同时依据相关法规对销售商进行处罚。

有关部门可以根据《中华人民共和国标准化法实施条例》第三十三条第二款“销售不符合强制性标准的商品的，应当责令其停止销售，并限期追回已售出的商品，监督销毁或作必要技术处理；没收违法所得；处以该批商品货值金额百分之十至百分之二十的罚款；对有关责任者处以五千元以下罚款”进行查处。

案例学习

食药局对标识了已废止执行标准的食品仅责令整改获支持

（益）食药监复决字〔2017〕2号

申请人：江××

被申请人：南县食品药品监督管理局

申请人江××不服南县食品药品监督管理局2017年2月21日作出的《关于湖南××电子商务有限公司经营不符合食品安全标准的食品投诉举报的回复函》，于2017年4月1日向本机关提起行政复议申请，本机关于2017年4月5日收到该行政复议相关资料，并于4月11日依法受理。被申请人按时向我局提交《行政复议答辩书》和相关证据、依据。本案现已审理终结。

申请人请求：1. 撤销由被申请人于2017年2月21日作出的《关于湖南×××电子商务有限公司经营不符合食品安全标准的食品投诉举报的回复函》，责令被申请人履行职责限期对被举报企业立案查处，并将处理结果以书面形式邮寄给本人。2. 申请确认被申请人不履行法定职责、行政不作为或乱作为。3. 申请被申请人未告知申请人复议及诉讼权力的救济权力，程序违规。

申请人称：申请人于2016年10月3日与11月13日，在被投诉企业“湖南×××电子商务有限公司”于天猫平台经营的“××食品专营店”购买了一些食品，其中两款产品“×××五香牛肉干”与“×××南县特产麻辣肉”购买了共计796.24元，后经发现该两款产品所执行的是已废止的执行标准，湖南卫计委曾在2014年11月12日发布了“湖南省卫生和计划生育委员会发布关于地方标准清理的通告（湘卫通〔2014〕1号）”，其中明确规定DB43/160.2—2009已废止。而涉案产品为2016年生产的，标准废止后该公司仍采用废止的执行标准组织生产，而被投诉举报方作为食品经营企业，应熟知食品经营的相关法律法规，依据产品质量法第33条与食品安全法第53条规定，在采购产品时负有严格审慎食品是否符合食品安全相关法律法规的义务，以保证其出售的食品符合我国食品安全标准，被投诉举报方为了非法牟利，明知涉案产品不符合我国食品安全标准，仍违法经营出售，侵害了广大消费者及申请人合法权益。经与企业协商无果，后在湖南省食品药品投诉举报平台在线投诉举报该企业的违法行为，后转办至益阳市食品药品监督管理局，该局经调查发现被投诉举报企业已搬迁至南县，后将该案移交至被申请人。而被申请人经调查后，没有对经营者行政处罚，理由是“天猫平台××食品专营店”销售的×××五香牛肉干与×××南县特产麻辣肉宣传图片已全部标注为新执行标准GB/T 23586。申请人认为被申请人在调查后，仍认为被投诉举报企业违法事实不存在，认定事实不清，存在不履行法定职责、徇私舞弊、行政不作为的违法行为。

被申请人称：被申请人已按相关法律法规的要求，履行了法定职责。理由是：

依法不予立案查处。涉案“×××五香牛肉干”与“×××南县特产麻辣肉”的生产企业虽然在食品包装上标示了已于2015年5月1日废止的食品安全地方标准，但根据对涉事企业现场核查及日常监管情况，企业在日常生产经营中都是严格按产品合法有效的标准组织生产，出厂的食品经企业按合法有效的标准检验合格，且省市县食品药品监督管理部门2016年对涉案的产品依法进行的抽样检验结果合格。因此，产品包装上标示的执行标准对该产品本质安全并无实质影响。被申请人及时对企业负责人进行了约谈，要求整改。依法不予立案查处。

被申请人已依法履行法定职责。被申请人收到申请人的投诉举报后，按《食品药品投诉举报管理办法》相关规定对投诉举报进行了统一编码，并于收到之日起5日内依法作出受理决定。受理后，被申请人依法及时对涉事企业进行了现场检查，收集了相关证据，下达了责令改正通知书，并将处理结果及时告知了申请人。

被申请人未告知申请人复议及诉讼权，并无程序违规。被申请人依法及时受理了申请人的投诉举报，依法及时作出了处理，并依法及时告知了申请人，没有违反《食品药品投诉举报管理办法》的规定，更没有对申请人的合法权利产生不利影响，没有剥夺申请人的行政复议及行政诉讼权利。

本复议机关查明：申请人于2016年10月3日与11月13日，在被投诉企业“湖南×××电子商务有限公司”于天猫平台经营的“××食品专营店”购买了“×××五香牛肉干”与“×××南县特产麻辣肉”共计796.24元，该两款产品包装标示的执行标准为DB43/160.2—2009，该执行标准湖南卫计委在2014年11月12日发布的“湖南省卫生和计划生育委员会发布关于地方标准清理的通告（湘卫通〔2014〕1号）”中规定自2015年5月1日起废止，而涉案产品为2016年生产。申请人向食品药品监管部门进行投诉举报，2017年2月17日南县食品药品监督管理局接到申请人的投诉举报后，于2017年2月18日安排执法人员进行现场检查，对相关人员进行询问调查，收集南县×××食品有限公司出厂检验报告单、检验报告等相关证据材料，根据调查查明的事实，南县食品药品监督管理局对涉案企业下达了责令改正通知书，并于2017年2月21日作出了《关于湖南×××电子商务有限公司经营不符合食品安全标准的食品投诉举报的回复函》，已送达申请人。

本复议机关经审理认为：本案行政复议争议焦点为被申请人是否依法履行法定职责，不予立案查处是否正确，未告知申请人复议及诉讼权利是否程序违法。

本机关认为：关于被申请人是否依法履行法定职责的问题。经查，被申请人接到申请人的投诉举报后，在法定期限内，依法安排执法人员进行现场检查，对相关人员进行询问调查，对涉案企业下达了责令改正通知书，收集了南县×××食品有限公司的出厂检验报告单、检验报告等相关证据材料，根据调查查明的事实，被申请人在法定期限内做出了《关于湖南×××电子商务有限公司经营不符合食品安全标准的食品投诉举报的回复函》，并送达申请人，被申请人的上述行为，足以证明被申请人已经依法履行法定职责。

关于不予立案查处是否正确的问题。被申请人经过依法调查、现场检查，涉案企业现场未发现投诉的涉案商品，根据询问笔录、现场检查笔录查明的事实，结合申请人提供的证据材料，涉案“×××五香牛肉干”与“×××南县特产麻辣肉”的生产企业虽然在食品包装上标示了已废止的食品安全地方标准，但根据对涉案企业现场检查情况，出厂检验报告单及检验报告，出厂的食品经企业按合法有效的标准检验合格，且抽样检验结果合格。产品包装上标示的已废止食品安全地方标准对该产品本质安全并无实质影响。根据《中华人民共和国食品安全法》第一百二十五条第二款的规定：“生产经营的食品、食品添加剂的标签、说明书存在瑕疵但不影响食品安全且不会对消费者造成误导的，由县级以上人民政府食品药品监督管理部门责令改正；拒不改正的，处二千元以下罚款”。针对上述标签瑕疵情况，被申请人及时对涉案企业下达了责令改正通知书，不予立案查处并无不当。

关于《关于湖南×××电子商务有限公司经营不符合食品安全标准的食品投诉举报的回复函》未告知申请人复议及诉讼权利是否程序违法问题。《关于湖南×××电子商务有限公司经营不符合食品安全标准的食品投诉举报的回复函》中未告知申请人复议及诉讼权利，申请人有权依据行政复议法和行政诉讼法的规定行使行政复议和行政诉讼权利，被申请人没有予以告知，函存在一定瑕疵，但没有剥夺申请人的行政复议和行政诉讼权利，事实上申请人已经行使行政复议权利，因此，该函没有告知复议诉讼权利不属于程序违法。

综上所述，依据《中华人民共和国行政复议法》第二十八条第一款的规定，本复议机关决定如下：

维持南县食品药品监督管理局2017年2月21日作出的《关于湖南×××电子商务有限公司经营不符合食品安全标准的食品投诉举报的回复函》。

如对本决定不服，可以自接到本决定之日起15日内，向益阳市赫山区人民法院提起行政诉讼。

2017年6月1日

（本文来源：益阳市食品药品监督管理局）

任务三　商品标准化与标准化管理

一、标准化概述

（一）标准化概念

国家标准《标准化工作指南 第1部分：标准化和相关活动的通用词汇》（GB/T 20000.1—2002）中对“标准化”的定义是：“为了在一定范围内获得最佳秩序，对现实问题或潜在问题制定共同使用和重复使用的条款的活动。”同时在定义后注明：“（1）上述活动主要包括编制、发布和实施标准的过程；（2）标准化的主要作用在于为了其预期目的改造产品、过程或服务的适用性，防止贸易壁垒，并促进技术合作。”

标准化是指在经济、技术、科学和管理等社会实践中，对重复性的事物和概念，通过制定、发布和实施标准达到统一，以获得最佳秩序和社会效益。公司标准化是以获得公司的最佳生产经营秩序和经济效益为目标，对公司生产经营活动范围内的重复性事物和概念，以制定和实施公司标准，以及贯彻实施相关的国家、行业、地方标准等为主要内容的过程。

（二）标准化基本原理

标准化的基本原理通常是指统一原理、简化原理、协调原理和最优化原理。

1. 统一原理

为了保证事物发展所必需的秩序和效率，对事物的形成、功能或其他特性，确定适合于一定时期和一定条件的一致规范，并使这种一致规范与被取代的对象在功能上达到等效。

2. 简化原理

为了经济有效地满足需要，对标准化对象的结构、型式、规格或其他性能进行筛选提炼，剔除其中多余的、低效能的、可替换的环节，精炼并确定出满足全面需要所必要的高效能的环节，保持整体构成精简合理，使之功能效率最高。

3. 协调原理

为了使标准的整体功能达到最佳，并产生实际效果，必须通过有效的方式协调好系统内外相关因素之间的关系，确定为建立和保持相互一致、适应或平衡关系所必须具备的条件。

4. 最优化原理

按照特定的目标，在一定的限制条件下，对标准系统的构成因素及其关系进行选择、设计或调整，使之达到最理想的效果，这样的标准化原理称为最优化原理。

二、商品标准化

（一）商品标准化概念

商品标准化是指在商品生产和流通加工的各个环节中制定、发布以及实施商品标准的活动。推行商品标准化的最终目的是达到统一，从而获得最佳市场秩序和社会效益。

商品标准化是一项系统管理活动，涉及面广，专业技术要求高，政策性强，因此必须遵循统一管理与分级管理相结合的原则，建立一套完善的标准化机构和管理体系，调动各方面的积极性，搞好分工协作，吸取国外标准化的先进经验，才能顺利完成商品标准化的任务。

商品标准化是一个永无止境的循环上升的活动过程。它始于商品标准的制定，到商品标准的实施，到在实施过程中随着科学技术进步对原商品标准的修订，再到新一轮的实施、修订。每循环一周，商品标准就会上升到一个新的水平，从而不断地提高商品的质量，满足人们不断发展和丰富的需要。

商品标准化的目的是获得最佳秩序和社会效益。最佳秩序和社会效益可以体现在多方面，如：在生产技术管理和各项管理工作中，按照GB/T 1900建立质量保证体系，可保证和提高产品质量，保护消费者和社会公共利益；简化设计，完善工艺，提高生产效率；扩大通用化程度，方便使用维修；消除贸易壁垒，扩大商品出口和对外技术交流。

（二）商品标准化的内容

商品标准化的内容包括：名词术语统一化，商品质量标准化，商品零部件通用化，商品品种规格系列化，商品质量管理与质量保证标准化，商品检验与评价方法标准化，商品分类编码标准化，商品包装、储运、养护标准化。

①商品质量标准化指要求按照统一的技术标准进行商品生产和检验，并对同类所有商品进行质量管理。

②商品品种规格系列化指将同类商品，依据一定的规律、一定的技术要求，按照不同的规格、尺寸等进行合理分档，使之形成系列。

③商品零部件通用化指在相互独立的商品体系中，选择和确定具有功能互换性或尺寸互换性的标准零部件，即使同一类商品或不同商品零件、部件之间部分或大部分可相互通用。

④技术语言标准化指商品使用的名词、术语、符号、代号等必须统一、简化、明确，以利于提高工作效率，便于相互交流和正确理解。

（三）商品标准化的意义和作用

商品标准化的水平是衡量一个国家或地区生产技术和管理水平的尺度，是现代化的一个重要标志。现代化水平越高就越需要商品标准化。商品标准化的作用主要体现在以下几方面：

①商品标准化是组织现代化商品生产和发展专业化协作生产的前提条件。

②商品标准化是实现现代化科学管理和全面质量管理的基础。

③商品标准化是提高商品质量和合理发展商品品种的技术保证。

④商品标准化是合理利用国家资源、保护环境和提高社会经济效益的有效手段。

⑤商品标准化是推广应用新技术，促进技术进步的桥梁。

⑥商品标准化是国际经济，技术交流的纽带和国际贸易的调节工具。

三、标准化管理

（一）标准化管理内涵

标准化管理是指企业为在生产经营、管理范围内获得最佳秩序，对实际或潜在问题制定规则的活动，MBA 等常见经管教育均将标准化管理体系建设涵括在内。现阶段标准化管理泛指企业标准化管理体系。

企业标准化管理实质上就是对由技术标准、管理标准、工作标准这三大标准体系所构成的企业标准化系统（或企业标准体系）的建立与贯彻执行。

1. 技术标准

技术标准是对技术活动中需要统一协调的事物制定的技术准则。它是根据不同时期的科学技术水平和实践经验，针对具有普遍性和重复出现的技术问题，提出的最佳解决方案。

2. 管理标准

管理标准是企业为了保证与提高产品质量，实现总的质量目标而规定的各方面经营管理活动、管理业务的具体标准。若按发生作用的范围分，标准又可分为国际标准、国家标准、部颁标准和企业标准。以生产过程的地位分，又有原材料标准、零部件标准、工艺和工艺装备标准、产品标准等。在标准化工作中，又通常把标准归纳为基础标准、产品标准、方法标准和卫生安全标准。

3. 工作标准

工作标准是对企业标准化领域中需要协调统一的工作事项制定的标准，是以人或人群的工作为对象，对工作范围、责任、权限以及工作质量等所做的规定。工作标准主要是研究规定各个具体人在生产经营活动中应尽的职责和应有的权限，对各种工作的量、质、期以及考核要求所做出的规定。企业工作标准化管理，主要是明确工作标准的内容和对象，科学制定工作标准，认真组织实施工作标准，对工作标准的完整性、贯彻情况、取得的成效进行严格考核。

（二）标准化管理流程

从近年企业标准化建设与创新实践来看，企业标准体系在建设、运转、提升过程中存在若干难题：工具方法不完善制约了标准立、改、废管理；员工需要的仅是部分标准或标准的部分条款，标准繁多难以落实；工作标准很难随岗位实施动态调整；难以实现技术标

三分钟带你看懂农产品标准化有多重要！

准、管理标准、工作标准这“三大”标准的有效协同和持续改进；标准执行“两张皮”问题很难避免。

实施卓越流程管理解决方案，可以解决传统标准体系建设中存在的问题。基于“理清楚、管起来、持续优化”理念，对企业流程进行全面梳理，整合优化制度、组织岗位、业务表单等要素，构建企业标准体系，实现“三大”标准协同。主要方法概述如下：

1. 厘清业务现状，为标准体系构建奠定基础

流程体系建设是标准体系建设的基础。根据企业战略构建企业完整流程架构，引入 ARIS 流程管理平台梳理岗位、角色、表单等要素，确保各流程要素既可动态引用又可动态修改。通过统一的、规范的建模方式，规范表述流程环节、工作内容、职责划分、管理要求等内容，实现业务流程可描述、可操作、可分析、可衡量。

通过实施流程要素分析，可辅助企业开展制度优化、岗位优化、流程改进、信息系统功能提升等工作。例如：通过制度与流程关联的方式，可直观体现流程是否有制度支撑以及不同制度对同一流程、不同制度条款对同一业务环节的要求；通过定量、定性分析，可辅助业务人员发现制度冲突、缺失、重复等问题。

2. 厘清岗位与流程关系，为工作标准自动生成奠定基础

为实现组织、岗位、业务之间协调、动态、便捷调整，形成相对稳定的岗位工作标准，可采用卓越流程角色体系设计方案。通过角色设计实现流程和组织的松耦合管理，确保同一套流程在全公司范围内适用。通过流程角色与岗位职责匹配，建立起岗位、权限、角色、流程之间的连接关系，消除组织、岗位变动对流程的影响，有效支持企业组织变革。

当组织结构、岗位发生变动时，仅调整角色与岗位的对应关系，管理要求便可以通过岗位手册落实至新的岗位，为员工提供业务执行依据，有效解决员工手中“几张纸”问题。

3. 实施端到端流程优化，提升企业核心业务竞争力

局部最优未必全局最优。在对流程进行梳理和优化的基础上，需要针对企业核心业务，跨部门梳理端到端流程。将末级流程通过接口衔接，通过分析接口关系、岗位配置、单据流向等，发现和解决流程断点问题。在此基础上，确定业务关键控制点，制定管控措施，优化流程及管理要求，消除专业、层级壁垒，提升企业核心业务竞争力。

4. 以流程体系为基础，构建企业标准体系

标准与业务高度融合是标准落地的基础。通过实施卓越流程管理制度、标准、流程一体化解决方案，可以将非结构化的制度以及标准文件转化为结构化数据，在 ARIS 平台中实现对制度、标准内容的管理。将制度、标准与流程进行匹配，可实现“三大”标准基于流程的协同。

流程手册包含了执行流程所需的全部要求，以流程手册为基础编写管理标准，可保证管理标准与业务的融合，实现制度向管理标准的转化和提升。岗位手册包含了岗位工作相关的全部要求，通过流程管理平台可自动将岗位手册转化为工作标准，保证岗位标准是岗位业务执行和考核的依据，并能够随岗位、业务的变化实现工作标准的便捷、动态调整。

5. 通过多管理体系融合确保标准落地执行

以流程梳理为基础，可建立风险体系和控制体系。在业务流程体系“理清楚”基础上，对企业风险进行识别，将风险点、控制措施与流程进行匹配，将风险控制意识贯彻到业务执行中，有效防范经营风险和法律风险，提升企业依法治企水平。

以流程梳理为基础，可建立流程绩效体系。实施流程绩效考核，将对最终结果的考评细化到形成过程，推动绩效管理向注重工作过程与结果并重的考核方式转变，提升考核的客观性和科学性，实现员工与企业共同发展。

以流程梳理为基础，可建立关键绩效监控和分析体系，采集关键业务数据，对企业关键流程执行状况进行跟踪，查找运营瓶颈，持续优化和改进业务流程，提升企业整体运营效率。

总之，以流程梳理为基础，开展企业标准体系建设，通过建立流程与标准、岗位的关联关系，实现“三大”标准基于流程的协同和动态管理，促进标准落地。以流程管理为基础，实现制度、标准、风控、绩效等多体系的统一管理，可促进不同管理体系相互融合、相互依托和协同改进，有效提升企业管理水平。

项目小结

1. 标准是对重复性事物和概念所做的统一规定，它以科学、技术和实践经验的综合为基础，经过有关方面协商一致，由主管机构批准，以特定的形式发布，作为共同遵守的准则和依据。

2. 商品标准是对商品质量以及与质量有关的各个方面，如商品的品名、规格、性能、用途、使用方法、检验方法、包装、运输、储存等，所做的统一技术规定，是评定、监督和维护商品质量的准则和依据。

3. 强制性标准又称法规性标准，即一经批准发布，在其规定的范围内，有关方面都必须严格贯彻执行。

4. 推荐性标准又称自愿性标准，即国家制定的标准由各企业自愿采用，自愿认证，国家利用经济杠杆鼓励企业采用。实行市场经济的国家大多数实行推荐性标准。

5. 国际标准是指由国际上权威的专业组织制定，并为世界上多数国家承认和通用的产品质量标准。

6. 国家标准是由国家标准总局审批和公布，在全国范围内实施的标准。国家标准的代号为“GB”（强制性标准）或“GB/T”（推荐性标准）。国家标准编号由国家标准代号、国家标准发布顺序号和国家标准发布年号（发布年份）构成。

7. 行业标准是在没有国家标准的情况下，由标准化主管机构制定、审批和发布的标准。如发布实施了国家标准，则该行业标准自行废止。

8. 地方标准是由地方（省、自治区、直辖市）标准化主管机构或专业主管部门批准、发布，在某一地区范围内统一使用的标准。地方标准代号为“DB”。

9. 企业标准是对企业范围内需要协调、统一的技术要求、管理要求和工作要求所制定的标准，是企业组织生产、经营活动的依据。国家鼓励企业自行制定严于国家标准或者行业标准的企业标准。企业标准一般以“Q”开头。

10. 标准化的定义是：为了在一定范围内获得最佳秩序，对现实问题或潜在问题制定共同使用和重复使用的条款的活动。标准化的基本原理通常是指统一原理、简化原理、协调原理和最优化原理。

11. 商品标准化是指在商品生产和流通加工的各个环节中制定、发布以及实施商品标准的活动。推行商品标准化的最终目的是达到统一，从而获得最佳市场秩序和社会效益。

12. 企业标准化管理实质上就是对由技术标准、管理标准、工作标准这三大标准体系所构成的企业标准化系统（或企业标准体系）的建立与贯彻执行。

思考与练习

一、单选题

1. 标准的本质属性是一种（　　）。

A. 统一规定　　B. 重复性事物和概念

C. 科学、技术和实践经验的综合成果　　D. 共同遵守的准则和依据

2. 国际标准属于（　　）。

A. 推荐性标准　B. 强制性标准　C. 企业标准　D. 绿色标准

3. 企业标准的代号为（　　）。

A. C　B. G　C. Y　D. Q

4.《中华人民共和国标准化法》按制定部门、适用范围等的不同，将商品标准划分为（　　）个层次。

A. 2　B. 3　C. 5　D. 4

5. 国际标准化组织 ISO，其日常办事机构是中央秘书处，设在（　　）。

A. 瑞士日内瓦　B. 美国纽约　C. 美国华盛顿　D. 英国伦敦

6. 推行商品标准化的最终目的是（　　）。

A. 获得最佳市场秩序和社会效益　B. 促进技术合作

C. 改造产品、过程或服务的适用性　D. 防止贸易壁垒

7.（　　）是对企业标准化领域中需要协调统一的工作事项制定的标准，是以人或人群的工作为对象，对工作范围、责任、权限以及工作质量等所做的规定。

A. 工作标准　B. 技术标准　C. 管理标准　D. 流程标准

8. eBPM（卓越流程管理）解决方案认为（　　）建设是标准体系建设的基础。

A. 流程体系　B. 人才体系　C. 技术体系　D. 管理体系

二、多选题

1. 国家标准的代号为（　　）。

A. GB　B. GB/T　C. DB　D. QB

2. 商品标准可以按性质分为（　　）。

A. 产品标准　B. 方法标准　C. 卫生标准　D. 安全标准

3. 国家标准编号由（　　）构成。

A. 代号　B. 顺序号　C. 年号　D. 标准号

4. 地方标准的范围要从严控制，凡有国家标准、专业（部）标准的不能制定地方标准，（　　）等也不宜制定地方标准。

A. 军工产品　B. 机车　C. 船舶　D. 工艺品

5. 地方标准编号是由（　　）组成。

A. 地方标准代号　B. 省级行政区划代码前两位

C. 标准顺序号　D. 年号

6. 我国商品标准包含的内容很多，一般由（　　）几个部分组成。

A. 概述　B. 正文　C. 补充　D. 附录

7. 标准化的基本原理通常是指（　　）。

A. 统一原理　B. 简化原理　C. 协调原理　D. 最优化原理

8. 企业标准化管理实质上就是对由（　　）三大标准体系所构成的企业标准化系统（或企业标准体系）的建立与贯彻执行。

A. 技术标准　B. 管理标准　C. 工作标准　D. 流程标准

三、简答题

1. 简述商品标准按发生作用的范围不同的分类。

2. 什么是商品标准？简述其与标准的关系。

3. 什么是实物标准？

4. 例举 5 个不同的区域标准化组织。
5. 简述商品标准制定的原则。
6. 什么是商品标准化，其内容有哪些？
7. 简述商品标准化的作用。

四、论述题

论述标准化管理流程。

五、案例题

1.

服务规范标准

在酒店服务台，一位女服务员正在值台服务。这时一位美国小姐从她的房间走出来，服务员一见，就用中文问了句：“小姐，您好！您出去呀？”这位美国小姐略懂中文，她说：“你说的‘你好，小姐’我懂，但‘您出去呀’是什么意思？”这位服务员解释说：“我们平时见了朋友常问‘你出去呀，你去公园，你去工作呀’等等。”这位美国小姐听后很生气，她只听懂了“出去、公园、工作”几个字，于是联想成说她是到公园要做点什么，她认为服务员侮辱了她的人格，要求道歉。事后前台经理批评了服务员，应该按照服务用语招呼客人。服务员委屈地说：“我本来把她当成熟朋友才那么说的，谁知道反倒招来不是。”

问题：请结合案例谈谈对服务规范标准的看法。

2.

标准与品牌

香港一家商行从南京订购了 2 万只盐水鸭，其收购价是南京的几倍，但对方对鸭子的质量要求很高，要求成品标准化，每只鸭子大小只能是 1 000 克，大了不要，小了也不要，个个都要符合标准。这说明，商品标准化是名牌品质的重要内核。

品牌是优良的品质、独特的工艺、诚实的服务，且其量化又符合既定的模式、统一的标准。这便是品牌的特色、品牌的形象。遍布全球的麦当劳，一样的 M 形拱门，一样的憨态可掬的麦当劳小丑，一样的窗明几净的店堂，一样的笑容满面的服务员，一样的新鲜可口的汉堡包、炸薯条，一样的食品过时不售的硬性规定，这些“一样”，便是麦当劳的标准化。正是名牌的标准化，才使其与众不同、非同凡响。

遗憾的是，标准化这个命题，在我们不少的经营者乃至企业家的头脑中，尚未形成共识，更未形成一个“标准”，因而名牌总是难以成名，更别奢望“一名”惊人了。江苏的高邮双黄蛋、新疆的库尔勒香梨等，由于在营养成分、规格大小、品牌标识、包装式样等诸多方面不够统一，缺乏标准，因而往往无鲜明的特色、强烈的个性，形不成气势，所以在市场竞争中，难免“名落孙山”。可见，增强“标准”意识，采取科技手段提高品牌的“标准度”已迫在眉睫、刻不容缓了。

问题：根据案例说明商品质量与商品标准在经济贸易中的作用。

项目八

商品检验

学习目标

【知识目标】

(1) 掌握商品检验的概念、类型、内容，掌握商品品级概念及划分的原则；

(2) 理解商品检验的目的与任务，理解商品检验方法的具体分类；

(3) 了解商品检验的依据，了解我国商品检验的产生和发展，了解我国商品检验工作的概况。

【能力目标】

(1) 能够说明感官检验法、理化检验法、生物学检验法及其特点；

(2) 能够说明商品检验的程序、商品品级划分方法。

【素质目标】

(1) 培养学生具备商品检验管理的基本逻辑素质；

(2) 培养学生爱岗敬业、细心踏实的商品管理的职业精神。

导入案例

防范疫情输入风险 加强进口冷链食品监管

2020 年 7 月 10 日，国务院联防联控机制新闻发布会介绍防范疫情输入风险、加强进口冷链食品监管有关信息。为防范新冠肺炎疫情通过进口冷链食品传入的风险，全国海关对进口冷链食品开展了新冠病毒风险监测。到 2020 年 7 月 9 日 24 时，全国海关共抽样检测样本 227 934 个，其中产品样本 43 964 个，内外包装样本 147 568 个，环境样本 36 402 个。在上述样本中，7 月 3 日，大连海关从装载厄瓜多尔 Industrial Pesquera Santa Priscila S. A（注册编号 24 887）生产的冻南美白虾集装箱内壁一个样本中、从厄瓜多尔 Empacreci S. A（注册编号 681）生产的冻南美白虾的三个外包装样本中检出新冠病毒核酸阳性。同日，厦门海关从厄瓜多尔 Empacadora Del Pacifico Sociedad Anonima Edpacif S. A（注册编号 654）生产的冻南美白虾的两个外包装样本中检出新冠病毒核酸阳性。上述企业的冻南美白虾虾体和内包装样本新冠病毒核酸检测均为阴性，其他 227 928 个样本检测全部为阴性。对检出阳性的样本，经核酸序列分析并经专家研判，检测结果提示厄瓜多尔三家企业产品的集装箱环境、货物外包装存在被新冠病毒污染风险。

专家研判认为，检出结果不代表具有传染性，但反映出相关企业的食品安全管理制度落实不到位。为保护消费者健康，海关总署决定，自即日起暂停厄瓜多尔上述三家企业在华注册资格，暂停上述三家企业产品的进口，对暂扣的货物采取退货、销毁等处理措施。海关总署已将有关情况通报厄政府主管部门，请其就有关问题进行调查，并尽快向中方反馈。同时请其进一步加强对输华食品企业的监管，督促企业落实联合国粮农组织、世界卫生组织共同制定发布的《新冠肺炎与食品安全：对食品企业指南》，完善食品安全管理体系，加强生产、加工、运输过程中的安全卫生管理和员工防护，保证输华食品安全。下一步，海关总署将进一步加强对进口冷链食品的源头管控，严格口岸检验检疫，保障进出口食品安全。

（资料来源：第一食品网）

结合案例，谈谈你对商品检验重要性的看法。

任务一　商品检验概述

一、商品检验内涵

（一）商品检验的概念

商品检验是指商品的产方、买方或者第三方在一定条件下，借助于某种手段和方法，按照合同、标准或国内外有关法律、法规、惯例，对商品的质量、规格、重量、数量、包装、安全及卫生等方面进行检查，并做出合格与否或通过验收与否的判定，或为维护买卖双方合法权益，避免或解决各种风险损失和责任划分的争议，便于商品交接结算而出具各种有关证书的业务活动。

（二）商品检验的目的与任务

商品检验的目的是运用科学的检验技术和方法，正确地评定商品质量。商品检验的任务是从商品的用途和使用条件出发，分析和研究商品的成分、结构、性质及其对商品质量影响，确定商品的使用价值；拟定商品质量指标和检验方法，运用各种科学的检测手段评定商品质量，并确定是否符合规定标准的要求；研究商品检验的科学方法和条件，不断提高商品检验的科学性、精确性、可靠性，使商品检验工作更科学化、现代化；探讨提高商品质量的途径和方向，促进商品质量的提高，并为选择适宜的包装、保管和运输方法提供依据。

在进出口贸易中商品检验尤为重要，所以国家设立专门的商检机构依法对进出口商品实施检验与管理。商检机构依法对进出口商品实施检验与管理的主要目的与任务，一是把关，二是服务。

1. 把关作用

国家设立商检机构，其主要目的就是加强进出口商品检验工作，保证进出口商品的质量，维护对外贸易有关各方的合法权益，促进对外贸易的顺利发展。因此，把关是商检工作的首要作用。

2. 服务作用

商检机构的服务作用十分明显，主要体现在以下几个方面：

（1）促进进出口商品质量的提高

商检机构通过检验和监督管理，把好进出口商品质量关，防止不合格的商品进出口，有力地促进了中国境内的出口、生产企业和境外的卖方、厂家注意提高产品的质量。

（2）对进出口商品提供出据证明

在国际经济贸易活动中，有关各方经常需要一个第三者，作为出证鉴定人对进出口商品进行检验或鉴定，提供出据证明，供有关各方进行交接、计费、索赔、理赔、免责之用。这是一种技术和劳务相结合的服务工作。商检机构由于自身的性质、技术条件和信誉，长期以来在这一个重要领域发挥自己的特长和优势，起着积极的作用。

(3) 收集和提供与进出口商品质量、检验有关的各种信息

由于工作关系，商检机构经常接触国内外大量的商品质量、性能、价格、分布等各方面的情况，及时收集整理这些情况，提供给各有关部门参考，这也是国家对于商检工作的要求。

一国际航行船舶食品舱里截获“小麦杀手”

2016 年 8 月，蓬莱检验检疫局工作人员在对一艘国际航行船舶食品舱进行卫生监督时，发现其中一个品牌的面粉色泽严重泛黄，且其外包装上产地为小麦印度腥黑穗病菌疫区的美国。经现场抽样后送实验室鉴定，最终确认该批小麦粉中含有小麦印度腥黑穗病菌，为国家《进境植物检疫性有害生物名录》中所列的禁止进境生物。

对此，蓬莱检验检疫局按照规定对该批面粉做封存处理，要求船方在港期间禁止拆封使用，并对该船厨房垃圾等实施了监督无害化处理。这是蓬莱口岸首次在入境船舶自用食品中检出检疫性有害生物。

据悉，小麦印度腥黑穗病菌是一种世界性的检疫性有害生物，号称小麦杀手，主要分布在印度、巴基斯坦、阿富汗、伊拉克以及墨西哥、美国等国，是严重威胁小麦、黑麦及禾本科牧草的病害。该病菌不仅影响小麦产量，而且影响品质，对小麦制作的面粉和其他食品的色、香、味有极其不利的影响。因小麦粉属于小麦的初级加工品，并不能有效去除麦粒中携带的植物病原微生物，易造成病原微生物的传播。近年来，蓬莱检验检疫局根据国家质检总局文件要求，加大了对入境交通工具上动植物检疫性有害生物的检疫力度，全力确保口岸生态安全。

二、商品检验的类型

（一）按检验目的的不同分类

按检验目的的不同，通常可分为生产检验、验收检验和第三方检验等三种。

①生产检验：又称第一方检验、卖方检验，是由生产企业或其主管部门自行设立的检验机构，对所属企业进行原材料、半成品和成品产品的自检活动。目的是及时发现不合格产品，保证质量，维护企业信誉。经检验合格的商品应有“检验合格证”标志。

②验收检验：又称第二方检验、买方检验，是由商品的买方为了维护自身及其顾客利益，保证所购商品符合标准或合同要求所进行的检验活动。目的是及时发现问题，反馈质量信息，促使卖方纠正或改进商品质量。在实践中，商业或外贸企业还常派“驻厂员”，对商品质量形成的全过程进行监控，对发现的问题，及时要求厂方解决。

③第三方检验：又称公正检验、法定检验，是由处于买卖利益之外的第三方（如专职监督检验机构），以公正、权威的非当事人身份，根据有关法律、标准或合同所进行的商品检验活动，如公证鉴定、仲裁检验、国家质量监督检验等。目的是维护各方面合法权益和国家权益，协调矛盾，促使商品交换活动的正常进行。

（二）按接受检验商品的数量不同分类

电梯检验案例

按接受检验商品的数量不同，可分为全数检验、抽样检验和免于检验。

①全数检验：又称全额检验、百分之百检验，是对整批商品逐个（件）地进行的检验。其特点是能提供较多的质量信息，给人一种心理上的放心感。缺点是由于检验量大，其费用高，易造成检验人员疲劳而导致漏检或错检。

②抽样检验：是按照已确定的抽样方案，从整批商品中随机抽取少量商品用作逐一测试的样品，并依据测试结果去推断整批商品质量合格与否的检验。它具有占用人力、物力和时间少的优点，具有一定的科学性和准确性，是比较经济的检验方式。但检验结果相对于整批商品实际质量水平，总会有一定误差。

③免于检验：即对于生产技术水平高和检验条件好、质量管理严格、成品质量长期稳定的企业生产出来的商品，在企业自检合格后，商业和外贸部门可以直接收货，免于检验。

（三）按商品内、外销售情况分类

按商品内、外销售情况，有内销商品检验和进出口商品检验两种。内销商品检验是对于国内销售商品的检验，而进出口商品检验是对于进口或出口商品的检验。进出口商品检验一般都是根据国家法令规定，对指定的重要进出口商品执行的强制性检验。其检验合格的商品给予签发检验证书，作为海关放行凭证，未经检验或检验不合格的商品，不准出口或进口。

（四）按检验是否具有破损性分类

按检验是否具有破损性，可分为破损性检验和非破损性检验。

①破损性检验：是对商品进行各项技术指标的测定、试验，经试验后的商品会遭受破损，甚至再无法使用的检验，如加工食品罐头、饮料以及茶类等的检验。

②非破坏性检验：是经过检验的商品仍能发挥其正常使用性能的检验，如对电器类、纺织品类等的检验。

（五）其他常见分类

①工厂签证，商业免检：工厂生产出来的产品，经工厂检验部门检验签证后，销售企业可以直接进货，免于检验程序。该形式多适用于生产技术条件好、工厂检测手段完善、产品质量管理制度健全的生产企业。

②商业监检，凭工厂签证收货：销售企业的检验人员对工厂生产的半成品、成品及包装，甚至原材料等，在工厂生产全过程中进行监督检验，销售企业可凭工厂检验签证验收。该形式适用于比较高档的商品质量检验。

③工厂签证交货，商业定期不定期抽验：对于某些工厂生产的质量稳定的产品、质量信得过的产品或优质产品，一般是工厂签证后便可交货，但为确保商品质量，销售企业可采取定期或不定期抽验的方法。

④商业批检：销售企业对厂方的每批产品都进行检验，否则不予收货。此种检验形式适用于质量不稳定的产品。

⑤行业会检：对于多个厂家生产同一种产品，在同行业中由工商联合组织行业会检。一般是联合组成产品质量评比小组，定期或不定期地对行业产品进行检验。

⑥库存商品检验：仓储部门对储存期内易发生质量变化的商品所进行的定期检验，目的是及时掌握库存商品的质量变化状况，达到安全储存目的。

⑦法定检验：根据国家法令规定，对指定的重要进出口商品执行强制性检验。其方法是根据买卖双方签订的经济合同或标准进行检验，对合格商品签发检验证书，作为海关放行凭证。未经

检验或检验不合格的商品，不准出口或进口。

⑧公证检验：是不带强制性的，完全根据申请人的申请接受办理的各项鉴定业务检验。商品检验机构以非当事人的身份和科学公正的态度，通过各种手段，来检验与鉴定各种进出口商品是否符合贸易双方签订的合同要求或国际上有关规定，得出检验与鉴定结果、结论，或提供有关数据，以便签发证书或其他有关证明等。

⑨委托业务检验：是我国商检机构与其他国家商检机构，开展相互委托检验业务和公正鉴定工作。目前，各国质量认证机构实行相互认证，大大方便了进出口贸易。

三、商品检验的依据

为使检验结果更具有公正性和权威性，必须根据具有法律效力的质量法规、标准及合同等开展商品检验工作。

（一）商品质量法规

商品质量法规是国家组织、管理、监督和指导商品生产和商品流通，调整经济关系的准绳，具有足够的权威性、法制性和科学性，是各部门共同行动的准则，也是商品检验活动的重要依据。质量法规包括商品检验管理法规、产品质量责任制法规、计量管理法规、生产许可证及产品质量认证管理法规等。

（二）标准

技术标准对产品的结构、规格、质量要求、实验检验方法、验收规则、计算方法等均做了统一规定，是生产、检验、验收、使用、洽谈贸易的技术规范，也是商品检验的主要依据。它对保证检验结果的科学性和准确性具有重要意义。

（三）购销合同

供需双方约定的质量要求必须共同遵守。一旦发生质量纠纷，购销合同的质量要求即为仲裁、检验的法律依据。购销合同必须符合《中华人民共和国经济合同法》的要求。

四、我国商品检验的产生和发展

商品检验是伴随着商品经济的产生发展而逐渐形成的一门应用技术学科。但商品检验正式成为一门科学，正式成立商品检验机构，则是在商品经济高度发达的现代社会。我国的对外贸易活动有悠久的历史，但是，现代化的贸易方式直至19世纪才逐渐发展起来，首先，在我国沿海开放口岸和城市出现了从事国际贸易活动的洋行、轮船公司、银行等专门机构，一些专门检验机构也陆续产生。

1901年上海成立了棉花检验所，专门检验我国出口的棉花，以后天津、宁波相继成立棉花检验机构，上海成立出口肉类检查所、万国生丝检验所等。1928年当时的中华民国工商部颁布了《商品出口检验暂行规则》。1929年成立了上海、汉口、广州、青岛、天津五个商品检验局，自此，我国开始有了国家设置的检验机构。

1932年中华民国政府颁布了《商品检验法》，进出口商品检验工作有了一定的发展。中华人民共和国成立之后，1949年10月成立中央贸易部，全国商检工作归其统一领导。1952年，贸易部分为商业部和对外贸易部，在外贸部内设立商品检验总局统一领导管理全国进出口商品检验工作。1984年，国务院重新颁布了《中华人民共和国进出口商品检验条例》；1989年2月21日，国务院颁布了《中华人民共和国进出口商品检验法》；1992年10月，国务院批准发布《中华人民共和国进出口商品检验法实施条例》。它们是现今最重要的关于我国进出口商品检验工作的原则性法律文件。

任务二　商品检验的内容和程序

根据检验的目的和作用不同，商品检验的内容也不尽相同。一般来讲，商品检验主要有品质检验、规格检验、数量和重量检验、包装质量检验、安全和卫生检验等内容。商品检验工作通常要按照一定的程序来进行，其检验程序通常分为一般程序和进出口检验程序。

一、商品检验的内容

（一）品质检验

品质检验是根据合同和有关检验标准规定或申请人的要求，对商品的使用价值所表现出来的各种特性，运用人的感官或化学、物理等各种手段进行测试、鉴别。其目的就是判别、确定该商品的质量是否符合合同中规定的商品质量条件。品质检验包括外观品质和内在品质的检验。

①外观品质检验：对商品外观尺寸、造型、结构、款式、表面色彩、表面精度、软硬度、光泽度、新鲜度、成熟度、气味等的检验。

②内在品质检验：对商品的化学组成、性质和等级等技术指标的检验。

（二）规格检验

规格表示同类商品在量（如体积、容积、面积、粗细、长度、宽度、厚度等）方面的差别，与商品品质优次无关。如鞋类的大小、纤维的长度和粗细、玻璃的厚度和面积等规格，只表明商品之间在量上的差别，而商品品质取决于品质条件。商品规格是确定规格差价的依据。

由于商品的品质与规格是密切相关的两个质量特征，因此，贸易合同中的品质条款中一般都包括了规格要求。

（三）数量和重量检验

它们是买卖双方成交商品的基本计量和计价单位，直接关系着双方的经济利益，也是对外贸易中最敏感而且容易引起争议的因素之一。它们包括了商品个数、件数、双数、打数、令数、长度、面积、体积、容积和重量等。

（四）包装质量检验

商品包装本身的质量和完好程度，不仅直接关系着商品的质量，还关系着商品数量和重量。一旦出现问题，它是商业部门分清责任归属、确定索赔对象的重要依据之一。如检验中发现有商品数（重）量不足情况，包装破损者，责任在运输部门；包装完好者，责任在生产部门。包装质量检验的内容主要是内外包装的质量，如包装材料、容器结构、造型和装潢等对商品储存、运输、销售的适宜性，包装体的完好程度，包装标志的正确性和清晰度，包装防护措施的牢固度等。

（五）安全和卫生检验

商品安全检验是指电子电器类商品的漏电检验、绝缘性能检验和X光辐射检验等。商品卫生检验是指商品中的有毒有害物质及微生物的检验，如食品添加剂中砷、铅、镉的检验，茶叶中的农药残留量检验等。

对于进出口商品的检验除上述内容外，还包括海损鉴定、集装箱检验、进出口商品的残损检验、出口商品的装运技术条件检验、货载衡量、产地证明、价值证明以及其他业务的检验。

二、商品检验的程序

（一）商品检验的一般程序

商品检验的一般程序通常包括以下内容：定标、抽样、检查、比较、判定、处理。定标是指在检验前根据合同或标准的要求，确定检验手段和方法以及商品合格的判断原则，制订商品检验计划的工作；抽样是按上述计划，随机抽取样品以备检验的过程；检查是在规定的条件下，用规定的实验设备和检验方法检测样品的质量特性；比较是将检查的结果同要求进行比较，衡量其结果是否合乎质量要求；判定是指依据比较的结果，判定样品的合格数量或质量状况；处理是根据样本的质量进而判断商品总体是否合格，并做出是否接受的结论。

（二）进出口商品检验的程序

1. 接受报检

报检是指对外贸易关系人向商检机构报请检验。报检范围为属于法定检验和公证检验业务范畴的商品。报检时，对外贸易关系人需填写“报检申请单”，填明申请检验鉴定的项目和要求，同时提交对外所签买卖合同成交小样及其他必要的资料，如进口单据（国外发票、运单、提单、检验记录、进口到货情况单等）或出口单据（信用证、许可证）等。

2. 抽样与制样

样品的抽取工作是进出口商品检验的基础，必须按规定方法，在规定的场地、从整批完整的包件中或生产线上随机抽取，以保证样品的真实性和代表性。抽取的样品应妥善保管，以保证检验与复验的真实性。制样分别有物理制样、化学制样等方式，为使用设备仪器检测做准备。科学的制样是保证检验正确的一个重要环节。

3. 检验

商检机构应认真研究申报的检验项目，确定检验内容，仔细审核合同（信用证）对品质、规格、包裹的规定，弄清检验的依据，确定检验标准、方法。检验鉴定项目一般包括被检商品的外观和内在质量以及包装重量等，方法有感官检验（鉴定）、理化检验（鉴定）和生物检验等。

4. 签发证书

在出口方面，凡列入“进出口商品检验种类表”内的出口商品，经检验合格后签发放行单，或在“出口货物报关单”上加盖放行章，以代替放行单。凡合同、信用证规定由商检部门检验出证的，或国外要求签发检验证书的，根据规定签发所需封面证书；不向国外提供证书的，只发放行单。“进出口商品检验种类表”以外的出口商品，应由商检机构检验的，经检验合格发给证书或放行单后，方可出运。在进口方面，进口商品经检验后，分别签发“检验情况通知单”或“检验证书”，供对外结算或索赔用。

三、我国商品检验工作的概况

（一）我国内贸商品的检验

1. 我国内贸商品检验的机构

对于我国国内市场上的商品质量，有四支力量从三个方面进行检验。生产企业为第一方检验；商业企业及用户、消费者是第二方检验；市场监督部门是第三方检验。

2. 商品购进过程的检验

商品检验工作是起始于生产领域，终止于消费领域，以流通领域为重点的一项工作。

(1) 工业品的检验

对于产品质量稳定、检测条件与检测手段完备、在社会上享有盛誉的企业生产的产品，尤其是通过产品质量认证的产品，商业部门可凭工厂的签证予以免检。对于产品质量比较稳定、检测条件和检测手段比较完全的企业，为了保证商品的质量和对消费者负责，可由工厂签证，商业部门进行定期或不定期抽检。对产品质量不稳定、生产工艺落后、检测技术和手段不完备的生产企业，商业部门应对其生产的每个批次的商品，按照有关标准严格进行检验，把好进货质量关。另外，国家执法机构，如国家市场监督管理总局、各级质量监督机构及其设置的检验机构或授权其他单位的检验机构，对产品是否符合标准要进行定期或不定期的检验。

（2）农产品的检验

对于大宗农产品的集中产区，商业部门或其他有关部门可将标准传授给农民，组织农民自收自检，把相同级别的农产品集中在一个批次发货，商业部门进行抽检。对于零星产区或者新发展起来的产区，由于农民对标准还不能熟练地掌握，商业部门在收购时应按标准对每一件商品实施严格的检验，同时要向农民宣传如何贯彻有关标准。

（二）进出口商品的检验

1. 商品检验在国际贸易中的作用

进出口商品检验简称商检，是由国家设置的检验管理机构或由经政府注册批准的第三方民间公证鉴定机构，对进出口商品的品质、数量、重量、包装、安全卫生、检疫以及装运条件等进行的检验、鉴定和管理工作。

2. 我国的进出口检验机构

中华人民共和国海关总署商品检验司拟订进出口商品法定检验和监督管理的工作制度，承担进口商品安全风险评估、风险预警和快速反应工作，承担国家实行许可制度的进口商品验证工作，监督管理法定检验商品的数量、重量鉴定，依据多双边协议承担出口商品检验相关工作。

根据国务院机构改革方案，贯彻落实《深化党和国家机构改革方案》工作部署，2018 年 4 月 20 日起，原中国出入境检验检疫部门正式并入中国海关。合并后入境将由原来 9 个环节合并为 5 个环节。具体为：①入境，海关原有申报、现场调研、查验、处置 4 个环节，检验检疫原有卫生检疫、申报、现场调研、查验、处置 5 个 环节，共计 9 个环节，合并 4 个环节，保留卫生检疫、申报、现场调研、查验、处置 5 个环节；②出境，海关原有申报、现场调研、查验、处置 4 个环节，检验检疫原有卫生检疫、现场调研、查验、处置 4 个环节，共计 8 个环节，合并 3 个环节，保留卫生检疫、申报、现场调研、查验、处置 5 个环节。同时海关与检验检疫的原旅客通道进行合并，监管检查设备统一使用，行李物品只接受一次查验。对外统一使用海关标识，设置统一的政策宣传设施。

浙江紧急排查自厄瓜多尔进口冻南美白虾已处置 77 吨

根据《海关总署 国家卫生健康委 市场监管总局关于对部分自厄瓜多尔进口冻南美白虾实施紧急处置的通知》要求，浙江省疫情防控冷链食品“物防”专班快速协调杭州海关、宁波海关、浙江省卫生健康委等相关部门，研究并下发《关于紧急排查处置自厄瓜多尔进口冻南美白虾的通知》，实施紧急处置，消除风险隐患。浙江省市场监管局连夜部署开展紧急排查处置浙江省自厄瓜多尔进口的冻南美白虾，充分发挥此前开发的“浙冷链”追溯系统功能和建立的食品“物防”专班机制，提供精准的经销商及相关产品清单供各地排查，对涉及的厄瓜多尔 3 家企业生产的相关冻虾产品立即下架封存。

截至 2020 年 7 月 11 日上午，浙江省市场监管系统会同海关部门已对浙江省内进口商、经销商的 77 812.08 千克自厄瓜多尔进口的冻南美白虾采取封存召回措施。据浙江省市场监管部门相关负责人介绍，目前，海关已暂停受理相关企业进口申报并监督暂扣相关产品，对已进入浙江省内市场的，通知进口商予以召回。浙江省市场监管部门将继续督促经销商配合进口商做好冻南美白虾产品召回工作。下一步，对召回的和无法退运的冻南美白虾产品，将按有关要求进行销毁。

（资料来源：国家市场监督管理总局）

任务三 商品检验的方法

商品质量的检验方法是指获取商品质量检验结果所采取的检验器具、检验原理和检验条件的总称。商品质量的检验方法有很多，可将检验方法划分为感官检验法、理化检验法和生物学检验法三大类。

一、感官检验法

（一）感官检验法及其特点

它是借助人的感觉器官的功能和实践经验来检测评价商品质量的一种方法。也就是利用人的眼、鼻、舌、耳、手等感觉器官作为检验器具，结合平时积累的实践经验对商品外形结构、外观疵点、色泽、声音、气味、滋味、弹性、硬度、光滑度、包装和装潢等的质量情况，以及商品的种类品种、规格、性能等进行识别。

感官检验法在商品检验中有着广泛的应用，并且任何商品对消费者来说总是先用感觉器官来进行评价质量的，所以感官检验十分重要，在工业和商业的产、供、销过程中经常使用这种方法。感官检验法的优点如下：

①方法简单，快速易行。

②不需复杂、特殊的仪器设备和试剂或特定场所，不受条件限制。

③一般不易损坏商品。

④成本较低。

感官检验法的局限性如下：

①不能检验商品的内在质量，如成分、结构、性质等。

②检验的结果不精确，不能用准确的数字来表示。感觉检验法是一种定性的方法，结果只能用专业术语或记分法表示商品质量的高低。

③检验结果易带有主观片面性，常受检验人员的知识、技术水平、工作经验、感官的敏锐程度等因素的影响，再加上审美观不同以及检验时心理状态，影响结果的准确性，故使检验的结果有时带有一定的主观性，科学性不强。

（二）感觉检验法分类

1. 按感觉器官分类

按照人的感觉器官的不同，感官检验可分为视觉检验、嗅觉检验、味觉检验、触觉检验和听觉检验等。

（1）视觉检验

视觉检验是用视觉来检查商品的外形、结构、颜色、光泽以及表面状态、疵点等质量特性。由于外界条件如光线的强弱、照射方向、背景对比以及检验人员的生理、心理和专业能力，会影响视觉检验效果，因此，视觉检验必须在标准照明条件下和适宜的环境中进行，并且应对检验人员进行必要的挑选和专门的训练。

视觉检验法是一种应用极为广泛的商品检验方法。如茶叶的外形、叶底，水果的果色、果型，棉花色泽的好坏、疵点粒数的多少，罐头容器外观情况和内容物的组织形态，玻璃罐的外观缺陷，食品的新鲜度、成熟度和加工水平等，都可用视觉检验法来检验。

（2）嗅觉检验

嗅觉检验是通过嗅觉检查商品的气味，进而评价商品的质量。它广泛用于食品、药品、化妆品、日用化学制品等商品质量检验，并且对于鉴别纺织纤维、塑料等燃烧后的气味差异也有重要意义。在检验中应避免检验人员的嗅觉器官长时间与强烈的挥发物质接触，检验的顺序也应从气味淡向气味浓的方向进行，并注意采取措施防止串味等现象。

（3）味觉检验

味觉检验是利用人的味觉来检查有一定滋味要求的商品（如食品、药品等），通过品尝食品的滋味和风味来检验食品质量的好坏。为了顺利进行味觉检验，一方面要求检验人员必须具备辨别基本味觉特征的能力，并且被检样品的温度要与对照样品温度一致；另一方面要采取正确的检验方法，遵循一定的规程，如检验时不能吞咽物质，应使其在口中慢慢移动，每次检验前后必须用水漱口等。

味觉检验主要用来检验食品，如糖、茶、烟、调料等味觉食品。食品的滋味和风味是决定食品品质的重要因素；同一原料来源的食品，由于加工调制方法的不同，滋味和风味也不同；质量发生变化的食品，滋味必然变劣，产生异味。所以味觉评定是检验食品品质的重要手段之一。

（4）触觉检验

触觉检验是指利用人的触觉器官，通过对被检验商品轻轻作用的反应来评价商品质量的检验方法。触觉是皮肤感受到机械刺激而引起的感觉，包括触压觉和触摸觉，是皮肤感觉的一种。皮肤感觉还有痛觉、热觉、冷觉。触觉检验主要用于评价纸张、塑料、纺织品及食品的表面特性，强度、厚度、弹性、紧密程度等质量特性。

（5）听觉检验

听觉检验是利用听觉器官，通过对商品发出的声音是否优美或正常来评判商品质量的检验方法。

听觉检验和其他感官检验一样，需要适宜的环境条件，即力求安静，避免外界因素对听觉灵敏度的影响。

听觉检验一般用来检验玻璃制品、瓷器、金属制品有无裂纹或其内在的缺陷；评价以声音作为质量指标的乐器、家用电器等商品；评定食品成熟度、新鲜度、冷冻程度等。此外，听觉检验还广泛地用于塑料制品的鉴别、纸张的硬挺性与柔韧性、颗粒状粮食和油料的含水量及罐头食品变质的检验。

2. 按感官检验目的分类

按照感官检验目的的不同，感官检验又可分为分析型感官检验与偏爱型感官检验两大类。

（1）分析型感官检验（感官分析）

分析型感官检验又称Ⅰ型或A型感官检验（感官分析），它是以经过培训的评价员的感觉器官作为“仪器”，来测定商品的质量特性或鉴别商品之间的差异等。例如质量检验、商品改进、商品评优等都属于此类。这种检验（分析）要求评价员对商品做出客观评价，尽量避免人的主观意愿对评价结果的影响。为此在进行试验时，必须保证以下3点：①评价尺度和评价基准应统一化、标准化；②试验条件应规范化；③评价员在经过适当的选择和训练后，应维持在一定的水平。

（2）偏爱型感官检验（感官分析）

偏爱型感官检验又称Ⅱ型或B型感官检验（感官分析），它是以未经训练的消费者对商品的感觉判断来了解消费者对商品的偏爱程度，所以是一种主观评价方法。

二、理化检验法

茶叶的感官检验

（一）理化检验法及其特点

理化检验法是在实验室的一定环境条件下，借助各种仪器、设备和试剂，运用物理、化学的方法来检测评价商品质量的一种方法。它主要用于检验商品的成分、结构、物理性质、化学性质、安全性、卫生性以及对环境的污染和破坏性等。

理化检验法的优点：

①检验结果精确，可用数字定量表示（如成分的种类和含量、某些物理化学、机械性能等）。

②检验的结果客观。它不受检验人员的主观意志的影响，使对商品质量的评价具有客观而科学的依据。

③能深入地分析商品成分内部结构和性质，能反映商品的内在质量。

理化检验法的局限性：

①需要一定仪器设备和场所，成本较高，要求条件严格。

②往往需要破坏一定数量的商品，消耗一定数量的试剂，费用较大。

③检验需要的时间较长。

④要求检验人员具备扎实的基础理论知识和熟练的操作技术。因此，理化检验法在商业企业直接采用较少，多作为感官检验之后、必要时进行补充检验的方法，或委托商检机构做理化检验，主要有物理检验法、化学检验法。

（二）理化检验法分类

1. 物理检验法

物理检验法因其检验商品的性质和要求不同、采用的仪器设备不同可以分为一般物理检验法、力学检验法、光学检验法、电学检验法、热学检验法等。

①一般物理检验法是借助量具、量仪、天平、秤或专业仪器来测定商品的一些基本物理量的检验方法，如长度、细度、面积、体积、厚度、重量、密度、容重、表面光洁度等，这些基本的物理量指标往往是商品贸易中的重要交易条件。

②力学检验法是通过各种力学仪器测定商品的力学性能的检验方法。这些性能主要包括商品的抗拉强度、抗压强度、抗弯曲强度、抗冲击强度、抗疲劳强度、硬度、弹性、耐磨性等。

③光学检验法是通过各种力学仪器如显微镜、折光仪等检验商品光学性能方面质量指标的方法。

④电学检验法是利用电学仪器测定商品的电学方面质量特性的检验方法。当然通过有些电学性能的测定也可以测定商品的材质、含水等多方面性能。

⑤热学检验法是利用热学仪器测定商品的热学质量特性检验商品质量的方法。商品的热学特性主要包括熔点、凝固点、沸点、耐热性、导热性、热稳定性等。商品的很多热学性质与商品的使用条件及使用性能有很大的关系。

2. 化学检验法

化学检验法是用化学试剂或化学仪器对商品的化学成分及其含量进行测定，进而判定商品是否符合规定的质量要求的方法。依据操作方法的不同，化学检验法可分为化学分析法和仪器分析法。

（1）化学分析法

它是根据检验过程中商品再加入某种化学试样和试剂后所发生的化学反应来测定商品的化学组成成分及含量的一种检验方法。该方法不仅设备简单、经济易行，而且结果准确，是其他化学分析方法的基础。它适用于食品检验，包括营养素、食品添加剂、有毒有害物质及发酵、酸败、腐败等食品变质的成分变化指标测定；纺织品与工业品主要有效成分、杂质成分、有害成分的含量，以及耐水、耐酸碱、耐腐蚀等化学稳定性质方面的测定。

化学分析法分为定性分析法和定量分析法两种。

①定性分析法。这是根据反应结果所呈现的特殊颜色或组合，在化学反应中生成的沉淀、气体等来判定商品成分的种类及其性质的一种方法。在定性分析中，多使用灵敏度高的鉴定反应。为了能正确判断结果，往往还要做空白试验和对照试验，同时还应注意反应溶液的温度、浓度、酸度干扰物质等影响。

②定量分析法。定量分析法是在定性分析的基础上，准确测定试样中商品的成分含量的分析方法。按测定方法的不同，定量分析分为容量分析和重量分析。重量分析是根据一定量的试样，利用相应的化学反应，使被测的成分析出或转化为难溶的沉淀物，再将沉淀物滤出，经洗涤、干燥或灼烧后，准确地称出其重量而计算出试样中某成分含量的分析方法。容量分析即用一种已知精确浓度的标准溶液与被测试样发生作用，由滴定终点测出某一种组分含量的分析方法。常用的分析方法有氧化还原法、综合滴定法、沉淀法、酸碱滴定法等。

（2）仪器分析法

它是采用光、电等方面比较特殊或复杂的仪器，通过测量商品的物理性质或物理化学性质来确定商品的化学成分的种类、含量和化学结构以判断商品质量的检验方法。它包括光学分析法和电化学分析法。

①光学分析法。这是通过被测成分吸收或发射电磁辐射的特性差异来进行化学鉴定的。常见的方法有：比色分析法、分光光度法、发射光谱法、色谱分析法。

比色分析法是用比较有色物质溶液的颜色作为确定含量多少的分析方法。它包括目视比色法和光电比色法。目视比色法是用眼睛比较被测溶液与标准溶液颜色深浅差异的方法。该法可以在复合光下进行测定，但标准溶液不能久存，经常需要在测定时同时配制。光电比色法是采用光电比色计测试的，即利用光电效应测量光线通过有色溶液的强度的方法。这两种方法都是在可见光区内通过测定物质对光吸收强度进行分析的。

分光光度法包括原子吸收光谱、红外光谱等。原子吸收分光光度法是一种基于物质所产生的原子蒸汽对特定谱线（通常是待测元素的特征谱线）具有吸收作用而进行分析的方法。由于这种方法测定灵敏度高，特效性好，抗干扰能力强，稳定性好，适用范围广，加之仪器较简单，操作方便，因而应用日益广泛。

发射光谱法是根据原子所发射的光谱测定物质的化学组成的方法。即试样在外界能量的作用下转变成气态原子，并使气态原子的外层电子激发至高能态；当从较高的能级跃到较低的能级时，原子将释放出多余的能量而发射出特征谱线；对所产生的辐射经过摄谱仪进行色散分光，按波长顺序记录在感光板上，就可呈现出有规则的光谱线条，即光谱图；然后根据所得光谱图进行定性分析和定量分析。

色谱分析是一种分离技术。它的分离原理是：使混合物中各组分在两相间进行分配，其中一相是固定不变的，称为固定相；另一相是携带混合物流过此固定相的流体，称为流动相；当流动相中所含混合物流过固定相时，就会与固定相发生作用；由于各组分在结构和性质上的差异，流动相与固定相发生作用的大小、强弱也有差异，因此，在同一推力作用下，不同组分在固定相的停留有长有短，从而按先后不同的次序从固定相中流出，达到分离的目的。试样中各组分被分离后，再分别检测，最后记录仪记录，得到色谱图。气相色谱仪应用相当广泛，但对于难挥发和热稳定性能差的物质，此法的应用仍受到一定限制。

近年来，随着基础理论研究和新技术的应用，还出现了许多其他新型的光学仪器法，如核磁共振波谱法、红外线检验法、紫外线检验法、X 射线检验法、质谱仪检验法、荧光光谱法等。它们大都用于测定商品的成分和构成，其优点是快速简便、准确、自动、灵敏。但由于样品处理费时，仪器价格昂贵，对操作人员要求高，故其应用受到一定的局限性。

②电化学分析法是根据溶液中物质的电化学性质及其变化规律，建立在以电位、电导、电流和电量等电学量与被测物质某些量之间的计量关系的基础之上，对组分进行定性和定量的仪器分析方法。

电化学分析法概括起来一般可以分为三大类：

第一类是通过试液的浓度在特定实验条件下与化学电池某一电参数之间的关系求得分析结果的方法。这类方法主要包括电导分析法、库仑分析法、电位法、伏安法和极谱分析法等。

第二类是利用电参数的变化来指示容量分析终点的方法。这类方法仍然以容量分析为基础，根据所用标准溶液的浓度和消耗的体积求出分析结果。这类方法根据所测定的电参数不同而分为电导滴定法、电位滴定法和电流滴定法。

第三类是电重量法，也称电解分析法。这类方法是将直流电流通过试液，使被测组分在电极上还原沉积析出与共存组分分离，然后再对电极上的析出物进行重量分析以求出被测组分的含量。

电化学分析法主要具有以下特点：

a. 灵敏度较高。最低分析检出限可达 10 ~ 12 摩尔/升。

b. 准确度高。如库仑分析法和电解分析法的准确度很高，前者特别适用于微量成分的测定，后者适用于高含量成分的测定。

c. 测量范围宽。电位分析法及微库仑分析法等可用于微量组分的测定；电解分析法、电容量分析法及库仑分析法则可用于中等含量组分及纯物质的分析。

d. 仪器设备较简单，价格低廉。仪器的调试和操作都较简单，容易实现自动化。

e. 选择性差。除离子选择性电极法、极谱法及控制阴极电位电解法选择性较高之外，电化学分析的选择性一般都较差。

真假蜂蜜的鉴别方法

蜂蜜主要分为原质蜜和精制蜜。原质蜜是蜂农在野外采集获得的原始蜂蜜。由于受野外条件限制，原质蜜杂质含量较高（蜂尸、蜡渣、植物杂质等），浓度偏低，成熟度差异较大，状态很不稳定。但原质蜜中的营养成分保持较完整，价格较实惠。精质蜜是以原质蜜做原料，采用低温热处理等工艺流程，经浓缩、精滤、杀菌、破晶核后获得的高浓度纯净成熟蜜。精质蜜通常经严格包装后以成品形式上市，特点在于：品质纯净；状态相对稳定；水分得到充分散失，浓度大大提高，口感更加浓厚，保质期远远超过原质蜜。

真假蜂蜜鉴别的简单方法：

①色泽：各种蜂蜜有固定的颜色，如椴树蜜为浅琥珀色，清澈半透明，向日葵蜜为琥珀色，杂花蜜的颜色不固定，一般为黄红色。

②闻：真蜂蜜甜香，假蜂蜜无任何气味，掺有香料的蜂蜜有异常香味。

③尝：优质蜂蜜芳香甜润，入口后回味长。掺假的蜂蜜没有花香味，有的假蜂蜜有熬糖味，细品有白糖水味。

④比重法：蜂蜜的比重约为水的 1.5 倍，1 000 毫升的容器能装约 1.5 千克蜜，如果购得的蜂蜜比重明显低于正常值，此蜂蜜含水太高。

⑤拉丝法：对于新鲜的非结晶态蜂蜜可用盛具挑起蜂蜜，常温下浓度较高的蜂蜜其流下蜜液呈现柔韧状，并可以拉成很细的蜜丝，而且丝头最终回弹有力，浓度较低的蜂蜜液无法拉成细丝，蜂蜜液易断流，一滴一滴下落。

⑥化学检验：掺有淀粉的蜂蜜汇入碘液颜色会变蓝；掺有饴糖的蜂蜜加入高浓度乙醇后出现白色絮状物；掺有其他杂质的蜂蜜，用烧红的铁丝插入蜜中，铁丝上附有黏物，积碳较多，这是因为蜂蜜主要成分为单糖，燃烧较为彻底，极少留灰粉，而蔗糖、糊精、淀粉烧后灰粉较多。

⑦冷藏结晶：蜂蜜在4 ℃～14 ℃的环境下保存一段时间后会变成结晶体。真蜂蜜的结晶体用筷子一扎一个眼，很柔软，假蜂蜜扎不动。真蜂蜜用手捏，其结晶体很快溶化。假蜂蜜有硌手的感觉，溶化慢或不溶化。真蜂蜜结晶体用牙咬如酥，而假蜂蜜结晶体则如吃豆沙，清脆响亮。

问题：上述案例中都用了哪些检验方法？

分析：上述案例中，色泽、闻、尝、冷藏结晶检验四种鉴别方法，分别为感官检验中的视觉检验、嗅觉检验、味觉检验、触觉检验；比重法、拉丝法为理化检验；还有化学检验。

三、生物学检验法

生物学检验法是食品类、药类和日用工业品类商品质量检验常用的方法之一，一般用于测定食品的可消化率、发热量和维生素的含量、细胞的结构与形状、细胞的特性、有毒物品的毒性大小等。它包括微生物学检验法和生理学检验法两种。

（一）微生物学检验法

微生物学检验法是采用微生物技术手段，检测商品中有害生物的存在与否以及数量多少的方法。需要进行微生物学检验的商品有食品及其包装物、化妆品、卫生用品等。

（二）生理学检验法

食品生产加工过程中微生物危害控制

生理学检验法是以特定的动物或人群为受试对象，测定食品的可消化率、发热量以及某一成分对机体的作用、毒性等。

在实际生活中，影响商品质量变化的因素很多，商品质量的下降往往是很多因素作用的综合结果。无论是理化检验还是生物学检验，都是在特定条件下进行的，检验只是考虑了一个或几个因素。为了更好地模拟商品实际情况，对商品进行试用，以综合评定商品在实际使用中的质量表现也是一种常用的质量评价方法。

检验商品品质需采用的检验方法因商品种类不同而异。有的商品采用感官检验法即可评价质量（如茶叶）；有的商品既需要采用感官检验法，也采用理化检验法（如搪瓷）；有的商品需以理化检验的结论作为评价商品质量的依据（如钢材）。要使商品检验的结果准确无误，符合商品质量的实际，经得起复验，就要不断提高检验的技术和经验，采用新的检验方法和新的检测仪器。随着科技发展，理化检验方法向着快速、准确、少损（或无损）和自动化方向发展。

任务四　商品品级划分

商品品级又叫商品质量等级、商品质量分级，是商品质量检验活动中的一个重要环节。它是对商品内在质量和外在质量进行综合评判的结果。

一、商品品级概念

商品品级（商品质量等级、商品质量分级）是指对同一品种的商品，按其达到商品质量标准的程度所确定的等级。它是表示商品质量高低优劣的标志，也是表示商品在某种条件下适合其用途大小的标志，是商品鉴定的重要内容之一。

商品品级是依商品质量高低所确定的等级。我国根据商品质量标准和实际质量检验结果，将同种商品区分为若干等级，称为商品品级。

商品品级是相对的、有条件的，有时会因不同时期、不同地区、不同使用条件及不同个性而产生不同的质量等级和市场需求。一般来说，工业品分三个等级，而食品特别是农副产品、土特产等多为四个等级，最多达到六七个等级，如茶叶、棉花、卷烟等。

二、商品品级划分的原则

按照国家《工业产品质量分等导则》有关规定，商品质量水平划分为优等品、一等品和合格品三个等级。

1. 优等品

优等品是指商品的质量标准必须达到国际先进水平，且实物质量水平与国外同类产品相比达到近五年内的先进水平。

2. 一等品

一等品是指商品的质量标准必须达到国际一般水平，且实物质量水平达到国际同类产品的一般水平。

3. 合格品

合格品指按照我国一般水平标准组织生产，实物质量水平必须达到相应标准的要求。

商品质量等级的评定，主要依据商品的标准和实物质量指标的检测结果，由行业归口部门统一负责。优等品和一等品等级的确认，须有国家级检测中心、行业专职检验机构或受国家、行业委托的检验机构出具的实物质量水平的检验证明。合格品由企业检验判定。

三、商品品级划分方法

商品品级的划分方法很多，主要可归纳为百分记分法、限定记分法和限定缺陷法三类。

（一）百分记分法

百分记分法是按商品的各项质量指标的要求，规定为一定分数，其中重要的质量指标所占分数较高，次要的质量指标所占分数较低。各项质量指标完全符合标准规定的要求，其各项质量指标的分数总和为 100 分。如果某一项或几项质量指标达不到标准规定的要求，相应扣分，其分数总和就要降低。分数总和达不到一定等级的分数线，则相应降低等级。这种方法在食品商品评级中被广泛采用，如酒的评分方法，满分为 100 分：

①白酒：色—10 分；香—25 分；味—50 分；风格—15 分。

②啤酒：色—10 分；香—20 分；味—50 分；泡沫—20 分。

（二）限定记分法

限定记分法是将商品的各种质量缺陷规定为一定的分数，由缺陷分数的总和来确定商品的等级。商品的缺陷越多，分数的总和越高，则商品的品级越低。该方法主要用于工业品商品的分级。例如，棉色织布的外观质量主要决定于其布面疵点，标准中将布面各种疵点分为七项，分别为破损性疵点、油污疵点、边疵点、径向疵点、纬向疵点、整理疵点和其他疵点。按疵点对布面影响程度确定各项疵点的分数，分数总和不大于 10 分为一等品，不大于 20 分的为二等品。

（三）限定缺陷法

限定缺陷法是指通过在标准中规定商品的每个质量等级所限定的疵点种类、数量、不允许出现的疵点及成为废品的疵点限度来确定商品质量等级的方法。此种方法多用于工业品分级。如全胶鞋 13 个外观指标中，一级品不准有鞋面砂眼，二级品中砂眼直径不超过 1.5 毫米，深不超过鞋面厚度等规定。

案例学习

胶面防砸安全靴外观检验商品质量分级

外观检验均以目查为主，逐只进行检查，对于单只靴不能表现出来的质量问题，应在配对时，成双检查，详见表 8-1。

表 8-1　胶面防砸安全靴外观检验商品质量分级

序号	项目	一级品	二级品
1	鞋面起皱	稍有皱纹和麻点，不影响美观者	超过一级品规定者
2	靴面砂眼	不准有	弯曲处不准有，其他部位直径不超过 1.5 mm，深度不超过靴厚度的 1/2，中统限三处，高统限四处
	靴面杂质	弯曲处不准有，其他部位直径不超过 1 mm	弯曲处不准有，其他部位直径不超过 2 mm
3	靴面粘伤痕迹	靴前部位不准有，其他部位面积 25 mm^2，中统限二处，高统限三处	面积不超过 50 mm^2，中统限三处，高统限四处
	靴面气泡	弯曲处不准有，其他部位直径不超过 1.5 mm 中统限二处，高统限三处	弯曲处不准有，其他部位直径不超过 2.5 mm，中统限四处，高统限五处
	靴面疙瘩硬粒	弯曲处不准有，累计面积在 25 mm^2 以下，中统限二处，高统限三处	弯曲处疙瘩硬粒不超过二个，其他部位不影响穿着者
4	靴面亮油粘纸、亮油擦伤	轻微粘纸，水洗后不留痕迹； 靴前部不准有，其他部位长 20 mm以下限二处或累计面积不超过 80 mm^2	经水洗脱落后影响光泽； 长 30 mm 以下或累计面积不超过 500 mm^2
	纤维杂质	靴前部位不准有，其他部位纤维杂质长度不超过 25 mm，中统限二处，高统限三处	超过一级品规定者
5	靴面与夹里布脱壳	面积不超过 150 mm^2 限一处，统口不准有	累计面积不超过 400 mm^2，但不得集中于统口处
6	……	……	……

资料来源：《胶面防砸安全靴》（GB 7054—1986）

项目小结

1. 商品检验是指商品的产方、买方或者第三方在一定条件下，借助于某种手段和方法，按照合同、标准或国内外有关法律、法规、惯例，对商品的质量、规格、重量、数量、包装、安全及卫生等方面进行检查，并做出合格与否或通过验收与否的判定，或为维护买卖双方合法权益，避免或解决各种风险损失和责任划分的争议，便于商品交接结算而出具各种有关证书的业务活动。

2. 按检验目的的不同，通常可分为生产检验、验收检验和第三方检验等三种；按接受检验商品的数量不同，可分为全数检验、抽样检验和免于检验。

3. 商品检验的依据有商品质量法规、标准、购销合同等。

4. 一般来讲，商品检验主要有品质检验、规格检验、数量和重量检验、包装质量检验、安全和卫生检验等内容。

5. 商品检验的一般程序通常包括以下内容：定标、抽样、检查、比较、判定、处理。

6. 商品质量的检验方法可划分为感官检验法、理化检验法和生物学检验法三大类。

7. 感官检验法是借助人的感觉器官的功能和实践经验来检测评价商品质量的一种方法，主要有视觉检验、听觉检验、味觉检验、嗅觉检验、触觉检验。

8. 理化检验法是在实验室的一定环境条件下，借助各种仪器、设备和试剂，运用物理、化学的方法来检测评价商品质量的一种方法，主要有物理检验法、化学检验法。

9. 生物学检验法是食品类、药类和日用工业品类商品质量检验常用的方法之一，一般用于测定食品的可消化率、发热量和维生素的含量、细胞的结构与形状、细胞的特性、有毒物品的毒性大小等，包括微生物学检验法和生理学检验法两种。

10. 商品品级（商品质量等级、商品质量分级）是指对同一品种的商品，按其达到商品质量标准的程度所确定的等级。

11. 商品品级的划分方法很多，主要可归纳为百分记分法、限定记分法和限定缺陷法三类。

思考与练习

一、单选题

1. 公证鉴定、仲裁检验、国家质量监督检验等属于（　　）。

A. 第一方检验　　B. 第二方检验　　C. 第三方检验　　D. 第四方检验

2. （　　）是指销售企业对厂方的每批产品都进行检验，否则不予收货。此种检验形式适用于质量不稳定的产品。

A. 公证检验　　B. 商业监检　　C. 商业批检　　D. 行业会检

3. （　　）是不带强制性的，完全根据申请人的申请接受办理的各项鉴定业务检验。

A. 仲裁检验　　B. 法定检验　　C. 公证检验　　D. 行业会检

4. 我国当前的进出口检验机构为（　　）

A. 海关　　B. 进出口商品检验局

C. 出入境检验检疫局　　D. 市场监督管理局

5. 按照人的感觉器官的不同，下列不属于感官检验的是（　　）。

A. 视觉检验　　B. 嗅觉检验　　C. 味觉检验　　D. 分析型感官检验

6. 按照国家《工业产品质量分等导则》有关规定，下列不属于商品质量水平划分等级的是（　　）。

A. 优等品　　B. 一等品　　C. 合格品　　D. 二等品

7. 优等品是指商品的质量标准必须达到国际先进水平，且实物质量水平与国外同类产品相比达到近（　　）年内的先进水平。

A. 三　　B. 四　　C. 五　　D. 六

8. （　　）是按商品的各项质量指标的要求，规定为一定分数，其中重要的质量指标所占分数较高，次要的质量指标所占分数较低。

A. 限定记分法　　B. 限定缺陷法
C. 百分记分法　　D. 百分比记分法

二、多选题

1. 商品检验是指商品的产方、买方或者第三方在一定条件下，借助于某种手段和方法，按照合同、标准或国内外有关法律、法规、惯例，对（　　）等方面进行检查。

A. 质量　　B. 规格　　C. 包装　　D. 数量

2. 为使检验结果更具有公正性和权威性，必须根据具有法律效力的（　　）等开展商品检验工作。

A. 质量法规　　B. 标准　　C. 合同　　D. 商品样品

3. 商品质量检验工作程序通常包括（　　）等。

A. 定标　　B. 抽样　　C. 检查　　D. 比较

4. 商品检验方法划分为（　　）三大类。

A. 感官检验法　　B. 理化检验法　　C. 生物学检验法　　D. 标准检验法

5. 按照感官检验目的的不同，感官检验可分为（　　）。

A. 分析型感官检验　　B. 偏爱型感官检验
C. 听觉检验　　D. 触觉检验

6. 下列属于物理检验法的有（　　）。

A. 力学检验法　　B. 光学检验法　　C. 电学检验法　　D. 热学检验法

7. 下列属于化学检验法的有（　　）。

A. 化学分析法　　B. 仪器分析法　　C. 光学分析法　　D. 电化学分析法

8. 光学分析法是通过被测成分吸收或发射电磁辐射的特性差异来进行化学鉴定的，常见的方法有（　　）。

A. 比色分析法　　B. 分光光度法　　C. 发射光谱法　　D. 色谱分析法等

三、简答题

1. 简述商品检验按检验目的不同的分类。
2. 简述商品检验的一般程序。
3. 简述感官检验法的优缺点。
4. 什么是分析型感官检验？
5. 按照国家《工业产品质量分等导则》有关规定，商品质量水平可划分为几个等级？

四、论述题

1. 论述理化检验法及其特点。
2. 什么是商品品级？其划分方法有哪些？

五、案例题

106台电梯不合格，日立等9家维保单位被通报

你脚下走的电梯质量过关吗？你们小区电梯维保单位合不合格？近日，深圳市市场监管局通告2019年电梯维护保养质量监督抽查结果。结果显示，106台电梯不合格，不合格率约为2.1%，不合格电梯使用单位涉及深圳急救中心等。9家电梯维护保养单位不合格，深圳市日立电梯工程有限公司等被点名。

106台电梯不合格，多家医院、酒店、餐饮企业上榜

根据《深圳经济特区特种设备安全条例》第五十条规定及《深圳市市场监督管理局2019年电梯维护保养质量监督抽查工作方案》（深市监〔2019〕180号印发）安排，深圳市市场监督管理局组织开展了电梯维护保养质量监督抽查工作，随机抽查了5 015台电梯的维护保养质量，涉及电梯维护保养单位321家。对监督抽查不合格的电梯，深圳市场监管局已组织辖区局进行查封处理，确保设备复检合格后方投入使用。

其中，合格电梯4 909台，合格率约为97.9%；不合格电梯106台，不合格率约为2.1%。不合格电梯使用单位中，多家上榜机构引发关注。比如，不合格电梯使用单位中，医院类包括深圳市急救中心、深圳宝田医院；政府部门包括深圳市罗湖区经济促进局；知名物业类企业包括深圳市前海物业发展有限公司、深圳市开元国际物业管理有限公司；餐饮类企业包括深圳市春梅园海鲜大酒楼有限公司、深圳市金枝玉宴餐饮有限公司；商场超市包括深圳市乐百家超级市场有限公司、深圳市万里红商场有限公司；酒店类包括深圳市杰豪皇庭酒店有限公司、深圳市瑞驰酒店管理有限公司、深圳市文星酒店有限公司深圳高职院分公司、深圳市前岸国际酒店有限公司。

9家维保单位不合格，日立电梯工程等被点名

电梯不合格项目主要涉及：曳引式乘客电梯主要不合格项目为紧急报警装置、紧急照明、手动紧急操作装置；自动扶梯与自动人行道主要不合格项目为扶手带的运行速度偏差，扶手带的运行状态，防止倾覆、翻转措施。

9家不合格电梯维保单位为：深圳市从安达机电有限公司；深圳市圳龙精工机电设备有限公司；深圳市日立电梯工程有限公司；深圳市蒂森电梯设备有限公司；深圳市华瑞达电梯工程有限公司；鹏力恒（深圳）工程设备有限公司；汕头市宏达电梯有限公司；西子德森电梯深圳有限公司；深圳广达电梯工程有限公司。对不合格电梯维保单位，深圳市场监管局将依据《深圳经济特区特种设备安全条例》第八十条规定予以立案处罚，同时根据《深圳市电梯维保单位违章记分办法》有关规定予以记分。

问题：

1. 市场监管局在案例中扮演什么角色？做了哪些工作？
2. 商品检验对于商品生产和消费的作用是什么？

项目九

商品质量认证

学习目标

【知识目标】

（1）掌握商品质量认证的内涵、内容及类型，掌握商品质量体系认证的内涵及特点，掌握三体系认证；

（2）理解商品质量认证的依据，理解商品质量体系认证与商品质量认证的关系；

（3）了解商品质量认证的意义，商品质量认证的条件和程序，了解质量体系认证的由来。

【能力目标】

（1）能够区别3C认证标志、QS食品质量安全标志、CQC认证标志、中国方圆认证标志；

（2）能够区别无公害农产品认证标志、绿色食品认证标志、有机产品认证标志、国际常见的商品质量认证标志；

【素质目标】

（1）培养学生具备商品质量认证管理的基本逻辑素质；

（2）培养学生爱岗敬业、细心踏实的商品管理的职业精神。

导入案例

重庆沃尔玛超市涉嫌销售假冒绿色猪肉被查

2011年9月5日，重庆市工商局通报近期查获的重庆多家沃尔玛超市涉嫌销售假冒绿色猪肉案件情况。今年以来，重庆沃尔玛超市3家分店以低价普通冷鲜肉假冒高价“绿色食品”认证的猪肉1 178.99千克，涉案金额4万余元。

8月24日，重庆工商部门接到群众举报，称沃尔玛超市沙坪坝区凤天店用普通冷鲜肉假冒“绿色食品”认证的“绿色”猪肉销售，市工商局迅速出击，组织执法人员进行摸排。

据执法人员介绍，重庆沃尔玛超市沙坪坝区凤天店猪肉销售专区有标称是“绿色食品”认证的“绿色眉肉”“绿色里脊肉”等“绿色”系列猪肉销售，但“绿色”猪肉上并未盖有“绿色食品”印章。经过摸排，除凤天店外，沃尔玛公司在主城区的其他超市也有“绿色”猪肉销售。

8月25日10时，重庆市沙坪坝区、大渡口区、渝北区等6个工商分局同时采取行动，对沃尔玛公司在主城区的8家超市进行了突击检查。在沙坪坝凤天店、大渡口松青路店、渝北冉家坝店等3家超市，发现有待售的“绿色”猪肉。随即，执法人员对3家超市销售的

"绿色"猪肉进行清点，并调取查阅了沃尔玛超市内部信息系统中"猪肉"类商品的电子进销货记录。

经过对比，执法人员发现，仅本年1~8月，沙坪坝凤天店、大渡口松青路店已售和待售的"绿色"猪肉分别高出同期进货量791.2千克、365.29千克，渝北冉家坝店在8月14日"绿色"猪肉库存量为零，且在没有再次进货的情况下，柜台上仍有22.5千克"绿色"猪肉待售。据此，执法人员初步推断3家超市涉嫌销售假冒"绿色食品"认证的猪肉1 178.99千克。

为查清沃尔玛超市3家分店"绿色"猪肉的来源，工商执法人员对重庆沃尔玛超市8家分店"绿色"猪肉的唯一供应商——四川高金食品股份有限公司开展调查。经查，高金公司生产的冷却片猪肉于今年3月16日经中国绿色食品发展中心审核，认定为绿色食品A级产品，其销售的"绿色"猪肉除印有检疫章外，在前腿、后腿、腹部下侧还加盖了"绿色产品"标志戳记。4~8月，沃尔玛沙坪坝凤天店、大渡口松青店进货量分别为505千克、295.5千克。但是同期，2家超市已售和待售"绿色"猪肉数量分别达1 296.2千克、660.79千克，购销量明显存在倒挂的问题。重庆市工商局将根据最终调查结果，对沃尔玛超市实施行政处罚。

任务一 商品质量认证概述

"认证"一词的英文原意是一种出具证明文件的行动。ISO/IEC 指南 2：1986 中对"认证"的定义是："由可以充分信任的第三方证实某一经鉴定的产品或服务符合特定标准或规范性文件的活动。"

举例来说，对第一方（供方或卖方）提供的产品或服务，第二方（需方或买方）无法判定其品质是否合格，而由第三方来判定。第三方既要对第一方负责，又要对第二方负责，不偏不倚，出具的证明要能获得双方的信任，这样的活动就叫作"认证"。这就是说，第三方的认证活动必须公开、公正、公平，才能有效。这就要求第三方必须有绝对的权力和威信，必须独立于第一方和第二方之外，必须与第一方和第二方没有经济上的利益关系，或者没有同等的利害关系，或者没有维护双方权益的义务和责任，才能获得双方的充分信任。

一、商品质量认证的内涵

国际标准化组织将商品质量认证定义为：由第三方通过检验评定企业的质量管理体系和样品型式试验来确认企业的产品、过程或服务是否符合特定要求，是否具备持续稳定地生产符合标准要求产品的能力，并给予书面证明的程序。

商品质量认证的定义包括以下几项基本概念：

①商品质量认证的对象是产品。按照国际标准化组织的规定，将产品分为两类，即有形产品（通常人们使用的产品或商品）和无形产品（包括工艺性作业，例如电镀、热处理、焊接以及各类形式的服务）。

②商品质量认证的批准方式是颁发认证证书和/或允许产品使用认证标志。

③商品质量认证活动是由认证机构领导并实施的。按照国际标准化组织的要求，认证机构必须具备不受第一方（生产方）和第二方（使用方）经济利益所支配的第三方公正地位。

④商品质量认证是贯彻标准和相应技术要求的一项质量监督活动。

二、商品质量认证的意义

实行商品质量认证的目的是保证产品质量，提高产品信誉，保护用户和消费者的利益，促进国际贸易和发展国际质量认证合作。其意义具体表现在以下几方面：

1. 提高商品质量信誉和在国内外市场上的竞争力

企业在获得商品质量认证证书和认证标志并通过注册加以公布后，就可以在激烈的国内国际市场竞争中提高自己产品质量的可信度，有利于占领市场，提高企业经济效益。

2. 提高商品质量水平，全面推动经济的发展

商品质量认证制度的实施，可以促进企业进行全面质量管理，并及时解决在认证检查中发现的质量问题；可以加强国家对商品质量进行有效的监督和管理，促进商品质量水平不断提高。同时，已取得质量认证的商品，还可以减少重复检验和评定的费用。

3. 提供商品信息，指导消费，保护消费者利益，提高社会效益

消费者购买商品时，可以从认证注册公告或从商品及其包装上的认证标志中获得可靠的质量信息，经过比较和挑选，购买到满意的商品。商品质量认证促进了商品质量的提高，为消费者提供了质量信息，减少了社会重复检验评价费用。

三、商品质量认证的依据

商品品质量认证的依据是认证检验机构对产品质量进行检验、评定所依据的标准和相应的技术要求。由于我国的标准体系中有国家标准、行业标准、地方标准、企业标准，不同产品有不同的特征及特性要求，所以认证机构在开展产品质量认证工作时，主要有以下几类依据：

①对于一般商品开展质量认证，应以具有国际水平的国家标准或行业标准为依据。对于现行国家标准或行业标准内容不能满足认证需要的，应当由认证机构组织制定补充技术要求。对于这一点，《中华人民共和国产品质量法》第十四条规定：国家参照国际先进的产品标准和技术要求，推行产品质量认证制度。这一规定是为了体现认证的水平和层次。

②对于我国名、特、优产品开展商品质量认证，应当以经国家市场监督管理总局确认的标准和技术要求作为认证依据。

③对于经过国家市场监督管理总局批准加入了相应国际认证组织的认证机构（例如电子元器件认证委员会、电工产品认证委员会）进行产品质量认证，应以国际认证组织已经公布的，并已转变化为我国的国家标准或行业标准为依据。

④对于我国已与国外有关认证机构签订双边或多边合作协议的产品，应按照合作协议规定采用的标准开展产品质量认证工作。

四、商品认证的主要内容

商品认证评定的主要内容是：公正性；法律地位；能力（产品认证要求有专业能力）和质量体系。中国采用的产品认证制度主要包括四个基本要素：型式检验；质量体系（环境体系）检查评定；监督检验；监督检查。前面两个要素是取得产品认证资格的必备基本条件，后面两个要素是产品认证后的监督措施。

1. 型式检验

为认证目的而进行的型式检验，是由认证机构对一个或多个具有生产代表性的商品样品，通过一系列试验及合理评价来证明受试样品是否符合其相应标准的过程。它是产品安全认证的第一个重要环节。型式检验的依据是产品的有关国家标准。检验所需样品的数量是由认证机构依据实验室检测的要求而确定的。取样地点是从制造厂的最终产品中随机抽取。型式检验必须

由经国家或 CQC 认可的、独立的检验机构进行。如果有个别特殊的检验项目，检验机构缺乏所需的检验设备，可在独立的检验机构或认证机构的监督下，使用制造厂的检验设备进行检验。

2. 质量体系（环境体系）检查评定

企业要想保证产品质量并持续地满足标准的要求，则必须根据企业的具体情况建立质量管理体系。仅仅依靠对最终产品的抽样检验来进行产品的认证是不完全的，即使是建立在统计基础上的抽样检验也只能证明一个产品批量的质量，不能证明以后生产出厂产品是否持续符合标准的要求。通过检验评定企业质量管理体系来证明企业具有持续稳定地生产符合标准要求的产品的能力，是被实践证明了的一种切实可行的方法。

3. 监督检验

当申请认证的产品通过认证后，如何才能保持产品质量和安全的稳定性，保持生产厂的产品持续符合标准要求，就必须定期对认证产品进行监督检验。监督检验就是从生产企业的最终产品中或市场上抽取样品，由认可的、独立的检验机构进行检验。如果检验结果继续符合标准的要求，则允许继续使用标志；如果检验结果不符合标准的要求，则需根据具体情况采取必要的措施，防止在不符合标准的产品上继续使用认证标志。监督检验的项目不是按检验规定的全部要求进行，重要的是检查那些与制造有关的项目。特别是消费者反映意见较多的质量和安全等问题。监督检验的周期一般每年一次。

4. 监督检查

监督检查是对生产企业的质量保证能力进行定期复查，使企业坚持实施已经建立起来的质量体系，从而保证产品质量的稳定。这是一项认证质量的监督措施。监督检查的内容要比首次体系检查简单一些，重点是查看前次检查的不符合项是否已经得到有效改正，质量（环境）体系的修改是否达到质量和环境指标的要求。

五、商品质量认证的类型

1. 按认证性质的不同分类

（1）强制性认证

强制性认证是各国政府为保护广大消费者人身和动植物生命安全，保护环境、保护国家安全，依照法律法规实施的一种产品合格评定制度，它要求产品必须符合国家标准和技术法规。强制性产品认证，是通过制定强制性产品认证的产品目录和实施强制性产品认证程序，对列入目录中的产品实施强制性的检测和审核。凡列入强制性产品认证目录内的产品，没有获得指定认证机构的认证证书，没有按规定加施认证标志，一律不得进口、不得出厂销售和在经营服务场所使用。

（2）自愿性认证

自愿性认证又称非强制性产品认证，是对未列国家认证目录内产品的认证，是企业的一种自愿行为，称为“自愿性产品认证”。没有经过认证的产品，也要可以在市场上销售。

2. 按认证的内容不同分类

（1）质量认证

质量认证也称合格认证，是用合格证书或合格标志证明某一商品（产品）或服务符合其质量标准要求的认证。合格认证是依据商品标准的要求，对商品的全部性能进行的综合性质量认证，一般属于自愿性认证。我国《产品质量认证管理条例》中规定，实行合格认证的产品，必须符合《中华人民共和国标准化法》规定的国家标准或者行业标准的要求。

（2）安全认证

凡根据安全标准进行认证或只对商品标准中有关安全的项目进行认证的，称为安全认证。

它是对商品在生产、储运、使用过程中是否具备保证人身安全与避免环境遭受危害等基本性能的认证，属于强制性认证。实行安全认证的商品，必须符合《中华人民共和国标准化法》中有关强制性标准的要求。获得安全标志的商品，只能证明该商品符合其安全标准或标准中的安全指标，而无法说明该商品质量的优劣。

（3）综合认证

某些有安全要求的商品（如电工商品）常常既需要安全认证，又需要合格认证，即同时获得两种认证标志，这种认证被称为“综合认证”。例如：我国方圆认证委员会（CQM）的方圆标志就包括合格认证标志、安全认证标志及管理体系认证标志。

3. 按认证的类型与方式不同分类

国际标准化组织出版的《认证的原则与实践》一书，将国际上通用的认证形式归纳为以下8种：

（1）型式试验

按照规定的试验方法对产品样品进行试验，来检验样品是否符合标准或技术规范。这种认证只发证书，不允许使用合格标志，只能证明现在的产品符合标准，不能保证今后的产品符合标准。

（2）型式检验+认证后监督——市场抽样检验

这是一种带监督措施的型式检验。监督的办法是从市场上购买样品或从批发商、零售商的仓库中抽样进行检验，以证明认证产品的质量持续符合标准或技术规范的要求。

（3）型式检验+认证后监督——工厂抽样检验

与第2种认证形式的区别在于，以工厂样品随机检验或成品库抽样检验代替市场样品的核查试验。

（4）型式检验+认证后监督——市场和工厂抽样检验

这种认证是第2、3两种认证形式的综合。从产品样品核查试验来看，样品来自市场和工厂两个方面，因而要求更加严格。

（5）型式检验+工厂质量体系评定+认证后监督——质量体系复查加工厂和市场抽样检验

这种认证，既对产品做型式检验，又对与产品有关的供方质量体系进行评定。评定内容包括供方的质量体系对其生产设备、材料采购、检验方法等能否进行恰当的控制，能否使产品始终符合技术规范。

（6）评定供方的质量体系

这种认证形式，是对供方按既定标准或技术规范要求对提供产品的质量保证能力进行评定和认可，而不对最终产品进行认证，故又称质量保证能力认证。这一认证形式已逐渐被国际上所接受。

（7）批量试验

这是依据统计抽样试验的方法对某批产品进行抽样试验的认证。其目的在于帮助买方判断该批产品是否符合技术规范。这一认证形式，只有在供需双方协商一致后方能有效地执行。一般说来，这种形式的认证较少被采用。

（8）全数试验

对认证产品做百分之百的试验后发给认证证书，允许产品使用合格标志。在某些国家只有极少数与人民的身体健康密切相关的产品进行全数试验。

以上8种认证形式中，第6种是质量体系认证，第5种是最复杂、最全面的产品认证形式，这两种是各国普遍采用的。但是，上述8种类型的质量认证制度所提供的信任程度都是相对的，即使是比较完善的质量认证制度也会受到客观条件的限制。

任务二　商品质量体系认证

一、商品质量体系认证的内涵

（一）商品质量体系认证的概念

质量体系认证亦称“质量体系注册”，是由公正的第三方体系认证机构，依据正式发布的质量体系标准，对企业的质量体系实施评定，并颁发体系认证证书和发布注册名录，向公众证明企业的质量体系符合某一质量体系标准的全部活动。

（二）商品质量体系认证的特点

独立的第三方质量体系认证诞生于20世纪70年代后期，它是从产品质量认证中演变出来的。质量体系认证具有以下特点：

1. 认证的对象是供方的质量体系

质量体系认证的对象不是企业的某一产品或服务，而是质量体系本身。当然，质量体系认证必然会涉及该体系覆盖的产品（或服务），有的企业申请包括企业各类产品（或服务）在内的总的质量体系的认证，有的申请只包括某个或部分产品（或服务）的质量体系认证。尽管涉及产品的范围有大有小，但认证的对象都是供方的质量体系。

2. 认证的依据是质量保证标准

进行质量体系认证，往往是供方为了对外提供质量保证的需要，故认证依据是有关质量保证模式标准。为了使质量体系认证能与国际做法达到互认接轨，供方最好选用ISO 9001、ISO 9002、ISO 9003标准中的一项。

3. 认证的机构是第三方质量体系评价机构

要使供方质量体系认证能有公正性和可信性，认证必须由与被认证单位（供方）在经济上没有利害关系、行政上没有隶属关系的第三方机构来承担。而这个机构除必须拥有经验丰富、训练有素的人员、符合要求的资源和程序外，还必须以其优良的认证实践来赢得政府的支持和社会的信任，具有权威性和公正性。

4. 认证获准的标识是注册和发给证书

按规定程序申请认证的质量体系，当评定结果判为合格后，由认证机构对认证企业给予注册和发给证书，列入质量体系认证企业名录，并公开发布。获准认证的企业，可在宣传品、展销会和其他促销活动中使用注册标志，但不得将该标志直接用于产品或其包装上，以免与产品认证相混淆。注册标志受法律保护，不得冒用与伪造。

5. 认证是企业自主行为

商品质量认证，可分为安全认证和质量合格认证两大类，其中安全认证往往是属于强制性的认证。质量体系认证，主要是为了提高企业的质量信誉和扩大销售量，一般是企业自愿，主动地提出申请，是属于企业自主行为。但是不申请认证的企业，往往会受到市场自然形成的不信任压力或贸易壁垒的压力，而迫使企业不得不争取进入认证企业的行列，但这不是认证制度或政府法令的强制作用。

（三）质量体系认证与商品质量认证的关系

质量体系认证与商品质量认证既有联系又有区别。

1. 质量体系认证与商品质量认证的联系

商品质量认证与质量体系认证同属质量认证的范畴，都具质量认证的特征。商品质量认证与质量体系认证都要求企业建立质量体系，对企业质量体系进行检查评定。商品认证进行质量审核时应充分利用质量体系认证的审核结果，质量体系认证进行体系审核时也应充分利用产品认证的质量体系审核结果，这不仅体现了认证工作的科学性，也保证了认证工作的质量。两者的联系具体如下：

①两种认证类型都有具体的认证对象。

②商品质量认证与质量体系认证都是以特定的标准作为认证的基础。

③两种认证类型都是第三方所从事的活动。

2. 质量体系认证与商品质量认证的区别

（1）认证对象不同

商品质量认证的对象是批量生产的定型产品，而质量体系认证的对象是企业的质量体系，确切地说，是“企业质量体系中影响持续按需方的要求提出产品或服务的能力和某些要素”，即质量保证体系。

（2）证明的方式不同

商品质量认证的证明方式是产品认证证书及产品认证标志，证书和标志证明产品质量符合产品标准。质量体系认证的证明方式是质量体系认证证书和体系认证标记，证书和标记只证明该企业的质量体系符合某一质量保证标准，不证明该企业生产的任何产品符合产品标准。

（3）证明的使用不同

商品质量认证证书不能用于产品，标志可用于获准认证的产品上。质量体系认证证书和标志都不能在产品上使用。

（4）实施质量体系审核的依据不同

产品质量认证一般按 GB/T 19002—ISO 9002 检查体系。质量体系认证依据审核企业要求，可能是 GB/T 19001—ISO 9001、GB/T 19002—ISO 9002、GB/T 19003—ISO 9003 中之一。

（5）申请企业类型不同

要求申请商品质量认证的企业是生产特定的产品型企业。申请质量体系认证的企业可以是生产、安装型企业，可以是设计/开发、制造、安装服务型企业，也可以是出厂检查和检验型企业。

二、质量体系认证的由来

ISO 9000 是由西方国家的品质保证活动发展起来的。“二战”期间，因战争扩大武器需求量急剧膨胀，美国军火商因当时的武器制造工厂规模、技术、人员的限制未能满足“一切为了战争”，美国国防部为此面临千方百计扩大武器生产量，同时又要保证质量的现实问题。分析当时企业：大多数管理是 NO1，即工头凭借经验管理，指挥生产，技术全在脑袋里面；而一个 NO1 管理的人数很有限，产量当然有限，与战争需求量相距很远。于是，国防部组织大型企业的技术人员编写技术标准文件，开设培训班，对来自其他相关机械工厂的员工（如五金、工具、铸造工厂）进行大量训练，使其能在很短的时间内学会识别工艺图及工艺规则，掌握武器制造所需关键技术，从而将“专用技术”迅速“复制”到其他机械工厂，从而奇迹般地有效解决了战争难题。战后，国防部将该宝贵的“工艺文件化”经验进行总结、丰富，编制更周详的标准在全国工厂推广应用，并同样取得了满意效果。当时美国盛行文件风，后来，美国军工企业的这个经验很快被其他工业发达国家军工部门所采用，并逐步推广到民用工业，在西方各国蓬勃发展起来。

随着上述品质保证活动的迅速发展，各国的认证机构在进行产品品质认证的时候，逐渐增加了对企业的品质保证体系进行审核的内容，进一步推动了品质保证活动的发展。到了 20 世纪 70 年代后期，英国一家认证机构 BSI（英国标准协会）首先开展了单独的品质保证体系的认证业务，使品质保证活动由第二方审核发展到第三方认证，受到了各方面的欢迎，更加推动了品质保证活动的迅速发展。

通过三年的实践，BSI 认为，这种品质保证体系的认证适应面广，灵活性大，有向国际社会推广的价值。于是，在1979年向ISO提交了一项建议。ISO根据BSI的建议，当年即决定在ISO的认证委员会的“品质保证工作组”的基础上成立“品质保证委员会”。1980年，ISO正式批准成立了“品质保证技术委员会”（即TC176）着手这一工作，从而导致了“ISO 9000族”标准的诞生，健全了单独的品质体系认证制度，一方面扩大了原有品质认证机构的业务范围，另一方面又导致了一大批新的专门的品质体系认证机构的诞生。

三、三体系认证

三体系认证又叫三标体系认证或三标一体，包含ISO 9001质量管理体系、ISO 14001环境管理体系、OHSAS18000职业安全健康管理体系。三体系是以国家相关产品质量法、标准法和计量法等法规和产品标准为依据，通过组织构架的建立、岗位的设定、岗位职责的划分、岗位制度和流程的制定，从人员、工作场所、设备设施、经营品项和环境影响等方面进行有效运行和管控，以达到人员安全、质量保证、环境保护、顾客满意和企业受益的一种宏观的管理理念。ISO 9001是ISO制定的质量管理体系标准；ISO 14001是ISO制定的环境管理体系标准，是目前世界上最全面和最系统的环境管理国际化标准，适用于任何类型与规模的组织；OHSAS 18000是ISO制定的职业健康与安全管理体系标准。2018年3月12日，ISO正式发布ISO 45001《职业健康安全管理体系要求及使用指南》，用于取代OHSAS 18001标准。

（一）ISO 9001认证

1. ISO 9001认证介绍

ISO 9001：2015是ISO制定的质量管理体系标准。该标准吸收国际上先进的质量管理理念，采用PDCA循环的质量哲学思想，对于产品和服务的供需双方具有很强的实践性和指导性。标准适用于各行各业，全球已有几十万家企业、政府、服务组织及其他各类机构导入ISO 9001并获得第三方认证。通过ISO 9001认证，已成为组织进入市场和赢得顾客信任的基本条件。

2. 企业通过ISO 9001认证的好处

①强调以顾客为中心的理念，明确公司通过各种手段去获取和理解顾客的要求，确定顾客要求，通过体系中各个过程的运作满足顾客要求甚至超越顾客要求，并通过顾客满意的测量来获取顾客满意程序的感受，以不断提高公司在顾客心中的地位，增强顾客的信心。

②明确要求公司最高管理层直接参与质量管理体系活动，从公司层面制定质量方针和各层次质量目标，最高管理层通过及时获取质量目标的达成情况以判断质量管理体系运行的绩效，直接参与定期的管理评审，掌握整个质量体系的整体状况，并及时对于体系不足之处采取措施，从公司层面保证资源的充分性。

③明确各职能和层次人员的职责权限以及相互关系，并从教育、培训、技能和经验等方面明确各类人员的能力要求，以确保他们是胜任的，通过全员参与到整个质量体系的建立、运行和维持活动中，以保证公司各环节的顺利运作。

④明确控制可能产生不合格产品的各个环节，对于产生的不合格产品进行隔离、处置，并通过制度化的数据分析，寻找产生不合格产品的根本原因，通过纠正或预防措施防止不合格产品发生或再次发生，从而不断降低公司发生的不良质量成本，并通过其他持续改进的活动来不断提高质量管理体系的有效性和效率，从而实现公司成本的不断降低和利润的不断增长。

⑤通过单一的第三方注册审核代替累赘的第二方工厂审查，第三方专业的审核可以更深层次地发现公司存在的问题，通过定期的监督审核来督促公司的人员按照公司确定的质量管理体系规范来开展工作。

⑥获得质量体系认证是取得客户配套资格和进入国际市场的敲门砖，也是目前企业开展供应链管理很重要的依据。

质量管理体系

质量管理体系（Quality Management System，QMS）是指在质量方面指挥和控制组织的管理体系。质量管理体系是组织内部建立的，为实现质量目标所必需的、系统的质量管理模式，是组织的一项战略决策。

它将资源与过程结合，以过程管理方法进行系统管理，根据企业特点选用若干体系要素加以组合，一般包括与管理活动、资源提供、产品实现以及测量、分析与改进活动相关的过程，可以理解为涵盖了从确定顾客需求、设计研制、生产、检验、销售、交付之前全过程的策划、实施、监控、纠正与改进活动的要求，一般以文件化的方式，成为组织内部质量管理工作的要求。

（二）ISO 14001 认证

ISO 9000 证书怎么就成了挂在墙上的奖状？

1. ISO 14001 认证介绍

ISO 14001：2015 是 ISO 制定的环境管理体系标准，是目前世界上最全面和最系统的环境管理国际化标准，适用于任何类型与规模的组织。企业实施 ISO 14001 标准可达到节能降耗、优化成本、改善企业形象、提高竞争力的目的。获得 ISO 14001 认证已经成为打破国际绿色壁垒、进入欧美市场的准入证，并逐渐成为组织进行生产、经营活动及贸易往来的必备条件之一。

2. 企业通过 ISO 14001 认证好处

①满足政府法律要求，获取国际贸易的“绿色通行证”。

②增强企业竞争力，扩大市场份额。

③树立优秀企业形象。

④改进产品性能，制造“绿色产品”。

⑤改革工艺设备，优化成本，实现节能降耗。

⑥污染预防，环境保护。

⑦避免因环境问题所造成的经济损失。

⑧提高员工环保素质。

⑨提高企业内部管理水平，降低管理成本。

⑩减少环境风险，实现企业永续经营。

知识链接

环境管理体系

根据 ISO 14001 的定义，环境管理体系（Environmental Management System，EMS）是一个组织内全面管理体系的组成部分，它包括为制定、实施、实现、评审和保持环境方针所需的组织机构、规划活动、机构职责、惯例、程序、过程和资源，还包括组织的环境方针、目标和指标等管理方面的内容。

环境管理体系是一个组织有计划，而且协调动作的管理活动，其中有规范的动作程序、文件化的控制机制。它通过有明确职责、义务的组织结构来贯彻落实，目的在于防止对环境的不利影响。

环境管理体系是一项内部管理工具，旨在帮助组织实现自身设定的环境表现水平，并不断地改进环境行为，不断达到更新更佳的高度。

（三）ISO 45001 认证

1. ISO 45001 职业健康安全管理体系介绍

ISO45001 职业健康安全管理体系，是由 OHSAS18001 职业健康和安全管理体系演变而来。这一新标准用于帮助全世界的组织确保其工作者健康和安全。ISO 45001 由 ISO/PC 283 职业健康安全管理体系项目委员会负责起草编写。这个委员会是由 69 个正式成员（包括中国国家标准化委员会 SAC 以及英、美、德、法等国家的相关机构）和 16 个观察成员组成。国际劳工组织（International Labour Organization，ILO）、职业安全与健康协会（Institutionof Occupational Safety and Health，IOSH）等组织的代表也参与了标准的讨论。

2. ISO 45001 的应用

ISO 45001 适用于所有组织。无论是高风险的大企业、低风险的小公司、非营利性组织、慈善机构、学术科研机构，还是政府机关部门，只要组织有人员为其工作或者因其活动而受到影响，那么就可以采用系统的方法来管理人员的职业健康和安全。ISO 45001 可以通过以下方式来加以应用：

①制定和实施职业健康安全方针和目标。

②通过理解组织所处的环境、需要应对的风险和机遇，来建立系统的管理过程。

③进行危险源辨识、风险评价，并确定必要的控制措施。

④提升人员的职业健康安全意识和能力。

⑤评价职业健康安全绩效，寻找改善的机会并加以实施。

3. 企业应用 ISO 45001 的益处

ISO 45001 可以帮助组织改善职业健康安全绩效，并确保为员工提供安全的作业场所。如：

①提高符合法律法规的能力。

②降低事故事件的总成本。

③减少停机时间和生产中断的成本。

④降低保险费用。

⑤减少误工和员工离职率。

⑥到国际职业健康安全管理水准的认可。

ISO 9000 质量体系认证费用一览表

任务三　商品质量认证标志

一、商品品质量认证标志概述

商品品质量认证标志（Certification Marking of Product Quality），是指企业通过申请，经国际国内权威认证机构认可，颁发给企业的表示产品质量已达认证标准的一种标志。

使用认证标志，可提高商品的竞争力，增强用户的信任度。未经认证而伪造、冒用认证标志，不仅践踏国家商品质量认证制度，使其形同虚设，而且还可能使含有事故隐患的商品流入市场，危及用户和消费者的生命或财产安全。反不正当竞争法将此种行为作为严重违法行为予以禁止。

二、国内常见的商品质量认证标志

1. 3C 认证标志

中国政府为兑现加入世界贸易组织的承诺，于 2001 年 12 月 3 日对外发布了《强制性产品认证管理规定》，对列入目录的 19 类 132 种产品实行“统一目录、统一标准与评定程序、统一标志和统一收费”的强制性认证管理。将原来的“CCIB”认证和“长城 CCEE 认证”统一为“中国强制认证”（英文名称为 China Compulsory Certification），其英文缩写为“CCC”，故又简称“3C”认证。从 2002 年 5 月 1 日起，国家认证认可监督管理委员会开始受理第一批列入强制性产品目录的 19 大类 132 种产品的认证申请。它是中国政府按照世贸组织有关协议和国际通行规则，为保护广大消费者人身和动植物生命安全，保护环境、保护国家安全，依照法律法规实施的一种产品合格评定制度。

“3C”认证从 2002 年 5 月 1 日（后来推迟至 8 月 1 日）起全面实施，原有的产品安全认证和进口安全质量许可制度同期废止。当前已公布的强制性产品认证制度有《强制性产品认证管理规定》《强制性产品认证标志管理办法》《第一批实施强制性产品认证的产品目录》和《实施强制性产品认证有关问题的通知》。第一批列入强制性认证目录的产品包括电线电缆、开关、低压电器、电动工具、家用电器、轿车轮胎、汽车载重轮胎、音视频设备、信息设备、电信终端、机动车辆、医疗器械、安全防范设备等。至今，已发布多项产品，除第一批目录外，还增加了油漆、陶瓷、汽车产品、玩具等产品。需要注意的是，3C 标志并不是质量标志，它是一种最基础的安全认证。

当前的 3C 认证标志分为四类，分别为：CCC + S 安全认证标志；CCC + EMC 电磁兼容认证标志；CCC + S&E 安全与电磁兼容认证标志；CCC + F 消防认证标志。详见图 9 - 1。

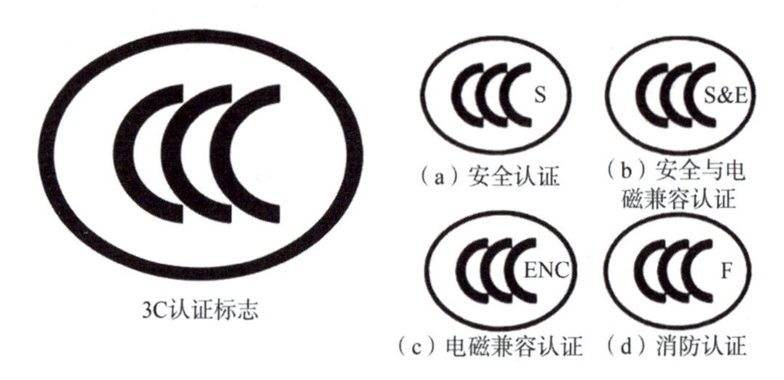

图 9 - 1　3C 认证标志

哪些产品要做 3C 认证?

根据国家强制性产品认证的有关文件规定，自 2003 年 5 月 1 日起，列入第一批实施 3C 认证目录内的 19 类 132 种产品如未获得 3C 认证证书就不能出厂销售、进口和在经营性活动中使用。

2019 年 7 月 5 日，国家市场监督管理总局和认证认可监督管理委员会发布了《关于防爆电气等产品由生产许可转为强制性产品认证管理实施要求的公告》，自 2019 年 10 月 1 日起，防爆电气、家用燃气器具和标定容积 500 升以上家用电冰箱纳入 3C 认证管理范围。

2. CQC 认证标志

3C 认证目录明细

CQC 认证是中国质量认证中心开展的自愿性产品认证业务之一，以加施 CQC 标志的方式表明产品符合相关的质量、安全、性能、电磁兼容等认证要求，认证范围涉及机械设备、电力设备、电器、电子产品、纺织品、建材等 500 多种产品。CQC 标志认证重点关注安全、电磁兼容、性能、有害物质限量（RoHS）等直接反映产品质量和影响消费者人身和财产安全的指标，旨在维护消费者利益，促进提高产品质量，增强国内企业的国际竞争力。

中国质量认证中心

中国质量认证中心（CQC）是经中央机构编制委员会批准，由国家市场监督管理总局设立，委托国家认证认可监督管理委员会管理的国家级认证机构。2007 年 3 月，为了加快地方适应中国检验认证市场对外开放新形势，国家质检总局将原中国质量认证中心（CQC）与原中国检验认证集团（CCIC）等机构进行重组改革，以做优做强 CQC 和 CCIC 两个品牌 。2018 年 3 月，根据《国务院关于机构设置的通知》（国发〔2018〕6 号）组建国家市场监督管理总局，2018 年 11 月根据《中央编办关于国家市场监督管理总局所属事业单位机构编制的批复》（中央编办复字〔2018〕118 号），中国质量认证中心（CQC）划归国家市场监督管理总局所属。

目前，CQC 在国内外共设有 45 个分支机构。遍布全国的服务网络，能够为客户提供及时、周到、高质量的服务。CQC 是 IECEE－CB 体系中唯一的国家认证机构（ NCB ）和 IQNet 的正式成员。CQC 与国外诸多知名认证机构间的国际互认业务，以及广泛的国际交流和良好的国际形象，都能使客户享受增值服务。中国质量认证中心系列标志详见图 9－2。

图 9－2　中国质量认证中心系列标志

3. CQM 认证标志

中国方圆标志认证委员会质量认证中心（英文缩写 CQM）是经原国家质量技术监督局批准，由中国方圆标志认证委员会和中国标准化协会共同依法建立的实施第三方认证的机构。该机构于 1995 年 12 月取得体系认证机构国家认证认可监督管理委员会的认可。中国方圆标志认证委员会质量认证中心依据《中华人民共和国产品质量法》《中华人民共和国标准化法》和国家认证工作管理的规章，按照国际标准化组织认证活动的规范性文件从事认证及其相关活动。中国方圆认证标志详见图 9－3。

图 9－3　中国方圆认证标志

CQM 认证的专业范围有：农业、渔业、采矿业及采矿；食品、饮料和烟草；纺织品及纺织产品、皮革及皮革制品；木材及木材制品、纸浆、纸及纸制品、印刷业；焦炭及精炼石油制品、化学品、化学制品及纤维；医药品；橡胶和塑料制品；非金属矿物制品；混凝土、水泥、石灰、石膏及其他；基础金属及金属制品；机械及设备；电子、电气及光电设备；其他运输设备；其他未分类的制造业；发电及供电；水的生产与供给；建设；批发与零售；宾馆及餐馆；运输、仓储及通信；金融、房地产、出租服务；科技服务；信息技术；其他服务；公共行政管理；其他社会服务，如教育、卫生保健与社会公众事业等 33 个专业。并根据开展认证业务的需要，不断拓展新的专业。CQM 可以广泛便捷地为不同行业的企业提供认证服务。

方圆标志认证集团

方圆标志认证集团（简称方圆，英文缩写 CQM）是在原国家质量技术监督局批准组建的中国方圆标志认证委员会基础上发展演变而来，是集认证、培训、科研、政策研究、标准制定、国际合作于一体，面向全球的集团化、综合性技术服务机构。由核心企业方圆标志认证集团有限公司及其 30 多家分、子公司共同组建而成，已形成覆盖全国的服务网络。

原国家质量技术监督总局于 1991 年在北京设立中国方圆标志认证委员会，这是国内第一家认证机构。后改为方圆认证中心，到 2005 年年底根据国家主管部门要求改为方圆标志认证集团。截至目前方圆发放证书，居全国认证机构前列。

4. QS 食品质量安全标志

QS 是英文“Quality Safety”（质量安全）的字头缩写，是工业产品生产许可证标志的组成部分，也是取得工业产品生产许可证的企业在其生产的产品外观上标示的一种质量安全外在表现形式。根据《中华人民共和国工业产品生产许可证管理条例实施办法》第八十六条规定：“工业产品生产许可证标志由‘质量安全’英文（Quality Safety）字头（QS）和‘质量安全’中文字样组成。标志主色调为蓝色，字母‘Q’与‘质量安全’四个中文字样为蓝色，字母‘S’为白色。”“QS”是食品质量安全市场准入证的简称，是国家从源头加强食品质量安全的监督管理，提高食品生产加工企业的质量管理和产品质量安全水平，具备规定条件的生产者才允许进行生产经营活动，具备规定条件的食品才允许生产销售的一种行政监管制度。QS 主要包括三项内容：

（1）对食品生产企业实施生产许可证制度

对于具备保证食品质量安全必备的生产条件、能够保证食品质量安全的企业，发放食品生产许可证，准予生产获证范围内的产品；未取得食品生产许可证的企业不准生产相关食品。这就从生产条件上保证了企业能生产出符合质量安全要求的产品。

（2）对企业生产的食品实施强制检验制度

要求企业必须履行法律义务，未经检验或经检验不合格的食品不准出厂销售。对于不具备自检条件的生产企业必须实施委托检验。这项规定适合我国企业现有的生产条件和管理水平，能有效地把住产品出厂质量安全关。

（3）对实施食品生产许可制度的食品实行质量安全市场准入标识制度

对检验合格的食品要加印（贴）市场准入标志——QS 标志，没有加贴 QS 标志的食品不准出厂销售。这样做，便于广大消费者识别和监督，便于有关行政执法部门监督检查，也有利于促进生产企业提高对食品质量安全的责任感。

QS 标识从 2010 年 6 月 1 日起已陆续换成新样式。此次变更主要是在标志的中文字样上有所变动，原先 QS 标志下方的“质量安全”字样已变为“生产许可”。QS 下方须标注“生产许可”，原有的 QS 标志是食品市场的准入标志，由“质量安全”英文的首字母“QS”和“质量安全”中文字样组成，没有取得相关生产许可证的企业则不能生产食品，即不能使用这个标志。原有的 QS 标识主色为蓝色，字母“Q”与“质量安全”四个中文字样为蓝色，字母“S”为白色。即将更换的企业食品生产许可证标志以“企业食品生产许可”的拼音缩写“QS”表示，并标注“生产许可”中文字样。QS 标志的变化详见图 9－4。

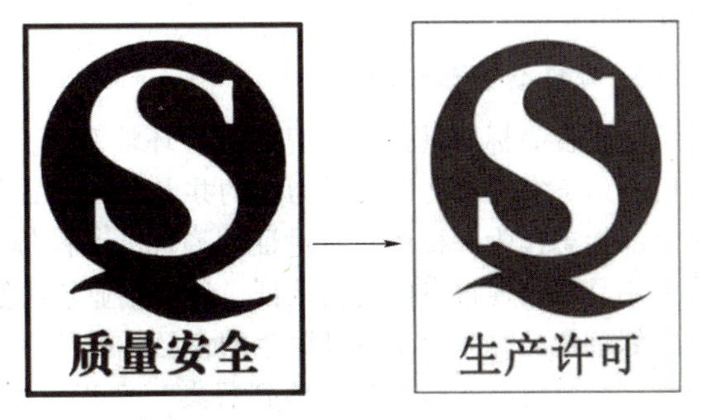

图 9－4　QS 标志的变化

5. 无公害农产品认证标志

我国农产品认证始于 20 世纪 90 年代初农业部实施的绿色食品认证。2001 年，在中央提出发展高产、优质、高效、生态、安全农业的背景下，农业部提出了无公害农产品的概念，并组织实施“无公害食品行动计划”，各地自行制定标准开展了当地的无公害农产品认证。在此基础上，2003 年实现了“统一标准、统一标志、统一程序、统一管理、统一监督”的全国统一的无公害农产品认证。

无公害农产品认证工作是农产品质量安全管理的重要内容。开展无公害农产品认证工作是促进结构调整、推动农业产业化发展、实施农业名牌战略、提升农产品竞争力和扩大出口的重要手段。

（1）认证特点

①认证性质。无公害农产品认证执行的是无公害食品标准，认证的对象主要是百姓日常生活中离不开的“菜篮子”和“米袋子”产品。也就是说，无公害农产品认证的目的是保障基本安全，满足大众消费，是政府推动的公益性认证。

②认证方式。无公害农产品认证采取产地认定与产品认证相结合的模式，运用了从“农田到餐桌”全过程管理的指导思想，打破了过去农产品质量安全管理分行业、分环节管理的理念，强调以生产过程控制为重点，以产品管理为主线，以市场准入为切入点，以保证最终产品消费安全为基本目标。产地认定主要解决生产环节的质量安全控制问题；产品认证主要解决产品安全和市场准入问题。无公害农产品认证的过程是一个自上而下的农产品质量安全监督管理行为，产地认定是对农业生产过程的检查监督行为，产品认证是对管理成效的确认，包括监督产地环境、投入品使用、生产过程的检查及产品的准入检测等方面。

③技术制度。无公害农产品认证推行“标准化生产、投入品监管、关键点控制、安全性保障”的技术制度。从产地环境、生产过程和产品质量三个重点环节控制危害因素含量，保障农产品的质量安全。

（2）产地要求

无公害农产品产地环境必须经有资质的检测机构检测，灌溉用水（畜禽饮用、加工用水）、土壤、大气等符合国家无公害农产品生产环境质量要求，产地周围3千米范围内没有污染企业，蔬菜、茶叶、果品等产地应远离交通主干道100米以上，无公害农产品产地应集中连片、产品相对稳定，并具有一定规模。

（3）申报范围

无公害农产品认证申报范围，严格限定在农业部公布的《实施无公害农产品认证的产品目录》内。从2009年5月1日起，凡不在《实施无公害农产品认证的产品目录》范围内的无公害农产品认证申请，一律不再受理。

无公害农产品标志图案主要由麦穗、对勾和无公害农产品字样组成，麦穗代表农产品，对勾表示合格，金色寓意成熟和丰收，绿色象征环保和安全。无公害农产品标志详见图9－5。

图9－5 无公害农产品标志

6. 绿色食品认证标志

绿色食品标志是提醒人们要保护环境和防止污染，通过改善人与环境的关系，创造自然界新的和谐。它注册在以食品为主的共九大类食品上，并扩展到肥料等绿色食品相关类产品上。绿色食品标志作为一种产品质量证明商标，其商标专用权受《中华人民共和国商标法》保护。标志使用是食品通过专门机构认证，许可企业依法使用。

绿色食品并非指颜色是绿色的食品，而是中国对无污染的、安全的、优质的、营养类食品的总称。绿色食品实施“从土地到餐桌”全程质量控制。在绿色食品生产、加工、包装、储运过程中，通过严密监测、控制和标准化生产，科学合理地使用农药、肥料、兽药、添加剂等投入品，严格防范有毒、有害物质对农产品及食品加工各个环节的污染，确保环境和产品安全。1990年5月，农业部正式规定了绿色食品的名称 、标准和标志。标准规定：

①产品或产品原料的产地必须符合绿色食品的生态环境标准。

②农作物种植、畜禽饲养、水产养殖及食品加工必须符合绿色食品的生产操作规程。

③产品必须符合绿色食品的质量和卫生标准。

④产品的标签必须符合农业部制定的《绿色食品标志设计标准手册》中的有关规定。

绿色食品分A级绿色食品和AA级绿色食品两种。A级绿色食品，系指在生态环境质量符合规定标准的产地、生产过程中允许限量使用限定的化学合成物质，AA级绿色食品（等同有机食品），系指在生态环境质量符合规定标准的产地，生产过程中不使用任何有害化学合成物质，同时按特定的生产操作规程生产、加工，产品质量及包装经检测、检查符合特定标准，并经专门机构认定，许可使用A级与AA绿色食品标志的产品。

绿色食品标志（见图9－6）由三部分构成，即上方的太阳、下方的叶片和中心的蓓蕾，象征自然生态；颜色为绿色，象征着生命、农业、环保；图形为正圆形，意为保护。AA级绿色食品标志与字体为绿色，底色为白色；A级绿色食品标志与字体为白色，底色为绿色。整个图形描绘了一幅明媚阳光照耀下的和谐生机，告诉人们绿色食品是出自纯净、良好生态环境的安全、无污染食品，能给人们带来蓬勃的生命力。

图9－6 绿色食品标志

中国绿色食品发展中心

中国绿色食品发展中心（China Green Food Development Center）是组织和指导全国绿色食品开发和管理工作的权威机构，1990年开始筹备并积极开展工作，1992年11月正式成立，是负责全国绿色食品开发和管理工作的专门机构，隶属农业农村部，与农业农村部绿色食品管理办公室合署办公。内设办公室、认证审核处、标志管理处、质量监督处、科技标准处、计划财务处、市场信息处等部门。在全国组建设立了36个地方绿色食品管理机构，定点委托了46个绿色食品产品质量检测机构，72个绿色食品产地环境监测机构。1993年，加入国际有机农业运动联盟（IFOAM）。

受农业农村部委托，制定发展绿色食品的政策、法规及规划，组织制定绿色食品标准，组织和指导全国绿色食品开发和管理工作；专职管理绿色食品标志商标，审查、批准绿色食品标志产品；委托和协调地方绿色食品工作机构和环境及产品质量监测工作；组织开展绿色食品科研、技术推广、培训、宣传、信息服务、示范基地建设，以及对外经济技术交流与合作。

7. 有机产品认证标志

联合国食品法典委员会对有机农业的定义是：促进和加强包括生物多样性、生物循环和土壤生物活动的农业生态系统健康的整体生产管理系统。有机农业生产系统基于明确和严格的生产标准，致力于实现社会、生态和经济持续性的最佳化。

有机产品的特征包括：不使用人工合成物质，如化学农药、化肥、生长调节剂、饲料添加剂等；生产遵循自然规律，与自然保持和谐一致，采用一系列与生态和环境友好的技术，维持一种可持续稳定发展的农业生产过程；不采用基因工程获得的生物及其产物。

（1）生产要求

生产基地在近三年内未使用过农药、化肥等禁用物质；种子或种苗未经基因工程技术改造过；生产基地应建立长期的土地培肥、植物保护、作物轮作和畜禽养殖计划；生产基地无水土流失、风蚀及其他环境问题；作物在收获、清洁、干燥、贮存和运输过程中应避免污染；在生产和流通过程中，必须有完善的质量控制和跟踪审查体系，并有完整的生产和销售记录档案。

（2）加工要求

原料来自获得有机认证的产品和野生（天然）产品；获得有机认证的原料在最终产品中所占的比例不少于95%；只允许使用天然的调料、色素和香料等辅助原料和有机认证标准中允许使用的物质，不允许使用人工合成的添加剂；有机产品在生产、加工、贮存和运输的过程中应避免污染；加工和贸易全过程必须有完整的档案记录，包括相应的票据。

简单地说，有机产品就是通过有机农业生产体系生产出来的产品。有机产品的涵盖面非常广，主要包括：有机食品，主要指可食用的初级农产品和加工食品，如粮食、蔬菜、水果、奶制品、畜禽产品、水产品、饮料和调料等；有机农业生产资料，如有机肥料、生物农药等。此外，还有有机化妆品、纺织品、林产品等，统称为有机产品。有机产品中占绝大多数的是有机食品，有机食品是生产加工过程中不使用农药、化肥、激素等人工合成物质的环保型安全食品。有机产品认证标志详见图9-7。

中国有机产品认证标志

中国有机转换产品认证标志

图9-7　有机产品认证标志

绿色食品、有机食品和无公害食品的区别

无公害食品是指按照无公害食品生产标准和产品标准要求从事生产活动，产品的质量指标达到无公害食品的质量要求，并通过农业农村部无公害农产品质量认证中心认证的产品。

绿色食品是指按照绿色食品标准要求生产的，经农业农村部绿色食品认证中心认证的，允许使用绿色食品标志的安全、优质食品。

有机食品是指采取有机的耕作（饲养）和加工方式生产和加工的，在生产和加工中不使用农药、化肥、化学防腐剂等化学合成物质，也不使用基因工程生物及其产品，产品符合国际或国家有机食品要求和标准，并通过国家有关部门认可的认证机构认证的农副产品及其加工品。

无公害食品标准对食品的安全性提出了基本要求，普通食品都应达到这一要求；绿色食品的质量要求高于无公害食品；而有机食品是目前农产品的最高标准。这三类产品的冠名，都需要通过国家认证。对于肉鸭和蛋鸭养殖企业、养殖户来说，应参考相关标准，提高产品品质，争取达标认证。

三、国际常见的商品质量认证标志

1. CE 认证标志

有机食品更安全营养？绿色、无公害食品分不清楚？

CE 标志是一种安全认证标志，CE 代表欧洲统一（CONFORMITE EUROPEENNE），是产品进入欧盟国家及欧盟自由贸易协会国家市场的"通行证"。凡是贴有 CE 标志的产品就可在欧盟各成员国内销售，无须符合每个成员国的要求，从而实现了商品在欧盟成员国范围内的自由流通。在欧盟市场 CE 标志属强制性认证标志，不论是欧盟内部企业生产的产品，还是其他国家生产的产品，要想在欧盟市场上自由流通，就必须加贴 CE 标志，以表明产品符合欧盟《技术协调与标准化新方法》指令的基本要求。这是欧盟法律对相关产品提出的一种强制性要求。CE 证书的有效期限为 3 年，到期前 3 个月需向认证机构申请延期。

CE 认证只限于产品不危及人类、动物和货品的安全方面的基本安全要求，而不是一般质量要求，CE 标志是安全合格标志而非质量合格标志。

2. CB 认证标志

CB 标志是国际电工委员会电工产品合格测试与认证组织"关于电工产品测试证书的相互认可体系"（IECEE CB 体系）的认证标志。CB 体系是 IECEE 运作的一个国际体系，IECEE（国际电工委员会电工产品合格测试与认证组织）各成员国认证机构以 IEC 标准为基础对电工产品安全性能进行测试，其测试结果即 CB 测试报告和 CB 测试证书，在 IECEE 各成员国得到相互认可。CB 认证的目的是减少由于必须满足不同国家认证或批准准则而产生的国际贸易壁垒。它是一种非强制性的性能测试认证。

（1）CB 测试证书的使用

CB 测试证书号称"电工产品国际认证的万能钥匙"。但是，CB 测试证书只有和 CB 测试报告同时使用时有效。证书持有者可以直接利用 CB 测试证书和测试报告获得 CB 体系的其他成员国的国家认可。IECEE 对 CB 测试证书的有效期限没有明确规定，但是认可 NCB（国家认证机构）通常会对颁发时间超过三年的 CB 证书提出异议。

（2）CB 标志的使用

CB 标志不能直接用于产品的商业宣传，如印刷在产品外包装上。但是证书持有方可以在商务信函中向采购方提及获得 CB 测试证书的情况，以利于产品的销售。

3. UL 认证标志

UL 是美国保险商试验所（Underwriter Laboratories Inc.）的简写。UL 安全试验所是美国最有权威的，也是世界上从事安全试验和鉴定的较大的民间机构。它是一个独立的、营利的、为公共安全做试验的专业机构。它采用科学的测试方法来研究确定各种材料、装置、产品、设备、建筑等对生命、财产有无危害和危害的程度；确定、编写、发行相应的标准和有助于减少及防止造成生命财产受到损失的资料，同时开展实情调研业务。UL 认证在美国属于非强制性认证，主要是产品安全性能方面的检测和认证，其认证范围不包含产品的 EMC（电磁兼容）特性。

4. GS 认证标志

GS 是德语“Geprufte Sicherheit”（安全性已认证）的缩写，也有“Germany Safety”（德国安全）的意思。GS 认证是以德国产品安全法（GPGS）为依据，按照欧盟统一标准 EN 或德国工业标准 DIN 进行检测的一种自愿性认证，是欧洲市场公认的德国安全认证标志。GS 标志，是德国劳工部授权 TUV、VDE 等机构颁发的安全认证标志。GS 标志表示该产品的使用安全性已经通过公信力的独立机构的测试。GS 标志虽然不是法律强制要求，但是它确实能在产品发生故障而造成意外事故时，使制造商受到严格的德国（欧洲）产品安全法的约束。所以 GS 标志是强有力的市场工具，能增强顾客的信心及购买欲望。

虽然 GS 是德国标准，但欧洲绝大多数国家认同。而且满足 GS 认证的同时，产品也会满足欧共体的 CE 标志的要求。和 CE 不一样，GS 标志并无法律强制要求，但由于安全意识已深入普通消费者，一个有 GS 标志的电器在市场可能会较一般产品有更大的竞争力。GS 标志是被欧洲广大顾客接受的安全标志。通常 GS 认证产品销售单价更高而且更加畅销！

5. CSA 认证标志

CSA 是加拿大标准协会（Canadian Standards Association）的简称。它成立于 1919 年，是加拿大首家专业制定工业标准的非营利性机构。在北美市场上销售的电子、电器、卫浴、燃气等产品都需要取得安全方面的认证。目前 CSA 是加拿大最大的安全认证机构，也是世界上最著名的安全认证机构之一 。它能对机械、建材、电器、电脑设备、办公设备、环保、医疗防火安全、运动及娱乐等方面的所有类型的产品提供安全认证。CSA 已为遍布全球的数千厂商提供了认证服务，每年均有上亿个附有 CSA 标志的产品在北美市场销售。

6. PSE 认证标志

PSE 认证是日本强制性安全认证，用以证明电气电子产品已通过日本电气和原料安全法（DENAN Law）或国际 IEC 标准的安全标准测试。日本是一个安全法规体系较复杂的国家。国外产品想要进入日本市场，将要面对较高的门槛。

在日本市场上销售的 DENAN 目录范围内的电气电子产品都必须通过 PSE 认证。日本 DENAN 将电气电子产品分为两类：特定电气产品，包括 115 种产品；非特定电气产品，包括 338 种产品。特定电气产品必须经由日本经济产业省授权的第三方认证机构进行产品及工厂测试设备的检验，核发 PSE 认证证书，认证有效期在 3 至 7 年之间，并在产品上加贴 PSE 菱形标志。非特定电气产品则需通过自我检查以及声明的方式证明产品的符合性，并在产品上加贴 PSE 圆形标志。

7. BS 认证标志

英国的 BS 认证标志（又称“风筝”标志）是英国标准学会 BSI（British Standards Institution）特有的注册商标，国内外厂家均可申请使用。使用这种标志的企业不仅其产品必须符合有关的 BS 标准的要求，而且必须具有符合 BS—5790 的质量保证体系，在认证过程中，还要对该体系进行评定。

英国标准学会是世界上第一个国家标准化机构，原为英国工程标准委员会，成立于1901年，1931年正式改名为英国标准学会。它虽为民间组织，但受国家委托，负责统一管理全国标准化工作。

8. NF认证标志

NF标志是证明产品符合法国标准的一种法定质量符号。NF是法国标准的代号，该标志始于1938年，其管理机构是法国标准化协会（Association Francaise de Normalization，AFNOR）。

AFNOR成立于1926年，是法国政府工业部监管下的认证组织，是促进标准实施的权威机构。它是根据法国民法成立，并由政府承认和资助的全国性标准化机构。1941年5月24日，法国政府颁布法令，确认AFNOR为全国标准化主管机构，并在政府标准化管理机构——标准化专署领导下，按政府指示组织和协调全国标准化工作，代表法国参加国际和区域性标准化机构的活动。

NF是由行业标准化局或AFNOR设立的技术委员会制定的。NF标志在法国注册，受法律保护。NF标志可单独使用于电器及非电器产品，也可与其他标志或单字母图案共同使用。该标志主要是显示产品符合法国标准或国际标准中的质量要求。

国际常见的产品质量认证标志详见图9－8。

图9－8　国际常见的产品质量认证标志

项目小结

1. 商品质量认证是由第三方通过检验评定企业的质量管理体系和样品型式试验来确认企业的产品、过程或服务是否符合特定要求，是否具备持续稳定地生产符合标准要求产品的能力，并给予书面证明的程序。

2. 商品品质量认证的依据是认证检验机构对产品质量进行检验、评定所依据的标准和相应的技术要求。

3. 我国采用的产品认证制度主要包括四个基本要素：型式检验；质量体系（环境体系）检查评定；监督检验；监督检查。前面两个要素是取得产品认证资格的必备基本条件，后面两个要素是产品认证后的监督措施。

4. 强制性认证是各国政府为保护广大消费者人身和动植物生命安全，保护环境、保护国家安全，依照法律法规实施的一种产品合格评定制度，它要求产品必须符合国家标准和技术法规。

5. 自愿性认证，又称非强制性产品认证，是对未列国家认证目录内产品的认证，是企业的一种自愿行为，称为“自愿性产品认证”，没有经过认证的产品，也要可以在市场上销售。

6. 质量认证也称合格认证，是用合格证书或合格标志证明某一商品（产品）或服务符合其质量标准要求的认证。

7. 凡根据安全标准进行认证或只对商品标准中有关安全的项目进行认证的，称为安全认证。它是对商品在生产、储运、使用过程中是否具备保证人身安全与避免环境遭受危害等基本性能的认证，属于强制性认证。

8. 质量体系认证亦称“质量体系注册”，由公正的第三方体系认证机构，依据正式发布的质量体系标准，对企业的质量体系实施评定，并颁发体系认证证书和发布注册名录，向公众证明企业的质量体系符合某一质量体系标准的全部活动。

9. 三体系认证是指 ISO 9001 认证、ISO 14001 认证、ISO 45001 认证。ISO 9001 是 ISO 制定的质量管理体系标准，ISO 14001 是 ISO 制定的环境管理体系标准，ISO 45001 是 ISO 制定的职业健康安全管理体系标准。

10. 商品品质量认证标志，是指企业通过申请，经国际国内权威认证机构认可，颁发给企业的表示产品质量已达认证标准的一种标志。使用认证标志，可提高商品的竞争力，增强用户的信任度。

11. 3C 认证的全称为“中国强制性产品认证”，英文缩写 CCC。它是中国政府为保护消费者人身安全和国家安全、加强产品质量管理、依照法律法规实施的一种产品合格评定制度。

12. CQC 认证是中国质量认证中心开展的自愿性产品认证业务之一，以加施 CQC 标志的方式表明产品符合相关的质量、安全、性能、电磁兼容等认证要求。

13. QS 是食品质量安全标志。“QS”是食品质量安全市场准入证的简称，是国家从源头加强食品质量安全的监督管理，提高食品生产加工企业的质量管理和产品质量安全水平的一种行政监管制度。

思考与练习

一、单选题

1. 认证由可以充分信任的（　　）证实某一经鉴定的产品或服务符合特定标准或规范性文件的活动。

A. 第一方　　B. 第二方　　C. 第三方　　D. 第四方

2. （　　）是对生产企业的质量保证能力进行定期复查，使企业坚持实施已经建立起来的质量体系，从而保证产品质量的稳定。

A. 型式检验　　B. 质量体系检查评定

C. 监督检验　　D. 监督检查

3. （　　）也称合格认证，是用合格证书或合格标志证明某一商品（产品）或服务符合其质量标准要求的认证。

A. 安全认证　　B. 强制认证　　C. 质量认证　　D. 自愿认证

4. （　　）是国际标准化组织（ISO）制定的环境管理体系标准，是目前世界上最全面和最系统的环境管理国际化标准，适用于任何类型与规模的组织。

A. ISO 9001 认证　　B. ISO 14001 认证　　C. ISO 45001　　D. ISO 18001 认证

5. （　　）认证的全称为“中国强制性产品认证”。

A. 3C　　B. CQC　　C. CQM　　D. QS

6. （　　）是“CCC”认证标志的消防认证标志。

A. CCC + S　　B. CCC + S&E　　C. CCC + F　　D. CCC + EMC

7. 方圆标志认证的英文缩写是（　　）。

A. CQC　　B. QCC　　C. CQS　　D. CQM

8. QS 标识从 2010 年 6 月 1 日起已陆续换成新样式。此次变更主要是在标志的中文字样上有所变动，原先 QS 标志下方的“质量安全”字样已变为（　　）。

A. 生产安全　　B. 合格安全　　C. 安全合格　　D. 生产许可

9. （　　）标志是一种安全认证标志，是产品进入欧盟国家及欧盟自由贸易协会国家市场的“通行证”。

A. CE　　B. CB　　C. UL　　D. GS

10. （　　）认证是日本强制性安全认证。

A. PSE　　B. CSA　　C. BS　　D. NF

二、多选题

1. 产品质量认证的批准方式是（　　）。

A. 认证证书　　B. 认证标志　　C. 认证标准　　D. 认证工艺

2. 商品质量认证的依据是认证检验机构对产品质量进行检验、评定所依据的（　　）。

A. 国家标准　　B. 技术要求

C. 行业标准　　D. 合作协议规定采用的标准

3. 我国采用的产品认证制度主要包括（　　）。

A. 型式检验　　B. 质量体系检查评定

C. 监督检验　　D. 监督检查

4. 三体系认证是指（　　）认证。

A. ISO 9001 认证　　B. ISO 14001 认证

C. ISO 45001　　D. ISO 18001 认证

5. 当前的“CCC”认证标志分为（　　）。

A. CCC + S　　B. CCC + S&E　　C. CCC + F　　D. CCC + EMC

6. 绿色食品可分（　　）。

A. A 级绿色食品　　B. AA 级绿色食品

C. AAA 级绿色食品　　D. AAAA 级绿色食品

7. 下列属于国际商品质量认证标志的是（　　）。

A. GS　　B. CE　　C. BS　　D. QS

8. 下列属于强制性商品质量认证标志的是（　　）。

A. CCC　　B. QS　　C. CQC　　D. CQM

三、简答题

1. 简述商品质量认证的内涵。

2. 商品质量认证的意义有哪些？

3. 简述国际上通用的 8 种认证形式。

4. 企业通过 ISO 45001 认证的好处有哪些？
5. “QS”食品质量安全认证主要包括哪些内容？
6. 什么是绿色食品，其可分为几个等级？

四、论述题

论述企业通过 ISO 9001 认证的好处。

五、案例题

冒用 3C 标志案

2004 年 6 月，苏州检验检疫局工作人员在下厂检验时，发现苏州某电机有限公司受北京某电器制造有限公司的委托，为其生产吸尘器，并在该型号的吸尘器铭牌上加印 3C 标记，而生产厂家苏州某电机有限公司无法提供 3C 认证证书。该公司称委托其生产的北京某电器制造有限公司已获得该型号产品的 3C 认证证书，是北京某电器制造有限公司要求其在生产的吸尘器上加印 3C 标志的。此事引起了苏州检验检疫局工作人员的重视，经认真查证，北京某电器制造有限公司和苏州某电机有限公司均未能获得该型号产品的 3C 认证证书。同时，在苏州另一家电器有限公司，也发现了北京某电器制造有限公司委托该公司生产吸尘器并加贴 3C 标志的情况。此行为已涉嫌冒用 3C 标志，苏州检验检疫局对此案进行了立案查处。

处理结果：苏州检验检疫局依法对苏州某电机有限公司和苏州某电器有限公司各处 5 000 元的行政罚款。对北京某电器制造有限公司的违法行为，根据《中华人民共和国行政处罚法》、检验检疫行政处罚办法有关案件管辖的原则，经江苏检验检疫局移交北京检验检疫局查处。

法律依据：

1.《中华人民共和国进出口商品检验法》第二十六条规定：伪造、变造、买卖或者盗窃商检单证、印章、标志、封识、质量认证标志的，依法追究刑事责任；尚不够刑事处罚的由商检机构责令改正，没收违法所得，并处货值金额等值以下的罚款。

2.《中华人民共和国认证认可条例》第七十一条规定：伪造、冒用、买卖认证标志或者认证证书的，依据《中华人民共和国产品质量法》等法律的规定查处。

请问：

1. 什么是 3C 标志，它有什么用？
2. 结合案例，分析冒用 3C 标志有什么危害后果，应承担什么样的责任。

项目十

消费者权益保护

学习目标

【知识目标】

（1）掌握假冒伪劣商品概念，掌握消费者权益概念及基本内容，掌握经营者的义务；

（2）理解假冒商品与伪劣商品的区别联系，理解假冒伪劣商品特点，理解消费者权益保护不足；

（3）了解假冒伪劣商品泛滥的原因，了解假冒伪劣商品的危害，了解消费者权益保护意义，了解消费者权益保护权益的保护现状。

【能力目标】

（1）能够辨别常见的假冒伪劣商品，能够说明消费者权益保护的实现途径；

（2）能够说明消费者权益保护的实现途径。

【素质目标】

（1）培养学生具备消费者权益保护的基本逻辑素质；

（2）培养学生爱岗敬业、细心踏实的商品管理的职业精神。

导入案例

2019消费预警第一弹：土鸡蛋行业混乱

食品安全大于天，接下来我们就要说说跟食品有关的消费预警了。我们都知道现在大家的消费升级了，不仅要吃得饱更要吃得好、吃得精，于是在鸡蛋的选择上很多人都愿意花更多的钱来选择买土鸡蛋，现在的土鸡蛋都被打上什么样的标签呢？被打上了健康、养生、纯天然、无污染的标签。可是您知道吗？您花更多的钱买的土鸡蛋很多都是被化妆出来的，这其中有什么猫腻吗？看一下。

记者在全国各地走访发现标称土鸡蛋、柴鸡蛋、笨鸡蛋的真是不少，价格比旁边的普通散装鸡蛋高出不少，有的甚至高出一两倍。销售员都在强调这些鸡蛋比普通鸡蛋价格卖得高，是因为鸡的养殖过程很特别，不是现代化农养，而是自然散养，喂的不是合成饲料，而是五谷杂粮。

销售人员：这个鸡蛋孕妇小孩吃是最好的，都是散养的，它的养殖成本高一点，吃的是玉米，粮食喂养的。

网络购物平台土鸡蛋、柴鸡蛋同样不少，这种山海味道土鸡蛋宣传橡子树下散养，所有的鸡都是一辈子生长在橡子树下，只吃野生绿色饲料。

武汉市一家大型超市，销售人员为了凸显他们所销售的土鸡蛋比普通鸡蛋要好，甚至现场拿出两枚鸡蛋做起了对比实验，土鸡蛋与普通鸡蛋的蛋黄颜色果然差别很大。

销售人员：这个蛋比那个蛋好很多。这个就稀那个就不稀，蛋黄也不一样。

我想这样的销售场景可能很多人在超市都遇到过，销售人员最喜欢拿这个蛋黄颜色的深浅告诉你什么是土鸡蛋、什么是普通的鸡蛋。可是这个蛋黄颜色的深浅就能判定什么是土鸡蛋什么是普通鸡蛋吗？我们一起来看。

湖北莲田食品开发有限公司销售的鸡蛋产品有乡村土鸡蛋、农家鲜土鸡蛋、纯生态鲜土鸡蛋、莲田鲜土鸡蛋等各种土鸡蛋。公司负责销售的武经理带记者来到了该公司的一家合作养殖场，在这个养殖场记者并没有发现散养的鸡，养殖场的大铁棚里养满了鸡。虽然没有散养的鸡，但是记者在该养殖场的库房里看到用来装鸡蛋的箱子上却写着“农家土蛋、优质土鸡蛋等字样”。

记者：我看你们在超市里也卖土鸡蛋那个盒装的。

武经理：那些都是笼养的。虽然是笼养鸡，但这里的鸡蛋蛋黄更红，看起来更像土鸡蛋，跟土鸡蛋没有任何区别。

蛋黄的颜色是如何变红的，养殖场负责人向记者透露了其中的奥秘。记者在包装袋上看到一种叫斑蝥黄的添加剂，斑蝥黄是可以作为着色剂在家禽饲料中添加使用的。这里的负责人告诉记者，这里对添加剂使用没有限制，只要适量范围内不会影响人体健康。虽然销售的并非名副其实的土鸡蛋，但莲田公司并不担心被市场监管部门发现，因为国家根本没有土鸡蛋、柴鸡蛋等相关标准。

武经理：土鸡蛋没有法规，因为土鸡蛋没有国家标准，又没有固定的权威的解释说土鸡蛋是什么样，都是老百姓自己说的，就像用家乡话讲，东北叫笨鸡蛋，南方叫草鸡蛋，广东叫走地鸡蛋。

为了规避检查，莲田公司还在商标注册商玩起了文字游戏。

武经理：我们注册叫鲜土。我们的鲜土是注册下来的，工商部门找我，我的注册商标是鲜土鸡蛋。

经过这番别有用心的设计，鲜土牌鸡蛋就这样变成了农家鲜土鸡蛋。在河北邯郸的山海农业科技公司的车间，记者见到工人包装的正是网上销售的橡子树下散养鸡蛋。

河北馆陶县振堂蛋鸡养殖有限公司就是为河北山海农业科技公司供应鸡蛋的，记者在这里同样没有看到散养的鸡。原来号称一辈子生长在橡子树下只吃这种野生绿色饲料的橡子树下散养鸡蛋实际上是普普通通的笼养鸡蛋。为了让这些笼养鸡所产的鸡蛋更像土鸡蛋，振堂公司也要在鸡蛋中加斑蝥黄。蛋黄颜色的对比实验再次上演，工作人员现场打开三枚鸡蛋，饲料里没有添加色素的，蛋黄颜色最浅，加了少量色素的，蛋黄颜色偏红，添加量更多的蛋黄颜色更红。

湖北神丹公司所销售的鸡蛋标称好土鸡蛋，超市销售员也说这是散养鸡蛋，然而盛经理表示神丹公司基本是笼养鸡。

记者：笼养鸡叫土鸡蛋没人管吗？

盛经理：土鸡蛋就是这样，现在真正的土鸡蛋很少。

记者仔细察看神丹公司的好土鸡蛋，实际上是商标名称，是好土牌鸡蛋。记者在全国多地鸡蛋产地调查发现，不少从业者都将普通鸡蛋包装成各种名目的土鸡蛋、柴鸡蛋等高价销售。

盛经理：咱从超市里买走的不论是土鸡蛋、柴鸡蛋，尤其是这几个节日的时候，装的礼盒其实就是普通鸡蛋。价格就翻了一倍到两倍。

消费者花了更高价格买土鸡蛋出发点很简单，就是以为土鸡蛋的营养价值更高，吃了对自己的身体健康有好处，于是商家就抓住了这样的消费心理，投其所好，把普通的鸡蛋化妆成土鸡蛋，以更高的价格卖给消费者。话说回来，土鸡蛋的营养价值真的更高吗？我们采访了相关的营养学家，营养学家告诉我们，土鸡蛋的营养含量和普通鸡蛋差不多，所以不要被商家的宣传所蒙蔽。

问题：请结合以上记者访查实例，谈谈消费者哪些权益受到了侵害？消费者维权的方法途径有哪些？

任务一　假冒伪劣商品

一、假冒伪劣商品概述

（一）假冒伪劣商品的概念

假冒伪劣商品（Fake and Shoddy Goods）是指那些含有一种或多种可以导致普通大众误认的不真实因素的商品。假冒伪劣商品可以分为假冒商品和劣质商品两种类型。

1. 假冒商品

假冒商品是指商品在制造时，逼真地模仿其他同类商品的外部特征，或未经授权，对已受知识产权保护的商品进行复制和销售，借以冒充别人的商品。在当前市场上主要表现冒用、伪造他人商标、标志，冒用他人特有的名称、包装、装潢、厂名厂址，冒用优质产品质量认证标志和生产许可证标识的商品。

2. 伪劣商品

伪劣商品是指生产、经销的商品违反了我国现行法律、行政法规的规定，其质量、性能指标达不到我国已颁布的国家标准、行业标准及地方标准所规定的要求，甚至是无标生产的商品。

（二）假冒商品与伪劣商品的区别联系

假冒商品和伪劣商品，既有区别又相互联系，是可以互相转化或相互包含的相同类型的商品。假冒商品，如前所述，是指非常逼真地模仿某个商品的外观，从而使用户、消费者误认为该商品就是真商品。假冒商品的生产者和销售者是在未经授权、许可（或认可）的情况下，对受知识产权保护的商品进行复制和销售。复制一般是指对商品的商标、包装、标签或具有其他重要的特性进行复制。所谓假冒，就是指行为违反国家法律、法规的规定，以假借名牌或名家旗号的手法，生产销售其产品（商品），坑害用户、消费者的行为。因此，从广义上讲，假冒商品的内容与名称不相符，也属于伪劣商品的一种。但从狭义的角度看，伪劣商品主要是指质量低劣或者失去了使用价值，与假冒商品也有区别。如上述所指的假冒产地、厂名或认证标志、名优标志、他人注册商标的，属于假冒商品，不属于伪劣商品。伪劣商品有时也假冒其他名牌商品进行销售，则此时它既是伪劣商品，又是假冒商品。

伪劣商品和正品有严格区别。正品是指符合质量标准的商品，有时可分一等品、二等品、三等品等。相反，达不到质量标准的产品，有明显的外观瑕疵或影响使用价值的次品以及不符合技术标准而不能正常使用的废品等，如果进行销售都属于伪劣商品。

二、假冒伪劣商品的特点

1. 假冒和劣质品相伴

在我国老百姓的眼里，假冒商品就是伪劣商品。事实上，这种情况并非在所有的国家存在。在一些发达国家，一般的生产技术较为普及，设备和技术都能够轻易得到，因而假冒商品与正牌商品的品质差距不是很大，假冒者的利润主要在对正牌产品商标、商誉的侵占上。而在多数发展中国家，由于整体的生产技术水平低，假冒者为获取更高的利润，以劣质商品假冒正牌商品，假冒商品所导致的消费者受伤害的事例往往较多。近几年，随着社会生产技术水平的提高，假冒商品的质量也有所提高，甚至出现了大量与正牌商品质量相当的假冒商品。这其实就是生产技术发展对假冒商品的改变作用。尽管这样，假冒商品中大部分还是生产技术水平低下的作坊式小厂的伪劣商品，并且这种情况还要持续相当一段时间。

2. 商品假冒和防伪标识物假冒相伴

假冒伪劣的泛滥刺激了防伪产业的发展，但几乎市场销售好、市场定位较高的产品或多或少在使用防伪商品。造假和防伪始终就在相互斗争中存在发展。当前的假冒商品中，身披激光防伪标识等防伪外衣的比比皆是，这成了我国假冒商品的一大特点。

3. 仿造品和仿冒品并存

目前的商品市场上，在假冒商品之外还有大量的仿造品和仿冒品存在。这些仿冒品突出的特征是在商标标识和包装上使用与名牌商品相同或极为相似的图案和风格，在商品的品牌上取与名牌产品相近的名称。

4. 假冒伪劣和地方保护主义、腐败等现象共生

在查处的许多假冒伪劣案件中，大量的假冒商品来自一些假冒伪劣商品集散地。这些集散地市场周围是大量的从事假冒伪劣产品生商加工、运输和销售的个人、专业户和生产厂家，造假达到了明目张胆的地步。当地政府对此不闻不问，甚至暗中支持。此外，造假售假的大量存在还有腐败作为支持。许多被查处的造假案件背后都有行贿、受贿等腐败相伴。假冒伪劣生产呈现出专业化和分散化特点。

近些年，在我国政府的严厉打击下，造假也趋向分工细化、地点分散，每一个造假窝点往往只负责生产、销售的某一环节。造假者之所以这样，是因为这样能增加打假难度。

三、假冒伪劣商品泛滥的原因

1. 利益驱动下的欺诈行为

让假冒伪劣口罩“无处遁形”！典型案例曝光……

市场经济是竞争经济、效率经济，又是差别经济。在市场经济条件下，企业是产权和利益的主体，追逐盈利最大化是企业奋斗的目标，也是企业的生机和活力的关键所在。绝大多数企业和劳动者研究市场的需求，不断开发适销对路的产品，加强管理，公平竞争、正当竞争、合法竞争，并以此实现自身的利益。相反，极少数人见利忘义，置法律和道德于不顾，采用简陋的设备、廉价的民工、质次价廉的原材料，便可暴富。市场经济的重利原则也潜藏着诱发人们见利忘义的价值取向，导致拜金主义和极端个人主义的产生。“要想发大财，全靠假茅台”，一瓶假茅台酒的成本和各种费用仅 20 多元，而售价可达上千元，利润高得令人咋舌。一条手工制作的假“红塔山”烟，成本不过 10 元，在市场上充做真品售价可达上百元。正如马克思在《资本论》中引用托约宁的一段话：“一旦有适当利润，资本胆大起来。如果有 10% 的利润，他就保证到处使用；有 20% 的利润，他就活跃起来；有 50% 的利润，他就敢铤而走险；为了 100% 的利润，他就敢践踏一切人间

法律；如果有 300% 的利润，他就敢犯任何罪行，甚至冒着被绞首的危险。”

2. 对市场主体的监督乏力

每个置身商品市场的生产者和经营者，是市场的主体，也是利益的主体。为了维护正常的市场秩序，必须严格审查进入市场的有关当事人的资格，严格限制不具备资格者进入市场，确保市场主体的合法性。任何不经过核准登记的生产经营者和其他市场当事人，没有取得营业执照的经济组织和个人，都不准进入市场。在工业发达国家，对市场主体的准入还含有能否生产和销售合格产品的能力这样的要求。应该说，近几年我国对市场主体的监督有了很大进步，但是在监督方面仍有不到位之处。

对乡镇企业、个体企业、街区企业的监督不到位。这是当前我国假冒伪劣商品泛滥的“源头”。制假售假者往往采取“时间逃避”，即“打而复生，卷土重来”；“空间逃避”，即“坚壁清野”或打一枪换一个地方。取缔前的河北无极医药市场，一排排药店根本没有领取医疗卫生部门核发的药品经营企业许可证，只需花钱便可领取营业执照，天津达仁堂生产的牛黄清心丸一盒需 25.6 元，在该市场上 10 元钱就能买到，达仁堂药厂负责人六次到无极均发现假牛黄清心丸。

四、常见的假冒伪劣商品

①假冒他人注册商标的商品。

②假冒他人商品的产地、企业名称或代号的商品。

③虚构企业名称的商品。

④过期、失效、变质的商品。

⑤危及人身和财产安全的商品。

⑥名称与质地不符、所标明的指标与实际不符或者主要指标不符合国家标准的商品。

⑦冒用优质或认证标志，冒用许可证标志的商品。

⑧掺杂使假、偷工减料的商品。

⑨以次充好、以假充真、以旧充新的商品。

⑩法律法规明令禁止生产、销售的商品。

⑪无标准、无检验合格证的商品。

⑫实施生产许可证管理而未标明许可证标志和编号的商品。

⑬未按有关规定标明规格、等级、主要技术指标或成分含量的商品。

⑭处理商品（含次品、副品、等外品）而未在商品或其包装的显著部位标明“处理品”（或“次品”“副品”“等外品”）字样的商品。

⑮生产、经销剧毒、易燃、易爆等危险品而未标明有关标识或未按规定提供使用说明的商品。

⑯限期使用的商品而未标明或未如实标明生产日期和失效时间的商品。

⑰未按规定标明产地、企业名称、企业地址和其他项目的商品。

农业农村部等六部门公布农村假冒伪劣食品十大典型案例

2018 年 12 月以来，农业农村部、商务部、公安部、国家市场监督管理总局、国家知识产权局、中华全国供销合作总社等六部门联合开展了农村假冒伪劣食品专项整治行动。截至 2019 年 2 月底，全国共出动执法人员近 167 万人次，检查食品生产经营主体、各类市场

198 万余个，查处案件 1.2 万余件，案值 4.2 亿元，移送司法机关 479 件，收缴假冒伪劣食品 1 032 吨，取缔无证无照生产经营主体 5 578 个，吊销营业执照、食品经营许可证 254 户，捣毁窝点 843 个，有力打击了违法犯罪分子，对农村食品市场开展了一次“大扫除”，突出问题得到有效遏制。但农村假冒伪劣食品治理工作具有长期性和复杂性，问题隐患仍然存在，整治任务依然艰巨，需要久久为功。

近期，六部门对各地查办的案件进行了认真梳理，综合考虑案件的社会影响、涉及问题的典型性、案件违法类型、地域分布等因素，筛选出农村假冒伪劣食品十大典型案例，涉及食品假冒、侵权“山寨”、“三无”、劣质、超过保质期等违法违规情形。为警示违法犯罪分子，提升消费者防范意识，推动加强农村食品市场监管执法力度，现将十大典型案例向社会公布。

一、北京侦破多起制售假酒案

2019 年 1 月，北京市公安局环食药旅总队组织朝阳、丰台、房山、通州、顺义、大兴、密云等 7 个分局相关警种，联合市、区两级食药监部门，以假冒低端牛栏山、二锅头等白酒为打击重点，开展打击农村假酒集中行动，出动警力及行政执法力量 280 余人，捣毁生产、销售假酒及包材窝点 33 个，刑事拘留犯罪嫌疑人 45 名，共查获假酒包材 50 余万个（件），成品假牛栏山、二锅头等白酒 3 万余瓶以及打印、喷码、读写、灌装等加工工具 52 件，涉案金额 2 000 余万元。

二、湖南侦破文某等制售假冒品牌瓜子案

2018 年 12 月，根据群众对农村市场售卖假冒“童年记”品牌南瓜子、西瓜子等食品的举报线索，湖南省长沙市公安机关侦破文某等制售假冒品牌瓜子案，抓获犯罪嫌疑人 8 名，在长沙县等地捣毁制假窝点 4 个，查获假冒“童年记”南瓜子 704 箱、葵花子 63 箱，假冒“旭东”原味西瓜子 1 320 箱，以及假冒“苏太太白寿南瓜子”684 箱，查获电脑自动包装机、封口机、打码机、假冒“童年记”包材卷膜等制假工具 200 余件，涉案金额数百万元。

三、贵州侦破制售假冒调味品案

2018 年 12 月，根据市场监管部门提供线索，在前期缜密侦查基础上，贵州省遵义市公安机关开展集中收网行动，抓获犯罪嫌疑人 14 名，端掉制假售假黑工厂 5 家，查获假冒“太太乐”鸡精等调味品 5 500 余瓶，查获“太太乐”产品外包装凹版印刷版辊 8 个以及包装袋 42 万余个，涉案金额 1 000 余万元，查明该团伙 2015 年年底以来大量制售假冒“太太乐”鸡精等调味品，主要销售至农村集贸市场。

四、福建、四川等地查处多起制售假冒品牌糖果案

2018 年 12 月至 2019 年 1 月，福建、四川分别查处多起制售假冒品牌糖果案。其中，福建晋江市查处磁灶镇林某加工生产假冒“徐福记”品牌糖果并销往农村市场，查获假冒“徐福记”糖果 269 箱，带有“徐福记”品牌纸箱 520 个、包装膜 105.6 千克；四川崇州市、宜宾市分别查处农村小商店销售假冒“阿尔卑斯”硬糖、棒棒糖等。目前，已没收假冒食品，并对相关违法人员作出罚款等行政处罚。

五、河北查处两企业生产“山寨”品牌饼干案

2019 年 2 月，河北邢台市市场监督管理局查处“河北马氏康达食品有限公司”和“河北腾丰食品有限公司”生产侵权“山寨”品牌饼干案。经查，两企业生产并在农村市场销售名为“粤力奥”和“粤力粤”的饼干，外观涉嫌仿冒“奥利奥”品牌饼干。目前，已对两家企业的生产销售台账、办公电脑进行扣留，对库存 435 箱涉事产品进行异地查封，并作出罚款等相应的行政处罚。

六、安徽、湖北等地查处多起销售“山寨”品牌核桃乳案

2018 年 12 月至 2019 年 2 月，安徽、湖北等地分别查处仿冒“六个核桃”饮料案。其中，安徽淮上区、潜山县、蒙城县等地查处7个农村小商店销售“六个土核桃”“六个果仁核桃”等核桃乳饮料，外观涉嫌仿冒“六个核桃”品牌核桃乳。湖北天门市查处吴某在农村销售“养生核桃乳味饮品”，外观涉嫌仿冒“养元六个核桃”核桃乳包装装潢。两地共查获侵权“山寨”核桃乳1 000余件，案值3万元。目前，已没收仿冒食品，并对相关违法人员处以罚款等行政处罚。

七、江苏、宁夏等地查处多起销售“山寨”品牌饮料案

2018年12月至2019年2月，江苏、宁夏等地分别查处多起农村销售侵权“山寨”饮料案。其中，江苏吴江区查处4家农村小商店销售“椰素海南椰子汁”“特攻队”生榨椰子汁、“海南特种兵”椰子汁等椰汁类饮料，外观涉嫌仿冒“椰树”“特种兵”等品牌产品。宁夏海原县查处史店乡徐坪村路口“志英百货门市部”等销售“果π”“芬迪”“Cole可乐”“可乐ceele”“雪柠”等饮料，外观涉嫌仿冒“茶π”“芬达”“可口可乐”“雪碧”等品牌饮料。目前，已没收仿冒食品，并对相关违法人员处以罚款等行政处罚。

八、江西、广西、云南等地查处多起销售无标签食品案

2018年12月至2019年2月，江西、广西、云南等地查处多起农村小商店销售无标签食品案。其中，江西定南县查处陈某销售散装无证无标签桃酥。广西浦北县查处小江镇燊通批发部销售冬瓜糖等7种无标签、标识食品。云南芒市查处遮放镇小商店销售鲜椰粉、肉丝香米干等无标签食品。目前，已没收无证无标签食品，并对相关违法人员处以罚款等行政处罚。

九、山西侦破史某制售有毒有害食品案

2018年12月，山西省清徐县公安机关侦破西谷村史某制售有毒有害食品案，现场查获工业冰醋酸127桶、勾兑好的成品汉臣牌陈醋2箱、汉臣牌外包装箱520件、高标10件、瓶盖300个。经查，2015年以来，犯罪嫌疑人史某，未经许可，在西谷村自家院中将工业冰醋酸与原醋、自来水等勾兑灌装成汉臣牌老陈醋对外销售。

十、内蒙古、浙江、陕西等地查处多起销售过期食品案

2018年12月至2019年2月，内蒙古、浙江、陕西等地查处分别多起在农村销售过期食品案。其中，内蒙古阿左旗在某农村小饭店查处过期调料156袋。浙江余杭区查处溪口村某小商店销售过期方便面271袋（桶）。陕西米脂县在城郊镇、银州镇、陶镇的农村集市查处过期食品120公斤。目前，已没收过期食品，并对相关违法人员处以罚款等行政处罚。

［资料来源：信用中国（湖北）］

五、假冒伪劣商品鉴别方法及鉴别要点

（一）假冒伪劣商品鉴别方法

①对商品商标标识及其包装、装潢等特殊标志真伪进行鉴别。

②通过感官品评或其他简易手段进行鉴别。

③按照国家标准对商品理化、卫生等各项指标进行检测。

④利用本部门的专业特长，特别是长期实践积累的经验，对本企业或行业生产或经销的商品进行鉴别。

（二）假冒伪劣商品鉴别要点

1. 认准商标标识

商标是商品标记。假冒伪劣商品一般都是假冒名优商品。我国名优商品都使用经国家市场

监督管理总局登记注册的商标。要印刷时，在商标标识周围加上标记："注册商标""注"或"R"。其中"R"为国际通用。假冒名优商品在外包装上多数没有商标标识，或"注册商标""注"或"R"等字样。真品商标为正规厂家印制，商标纸质好，印刷美观，精细考究，文字图案清晰，色泽鲜艳、纯正、光亮，烫金精细。而假冒商标是仿印真品商标，由于机器设备、印刷技术差，与真品商标相比，往往纸质较差，印刷粗糙，线条、花纹、笔画模糊，套色不正，光泽差，色调不分明，图案、造型不协调，版面不洁，无防伪标记。

已注册的商标应由公安部门所属特种行业管理的正规印刷厂印制，而假冒商标一般出自不正当渠道，这些渠道不正规的印刷技术会使所印商标上出现许多疵点特征，可以通过检验商标上是否有这些疵点特征来确定其真伪。

2. 查看商品标识

根据《中华人民共和国产品质量法》第二十七条规定，产品或其包装上的标识应符合下列要求：

①有产品质量检验合格证明。

②有中文标明的产品名称，生产厂厂名和厂址。

③根据产品的特点和使用要求，需要标明产品规格、等级、所含主要成分的名称和含量的，都应予以标明。

④限期使用的产品，应当在显著位置清晰地标明生产日期和安全使用期或者失效日期。

⑤使用不当，容易造成产品本身损坏或者可能危及人身、财产安全的产品，应有警示标志或者中文警示说明。

假冒伪劣商品的标识一般不是正规企业生产，外包装标识或残缺不全，或乱用乱写，或假冒优质奖标记，欺骗消费者。

3. 检验商品特有标记

部分名优商品在其特定部位还有特殊标记，如飞鸽、凤凰、永久三大国产名牌自行车，在车把、车铃、车座、车架、车圈等处均有特殊标记。部分名优烟、酒包装上的商品名称系用凹版印刷，用手摸有凹凸感，而假冒产品名称在包装上字体较平，无凸凹感。

4. 检查原产地域命名商品的生产地域

原产地域命名商品，指的是用一特定地域的名称来命名的商品，以标明该商品产自该特定区域，而且商品的质量、特色或声誉取决于该地域以内在的自然因素和人文因素所构成的地理特征。我国《原产地域产品保护规定》已于1999年7月30日实施。这一规定，对保护我国民族历史精品具有重要意义。我国的西湖龙井茶、绍兴黄酒等均已正式申请原产地域保护。一些具有地方特色的传统名优商品，以地域命名商品名称的，往往同一种商品生产厂家很多，但正宗传统名优商品只此一家，因而要认准厂名。如正宗名优"德州扒鸡"，厂家是中国德州扒鸡总公司，注册商标是德州牌。正宗名优"金华火腿"上有"浙江省食品公司制"和"金华火腿"印章；而有"金华火腿"印章，生产厂家并非浙江省食品公司的，多为冒牌货。

5. 检查商品包装

名优产品包装用料质量好，装潢印刷规范，有固定颜色和图案，套印准确，图案清晰，形象逼真。伪劣商品一般包装粗糙，图案模糊，色彩陈旧，包装用料材质差。用真假商品对比，可以辨认。

大多数名优商品包装，均采用先进机械封口，平整光洁，内容物不泄漏。而假冒伪劣商品无论是套购的真品包装，还是伪造、回收的包装，封口多手工操作，不平整，常有折皱或裂口，仔细检查封口处，大都能发现破绽。如假冒名酒，将酒瓶倒置，往往会有酒液流出，用鼻嗅闻，能觉察到酒味。对包装封口有明显拆封痕迹的商品要特别注意，很可能"偷梁换柱"。使用回收真酒瓶装假酒，酒瓶常有污垢，封口不圆整，在同一包装箱内的酒出厂日期、生产批号不一。许多名优产品包装上有中国物品编码中心统一编制的条形码，经激光扫描器扫描，电脑可以识别。冒牌货往往无此标志，或胡乱用粗细不等的黑色直线条纹以及数字欺骗消费者，用激光扫描器扫描，没有正常反应，电脑不能识别。

6. 检查液体商品的透明度

除黄酒和药酒允许有正常的瓶底聚集物外，其他酒在常温下均为清亮透明，无悬浮物，无沉淀。用肉眼观察兑水的白酒，酒液浑浊不透明；兑水的啤酒颜色暗淡不清亮透明。乳剂农药在正常情况下不分层，不沉淀。

7. 看商品的色泽

对农作物的种子和谷物，可看颜色是否新鲜而有光泽，籽粒大小是否均匀。卷烟烟丝应色泽油润而有光泽，受潮的烟丝失去光泽，发暗。优质禽畜生肉，肌肉颜色鲜艳、有光泽，脂肪为白色；劣质品肌肉颜色灰暗、无光泽，脂肪发灰、褐色。

8. 看商品的烧灼情况

例如：粉剂农药取10克点燃后，如冒白烟，说明有效；若极易燃烧，且冒浓黑烟，说明是假农药。香烟烟支点燃后，能自燃40毫米以上者为正常，否则是受潮，或烟丝质量差。

9. 看商品的发霉、潮湿、杂质、结晶、形状、结构情况

药品和食品有发霉情况的应禁止销售和使用。粉状商品（如面粉、药粉、水泥等）出现团块的，表明受潮失效或变质。

10. 手感

例如：手握饱满干燥的谷物及农作物的种子，应感到光滑顶手，插入种子堆（包）时阻力小，感觉发凉；如手握感到松软，插入时阻力大的，则籽粒不饱满，含水量大。检查香烟时，可用手捏，名牌条装烟从外面轻捏会感觉很硬，冒牌条装名烟里面往往是软纸包装的杂牌次烟，轻捏就觉得纸软。检查烟支时可用手捏，感到烟丝有弹性的为正常；手感疲软、容易弯曲是受潮，发脆的则是干燥。

11. 听感

例如：罐头有漏听或胖听的不能食用。胖听罐头盖部凸起，用手叩击能听到空虚鼓音。手搓香烟烟支，能听到轻微沙沙声是正常的表现；如果柔而无声表明香烟已受潮，沙沙作响的是过于干燥了。

12. 嗅感

凡食品、药品鼻嗅有霉味、酸败味、异味的，马口铁罐头有金属味的，均不能再食用或服用。

13. 味感

名牌香烟吸入后气味醇正，口感舒适；劣质烟有苦味、辣味、霉味、土腥味、杂气重。名酒香气突出，醇厚丰满，回味悠长，大多能空杯留香。兑水的白酒品尝时口感香味寡淡，尾味苦涩。兑水的啤酒品尝时口感香味、滋味淡薄，感觉不到酒花香气，味道欠纯正。

14. 检查商品供货渠道

国家规定部分商品只能由特定部门经销。如国务院规定：各级农资公司是化肥流通主渠道，农业植保站、土肥站、农技推广站（简称“三站”）和化肥生产企业自销为化肥流通辅助渠道，其他任何单位和个人，一律不得经营化肥。经销农作物种子要有“三证一照”。“三证”是检验种子质量的检验合格证、种子经营许可证和调入种子检疫证，以及经销单位的营业执照。经销食盐、香烟要有专卖许可证。

15. 检查商品认证标志

假冒进口彩电后盖上的商检安全标志从颜色、字体上也可乱真，但尺寸略小，而且没有防伪暗记。真皮标志A型尺寸为3.5厘米×5厘米，用于皮鞋及小皮件；B型尺寸为7厘米×5厘米，用于皮衣及大皮件（具），而且在标版正面、反面共有六项保密措施，从而为识别真伪提供了有力的技术依据。

六、假冒伪劣商品的危害

1. 扼杀自主创新

创新是社会进步的动力，然而造假是创新的天敌。制假售假挫伤了企业研究、开发新产品的积极性和创造性。创新企业会觉得研发新产品投入越多，受到的伤害越深、损失越大。

2. 危害百姓健康

消费者买到假冒伪劣商品，不仅上当受骗，而且自身的健康、安全也可能遭受很大的危害。如前些年谈“红”色变的“苏丹红”，屡打不绝的“吊白块”，导致大头娃娃的“空壳奶粉”等，屡屡对消费者的健康和生命构成威胁。

3. 破坏诚信建设

象征美好与团圆的月饼里装上往年冷冻的剩馅，鲜红光亮的大枣里注满了造假的颜料，花色缤纷的小狗却是被人们强行染上色的结果；更有甚者，假药以及有害的造假食物已经严重危害百姓的生命。

假冒伪劣事件不仅伤害着人们的身体，严重影响广大消费者正常的生活与工作，而且大大破坏了诚信建设，有悖道德规范。同时，如果假冒伪劣泛滥、坑害百姓的情况非常普遍，势必对消费者造成消极的心理影响。

4. 导致税收流失

地下造假行为不仅危害工农业生产，危害消费者健康安全，而且会导致国家税收大量流失。据财政部科学研究所的一份报告估计，制售假冒伪劣产品造成的税收损失，从2000年至2004年，估计在500亿元至1 000亿元。

5. 扰乱市场秩序

假冒伪劣产品多使用劣质原材料，没有售后服务，不仅破坏市场经济秩序，而且破坏投资环境。正规企业面对假货，几乎不可能有公平的竞争环境。如果假冒伪劣商品泛滥，国外一些知名的生产企业就不愿意投资或转移投资，停止新技术新产品的引进，影响企业扩大再生产，也让国内失去引进新技术、新产品的机会。

6. 败坏商品信誉

假冒伪劣商品不仅败坏国内市场商品的声誉，而且败坏出口商品的信誉，危害企业品牌声誉，造成国外市场萎缩、外汇流失，危及企业生存。

任务二　消费者权益与经营者义务

一、消费者权益概述

（一）消费者权益概念

消费者权益是指消费者在有偿获得商品或接受服务时，以及在以后的一定时期内依法享有的权益。消费者权益，是一定社会经济关系下适应经济运行的客观需要赋给商品最终使用者享有的权利。

1962年3月15日，美国总统约翰·肯尼迪在美国国会发表了《关于保护消费者利益的总统特别咨文》，首次提出了著名的消费者的“四项权利”，即：有权获得安全保障；有权获得正确资料；有权自由决定选择；有权提出消费意见。315标志肯尼迪提出的这四项权利，以后逐渐为世界各国消费者组织所公认，并作为最基本的工作目标。

从1983年以来，在每年的“3·15”日，全球各地的消费者组织都举行大规模的活动，宣传消费者权益。《中华人民共和国消费者权益保护法》（以下简称《消费者权益保护法》）第二章规定了消费者的九项权利：安全权、知情权、自主选择权、公平交易权、求偿权、结社权、获得有关知识权、人格尊严和民族风俗习惯受尊重权、监督权。

（二）消费者权益的基本内容

1. 安全权

消费者安全权，是指消费者在购买、使用商品和接受服务时，享有要求经营者保障其人身、财产安全不受损害的权利。安全权具体包括消费者生命安全权、健康安全权、财产安全权等。侵犯安全权的行为有：经营者出售过期的商品；出售变质的食品或食品中含有对身体有害的物质；出售伪劣产品。这些行为致使消费者的人身、财产受到损害。

消费者安全权包括以下两个方面的内容：

（1）人身安全权

①消费者的生命安全权，即消费者的生命不受危害的权利。如因仪器有毒而致使消费者残废，即侵犯了消费者的生命权。

②消费者的健康安全权，即消费者的身体健康不受损害的权利。如食物不卫生而致使消费者中毒或因电器爆炸致使消费者残废等均属侵犯消费者健康安全权。

（2）财产安全权

财产安全权即消费者的财产不受损失的权利。财产损失有时表现为财产在外观上发生损毁，有时则表现为价值的减少。

2. 知情权

消费者的知情权，是指消费者享有知悉其购买、使用的商品或者接受的服务的真实情况的权利。根据《消费者权益保护法》第八条的规定：“消费者有权根据商品或者服务的不同情况，要求经营者提供商品的价格、产地、生产者、用途、性能、规格、等级、主要成份、生产日期、有效期限、检验合格证明、使用方法说明书、售后服务，或者服务的内容、规格、费用等有关情况。”相对应的是经营者的告知义务。作为经营者，诚实信用是交易双方应遵守的基本准则，不得隐瞒实情，不得作虚假承诺，否则就构成消费者知情权的侵犯，一旦发生争议或造成损害，消费者有权要求经营者给予赔偿。

3. 自主选择权

自主选择权是指消费者可以根据自己的消费需求，自主选择自己满意的商品或服务，决定是否购买或接受的权利。它是消费者的一项权利。《消费者权益保护法》第九条规定：“消费者享有自主选择商品或者服务的权利。”也就是说，消费者有权根据自己的需求、意向和兴趣，自主选择自己满意的商品或服务。此外，第十条规定：“经营者进行有奖销售不得存在下列情形：（一）所设奖的种类、兑奖条件、奖金金额或者奖品等有奖销售信息不明确，影响兑奖；（二）采用谎称有奖或者故意让内定人员中奖的欺骗方式进行有奖销售；（三）抽奖式的有奖销售，最高奖的金额超过五万元。”

消费者的自主选择权包括：①自主选择提供商品和服务的经营者；②自主选择商品品种和服务方式；③自主决定购买或者不购买任何一种商品，接受或者不接受任何一项服务；④在自主选择商品或服务时，有权进行比较、鉴别和挑选。

4. 公平交易权

消费者享有公平交易的权利，简称公平交易权。在消费法律关系中，消费者与经营者的法律地位平等，他们之间所产生的行为属市场交易行为，因而应当遵循市场交易的基本原则，自愿、平等、公平、诚信的原则，从而保证公平交易的实现。客观地讲，消费者和经营者进行交易，都享有公平交易的权利，但从消费活动的全过程看，消费者购买商品或者接受服务，往往由于多种因素的影响而处于弱者地位，因此更需要突出强调其公平交易权，以便从法律上给予特别保护。在市场交易中，经营者如果违背自愿、平等、公平、诚实信用的原则进行交易，则侵犯了消费者的公平交易权。

《消费者权益保护法》第十条规定："消费者在购买商品或者接受服务时，有权获得质量保障、价格合理、计量正确等公平交易条件，有权拒绝经营者的强制交易行为。"消费者公平交易权的表现形式如下：

（1）有权获得质量保障、价格合理、计量正确等公平交易条件

质量是指商品或者服务的优劣程度，它反映着商品或者服务的使用价值。质量保障则要求商品或者服务必须符合国家规定的标准，没有标准的应符合社会普遍公认的要求。价格是商品或者服务的货币表现，它反映出等价交换、质价相符、货值其价的尺度。价格合理则要求商品或者服务的价格与其价值相符，对有国家定价的必须按照定价执行，对没有国家定价的由交易双方按价值规律合理确定。另外，计量是否正确，直接关系到消费者的经济利益，因为商品或者服务的质量大多是借助计量器具确定的，交易双方则根据计量器具的示值进行结算，这就要求商品或者服务的计量必须准确无误。

（2）有权拒绝经营者的强制交易行为

强制交易行为的特征是违背消费者的意愿，其表现形式是多种多样的，如饭馆强拉客人进餐，书摊在出售一本紧俏书时强迫读者必须另购一本滞销书，特别是一些公用企业利用自身的经济优势限定消费者购买其指定的商品。对消费者而言，强制交易行为不仅侵犯了其自主选择权，而且还侵犯了其公平交易权，因而消费者有权予以拒绝。

5. 依法求偿权

网友西安遇高价泡馍
火车站附近多餐馆
不公示价目

消费者的依法求偿权是指消费者因购买、使用商品或者接受服务受到人身、财产损害的，享有依法获得赔偿的权利。它是弥补消费者所受损害的必不可少的经济性权利。对于商品的购买者、商品的使用者、接受服务者以及在别人购买、使用商品或接受服务的过程中受到人身或财产损害的其他人而言，只要其人身、财产损害是因购买、使用商品或接受服务而引起的，都享有求偿权；商品的生产者、销售者或服务者均要承担赔偿责任，而不论其是否有过错；除非是出于受害者自己的过错，如违反使用说明造成的损害，则商品的制造者、经销者不承担责任。消费者的求偿权具有以下特征：

①消费者的求偿权具有一般民事索赔权的基本特征。

②消费者的求偿权仅存在于消费领域。尽管消费者的求偿权本质上是一种侵权损害赔偿的请求权，但它只发生于消费者与相关的经营者之间，亦即消费者只可对相关的经营者主张这一权利。离开了消费领域，消费者的求偿权就失去了存在的基础，没有任何意义。

③消费者的求偿权中有惩罚性赔偿的规定。就消费者与经营者的实际地位看，消费者无疑处于弱者的位置。一方面，他们易受经营者的侵害而致使人身、财产权利受损；另一方面，由于求偿的艰难，他们往往忍气吞声，放弃索赔。因此，从保护社会弱者的宗旨出发，《消费者权益保护法》规定了对不法经营者的惩罚性赔偿，在增强对消费者保护力度的同时，也加重不法侵

害者的法律责任。

6. 依法结社权

消费者的依法结社权是指消费者享有的依法成立维护自身合法权益的社会团体的权利。最具典型的例子就是中国消费者协会和地方各级消费者协会。消费者组织起来依法成立消费者社会团体，形成对商品和服务的广泛社会监督，及时处理侵害消费者权益的行为，指导消费者提高自我保护意识和能力，通过调解、仲裁等方式，及时解决消费纠纷。

7. 获得有关知识权

所谓消费知识，包括：消费态度知识，使消费者科学指导自己的消费行为；有关商品和服务的基本知识及有关市场的基本知识，以指导自己作出正确消费选择。所谓消费者权益保护方面的知识，包括有关消费者权益保护的法律、法规和政策，消费者权益保护机构，以及消费者和经营者发生争议时的解决途径等。

8. 消费者受尊重权

消费者受尊重权，是指消费者在购买、使用商品和接受服务时，享有其人格尊严、民族风俗习惯得到尊重的权利。经营者应尊重消费者下列权利：姓名权、名誉权、肖像权。经营者不得对消费者进行辱骂、诽谤、名誉诋毁、非法搜查、拘禁等行为。《消费者权益保护法》第十四条明确规定："消费者在购买、使用商品和接受服务时，享有其人格尊严、民族风俗习惯得到尊重的权利。"《中华人民共和国民法典》第一千零二十四条规定："民事主体享有名誉权。任何组织或者个人不得以侮辱、诽谤等方式损害他人的名誉权。"公民的人格尊严不受侵犯，这是我国法律予以确认和保护的。《消费者权益保护法》规定的消费者人格受尊重权正是《中华人民共和国宪法》及《中华人民共和国民法典》规定的各种人身权保护原则和制度在消费生活中的具体体现。我国是一个多民族的国家，《消费者权益保护法》中规定消费者民族风俗受尊重权，体现了宪法规定的精神，对预防民族纠纷，促进各民族团结，保护各民族人民，特别是少数民族的利益，都具有重大意义。

9. 监督权

所谓消费者监督权，是指消费者享有对商品和服务以及保护消费者权利工作进行监督的权利。监督权的内容包括消费者对商品和服务的质量、价格、计量、品种、供应、服务态度、售后服务等进行监督。消费者有权检举、控告侵害消费者权益的行为，有权检举工作人员在保护消费者权益工作中的违法失职行为，同时有权对消费者权益工作提出批评和建议。

超市设二道关卡查顾客侵犯消费者安全权和受尊重权

《消费者权益保护法》第十五条规定："消费者享有对商品和服务以及保护消费者权益工作进行监督的权利。消费者有权检举、控告侵害消费者权益的行为和国家机关及其工作人员在保护消费者权益工作中的违法失职行为，有权对保护消费者权益工作提出批评、建议。"《中华人民共和国宪法》第四十一条规定："中华人民共和国公民对于任何国家机关和国家工作人员，有提出批评和建议的权利；对于任何国家机关和国家工作人员的违法失职行为，有向有关国家机关提出申诉、控告或者检举的权利，但是不得捏造或者歪曲事实进行诬告陷害。"

（三）消费者权益保护意义

在现代经济条件下，消费者在强大的经营资本面前，呈现出显著无力的状态，少数生产经营者为了追求利润而不择手段，使消费者置身于丧失财产乃至生命的危险之中。因此，要对处于弱势的消费者进行保护。保护消费者权益具有十分重要的意义，具体可以概括为以下几点：

1. 保护消费者权益有利于鼓励公平竞争，限制不正当竞争

损害消费者权益的行为实际上就是不正当竞争行为，必须限制和打击。如果放任经营者损

害消费者利益，就会使广大合法、诚实的经营者的利益受到损害，污染竞争环境。

2. 保护消费者权利有利于提高人民生活水平和生活质量

在过去计划经济体制下，由于供应短缺，消费者很难顾及商品质量，对服务状态也无法提出较高的要求。这实际上是生活水平低下的反映。在市场经济条件下，通过保护消费者权利，让消费者能够购买到称心如意的商品和服务，就是提高了人民生活水平。试想，一个消费者在购买商品和服务时如果不能自由选择，如果他因不能自由选择而买到了假冒伪劣产品，如果他买到不合格产品而商店拒绝退换，甚至受到商店的欺骗时，他会是一种什么感觉？

3. 保护消费者权利有利于提高企业的和全社会的经济效益

在我国，假冒伪劣商品充斥于市，服务质量不高的原因虽然是多方面的，但是缺乏对消费者权利的强有力的保护，缺乏对损害消费者权利的行为严厉打击和惩罚也是一个重要因素。如果政府能够切实保护消费者权利，那么，那些靠制造假冒伪劣商品，靠欺骗消费者赚钱的企业和个人就无法生存下去。大多数企业的合法权益也可以得到充分保护，从而在全社会形成一种靠正当经营、正当竞争来提高经济效益的良好商业道德。这样就有利于促使企业努力加强管理，不断提高产品质量和服务质量，提高经济效益，推动社会进步。

二、经营者的义务

消费者在消费活动中有很多权利是受法律保护的，这些权利的实现相对应的便是经营者的义务，经营者的义务主要包含了9个方面。

1. 遵守法律义务

这是指遵守法律法规的义务。经营者的经营行为（提供商品或服务的行为）应当符合法律的规定以及与消费者的约定。具体讲就是经营者向消费者提供商品或者服务应当符合《中华人民共和国产品质量法》《中华人民共和国广告法》以及其他有关法律法规的规定；经营者与消费者有约定的，应当按照约定履行义务，但双方约定不得违背法律法规的规定。遵守法律是经营者进行经营行为的最基本义务，也是经营者相应权利得以受保护的前提。

2. 接受监督义务

这是指接受消费者监督的义务。经营者的经营行为应当受到消费者的监督，经营者也应当听取消费者对其提供的商品或者服务的意见。由于经营者相对于消费者来说是强势主体，其行为容易侵犯弱者利益，受消费者监督也是为了平衡二者之间的力量，有利于保护弱者，有利于经济活动的持续稳定健康有序地进行。对于经营者的监督包括对经营者侵害消费者利益行为的检举控告。一般消费者对经营者的监督属于狭义监督，广义监督还包括相应行政机关、消费者协会、新闻媒体等社会机构的监督。

3. 保障安全义务

这是指保障人身、财产安全的义务。首先，经营者应当保证其提供的商品或服务符合保障人身、财产安全的要求；其次，经营者对可能危及人身、财产安全的商品或服务，应当向消费者作出真实的说明和明确的警示，并说明和标明正确使用商品或接受服务的方法以及防止危害发生的方法；再者，经营者发现其提供的商品或服务存在严重缺陷，即使正确使用商品或接受服务仍然可能对人身、财产安全造成危害的，应当立即向有关行政部门报告和告知消费者，并采取防止危害发生的措施。

4. 提供信息义务

这是指提供真实信息的义务。首先，经营者应当基于诚实信用向消费者提供有关商品或服务的真实信息，不得作引人误解的虚假宣传，也不能作引人误解的宣传；其次，经营者对消费者就其提供的商品或服务的质量和使用方法等问题提出的询问，应当作真实、明确的答复，不得有欺骗、误导的行为；再次，经营者提供的商品应当明码标价，并置于醒目位置；最后，经营者应当在所提供商品或服务的包装或说明上标明其真实名称和标记，对于即使承租他人柜台或者场地的经营者，也应当在醒目位置标明真实姓名和标记。提供真实的信息，才能保障消费者根据自己的意愿选择消费行为，满足消费需求。

5. 出具单据义务

这是指出具购货凭证或服务单据的义务。经营者提供商品或服务，应当按照国家有关规定或者商业惯例向消费者出具购货凭证或者服务单据；消费者索要购货凭证或者服务单据的（如发票、车票、门票等），经营者必须出具。出具凭证或单据既可以反映经营者的经营活动，也有利于国家的管理，更重要的是可以反映经营者与消费者之间的消费关系，即可以反映出二者的权利义务关系。

6. 质量保证义务

这是指对商品或服务质量进行保证的义务。对于自己提供的商品或服务，经营者一般应当保证在消费者正常使用的情况下其所应当具有的质量、性能、用途和有效期限，但是如果消费者在购买该商品或接受该服务前已经知道其存在瑕疵的除外。经营者以广告、产品说明、实物样品或其他方式表明商品或服务的质量状况的，应当保证其提供的商品或服务的实际质量与表明的质量状况相符。这就是说经营者应当保证自己提供的商品或服务应具有最基本的质量要求，同时对自己的宣传应当与实际质量相符。

7. 售后服务义务

这是指提供有效售后服务的义务。对于自己提供的商品或服务，按照国家规定或者与消费者的约定，经营者应承担三包责任（包修、包换、包退）或者其他责任的，应当按照国家规定或者与消费者的约定履行，不得故意拖延或者无理拒绝。提供有效的售后服务，既是对一次买卖行为的完整履行，也是提升经营者良好形象的阶梯，同时更重要的是对消费者负责。

8. 公平交易义务。

这是指不得不公平不合理地进行交易的义务。经营者在经营活动中不得以格式合同、通知、声明、店堂告示等方式作出对消费者不公平、不合理的规定或要求，或者减轻、免除其损害消费者合法权益应当承担的民事责任，或者单方面加重消费者义务。对于格式合同、通知、声明、店堂告示等含有以上所列内容的，一般其内容无效。

9. 尊重人格义务

这是指尊重消费者人格尊严的义务。经营者在经营活动中，首先，不得对消费者进行侮辱、诽谤，情节严重的应承担相应责任；其次，也不得搜查消费者的身体及其携带的物品，必要时可寻求公安机关帮助；再次，更不得侵犯消费者的人身自由，构成犯罪的应承担刑事责任。

案例学习

顾客在餐饮场所就餐后摔伤，经营者安全保障义务的认定

2007 年 2 月 16 日中午，原告杨某在被告某餐饮有限公司二层就餐后离开时摔倒在地，后经北京友谊医院及北京市丰盛中医骨伤专科医院诊断为尾骨骨折。为此，杨某共花费医疗费 1 964.4 元，交通费 554 元，并造成误工 81 天。

2007年6月11日，北京市公安局丰台分局西罗园派出所出具证明一份，内容为："2007年2月16日13时33分许，西罗园派出所民警接110布警：杨某报在西罗园北路某烤鸭店就餐发生纠纷。接警后，我所民警到现场——西罗园某饭店二层，经向报警人杨某了解情况，其称该日中午到某饭店二层就餐，离开时因大厅地面有油渍导致自己经过时摔倒。杨某与店方因此事争论，双方意见不一，发生纠纷，故报警。我所民警到现场时，见到报警人杨某倒在该饭店二层大厅位置，当时杨某穿一双女士跟鞋，身边地面上有湿滑且被扫过的痕迹，且没有摆放警示牌。"

庭审中，杨某出示中华人民共和国个人所得税完税证明一份，证明自己月工资、薪金所得为1 767元；出示北京市某音乐艺术幼儿园证明一份，证明自己月奖金为2 100元。

原告杨某诉称：2007年2月16日午13时许，我到被告处就餐，因被告二层通道上洒落有植物油且没有安全提示牌，导致我摔倒受伤，造成尾骨骨折，给我造成很大损失。我共支付医药费1 964.4元，交通费554元，而且因81天未上班，我工作差点没了，年终奖也没了，产生误工费14 972.85元，故诉至法院请求被告支付医药费1 964.4元，交通费554元，误工费14 972.85元及营养费3 000元，共计20 491.25元，诉讼费由被告承担。

被告某餐饮有限公司辩称：原告确实在我餐厅二楼大厅摔倒，当时我们对原告医药费还先行垫付了一部分。但被告已经尽了合理范围内的安全保障义务并没有过错，因为当时地面没有油渍，旁边又有提示牌，原告摔倒是因为她穿着高跟鞋。另外，我们认为误工时间应以医院开具的证明为准，误工费应已完税证明为准，营养费也应该与医院的证明挂钩。故我们不同意原告的诉讼请求。

法院经审理认为，公民的合法权益应受法律保护。原告杨某在被告处用餐，被告应对原告尽到必要的安全保障义务。现原告在被告处摔伤，造成医疗费、交通费、误工费损失，被告应承担赔偿责任。虽然庭审中被告答辩自己已尽到合理范围内的安全保障义务，但并未提供相关证据，而根据西罗园派出所证明显示"地面湿滑、有被扫过的痕迹，且没有摆放警示牌"，可以认定被告在杨某摔伤一事中具有过错，并未尽到必要的安全保障义务，故对被告此答辩，本院不予采信。关于原告误工费的诉讼请求，被告辩称应以原告完税后的工资单计算，但根据《最高人民法院〈关于审理人身损害赔偿案件适用法律若干问题的解释〉》规定，受害人有固定收入的，误工费按照实际减少的收入计算，并未排除奖金等其他形式的固定收入，故本院对原告出具的完税证明及单位证明均予采信。原告要求被告支付营养费，就其数额本院酌情予以考虑。综上所述，依照《中华人民共和国民法通则》第一百一十九条之规定，判决如下：一、被告北京某餐饮有限公司于本判决生效后七日内赔偿原告杨某医疗费一千九百六十四元四角；交通费五百五十四元。二、被告北京某餐饮有限公司于本判决生效后七日内赔偿原告杨某误工费一万零四百四十元九角。三、被告北京某餐饮有限公司于本判决生效后七日内赔偿原告杨某营养费一千元。四、驳回原告杨某的其他诉讼请求。

一审宣判后，双方当事人均未上诉，一审判决已经发生法律效力。

（资料来源：110法律咨询网）

任务三　消费者权益保护

一、消费者权益保护的意识

消费者权益保护的自我保护意识是指消费主体依据法律和有关规定及自身的商品知识在对

消费品的选择、购买、使用过程中以及在寻求某种服务时，为维护自身的利益不受侵犯或在自身利益受到侵害时要求侵害方索赔的意识。消费者自我保护意识是对生活经验的概括和总结，也是对商品的质量及服务质量的反映。

（一）自我防范意识

自我防范意识，不仅要求消费者在购买商品或接受服务时，要注意考虑自己的利益，而且要求消费者在购买商品后，在商品的使用消费过程中，也要注意保护自己。尽管我们说，社会主义生产的目的就是满足人们日益增长的物质文化生活需求，但是不能否认，在具体的交易过程中，经营者与消费者的利益是冲突的。因此，每一个消费者在进行消费交易过程中，都应对自己的利益给予高度的注意。例如，购买商品的消费者，首先应对销售者进行必要的了解，选择自己信得过的商店或其他经营者购买商品。在选购商品时，对于商品的种类、规格、性能、原材料、结构、合格证、出厂日期、消费期限、使用说明、售后服务等有关商品自身的情况以及商标、厂家、生产地、经销者等关于商品生产经营者的情况应尽可能地了解。在交易成立后，应尽可能要求销售者出具发票、收据或其他书面的证明材料，以便在受到侵害时，能够有效地进行索赔。在使用、消费过程中，应严格按照规定的使用、消费方法进行消费，发生消费事故，应及时与经营者取得联系，并提出索赔要求。消费者应当在日常的消费生活中不断注意培养和提高自我防范意识，国家和消费者组织应当通过宣传消费知识，提醒消费者时刻注意保护自己的利益。

（二）权利意识

为了保护消费者的利益，法律对消费者赋予了各种权利。这里所说的消费者权利，不仅包括《消费者保护法》规定的消费者法定的一般权利，也包括消费者根据其他法律或与经营者签订的合同而享有的权利。一个对自己和社会负责的消费者，应当知道自己享有哪些权利，如果在自己的合法权益受到侵害时，依法维护自己的权利，与侵害消费者利益的行为进行斗争，这不仅是他的权利，也是其对社会的责任。权利是受法律保护的利益，当法律对消费者的权利进行界定后，对这种受法律保护的利益的侵害，便是违法行为。如果消费者对于自己的权利漠不关心，任凭经营者侵害而不进行维护，则消费者不仅是对自己的失职，也是对社会的不负责任。消费者对自己权利的放弃，便是对经营者违法行为的纵容和奖励，此时，受到损害的不仅是消费者自身的利益，还包括社会的公共利益，法律秩序将会因消费者对权利的放弃而受到破坏，经营者会因消费者的软弱而变得更加肆无忌惮。因此，每一个消费者都要尊重自己的权利，每一个消费者都有义务维护自己的权利。权利意识的提高依赖于法律意识的提高，要使每一个消费者具有高度的权利意识，必须使消费者知道在法律上他有哪些权利。在我国，强化消费者的权利意识还存在一个比较棘手的障碍，这就是传统农业经济条件下形成的“和为贵”的旧思想观念。诚然，消费者与经营者和平相处、礼貌相待，这当然是消费者渴求的理想状态，但是，为了和平相处而放弃权利，对于社会和消费者本人来说都是不可取的。消费者要改善自己的地位，必须为权利而斗争。当每一个消费者都能认真对待自己的权利，并且能不畏不法经营者的势力而为维护自己的权利进行斗争时，当每一个社会成员都能理解并帮助消费者为争取和维护自己的权利而斗争的行为时，不法经营者便失去藏身之地，消费者与经营者之间才能在更平等的基础上实现更加永久的和平共处，才能在更高的、更符合人类一般理性的层次上达成更加稳定的理解、协调与合作。

（三）文明消费意识

消费者在进行消费的过程中，也应当对自己的行为进行约束，注意培养文明消费的意识，杜绝愚昧消费的行为。我们说，消费者应当为自己的权利而斗争，并不意味着消费者可以无法无天、无理取闹。消费者应当以一个文明的现代消费者的标准要求自己。首先，文明消费最基本的要求是合法，决不能以消费为名，行偷盗、诈骗之实，在购买商品或接受服务时，应当尊重经营者的人格，爱护经营者的商品。其次，在消费时应当遵守经营者规定的各项合理的管理规章，接受消费场所工作人员的管理。再次，要注意礼貌，言辞举止适度，行为合法并符合礼仪规范。在与经营者发生纠纷时，应当尽量心平气和地在协商的基础上解决；在协商不成时，应通过合法的渠道谋求解决，如向经营者设立的投诉机构或管理人员投诉，向经营者上级主管部门或国家有关管理部门申诉，申请仲裁或提起诉讼。不论采取哪一种方式解决争议，都应当注意保持文明消费者的形象。

（四）消费者群体保护意识

消费者群体的普遍利益与单个消费者的具体利益是相互依赖、相辅相成的。现代消费者不仅应当关心自身的利益，还应当关心消费者的共同利益和其他消费者的利益。现实生活中，持“事不关己，高高挂起”思想观念的消费者仍相当普遍。由于受传统观念的影响，一些消费者认为，一些蝇头小利，不必过于计较，对其他消费者主张权利不仅漠不关心，有时甚至冷嘲热讽。殊不知，每一个消费者在主张自己权利的同时，也为他人获得公平的交易环境作出了贡献。消费者的群体保护意识，不仅消费者组织及其工作人员应当具备，每一个消费者也应当具备。

二、消费者权益保护的实现途径

我国为保护消费者的合法权益，先后颁布了一系列保护消费者权益的法律、法规。例如《中华人民共和国产品质量法》《消费者权益保护法》《部分商品修理更换退货责任规定（国家新“三包”规定）》《中华人民共和国反不正当竞争法》《中华人民共和国价格法》《中华人民共和国商标法》《中华人民共和国广告法》《中华人民共和国食品卫生法》《中华人民共和国药品管理法》等。尤其是《消费者权益保护法》已经成为消费者保护自身合法权利的坚强后盾，特别是其中维护消费者合法权益的五种途径，给消费者指出一条如何保护自我合法权益的清晰思路。该五种途径为：协商和解、调解、申诉、仲裁、诉讼。

（一）协商和解

协商和解是指消费者与经营者双方在平等自愿的基础上，通过友好协商的形式分清责任，取得彼此谅解，最后达成公平合理地解决消费者争议协议的一种方式。协商和解在实际生活中最普遍。

协商和解具有简便、高效、经济的特点，且涉及的消费者争议大多数是标的不大、案情比较简单的争议。这种方式一旦被接受，消费者的合法权益将会受到保护，同时经营者在利润和商誉上也不会受到损害，而且程序简单、节省时间和精力。这种方式对于市场经济发展和社会秩序稳定都不会产生任何消极的影响，与其他的途径相比成本最低，无论是对消费者或经营者，它都不失为一种理想的途径。

但是协商和解的缺点在于缺乏国家强制力。消费者与强大经营者相比处于弱势地位，无法与具有优势地位的经营者抗衡。如果经营者以消费者的利益为重，就会为消费者解决问题；如果经营者不讲信用，就可能会推诿、逃避责任，那样的话消费者不仅消耗精力、时间，而且问题仍得不到解决，消费者的利益就会得不到保障。

（二）调解

调解指在第三方的支持下，由当事人就有关问题自愿协商、达成协议解决纠纷的一种方式。调解不同于消费者与经营者协商和解。协商和解只有消费者与经营者参加，而调解是消费者、经营者、消费者协会三方参加，由消费者协会居中调解，此时消费者协会不代表任何一方利益，它必须公正地调解。另外，消费者协会在调解过程中应当充分尊重当事人的意见，无论调解是否达成协议或怎样达成协议，应当由双方当事人自己协商。如果达成调解协议，即由双方当事人自动履行协议，消费者协会不得强迫履行。消费者协会受消费者委托，是代表消费者利益的，是消费者的代理人。

但是消费者协会也存在一些弊端。由于消费者协会等民间组织没有法律强制力，实际工作起来没有威慑力度，常常力不从心，使它的作用在很大程度上受到了限制，所以往往只有依托于行政机关或者司法机关，来解决那些不讲诚实信用、生产假冒伪劣产品的经营者投诉。

（三）申诉

申诉是指公民或者法人认为自己的合法权益受到损害而向行政机关提出的、要求行政机关予以保护的请求。行政机关的经济监督，在国家经济监督体系中居于主体地位，物价、卫生、市场监督管理等行政部门实际履行着保护消费者合法权益的职能。促使其成为保护消费者权益的重要途径的主要因素如下：

①从市场经济发展的角度来看，经营者为了追求最高的经济利益，有时会损害社会利益，也包括损害消费者的利益，如果仅靠市场自身的力量是无法解决的，这就需要政府以“裁判员”的身份出面去维护市场竞争秩序，才能保证市场经济迅速健康的发展。而行政机关对消费申诉的解决就是一种对市场经济竞争的维护。

②从社会利益的角度来看，通过消费者向行政部门申诉，行政部门能够利用强制的执行力及时地打击那些坑害消费者、生产假冒和伪劣商品的经营者。行政部门在保护消费者合法权益的同时，也提高了行政机关的工作效率。

③从消费者利益的角度来看，一是以申诉方式解决与协商和解、调解相比较，申诉的程序比较正规，对于消费者来说可靠性会更强些；二是以申诉方式解决消费纠纷会更经济；三是申诉还有高效、快捷的特点。

（四）仲裁

仲裁也称公断，是指发生纠纷的当事人，自愿将他们之间的争议提交仲裁机构进行裁决的行为。它是一种准司法活动，并具有公正性、权威性、经济性、快速性、保密性强的优点。

因仲裁机构只在设区的市设立，对于其他地区的消费者如果要想以这种方式解决纠纷将会非常地不便利，而且只要有一方不愿意选择仲裁的方式，仲裁机构将不受理。所以这种途径在我国并不被争议当事人看好，现在选择仲裁方式解决消费纠纷的消费者不太多。

（五）诉讼

在我国消费者还可以向人民法院起诉，要求解决争议。诉讼是解决争议最有力的方式。法院代表国家行使审判权，其判决具有强制力。另外法院可以依自身职权强制执行生效判决。消费者的诉讼可分为民事诉讼、行政诉讼、刑事诉讼三种。我们一般讲的是民事诉讼。虽然这种途径十分有力度并最有效，但也存在一定的不便。

①从社会利益的角度来看，消费者在寻求诉讼途径解决纠纷时，不仅自身要花掉一定的费用，而且要花费法院的司法成本费。如果所有的消费纠纷都交由司法机关解决，那么司法机关必然会不堪重负，社会的公共利益也将会受到损害。所以从考虑社会利益的方面看，分散消费纠纷解决渠道，将会更有利于社会的发展和稳定。

②从经济的角度来看，虽然我国市场经济制度已经有一些完善，但尚未完全走上正规轨道，大量侵犯消费者权益的不正当竞争行为充斥着市场，所以必须靠效率高、效果显著的方式调控市场，显然这一目标靠行政途径比靠司法途径更可行些。

③从消费者利益的角度来看，在我国，一般消费者的权利意识差，当权利受到侵害时，往往听之任之，不到万不得已不愿到法院打官司；而且，按照《消费者权益保护法》第四十九条的

规定，打赢官司最多能得到增加一倍的赔偿金额。因而，打官司后，不仅受到的损害可能得不到补偿，而且会造成更大的人力、财力的浪费。因此，对于那些小金额的消费纠纷，消费者要以诉讼方式维护自己的合法权益就得不偿失。显然，诉讼成本高已经成为消费者选择民事诉讼方式维护其合法权益的绊脚石。

三、消费者权益保护现状

《消费者权益保护法》退一赔三的具体规定是怎样的？

（一）消费者权益保护组织不断发展

消费者权益保护最早可追溯于消费者运动——它是消费者权益保护组织的先驱，产生于发达资本主义垄断阶段，而后波及世界各国成为全球性运动。1891 年，世界上第一个旨在保护消费者利益的消费者组织纽约消费者协会成立；1898 年美国成立了世界上第一个全球性消费者联盟。1960 年国际消费者组织联盟（简称 IOCU）成立，它是由世界各国、各地区消费者组织参加的国际消费者问题议事中心；它是一个独立的、非营利的、非政治性组织，其宗旨为在全世界范围内做好消费者权益的一系列保护工作，包括收集和传播消费者权益保护的情报资料，开展消费者教育，促进国际合作交流，组织有关消费者权益问题的国际研讨，援助不发达地区消费者组织开展工作，在国际机构代表消费者说话。

我国消费者权益保护运动起步较晚。1983 年国际消费者组织联盟将每年的 3 月 15 日确定为“国际消费者权益日”，1984 年 9 月广州市消费者委员会作为中国第一个消费者组织率先成立，1984 年 12 月中国消费者协会由国务院批准成立。之后，各省市县等各级消费者协会相继成立。中国消费者协会于 1987 年 9 月被国际消费者组织联盟接纳为正式会员。中国加入 WTO 之后，消费者权益的保护在我国有了更长足的发展。上海市在 2004 年年初率先将消费者协会更名为“消费者权益保护委员会”，更好地体现消费者权益保护运动的趋势，彰显其本质和职能，从形式上更加贴近了消费者。随着消费者权益保护组织的发展和“3・15”宣传活动的深入，消费者权益保护意识和能力日益增强。

（二）消费者权益保护相关法律法规不断完善

现代消费者保护立法最早是在资本主义社会进入垄断阶段以后开始的，它的兴起是与世界性的消费者保护运动紧密联系在一起的，消费者权益保护立法的状况如何，已经成为衡量一个国家社会文明发展的程度和法制建设完善程度的一个重要标志。当然消费者权益保护法不仅包括专门的消费者权益保护法律、法规，如消费者权益保护法、反不正当竞争法、产品质量法、食品卫生法、药品管理法、标准化法、计量法等，而且还包括分散在民事、经济、行政、刑事等法律、法规中相关的规定或条款，它是一种广义上的概念。我们知道法律规定的目的之一是设置一定的权利，保护部分特定的利益。美国总统肯尼迪是最早提出消费者权益的人，他于 1962 年 3 月 15 日提出了消费者四项权利，即安全权利、了解情况的权利、选择权利和意见被听取的权利。1969 年尼克松总统又补充了“索取赔偿的权利”。在我国 1994 年 1 月 1 日实施的《中华人民共和国消费者权益保护法》中规定了消费者的九项权利，具体包括安全权、知情权、选择权、公平交易权、求偿权、结社权、获知权、受尊重和监督权。另外于 2003 年 1 月施行的《上海市消费者权益保护条例》在《消费者权益保护法》的基础上新增部分消费者权利，如：获得有关知识权、商家承诺视同约定权。

四、消费者权益保护不足

（一）权利范围问题

权利是保护消费者的基本依据。《消费者权益保护法》以法律的形式赋予消费者九项权利，但是，随着市场经济的发展，营销方式的变化，特别是网络经济的出现，仅仅九项权利已经不足以保护消费者，或者说，消费者受到损害的权利已经超出了九项权利的范围，这里面非常突出的是消费者的隐私权。

（二）行政保护体制问题

行政保护是履行保护消费者权益的一项重要的法律制度。现行消费者权益保护法体现了政府领导下，以一个部门为主，多部门各司其职，相互配合的行政保护构架。但是，实际操作中矛盾很多：一是在制定消费者保护措施方面，由于各部门分工不够明确，有一些方面主次难分，一个部门如果制定保护消费者权益的规章有可能因涉及其他部门的权限而裹足不前，造成消费者权益保护措施严重滞后；二是在受理消费者申诉方面，也由于各部门分工不够明确，造成各部门受理范围不清，而在强调依法行政的趋势下，各部门只好谨慎行事；三是在受理申诉方面，由于受理申诉的职责与处罚侵害消费者权益违法行为的职责往往不属于同一部门，也弱化了打击违法行为、保护消费者权益的力度。

（三）维权途径问题

维权途径是保护消费者权益的关键问题。现行《消费者权益保护法》第三十四条为消费者提供了协商和解、调解、申诉、仲裁和诉讼五种维权途径，但是实践中往往是协商不欢而散、调解难见分晓、申诉久拖不决、仲裁没有依据、起诉筋疲力尽，最后弄得消费者懒得奉陪，自认倒霉，这严重地影响到消费者权益的落实。

（四）举证责任和费用问题

目前《消费者权益保护法》中对于发生消费纠纷时的举证责任没有做专门规定，消费者在消费纠纷中处于弱者的地位，但为了举证，特别是高额的商品检测费用往往超过纠纷商品本身的价值，使消费者望而却步。

（五）赔偿主体问题

《消费者权益保护法》第三十五条对侵害消费者权益的行为发生后的赔偿主体规定：消费者在购买、使用商品时，其合法权益受到损害，可以向销售者要求赔偿；消费者或者其他受害人因商品缺陷造成人身、财产损害的，可以向销售者要求赔偿，也可以向生产者要求赔偿。但是，这样规定也容易造成歧义，认为消费者因瑕疵商品受到损害时，只能向销售者求偿，缺乏消费者对赔偿主体选择权的规定。

（六）民事责任的落实问题

《消费者权益保护法》第四十条、五十条虽然规定了经营者应当承担相应的民事责任和行政责任，但对“故意拖延”“无理拒绝”没有规定具体的处罚执行标准，造成行政机关难以操作，不便于消费者追究经营者的法律责任，也大大削弱了消费者权益保护法的作用。

（七）行政执法措施问题

目前《消费者权益保护法》中缺乏对执法措施的明确规定。一是对行政机关查处严重侵害消费者权益的行为没有明确其可以行使哪些调查手段；二是侵害消费者权益的行为发生后，为了控制危害范围、降低危害后果，行政执法机关需要采取一定的应急手段，如发生危害商品退出市场的禁令、强制经营者召回缺陷商品等。

（八）消费者纠纷的诉讼程序问题

司法诉讼途径是消费者依法维权的保障。目前，消费诉讼主要由消费者个人提起，而且没有适用于消费者群体诉讼的程序，消费者协会不具有诉讼主体的地位，相关的程序简化没有在立法上得到解决，缺乏仲裁或行政裁决的相关规定，现存的诉讼制度已经不适应消费者维权的实践需要。

项目小结

1. 假冒伪劣商品是指那些含有一种或多种可以导致普通大众误认的不真实因素的商品。假冒伪劣商品可以分为假冒商品和劣质商品两种类型。假冒商品和伪劣商品，既有区别又相互联系，是可以互相转化或相互包含的相同类型的商品。

2. 假冒伪劣商品鉴别要点：认准商标标识，查看商品标识，检验商品特有标记，检查原产地域命名商品的生产地域，检查商品包装，检查液体商品的透明度，看商品的色泽、看商品的烧灼情况，看商品的发霉、潮湿、杂质、结晶、形状、结构情况，手感、听感、嗅感、味感，检查商品供货渠道，检查商品认证标志。

3. 消费者权益是指消费者在有偿获得商品或接受服务时，以及在以后的一定时期内依法享有的权益。

4. 我国《消费者权益保护法》第二章规定了消费者的九项权利：安全权、知情权、自主选择权、公平交易权、求偿权、结社权、获得有关知识权、人格尊严和民族风俗习惯受尊重权、监督权。

5. 经营者的义务主要包含了九个方面：遵守法律义务、接受监督义务、保障安全义务、提供信息义务、出具单据义务、质量保证义务、售后服务义务、公平交易义务、尊重人格义务。

6. 消费者权益保护的自我保护意识是指消费主体依据法律和有关规定及自身的商品知识在对消费品的选择、购买、使用过程中以及在寻求某种服务时，为维护自身的利益不受侵犯或在自身利益受到侵害时要求侵害方索赔的意识。消费者自我保护意识是对生活经验的概括和总结，也是对商品的质量及服务质量的反映。

7. 消费者权益保护的实现途径有五种：协商和解、调解、申诉、仲裁、诉讼。

8. 消费者权益保护不足主要体现在：权利范围问题、行政保护体制问题、维权途径问题、举证责任和费用问题、赔偿主体问题、民事责任的落实问题、行政执法措施问题、消费者纠纷的诉讼程序问题。

思考与练习

一、单选题

1. 消费者的（　　），是指消费者享有知悉其购买、使用的商品或者接受的服务的真实情况的权利。

A. 知情权　　B. 安全权

B. 自主选择权　　D. 公平交易权

2. 消费者的（　　），是指消费者在购买、使用商品或接受服务时，享有要求经营者保障其人身、财产安全不受损害的权利。

A. 人身安全权　　B. 财产安全权

C. 生命安全权　　D. 安全权

3. 消费者的求偿权仅存在于（　　）。

A. 消费领域　　B. 生产领域

C. 制造领域　　D. 流通领域

4. （　　）是指生产、经销的商品，违反了我国现行法律、行政法规的规定，其质量、性能指标达不到我国已颁布的国家标准、行业标准及地方标准所规定的要求，甚至是无标生产的产品。

A. 仿造商品　　B. 虚假商品　　C. 假冒商品　　D. 伪劣商品

5. 注册商标标志用（　　）表示。

A. ©　　B. TM　　C. Ⓒ　　D. Ⓑ

二、多选题

1. 当前市场上假冒商品主要表现在（　　）。

A. 伪造他人商标　　B. 冒用他人标志

B. 冒用他人名称　　D. 冒用他人包装

2. 常见的假冒伪劣商品有（　　）。

A. 虚构企业名称的商品

B. 过期、失效、变质的商品

C. 危及人身和财产安全的商品

D. 名称与质地不符、所标明的指标与实际不符的商品

3. 消费者在购买商品或者接受服务时，有权获得（　　）等公平交易条件。

A. 质量保障　　B. 价格合理　　C. 计量正确　　D. 服务优质

4. 消费者受尊重权要求经营者应尊重消费者的（　　）。

A. 姓名权　　B. 名誉权

C. 肖像权　　D. 民族风俗习惯

5. 经营者的义务包含（　　）。

A. 出具单据义务　　B. 质量保证义务

C. 售后服务义务　　D. 公平交易义务

6. 消费者权益保护的实现途径有（　　）。

A. 协商和解　　B. 调解　　C. 仲裁　　D. 诉讼

三、简答题

1. 假冒伪劣商品有哪些特点？
2. 假冒伪劣商品的鉴别方法主要有哪些？
3. 假冒伪劣商品的鉴别要点有哪些？
4. 假冒伪劣商品的危害有哪些？
5. 简述消费者的求偿权具有的特征。
6. 经营者的义务有哪些？
7. 消费者权益保护有什么意义？

四、论述题

结合生活实例，论述消费者权益保护的意识。

五、案例题

1.

康喜高高牌婴幼儿配方奶粉及相关儿童食品的销售企业，在其官网上设计、制作并发布了“延续母乳好营养”及“口味清淡不上火，可实现与母乳交替混合喂养”的广告语，旨在向公众宣传其婴幼儿配方奶粉可部分或全部替代母乳。

同时上述商家为了推荐“玛仑菌舍”相关儿童食品，在官网上设计、制作并发布“帮助减

少2大肠道问题：便秘、腹泻；增强3种以上营养作用，帮助能量消化吸收、促进营养元素吸收、提升免疫系统功能”。上述行为违反了《中华人民共和国广告法》的相关规定，构成发布违法广告行为。虹口区市场监管局依法责令当事人停止发布广告，消除影响并罚款14万元。

根据《中华人民共和国广告法》的相关规定，大众传播媒介或者公共场所不允许发布声称全部或者部分替代母乳的婴儿乳制品广告，食品广告也不能涉及疾病治疗功能，并不得使用医疗用语或者易使推销的商品与药品、医疗器械相混淆的用语。

问题：康喜高高牌婴幼儿配方奶粉及相关儿童食品的销售企业违反经营者什么义务？侵害消费者什么权益？

2.

和夏（上海）餐饮管理有限公司系“85度C”“85℃”“85℃ Daily Cafe”餐饮连锁品牌的经营者。2015年10月起，和夏（上海）餐饮管理有限公司通过在沪的43家分公司（门店）现制现售相同原料制作的“熏鸡肉松面包”和“辣味香松面包”两款产品，店内商品说明分别为“熏鸡肉松面包，夹着熏鸡肉的肉松面包，微辣，口感有弹性，销售价格11.0元/个”和“辣味香松面包，日式甜面团，搭配辣味肉松，销售价格8.0元/个”。经查，和夏（上海）餐饮管理有限公司为降低面包的制作成本，以肉粉松为原料制作上述两款产品，违反了《中华人民共和国消费者权益保护法》的相关规定。奉贤区市场监管局依法责令当事人停止违法行为，消除影响并罚款15万元。

问题：和夏（上海）餐饮管理有限公司违反经营者什么义务？侵害消费者什么权益？

参考文献

[1] 陶剑华. 商品学［M］. 长沙：湖南师范大学出版社，2020.
[2] 刘清华，李海凤. 商品学基础［M］. 3 版. 北京：中国人民大学出版社，2020.
[3] 陈静，王超，沈丽. 出入境商品质量检验与管理［M］. 北京：中国人民大学出版社，2017.
[4] 赵东明. 商品学实务［M］. 北京：机械工业出版社，2017.
[5] 胡东帆. 商品学概论［M］. 5 版. 大连：东北财经大学出版社，2020.
[6] 孙参运. 商品学基础与实务［M］. 2 版. 北京：中国财政经济出版社，2015.
[7] 万融. 商品学概论［M］. 6 版. 北京：中国人民大学出版社，2016.
[8] 王飒. 商品学：理论、实务、案例与实训［M］. 北京：中国人民大学出版社，2020.
[9] 李凤燕，贾晓波. 商品学概论［M］. 2 版. 北京：清华大学出版社，2016.
[10] 陈文汉 陆影. 商品学概论［M］. 2 版. 北京：中国人民大学出版社，2020.
[11] 汪永泰，毕雪，吕华，等. 商品学［M］. 北京：中国人民大学出版社，2017.
[12] 徐东云. 商品学［M］. 2 版. 北京：清华大学出版社，2017.
[13] 金鑫，王秀繁. 商品养护［M］. 大连：大连理工大学出版社，2014.
[14] 刘敏. 商品学基础［M］. 北京：科学出版社，2018.
[15] 谈留芳，任锋娟，王琳. 商品学［M］. 北京：科学出版社，2019.
[16] 申纲领. 商品学［M］. 北京：北京理工大学出版社，2017.